JEAN-MARIE ROUART

AVANT-GUERRE

roman

CERCLE DU NOUVEAU LIVRE

TALLANDIER

à Juliette
à Augustin

Les personnages et les situations de ce roman sont purement imaginaires. Toute ressemblance avec des faits réels ou des personnes privées que l'on croirait apercevoir serait fortuite et indépendante de la volonté de l'auteur. Ces personnages, préoccupés avant tout de vivre et d'être le moins malheureux possible, ne prétendent pas justifier ou dénoncer une quelconque cause politique ou historique. Leurs qualités comme leurs défauts n'engagent qu'eux-mêmes.

Notre espèce se divise en deux parts inégales : les hommes de la mort et aimés d'elle, troupeau choisi qui renaît, les hommes de la vie et oubliés d'elle, multitude de néant qui ne renaît plus.

CHATEAUBRIAND.

Les raisonnables auront duré ; les passionnés auront vécu.

CHAMFORT.

Tous les événements qui peuvent arriver à l'homme depuis l'instant de sa naissance jusqu'à celui de sa mort ont été préfixés par lui. Ainsi, toute négligence est délibérée, toute rencontre fortuite est un rendez-vous, toute humiliation une pénitence, tout échec une victoire mystérieuse, toute mort un suicide.

BORGES.

« Nuit agitée. A trois heures, on sonne à mon domicile. Sur le palier, le greffier Horst. Il me dit : " C'est pour ce matin ! " Je m'habille. Nous partons dans sa voiture. La nuit est complète sur Alger. Personne dans les rues. A peine quelques ombres dans leurs burnous. Au passage, nous prenons l'aumônier, le père Roger, au couvent des Capucins, derrière la rue d'Isly. A quatre heures, nous arrivons à la prison. Devant le porche attendent déjà les juges militaires en grande tenue. Nous patientons un long moment. A quatre heures trente, le directeur de la prison apparaît : " C'est l'heure, dit-il, il faut le réveiller. " Nous pénétrons dans la cour. Le gardien a du mal à ouvrir la grille. Nos pas résonnent dans l'escalier. L'aumônier entre dans la cellule. Nous nous tenons derrière la porte entrebâillée.

« Sitôt réveillé, Pierre Lenhart se dresse sur son lit : " Ne me dites rien, mon père, j'ai compris. " L'aumônier sort de la cellule. Sa lèvre inférieure tremble. Pierre Lenhart se prépare. Le général Lefevre du Mouy donne des signes d'agitation, comme s'il s'agissait de son propre sort. Il parle haut, à tort et à travers, évoque d'obscures questions de procédure, qui ne sont plus de mise. Sous le coup de la surprise, personne n'ose l'interrompre. L'aumônier et moi-même lui demandons de se taire. Il s'y résout en maugréant.

« L'aumônier regagne la cellule. Il s'entretient longuement avec Pierre Lenhart, qui soudain nous fait face : pâle, vêtu de son long manteau noir, sa tenue est soignée. Il nous serre la main. Une expression d'agacement se peint sur son visage lorsqu'il aperçoit les juges militaires. D'une voix ferme, sans colère, il s'adresse à eux : " Messieurs, je ne souhaite pas votre présence. Je vous demande de partir. — Nous appliquons le règlement ", rétorque le général Lefevre du Mouy. Les juges militaires semblent atterrés par ce manque de tact. Pierre Lenhart esquisse un sourire méprisant : " Vous voilà devenu bien juridique. C'est un peu tard. " Et il lui tourne ostensiblement le dos. Les militaires se retirent en silence.

« Nous descendons le grand escalier pour gagner la chapelle. L'aumônier dit la messe, servie par un gardien. Pierre Lenhart se tient debout, seul, au premier rang. Il communie. Nous sortons de la chapelle. Le visage de Pierre Lenhart me frappe : les traits détendus, rassérénés, il donne une extraordinaire impression de paix intérieure.

« Un gardien se précipite avec un bol de café. Dans sa hâte, il le laisse tomber. Il court en chercher un autre. Pierre Lenhart, un peu à l'écart dans la cour, boit le café brûlant à petites gorgées.

« Trois voitures attendent. C'est lui qui donne le signal du départ : " Allons ", dit-il. Il monte en voiture. Le directeur de la prison, l'aumônier et moi-même prenons place à ses côtés. Pendant le trajet jusqu'à l'hippodrome, il ne prononce pas un seul mot. Il regarde par la vitre Alger dans la nuit. Une demi-heure plus tard, nous arrivons sur le champ de courses. L'escorte se déploie. J'aperçois aussitôt le poteau : une simple planche d'un mètre cinquante fichée sur un petit tertre.

« Pierre Lenhart demande l'autorisation de commander lui-même le feu. Le colonel Michelot tente de l'en dissuader. Devant sa résolution, il décide de téléphoner au général responsable de la place d'Alger. On le sent préoccupé de " se couvrir ". Pierre Lenhart s'entretient un long moment avec l'aumônier. Il reçoit sa bénédiction et baise le crucifix qu'il lui tend. Le colonel Michelot revient avec l'accord du général. Pierre Lenhart l'interroge sur les commandements : " Préparez-vous... En joue... Feu ! "

« Pierre Lenhart me prend par le bras. " Merci, maître. Nous avons fait ce que nous avons pu. Que voulez-vous, nous avions l'Histoire contre nous ! N'oubliez pas d'écrire à Roland. Vous lui raconterez comment je suis mort. Dites-lui que j'ai voulu rester fidèle à notre jeunesse. Pour le reste, pour ma fille, il sait ce qu'il doit faire. Je lui fais confiance. Adieu. " Il m'embrasse. Des larmes coulent sur ma joue. Il s'en aperçoit et sourit : " Ne me plaignez pas : ils croient m'envoyer à la mort, mais je vais vers la vie. "

« Il se tourne vers le peloton : " Messieurs, je suis à vous. " Il abandonne son manteau au directeur de la prison et se place devant le poteau, bien droit, les bras le long du corps. Dans notre direction, un petit geste d'adieu. Son regard embrasse longuement la nuit. Un profond soupir. Il lève le bras et lance aux douze soldats, l'arme au pied : " Etes-vous prêts ? " Les soldats se mettent en position. " En joue ! " Son bras retombe et frappe sa poitrine. " Feu ! "

« La détonation nous déchire. Il s'écroule de tout son long sur le côté. Le sergent, gêné par son sabre, qu'il n'a pas dégainé, court donner le coup de grâce. Une détonation. Un soldat se met à pleurer. Le docteur Lacouche constate le décès. L'aumônier se penche sur le cadavre, lui ferme les yeux et récite des prières. Le visage de Pierre Lenhart, dans l'aube qui commence à poindre, m'apparaît rajeuni, un visage d'enfant doux et généreux.

« Dès le lendemain, des bruits circulent dans Alger. On parle d'une substitution de cadavres. On évoque l'affaire du maréchal Ney. Un mois plus tard des soldats affirmeront l'avoir vu dans une unité de chars à Monte Cassino. Ces rumeurs me semblent fantaisistes. Mais tant de choses folles ont germé dans les cervelles d'Alger, qui parfois se sont révélées vraies...

« Ma conviction est que Pierre Lenhart est bien mort, le 8 avril 1944, dans les circonstances que j'ai décrites. »

Roland de Neuville se tenait debout, cette lettre à la main, face à la Rhune. Il était accablé. Le sens de la vie lui semblait perdu. Il ne comprenait pas. Tout vouait Pierre Lenhart à une existence paisible. Aucune passion ne paraissait devoir le sortir jamais de la routine d'une carrière brillante. Un étiage variable, qui excluait tout débordement. Et il était mort. Et Roland était vivant, lui qui n'avait jamais douté d'appartenir à la race de ceux qui meurent les premiers. Toute son adolescence, il s'était bercé de l'intuition romantique que si la guerre éclatait — elle ne pouvait qu'éclater — il en serait la première victime, ou alors un héros. Il avait été épargné ; il ne se sentait pas dans la peau d'un héros. Déçu, amer, triste, il contemplait la chaîne des Pyrénées de la terrasse de sa belle villa de Guéthary dévastée par les Allemands, sous le soleil voilé de cette matinée d'août 44.

Roland revoyait Pierre Lenhart à cet endroit même, sur un transat, dans le début torride de l'été 33. En tenue de tennis, un livre sur les genoux — *Nadja* d'André Breton —, il observait d'un air contrarié la Rhune, qui se découpait dans la lumière sans pitié du plein après-midi. Sous le transat, Flocon, l'énorme berger des Pyrénées, haletait, la gueule ouverte, laissant pendre jusqu'au sol sa fine langue rose. A quelques mètres, un buisson de genêts d'Espagne aux fleurs d'un jaune éclatant diffusait des effluves sucrés.

Roland revint vers la villa Artéa. La belle ferme basque était méconnaissable. La porte d'entrée était défoncée. Une grenade avait ravagé le vestibule. Des gravats jonchaient le sol avec des cadres, des livres déchirés, brûlés, des bouteilles vides et même des excréments. Partout la désolation, l'acharnement à salir, à détruire. On avait tenté de mettre le feu au grand salon ; la bibliothèque avait brûlé avec un pan de boiserie. Les murs étaient noirs de fumée. Seul l'affolement de la retraite avait évité la destruction complète. Toutes les vitres étaient brisées.

Roland passa les chambres en revue. Partout le même désastre. La chambre bleue, celle où, ce fameux été 33, il avait installé Pierre Lenhart, endimanché et gauche dans son costume fripé, sa valise en carton bouilli à la main — étrange comme les bagages révèlent une origine sociale ! Une belle pièce de plain-pied avec le jardin, auquel on accédait par une porte-fenêtre ; les persiennes étaient closes en raison de la chaleur. Il régnait là une atmosphère un peu créole, sans doute parce qu'une moustiquaire se lovait contre les montants du petit lit Empire. Roland avait disposé des fleurs sur la cheminée et le secrétaire ; des cigarettes anglaises sur la table de nuit, celles que son ami avait l'habitude de fumer. Pierre Lenhart n'avait pu dissimuler un peu de confusion devant ces attentions, ce raffinement.

Aujourd'hui, les montants du baldaquin étaient brisés, la moustiquaire déchirée, le secrétaire renversé ; les tiroirs arrachés gisaient sur le sol ; le matelas éventré exhibait ses entrailles de laine.

Comme cet été 33 semblait lointain ! La vie alors était si douce ; l'avenir à la fois incertain et lumineux. Ces vacances de l'avant-guerre où Hitler n'apparaissait encore que comme un pantin moustachu, ridicule, pourquoi prenaient-elles soudain cette allure d'un rendez-vous avec le destin ?

Tant d'images s'affrontaient dans l'esprit de Roland : Pierre Lenhart sur un transat, en tenue de tennis, les traits tendus sous le soleil, et le supplicié de l'aube au « visage d'enfant doux et généreux », les souvenirs de la villa Artéa à l'époque de sa splendeur et cette atmosphère navrante de saccage, tout comme s'opposaient en lui le temps léger des espérances de sa jeunesse et l'amertume des désillusions.

PREMIÈRE PARTIE

LES GENÊTS D'ESPAGNE

Me rendras-tu, rivage basque,
Avec l'heur envolé
Et tes danses dans l'air salé
Deux yeux, clairs sous le masque

P. J. Toulet.

I

De la terrasse chaulée du premier étage attenante au grand salon de la villa Artéa, on embrassait du regard un vaste pan de montagne peint en camaïeu sur le ciel. La Rhune toute proche élevait sa masse conique, impressionnante, mystérieuse, à l'allure d'emblème totémique. Le soir, elle prenait un ton gris-bleu. A droite, vers la mer, l'horizon était un lit de braises. Le soleil disparaissait sous un front rougeoyant de stratus. De petits nuages roses fuyaient le brasier. Cette violence du ciel surprenait dans un paysage aussi paisible. Le temps était doux. La brise apportait des prairies une odeur de foin et de lait. Flocon, le berger des Pyrénées, était affalé sur les dalles ; il lorgnait les petits fours du buffet de ses bons gros yeux langoureux.

Pierre Weissberg (tout le monde l'appelait Wiso) et Roger Lanche poursuivaient leur éternelle discussion. Jamais d'accord, on ne pouvait les séparer : bavards, pourvus d'un égal esprit de contradiction, il ne fallait pas compter sur eux pour savourer en paix un beau paysage. Même en pleine nuit, leurs éclats de voix réveillaient la villa.

Roland de Neuville apparut sur la terrasse en compagnie de Pierre Lenhart. Son visage préoccupé exprima un léger agacement. Il pensa : « Ces deux-là, qu'ils ne fichent rien, passe, mais qu'au moins ils se fassent tout petits. » Comme il osait rarement exprimer avec franchise le fond de sa pensée (timidité, bonne éducation), il se contenta de dire :

— Allez-y doucement, gardez quelques munitions pour le dîner !

— Avec Wiso rien à craindre, ou plutôt l'épuisement, répondit Roger Lanche en tordant ses lèvres poupines. D'ailleurs, je n'en peux plus.

Et il se laissa choir d'une manière comique sur les coussins rouges qui recouvraient la banquette.

— Roger est trop opportuniste, commenta Wiso en prenant les arrivants à témoin. Un véritable édredon. Il me tue à force de modération. C'est déjà un vieux diplomate de carrière.

Roger Lanche se leva d'un bond.

— Tout ça parce que j'ai eu le malheur de toucher à M. Blum... J'ai maintenant toute la diaspora sur le dos.

— Je me fous bien de la diaspora ! éclata Wiso en rougissant. Tu es d'une mauvaise foi révoltante.

La discussion repartit de plus belle.

— Et c'est comme ça toute la journée, laissa tomber Roland d'un air las.

Soudain, pris d'une lubie, il planta là Pierre Lenhart. Il venait de penser qu'il avait oublier de monter les bouteilles de vin dé la cave. Roland, qui était d'un tempérament plutôt nonchalant, vibrionnait. Ce dîner d'une vingtaine d'amis finissait par prendre chez lui les proportions d'un événement. Il accordait à chaque détail une importance démesurée : il avait fait changer les nappes, les bougeoirs. Dans les cuisines, on voyait chacun de ses passages comme un fléau. Il appréhendait que ce dîner ne fût raté ou simplement médiocre. C'était la première réception qu'il organisait depuis la mort de son père qui, trois ans plus tôt, s'était tiré une balle de carabine dans la tempe en démontant son arme. Un accident stupide qui survenait au moment où ses affaires non seulement n'étaient pas mirifiques, comme le prétendait ce Gascon toujours optimiste, mais prenaient un tour catastrophique. Tout le monde avait feint de croire à *l'accident ;* on n'avait pu dissimuler la ruine, une ruine relative, celle des riches, qui épargne le patrimoine mais assombrit le train de vie. Privée de son munificent capitaine d'industrie, la villa Artéa n'avait plus été le théâtre de ces fêtes brillantes qui alimentaient autant la chronique mondaine de la côte basque qu'elles rendaient plus instable une situation financière déjà obérée. Roland avait hérité de la villa ; son frère Jean d'une maison plus petite située dans la propriété — l'indivision des terrains était le prétexte à de nombreuses frictions entre les deux frères, qui ne s'entendaient pas. Voilà pourquoi ce dîner prenait pour Roland une valeur de symbole : il voulait renouer avec la légende fastueuse de son père. Mais cela, tout le monde l'ignorait.

Sur la terrasse la discussion continuait.

— Blum n'a pas cessé de se tromper, disait Roger Lanche qui citait d'un ton ironique : « Hitler a perdu jusqu'à l'espérance du pouvoir. » Tu parles d'un pronostic !

Pierre Lenhart, qui portait une chemise rouge assortie à son front durement touché par un coup de soleil, écoutait la conversation d'un air gourmand. Il brûlait d'y participer. Les deux amis ne lui laissaient pas le temps de placer un mot. Il les observait avec amusement. Le contraste entre eux était piquant : Roger Lanche était une petite boule nerveuse et remuante. Boudiné dans un blazer bleu marine et un gilet à carreaux aux couleurs voyantes qui comprimait un petit bedon, il mitraillait Wiso d'arguments spécieux et paradoxaux, agitant ses mains potelées et sa houppe de cheveux blondasses rebelle aux cosmétiques, qui s'élevait sur son front comme un point d'interrogation. Wiso le dominait de sa haute taille. C'était un jeune homme bien découplé, à la chevelure noire et bouclée. Ses yeux d'un bleu soutenu, qui brillaient en société d'une lueur amusée ou ironique, prenaient dès qu'il était seul une expression anxieuse. En plus de cet agréable visage mâle, il avait de l'allure. Il plaisait, aux femmes comme aux hommes. Mais cela ne lui suffisait pas. L'idée de ne séduire que d'une manière superficielle lui était insupportable. Aussi se donnait-il un mal fou pour obtenir un succès qui lui venait naturellement sans le contenter, car il vivait à la merci d'un mot mal interprété, d'une attitude jugée agressive ou simplement indifférente, qui le plongeaient dans les affres. Qu'on ne l'aimât point lui était une torture. Toujours vêtu avec élégance, il portait ce soir-là un costume en toile écrue. Les boutades de son ami l'amusaient. Il tentait de ramener les arguments sur un terrain plus solide. Une nouvelle pirouette le déconcertait. Alors il s'exaspérait, haussait le ton et menaçait de rompre la discussion.

Conduit par Roland, toujours tendu sous son sourire crispé, un premier groupe d'invités se présenta dans l'embrasure de la porte-fenêtre. Il fit les présentations. Interrompus à un moment crucial de leur débat, les duellistes se prêtèrent sans enthousiasme à quelques échanges de banalités, attendant que Roland ait le dos tourné pour reprendre leur discussion.

Alors apparut Antonia, flanquée d'Eric de Spam, grand et beau jeune homme sombre au profil d'aigle et de Rose Dolfuss, la fiancée de Pierre Lenhart, une brune au maintien modeste. On ne vit d'abord qu'Antonia. De taille moyenne, ses cheveux très bruns tirés en arrière liés par un ruban rouge, elle montrait un visage rieur. Ses yeux bleus d'une clarté pâle que faisait ressortir sa peau hâlée atténuaient la dureté de son sourire de petit carnassier aux canines de nacre. Elle semblait attendre avec une fierté amusée que l'on vînt vers elle. On sentait qu'elle bridait une énergie peu commune et une confiance absolue dans sa séduction. Cette assurance plus encore que sa beauté la distinguait. A dix-huit ans, elle avait déjà sa légende dans la petite société de la côte basque.

Pierre Lenhart, qu'une ancienne amitié liait à Eric de Spam, se dirigea vers les nouveaux arrivants.

Un brouhaha montait de la foule colorée et pépiante qui peuplait la terrasse. On se livrait à des démonstrations d'amitié ; on grimaçait des signes de reconnaissance ; les jeunes filles faisaient tinter leurs petits rires haut perchés. Les braises du couchant, qui exaltaient les couleurs vives des robes, se reflétaient dans les yeux. Les carafes d'orangeade, semblables à d'énormes pierres précieuses, se détachaient sur les murs blancs, irisés de teintes mauves.

Quelque chose manquait : ces sourires crispés, ces amabilités convenues ne créaient pas une atmosphère de fête. Rien ne reliait encore les invités. On lançait des phrases en l'air ; on posait des questions sans écouter les réponses. On pérorait comme si on craignait plus que tout le silence qui aurait révélé le vide que chacun ressentait.

Soudain, un veau se mit à beugler. Sa plainte était si insistante, si navrante que les conversations cessèrent. Il y eut un instant de flottement, quelques rires. On se pencha sur la balustrade : dans la prairie, en contrebas, le cou tendu à travers les fils de fer, l'animal appelait sa mère que la fermière était en train de traire à une centaine de mètres. On percevait le tintement clair de l'anse contre le seau en métal.

Les masques empruntés disparurent ; de vrais sourires s'épanouirent ; l'atmosphère se détendit. La vie faisait enfin irruption dans la fête.

Eric de Spam excitait la curiosité. Son visage semblait en

proie à un violent mécontentement. Il serrait les maxillaires, jetait sur les invités des regards furibonds. Sa lèvre supérieure mâchurée à son extrémité par une cicatrice lui donnait une expression douloureuse. Loin de paraître rébarbatif, il exerçait une séduction austère. On lui imaginait de terribles débats intérieurs, des souffrances mystérieuses qui, en tout cas, n'avaient jamais effleuré les jeunes gens qui l'observaient. On sentait qu'Antonia n'était pas étrangère à cette mauvaise humeur. Elle semblait ne rien voir. Plus elle manifestait de gaieté, plus le visage de son compagnon s'assombrissait.

Roland vint se joindre au petit groupe. Il était moins nerveux. Il ne manquait plus qu'un invité. La soirée s'annonçait bien. On les regardait : Eric de Spam mis à part — mais on était habitué à son caractère difficile — ils semblaient heureux de se retrouver dans cette fête en plein air, devant un paysage grandiose. Jeunes, beaux, riches, ils se profilaient avec un air vainqueur dans le soleil couchant qui jetait sur eux une lueur tourmentée.

II

Les conversations battaient leur plein autour des deux tables, une grande rectangulaire et une plus petite, ronde, dressées sur la terrasse en auvent du rez-de-chaussée. Les flammes des bougies découpaient des visages tremblant dans la nuit. La soirée douce et humide posait sur les bras et les épaules nues une caresse tiède. Le vin de Madiran, âpre et corsé, entretenait les esprits dans un état qui oscillait sans cesse entre l'excitation et la torpeur ; tantôt les convives s'assoupissaient dans un bien-être doucereux et hébété, tantôt ils s'élançaient nerveusement à la poursuite d'une idée. De quoi parlait-on ? De ces éternels riens qui tissent les journées de vacances : les baignades, le tennis, les excursions projetées. Il s'y mêlait sans transition des discussions plus sérieuses : Pierre Lenhart essayait une fois encore de convaincre Wiso des avantages sociaux apportés par le corporatisme en Italie. Il s'irritait de l'air dubitatif de son interlocuteur qui ne l'écoutait que d'une oreille ; de l'autre il tentait de suivre l'histoire qui, depuis quelques instants, tenait ses voisins en haleine.

Antonia provoquait ce sursaut d'intérêt. Elle racontait une noyade à laquelle elle avait assisté la semaine précédente à Biarritz. Elle ne paraissait pas touchée par le drame dont elle faisait le récit. Son visage était surtout éclairé par la satisfaction de tenir la vedette ; ses yeux malicieux étincelaient de plaisir. On la sentait grisée du pouvoir qu'elle détenait sur les imaginations. Aussi ne se pressait-elle pas. D'une voix douce, posée, ménageant ses effets, elle décrivait avec minutie l'aspect affreux du cadavre, les tentatives de réanimation. L'auditoire frémissait ; on lui posait des questions : elle répondait avec l'aplomb d'un spécialiste.

Le centre de la conversation se déplaça sur Roger Lanche. Il avait une façon si drôle de trousser des anecdotes, ses mimiques les pimentaient si bien que son auditoire riait d'avance dès qu'il ouvrait la bouche. Pourtant l'histoire qu'il évoquait était l'antienne la plus rebattue de la côte basque. Roger Lanche, qui l'ignorait, continuait à raconter les frasques de l'excentrique baron de L'Espée, à décrire les fameuses villas de Biarritz reliées entre elles par des souterrains. Quand on finit par l'éclairer sur sa méprise, son air déconfit suscita un rire général. Il ne se démonta pas. Il enchaîna en demandant, les yeux rallumés par la perspective de redéployer sa verve : « Connaissez-vous l'affaire Poderescu ? » Sa question fut accueillie par de nouveaux rires : le scandale avait défrayé la chronique deux semaines plus tôt. Le comte Poderescu, qui louait la villa Mouriscot, avait surpris sa femme avec son amant, un ministre espagnol. Il avait exigé réparation par les armes. Un vrai vaudeville ! Rarement un mari bafoué — ce n'était pas le premier qui hantait le boulevard de l'Impératrice-Eugénie — s'était démené à ce point pour publier son infortune. Roger Lanche laissa passer la vague d'hilarité et déclara d'un air fin : « Oui, mais vous ne savez pas tout ! » L'assistance devint attentive. Il dénoua les fils emmêlés d'une intrigue rocambolesque d'où il ressortait que la comtesse était une espionne à la solde des services secrets allemands qui avaient provoqué ce scandale pour éclabousser le gouvernement espagnol en difficulté.

Pendant ce récit, Eric de Spam avait paru hors de lui sans que l'on comprît pourquoi. N'y tenant plus, il se pencha vers Pierre Lenhart et lui murmura d'une voix altérée :

— C'est faux, archifaux... Elle a encore menti !

— Qui ? demanda sèchement Pierre Lenhart.

Il bouillait de voir Roger Lanche, qu'il jugeait superficiel, lui voler son public.

— Antonia ! Jamais elle n'a vu de noyé de sa vie !

Pierre Lenhart, d'abord interloqué, esquissa un sourire.

— Tu trouves ça drôle ? s'indigna Eric de Spam.

— Pas drôle... Curieux, très curieux.

— Moi je trouve ça navrant, soupira Eric de Spam.

Il replongea dans son mutisme tandis que Pierre Lenhart cherchait le moyen de supplanter Roger Lanche en détournant la conversation de l'interminable imbroglio roumain.

Roland suivait de loin ce récit, un œil sur le bon déroulement du dîner. Surtout, il était perplexe. Plusieurs des jeunes filles invitées lui plaisaient, chacune à sa manière. A la dernière minute, il avait placé à ses côtés celles qui lui paraissaient les plus séduisantes, sans savoir sur laquelle jeter son dévolu. Le temps passait. Il ne pouvait se décider : sa voisine de gauche, brunette un peu boulotte, avec des lueurs trompeuses de vivacité dans ses beaux yeux noirs, n'ouvrait la bouche que pour dévider des platitudes. Mais elle avait la réputation d'être *facile.* Celle de droite, une belle blonde, sportive, avec des reflets roux dans sa crinière, montrait plus d'esprit. Roland, qui l'avait vue en maillot de bain, lui trouvait trop peu de poitrine. Il les scrutait, les écoutait, l'une après l'autre, sans parvenir à se déterminer. Il ne pouvait s'empêcher de les comparer à Antonia qui incarnait pour lui la perfection : amusante, vivante, elle provoquait toujours en lui un grand élan d'attendrissement. Son amitié pour Eric de Spam lui interdisait de laisser se développer cette inclination. Il avait beau étouffer son penchant pour elle, un regret irrépressible lui pinçait le cœur dès qu'il la voyait, comme ce soir-là, dans tout l'éclat de son charme.

Soudain, Roger Lanche demanda aux convives de se taire.

— Chut... un peu de silence... assez de frivolités... Pierre va nous réciter un poème.

Et il se figea dans une attitude de recueillement trop forcée pour ne pas être ironique. Pierre Lenhart se fit prier.

— Oui, un poème ! reprit-on en chœur.

Il fit un signe d'acquiescement. Il se prit la tête dans les mains pour se concentrer, se redressa en relevant de la paume sa mèche de cheveux et, le regard fixé sur un point imaginaire dans la nuit, il entonna de sa voix théâtrale et chaude :

Si je mourais là-bas sur le front de l'armée
Tu pleurerais un jour ô Lou ma bien-aimée
Et puis mon souvenir s'éteindrait comme meurt
Un obus éclatant sur le front de l'armée
Un bel obus semblable aux mimosas en fleurs

Et puis ce souvenir éclaté dans l'espace
Couvrirait de mon sang le monde tout entier
La mer les monts les vals et l'étoile qui passe
Comme font les fruits d'or autour de Baratier

Le fatal giclement de mon sang sur le monde

Quelques sourires s'esquissèrent en dépit de l'émotion que suscitait le poème : ce vers, que Pierre Lenhart venait de réciter avec tant de conviction qu'il en avait les yeux embués, correspondait si peu à son image d'homme bien vivant, terre à terre, indestructible. Sans s'apercevoir de ces sourires, ni des yeux brillants de sarcasme de Roger Lanche, il poursuivit jusqu'à la dernière strophe :

Mon sang c'est la fontaine ardente du bonheur
Et sois la plus heureuse étant la plus jolie
O mon unique et ma grande folie

Tandis qu'il prononçait : « étant la plus jolie », Pierre Lenhart avait posé un court instant son regard sur Antonia qui était en face de lui. Ce mouvement, qui n'avait échappé à personne, provoqua une légère gêne. Rose s'en aperçut. Elle se replia sur elle-même, les yeux affolés. Elle prit ses couverts et les reposa d'un geste nerveux. Eric de Spam émit un rictus plein de dérision.

— Pour un matheux, il ne se défend pas mal ! s'exclama Roger Lanche en applaudissant avec un zèle suspect, suivi par tous les convives.

Pierre Lenhart sourit d'un air fat : il n'était jamais si heureux, lui, le brillant sujet, le scientifique, que lorsqu'il se donnait une image de littéraire, d'homme cultivé. Il crut nécessaire de préciser :

— C'était de l'Apollinaire !

Roger Lanche se pencha vers Wiso et lui murmura :

— Il a dit : « C'est de l'Apollinaire », comme il aurait dit : « C'est du bœuf. »

Au dessert, Antonia se signala de nouveau en accrochant des

cerises à ses oreilles et se livra à des minauderies qui la convainquirent de l'efficacité de son charme. Quand l'effet de son numéro commença à s'émousser, elle tendit les cerises à Flocon, qui les avala tout rond. On rit beaucoup de cette nouvelle fantaisie.

Un croissant de lune diffusait une lumière blafarde au-dessus de la Rhune, dont on distinguait le triangle grisâtre dans la nuit. La brise s'était levée ; il commençait à faire frais, Roland, qui avait apporté des plaids pour les jeunes filles, décida que l'on prendrait le café dans le salon du premier étage. Les invités se dirigèrent vers l'escalier.

Wiso demeura assis avec la belle blonde que Roland avait fini par délaisser au profit de la petite brune. Il lui racontait la mort de son frère au cours de l'expédition des Dardanelles. C'était le poème d'Apollinaire qui avait réveillé en lui ce souvenir douloureux. Il parlait souvent de ce drame. A la fois parce qu'il portait à son frère aîné une admiration et un amour que le temps avait exaltés, mais aussi, sans qu'il en fût conscient, parce que ce sacrifice symbolisait pour lui, jeune juif, son appartenance à part entière à la communauté française.

— Allez, allez ! Il y a des sujets plus gais, lança Roland d'un air faussement jovial.

Il était agacé de voir que la blonde, qu'il trouvait subitement très désirable, lui échappait. Sans s'interrompre, Wiso lui adressa un regard lourd de reproches. Roland comprit son indélicatesse. Il changea d'attitude. Posant un plaid sur les épaules de son ami, il dit d'un air à la fois complice et affectueux :

— Restez si ça vous fait plaisir, mais n'attrapez pas froid !

Et il se hâta de rejoindre la petite brune.

Le salon du premier étage ressemblait au deck confortable d'un vieux yacht anglais. Le faible éclairage qui laissait des zones d'ombre, l'odeur du vernis renforçaient encore l'illusion. Le père de Roland, passionné de navigation, avait laissé son empreinte dans l'aménagement de cette vaste pièce au plafond bas, tapissée de boiseries et de bibliothèques chargées de livres. Sur les murs, des gravures anciennes représentant des scènes maritimes côtoyaient des dessins — la plupart dédicacés — qui évoquaient des paysages de la côte basque. Une grande photo du père de Roland en uniforme d'officier de liaison était placée en évidence, dans un cadre en argent, sur un guéridon. C'était un très bel homme à la mâchoire impérieuse et aux yeux clairs. Son fils lui ressemblait, sans l'expression de dureté, comme une mouture adoucie et vulnérable. Dans le fond de la pièce, un piano à queue réfléchissait les lumières sur sa masse noire et luisante : il rappelait que la mère de Roland avait eu son heure de renommée comme soliste avant de se consacrer à ses enfants.

— Ta mère vient cet été ? demanda Rose à Roland, très empressé auprès de la petite brune.

Il tentait de l'éblouir en lui montrant les prestigieuses signatures du livre d'or. Roland répondit d'un air distrait :

— Elle arrive dans deux jours.

— Je ne connais pas de femme plus belle ! s'exclama Rose avec cette exaltation particulière aux timides quand ils sortent de leur réserve. Elle est merveilleuse. Si j'étais un homme, je crois que j'en serais follement amoureux.

Roland ne releva pas le compliment. Il fronça les sourcils. Il aimait passionnément sa mère mais entendre vanter sa beauté, sa séduction, lui était désagréable. Il en éprouvait toujours une impression de gêne. Cette réflexion agaça aussi Pierre Lenhart. Il la jugea convenue, sotte. Il jeta à Rose un regard dur qui la troubla. Elle ne savait plus comment se comporter en présence de Pierre : quand elle se taisait, il le lui reprochait ; quand elle se forçait à participer à la conversation, il lui faisait sentir qu'elle ne disait que des bourdes. Elle en souffrait mais reconnaissait dans cette sévérité l'expression d'une force de caractère.

Roland proposa de danser.

— Oui, oui, dansons ! s'exclama Antonia.

Elle se leva d'un bond du canapé où depuis un moment elle semblait absorbée dans ses pensées.

Roland, aidé par Roger Lanche, écarta les meubles et se mit à rouler le grand tapis.

Roger Lanche se dirigea vers sa voisine de table, une blonde aux cheveux courts qui avait beaucoup ri à ses plaisanteries. Un peu à l'écart, elle bavardait avec une amie et tournait le dos aux invités. Comme il s'approchait d'elle pour l'inviter, il l'entendit déclarer d'un ton résolu :

— Oh, non ! pas Roger, il est trop moche... Il a l'air mou.

Son amie tenta de l'avertir en lui serrant le bras. Elle se retourna, eut un mouvement de recul et éclata d'un petit rire nerveux. Roger Lanche tourna les talons ; il marcha comme un automate vers la table basse où étaient disposées les boissons. Il se servit un verre d'alcool; sa main tremblait. Il était humilié, abasourdi, comme si on lui avait donné une gifle. Ses yeux tentaient de fuir les deux filles qui jetaient des regards de biais dans sa direction. Il avala d'un trait l'alcool de poire. Une chaleur brûlante envahit sa poitrine. Il ne se sentait plus aucun ressort. Hébété, il contempla un long moment son verre vide. Il ne sortit de sa torpeur que lorsque Roland l'interpella :

— Roger ! Qu'est-ce que tu fiches ? Tu ne danses pas ?

— Oui, j'arrive, dit-il en esquissant un pauvre sourire.

Roland était trop préoccupé par sa soirée pour s'interroger sur la mine défaite de son ami. Déjà il houspillait Eric de Spam qui, depuis la fin du dîner, n'avait pas cessé de fureter dans les rayons de la bibliothèque :

— Ah, non, tu ne vas pas te mettre à lire ! Fais donc danser Antonia !

Eric de Spam, interloqué, abandonna ses livres et se joignit aux danseurs.

Roger Lanche ne resta pas en place un seul instant de toute la soirée. Il invitait tour à tour Antonia et Rose, dont il n'avait à craindre aucune avanie. Loquace, on le voyait se livrer à ses habituelles pitreries avec une excitation un peu forcée. Il avait beau se démener, son cœur était douloureux. Une impression d'humiliation et de tristesse lui collait à l'âme. Pendant les slows, le parfum d'Antonia le troublait ; il regardait sa nuque fragile, émouvante, et éprouvait de la compassion pour lui-même, ce personnage rejeté, abandonné, qui ne trouverait jamais grâce auprès d'une femme. Son malheur était si violent qu'il provoquait en lui une ivresse mauvaise. Il se maudissait sans savoir si sa haine devait porter contre lui-même ou l'injustice de son sort.

Wiso réapparut, l'air frileux et éberlué, tenant la main de la belle blonde.

La soirée tirait à sa fin. Roland paraissait satisfait. Il serrait de près la petite brune qui le regardait avec une expression pâmée. Des couples enlacés évoluaient dans la pénombre. La moitié des invités étaient partis. Roger Lanche, assis seul sur la terrasse, observait le ciel étoilé.

III

Eric de Spam ne pouvait trouver le sommeil. Il étouffait de fureur. Tous les épisodes de la soirée repassaient un à un dans son esprit ; aucun ne l'incitait à l'indulgence. Au contraire, ils augmentaient son exaltation. Antonia était l'objet principal de son irritation. Il la haïssait. Il revoyait ses attitudes complaisantes, ses minauderies, ses manières ensorceleuses. Oui, il la trouvait diabolique ! Par quelle faiblesse l'avait-il laissée prendre un tel empire sur lui-même ? Il se sentait prisonnier d'une femme qu'il aimait mais qu'il méprisait et dont il était incapable de se séparer. L'enfer ! Il la trouvait belle, terriblement désirable, mais ces séductions, il en était convaincu, ne servaient qu'à donner le change à une âme vile. Et on la disait intelligente, généreuse ! Quelle sottise ! Elle était frivole, égoïste, superficielle. Il n'incriminait pas seulement Antonia mais tous les protagonistes de cette soirée vaine : Roland, enlisé dans les mondanités ; Pierre Lenhart, ridicule avec ses prétentions littéraires ; Roger Lanche, un pitre ! Ne trouvaient grâce à ses yeux que ceux qui, comme lui, n'avaient pas prononcé un seul mot, les ombres : Wiso, que l'on n'avait presque pas vu, Rose, figée par la timidité. Mais celui qui l'exaspérait le plus, celui à qui il ne pardonnait pas sa lâcheté, c'était lui-même. Quelle crainte l'avait retenu de crier son mépris devant les médiocres qui peuplaient ce dîner ? Pourquoi, alors qu'il se sentait si supérieur à eux, s'était-il conduit de manière à passer à leurs yeux pour un imbécile ?

Il était affalé dans un fauteuil club à bout de souffle, les ressorts affaissés, le cuir râpé aux accoudoirs. Il l'avait toujours connu ainsi, seul siège hospitalier de ce salon Napoléon III aux meubles tristes. Ce coin de la pièce sentait toujours le citron et les gâteaux : c'était là, près de la véranda, face à la mer, que sa tante prenait le thé en compagnie de quelques antiquités du voisinage.

La tante Cécile dominait le dénuement de son existence autrefois brillante du haut de son grand nez aristocratique et cabossé, de toute sa fierté de vieille fille pure aux manières surannées. Elle vivait dans un espagnolisme maniaque. Un séjour qu'elle avait fait adolescente, à Madrid, dans un milieu proche de la cour l'avait persuadée à jamais que la France n'était qu'une province dégénérée du royaume ibérique. L'Espagne était son critère en tout : en beauté, en élégance, en art de vivre, en médecine même. Elle avait l'impression de subir un exil nostalgique loin de sa vraie patrie. La proclamation de la république l'avait amputée de la moitié de son rêve. Mais c'était pour elle une tragédie transitoire. Elle l'oubliait en se grisant d'une petite provision d'anecdotes assez fades, qu'elle assaisonnait de manière flatteuse, sur le règne du roi Alphonse XIII.

Le temps avait passé sur elle sans qu'elle eût vécu : une histoire d'amour platonique avec un officier de marine catalan mort dans un naufrage et le souvenir obsédant d'un exhibitionniste du bois de Boulogne qui lui avait montré un membre de la taille d'un « petit arbre » — personne n'était parvenu à la raisonner — constituaient les deux infinis de son expérience sentimentale et sexuelle. Tout épisode amoureux qu'on évoquait ressortissait désormais forcément à l'un ou à l'autre : le sentiment angélique ou le sexe de la taille d'un « petit arbre ».

N'ayant jamais lu un livre, capable de parler de tout, bavarde, précieuse, susceptible, valétudinaire à volonté dès qu'elle sentait l'intérêt faiblir à son sujet, c'était le seul être auprès duquel Eric de Spam avait trouvé une vraie affection. Il la jugeait sévèrement, la rabrouait, ridiculisait ses manies et la traitait parfois avec cruauté. Mais il l'aimait, d'un amour froid, distant, sans effusion. Loin d'elle, les remords l'assaillaient ; il mesurait l'étendue de sa bonté, de son amour : il lui écrivait alors des lettres pleines d'une laborieuse affection. C'était le seul être qui le rattachât à sa mère, morte lorsqu'il avait douze ans, à laquelle il vouait un culte passionné. Il avait du mal à retrouver dans cette vieille fille chichiteuse, à l'allure de chèvre grise et efflanquée, le souvenir de sa mère, de son corps pulpeux, sensuel, parfumé. Il n'avait jamais surmonté l'injustice de l'avoir perdue, d'avoir été condamné à reporter sa tendresse sur une sœur sans grâce. Les images qui lui restaient de sa mère étaient vives, par endroits enveloppées de brume. Souvent elles traversaient son cerveau et y laissaient des traces si brûlantes qu'il lui semblait que sa tête allait éclater. Cette perte marquait une frontière dans sa vie : avec elle, une existence féerique, une protection lumineuse et paisible ; sans elle, chaque instant lui avait assené une blessure.

Ses trois frères, de l'avis général tous plus beaux les uns que les autres, n'avaient pas paru choqués outre mesure par la disparition de leur mère. Ils avaient tous brillamment réussi dans leurs études. Rien dans leur carrière, dans leur vie familiale, ne laissait apparaître la moindre incartade. Ils portaient tous l'empreinte rigoureuse de leur père, l'amiral Olivier de Spam, jovial, intransigeant et lointain. On attribuait les écarts récents d'Eric aux origines hongroises de la famille. Il faut dire que, jusqu'à sa vingtième année, mis à part son tempérament renfermé, sa conduite n'avait différé en rien de celle de ses frères. Il n'avait changé qu'au cours de l'année de sa préparation au concours d'entrée à l'Ecole navale. Il avait subitement tout abandonné pour se tourner vers les lettres. Son comportement, ses habitudes vestimentaires, d'hygiène même — il ne se lavait plus — s'étaient radicalement modifiés.

Autre contrecoup de sa révolution intérieure, de ses recherches successives : il s'était laissé pousser les cheveux et les avait rasés trois mois plus tard ; il avait ensuite porté une barbe, puis seulement une moustache fine qui lui donnait l'air d'un gommeux.

Sa belle-mère, Odette, se faisait fort de l'amener à résipiscence. C'était de sa part un bel aveuglement. Elle était l'être au monde qu'il exécrait le plus. Il la jugeait mondaine et intrigante. Surtout il ne lui pardonnait pas le crime de vivre au milieu des souvenirs de sa mère. Il répondait à ses avances mielleuses par une politesse glacée. A l'âge de treize ans, il avait décidé de la tuer en remplissant d'acide chlorhydrique la bouteille d'eau minérale qu'elle plaçait sur sa table de nuit. Devant le scandale, on avait préféré croire à la distraction d'une femme de chambre. La belle-mère en avait été quitte pour quelques papilles gustatives. Cet « accident » avait introduit dans leurs rapports cérémonieux un ingrédient passionné. Depuis, Odette était persuadée que son beau-fils nourrissait pour elle un amour tourmenté d'adolescent. Elle ne pouvait se méprendre davantage sur le sens de l'expression farouche qui allumait son regard devant elle, sur ses soupirs sans discrétion.

Pierre Lenhart avait été son seul confident dans cette période d'incertitudes. Leurs relations déjà anciennes s'étaient resserrées. Pourtant ils différaient en tout. Pierre Lenhart, qui avait un esprit positif, paraissait la personne la moins faite pour comprendre la crise que traversait son ami. Mais son intelligence lui permettait d'appréhender les raisonnements les plus éloignés des siens et il aimait rendre service. Dès qu'il avait senti Eric de Spam en difficulté, il n'avait pas ménagé son temps pour tenter de l'aider à trouver sa voie dans le brouillard d'idées et d'aspirations où il errait. Cette remise en cause, curieusement, ne l'atteignait pas. Ses certitudes étaient indéracinables. Sa vie à lui tracée comme un sillon.

Nourris l'un et l'autre des idées de l'Action française, fervents lecteurs de Maurras et de Bainville, ils avaient communié dans la même exaltation nationaliste, couru ensemble à toutes les manifestations du mouvement. Pierre Lenhart était le plus modéré. Et lui qui avait toujours dû freiner l'enthousiasme excessif de son ami l'avait vu brûler ce que la veille il adorait : les articles de la foi monarchique étaient devenus de ridicules billevesées, *l'Action française* une feuille de chou sectaire, les camelots du roi des activistes brutaux et conservateurs. Il oubliait qu'un an auparavant il avait cassé le nez d'un chansonnier qui tenait des propos grivois sur Jeanne d'Arc. Pierre Lenhart n'était pas loin de partager sa déception ; il lui reprochait sa véhémence : on ne fait pas table rase d'une doctrine, d'une ligne de pensée, d'amitiés aussi brutalement, et sans chercher à les remplacer. Et cet abandon d'études brillantes pour une vague licence de lettres ! Abasourdi de voir Eric de Spam manifester autant d'application à jeter du désordre dans sa vie qu'il en avait mis jusqu'alors à la rendre conforme aux normes familiales, il n'avait pu, un soir, s'empêcher de s'exclamer : « Attention, tu te conduis comme un aventurier ! »

Tout avait changé lorsque Eric de Spam avait rencontré Antonia Roussy Le Man à Biarritz. Sa passion pour une toute jeune fille — elle avait seize ans à l'époque — avait modifié son comportement. Il s'était détaché de la politique et ne s'intéressait plus qu'à Antonia. Il lui écrivait trois fois par jour quand il n'était pas avec elle, dans la maison de la rue Spontini où ses parents, qu'elle menait par le bout du nez, l'avaient accueilli. L'amour l'avait un peu humanisé. Il était toujours susceptible et ombrageux, mais paraissait libéré de ses angoisses, prêt à savourer enfin la vie.

Le service militaire ne lui en laissa pas le temps. Désespéré d'être séparé d'Antonia, il tenta de se faire réformer en ingurgitant de la caféine. En vain. Contre toute attente, après une courte période d'acclimatation, la vie militaire lui plut. Il découvrait un monde clos et gris, aux odeurs grasses, où rien n'était laissé au hasard, où tout était sanctionné. Il éprouvait après des exercices physiques harassants une grande paix intérieure dans le tumulte vulgaire de la chambrée ; la fatigue lui fermait les yeux ; il caressait l'image d'Antonia et sombrait dans le sommeil. Il prépara l'école des élèves officiers à Saumur où il retrouva Roland de Neuville, une vieille connaissance de la côte basque : leur amitié commune pour Pierre Lenhart les rapprocha. Leurs relations restèrent dans les limites d'une bonne camaraderie : Eric de Spam était séduit par le charme de Roland, sa gentillesse, toutes les qualités qui lui valurent d'être élu « fine » de l'école, mais il le jugeait trop bon jeune homme, trop sage.

Affecté à Brive comme sous-lieutenant, dans un régiment de l'infanterie de Marine, on lui confia une section de combat. Il eut alors une révélation : le peuple. La brutalité de ses soldats, leurs instincts à fleur de peau lui dévoilèrent l'envers du monde où il avait vécu, douillet, protégé, irréel. Le combat qu'il mena avec son sergent, un instituteur communiste, pour imposer son autorité lui procura des sensations enivrantes. Le peuple ! C'était donc cette vérité que toute son éducation avait tenté de lui dissimuler ? Quel plaisir il éprouvait à modeler cette pâte humaine, à la canaliser, à lui imposer sa loi ! Tout à la passion de suivre les progrès de sa section, il ne pensait plus à lui-même. Les exercices physiques l'exaltaient. Ses rares moments d'oisiveté, il les passait en discussions avec son sergent communiste.

Le retour à la vie civile le rendit à ses anciens poisons. Le pavé gris de Paris lui parut sans horizon. Il ne se sentait de goût à rien : nulle carrière ne l'attirait, aucun objectif ne lui semblait digne d'employer cette force qu'il avait découverte en lui. S'ajoutaient des difficultés matérielles : il vécut d'expédients qui humilièrent son amour-propre chatouilleux. Il donnait des leçons de latin et de français chez un chirurgien du boulevard Saint-Germain, faisait des travaux de correction pour un libraire. Surtout Antonia le déçut. Il avait vécu dans l'obsession de leurs retrouvailles, attendu avec ferveur le moment de la revoir. Il la trouva froide, distante, raisonneuse. Avait-elle autant changé à son égard qu'il le crut ? Sans doute pas. Devant le vide de son existence, il avait reporté sur elle toutes ses aspirations contrariées et lui demandait d'être tout. Elle l'aimait toujours, mais redoutait les excès de cette passion qu'elle lui inspirait, nourrie de susceptibilité, d'insatisfaction et de reproches. Quand elle tentait de le rassurer, il se braquait, l'accusait de ne plus l'aimer, se murait dans un mutisme sans fin. Depuis six mois, ils vivaient un amour déchiré qui ne les rendait heureux ni l'un ni l'autre. C'était chaque jour des scènes, des réconciliations, des malentendus qui usaient leurs nerfs.

La tête pleine de ces pensées amères, Eric de Spam se leva de son fauteuil et s'approcha de la véranda. Il tenait dans sa main gauche une dague de Tolède qui servait de coupe-papier. Il ouvrit la fenêtre : le vent froid, le fracas des vagues qui s'écrasaient au pied de la falaise lui donnaient l'illusion d'être au milieu de la mer. Le phare de la Vierge balayait la nuit à intervalles réguliers d'un long faisceau blanchâtre. Il éprouvait un cruel sentiment d'injustice à se sentir mal aimé. Il piqua la pointe de la dague dans sa paume jusqu'à ce que la douleur devînt insupportable ; une goutte de sang perla. Ce sang apaisa un peu la haine qu'il ressentait contre lui-même.

Ce n'était pas l'envie de se tuer, ce désir sauvage de mort qu'il avait si souvent caressé avec une ivresse morbide : rejoindre le doux sommeil de sa mère, se fondre à elle dans l'abîme qui avait aspiré à jamais sa voix, sa chaleur. Non, ce soir, il souffrait mais il croyait la vie possible. Seule Antonia lui faisait obstacle ; toutes les solutions qu'il envisageait se heurtaient à cette source de déchirement. Rompre ! Cette idée lui procurait une sensation de délivrance. Mais aussitôt il repensait à son corps, à ses seins, et il ressentait une vive douleur. Il murmura : « C'est trop. Je dois la quitter. Je dois la quitter. »

IV

Quand les invités de la villa Artéa s'éveillèrent, ils s'aperçurent vite que quelque chose avait changé. L'atmosphère n'était plus si fluide ni si badine : Roland avait beau manifester tous les signes d'une besogneuse bonne humeur, on sentait son esprit ailleurs ; la femme de chambre à la poitrine orgueilleuse n'arborait plus son bon sourire nonchalant mais un masque soucieux et affairé ; on mettait une sourdine aux discussions qui d'habitude faisaient vibrer les tasses du petit déjeuner. Le débraillé disparut des conversations et des tenues : Roger Lanche renonça à s'exhiber dans son pyjama rayé qui, chaque matin, lui valait des plaisanteries sur son indécence. A cela près, rien, sinon les volets clos de la grande chambre du premier étage, ne signalait l'événement de la matinée : la mère de Roland, *la belle Jacqueline,* était arrivée, à l'aube, par l'express de Paris. Elle se reposait. Elle allait apparaître. Ceux qui la connaissaient comme ceux qui n'avaient d'elle qu'une idée façonnée par sa légende ne pouvaient se défendre d'être impressionnés.

Toute la matinée se passa dans une attente anxieuse déguisée en désinvolture. On fit comme si de rien n'était : sauf que l'on remit à l'après-midi le rituel de la baignade sur la plage de la côte des Basques ; on joua bien au tennis mais le court purgé de tous les jurons qui d'habitude y fusaient avec une éclatante bonne santé devint un espace solennel et sans entrain d'où ne filtraient que le clop-clop des balles et les exclamations réduites aux réglementaires *out, let, deuce.* Pierre Lenhart refrénait ses imprécations furieuses aux doubles fautes de son service canon ; Roger Lanche ses cris de Sioux quand il réussissait un *passing-shot* pervers. Jusqu'au déjeuner, tous les mouvements furent suspendus par cette présence invisible. On s'installa sur la terrasse pour l'apéritif. Roland, gêné de l'engourdissement de ses amis, s'évertua à entretenir un filet de conversation pour tenter de rendre l'attente moins pénible. A une heure précise, la femme de chambre secoua avec une particulière vigueur la cloche du déjeuner. Le silence s'établit. Les regards ne pouvaient se détacher de la porte ronde de la véranda. Une lourde minute s'écoula. Et *la belle Jacqueline,* vêtue d'une légère robe bleu pâle, fit son entrée. Son visage prit une expression d'étonnement aussitôt corrigée par un sourire. Elle glissa jusqu'aux invités qui s'étaient levés avec empressement.

Elle se montra enjouée, aimable. Sa bienveillance comportait des degrés. Ainsi fut-elle chaleureuse avec Pierre Lenhart ; envers Roger Lanche, secrètement coupable d'avoir présenté à Roland « ce Weissberg », elle ne marqua aucun intérêt particulier ; elle rit quand même de bon cœur à l'une de ses plaisanteries ; elle ignora ostensiblement la présence de Wiso, à qui cette prévention contre lui si manifeste ne put échapper. Il s'acharna à la désarmer par des compliments trop forcés. Elle feignit de ne pas les entendre. Elle n'aimait pas les juifs, non qu'elle eût à s'en plaindre personnellement, non qu'elle eût été élevée dans une famille antisémite, simplement elle avait adopté ce préjugé parce qu'il avait cours dans le milieu qu'elle fréquentait avec son mari : on ne recevait ni les juifs ni les divorcés. Ce principe était exempt de tout sentiment hostile. Elle n'en avait pas cherché l'origine, pas plus qu'elle ne trouvait utile de s'interroger sur les raisons pour lesquelles il ne fallait pas couper la salade avec un couteau, ou celles qui enjoignaient à un homme de précéder une femme dans un escalier.

Hormis cette ombre, le déjeuner fut en tous points agréable, superficiel, anodin : chacun y rivalisa de bonne humeur. Ce fut un premier contact qui laissa les amis de Roland charmés et perplexes. Ils avaient admiré la beauté de cette femme, son long corps mince et ferme — elle était fière de ses deux heures quotidiennes de marche à pied. Ils avaient apprécié son aisance, sa parfaite maîtrise sociale. Mais ils éprouvaient une impression étrange, celle de ne toujours pas la connaître, de n'avoir appris d'elle que des détails dépourvus de signification. Rien de personnel n'avait échappé à son contrôle. Quand elle quitta la table, on eût dit qu'elle allait regagner les coulisses après un rôle parfaitement tenu. Sa personnalité véritable semblait recouverte d'un glacis de convenances.

Sitôt le café pris dans le jardin, elle se leva et lança : « Mes enfants, vous êtes ici pour vous amuser... Surtout faites comme si je n'étais pas là. » Invitation qui fut accueillie comme une attention pleine de délicatesse mais dont chacun mesura le caractère platonique. Elle regagna la maison de sa démarche souple qui faisait onduler sa robe bleue.

L'atmosphère se détendit. Le petit groupe était comme un plongeur qui a longtemps retenu sa respiration et savoure l'air libre avec délices. Roland qui en présence de sa mère n'était plus lui-même mais une espèce de grand enfant confit dans le respect, allongea ses jambes et posa les pieds sur la table en fer. Il donna le signal d'un avachissement général. On se mit à parler en tous sens dans un tapage de récréation bavarde qu'excitaient les vapeurs de l'alcool et la chaleur. Le temps était lourd et humide ; des condensations de vapeur emplissaient la vallée. Les esprits étaient à la fois engourdis et nerveux comme sous l'effet de ces drogues qui développent l'acuité des facultés mentales mais paralysent le corps. Les tentatives de discussion avortaient en phrases inachevées et en fous rires.

Soudain les bribes d'une mélodie se mirent à ruisseler par les fenêtres ouvertes du grand salon : la mère de Roland était à son piano. Elle jouait une sonate de Schumann. Cette musique arrêta net le chant d'un rossignol dissimulé dans la ramure d'un vieux platane. Elle ressuscitait la présence de *la belle Jacqueline* dans une tonalité émouvante et sensible qui contrastait fort avec son personnage à la coquille impénétrable. De quelles secrètes blessures pouvait-elle tirer des harmonies si émouvantes, une tristesse si poignante ? Elle semblait avoir dépouillé son corps social de tous ses artifices pour ne livrer que la nudité d'un chant pur, nostalgique. Ces notes légères et cristallines échappées d'une autre vie provoquaient une sensation insolite faite de fragilité et d'impudeur.

Roland se leva et rappela le rendez-vous pris sur la plage de l'Oucabia : on devait rejoindre Eric et Antonia ainsi que deux jeunes filles présentes à la fameuse soirée. Roger Lanche sentit un pincement au cœur en entendant prononcer le nom de la coquette qui l'avait humilié. Il ne cessait de remâcher cet affront depuis quatre jours : revoir celle qui en était la cause lui parut un supplice. Il prit prétexte d'un tableau commencé pour se dérober.

— Je reste ici, dit-il, je vais essayer de finir ma fichue aquarelle.

Sa désertion provoqua des protestations. On eut beau lui présenter tous les avantages de l'Oucabia, il ne céda pas.

— Comme tu voudras, dit Roland que les défections de ses amis agaçaient toujours, on ne va pas contrarier la vocation d'un artiste.

— L'appel irrésistible des Muses ! ironisa Wiso.

Vingt minutes plus tard, Roger Lanche, le chef couvert d'un chapeau de paille à large bord, sa boîte à couleurs et son pliant sous le bras, descendit les quelques dizaines de mètres d'un raidillon qui le conduisait à son *motif*. Chaque pas lui enfonçait une pointe dans le cœur. L'atroce visage de celle qui l'avait humilié l'obsédait. Il s'installa face à la Rhune. Il maugréa devant la légère brume qui voilait les contours du paysage, pesta contre son pliant qui s'enfonçait dans la terre meuble : il dut le caler avec une pierre. Enfin assis, il se sentit oppressé. Une impression poisseuse : sa vie ne servait à rien. On ne l'aimait pas, on ne l'aimerait jamais. Son corps ridicule serait toujours un obstacle au bonheur. L'idée de sa laideur le torturait.

Il tendit son crayon et cligna des yeux pour prendre les proportions du paysage. Peu à peu son esprit s'absorbait tout entier dans son application à transposer sa vision sur le papier.

Il n'existait plus que dans la force minutieuse qui guidait sa main sur le papier Canson.

Un souffle de brise lui apporta de la villa quelques notes de piano ; puis, comme à travers un rêve, il entendit le vrombissement d'un moteur : c'était la Renault de Roland dont le pot d'échappement était fêlé. La voiture démarra, saluée par les aboiements de Flocon, qui l'escorta le long de la haie. Et ce fut la paix.

V

Le déjeuner venait de se terminer. On prenait le café dans le jardin. Le temps était chaud et lourd. Les gros nuages plombés semblaient avoir du mal à crever en pluie. On se demandait si le vent aurait la force de les chasser ou si l'averse allait se déchaîner. Cette incertitude pesait sur les projets de l'après-midi. A la demande de *la belle Jacqueline,* on fit retraite vers la véranda pour épargner la toile neuve des transats. Elle s'était retirée dans la maison lorsque apparut un jeune homme dont la ressemblance avec Roland frappa : même taille, mêmes mâchoires bien dessinées. Seule l'expression du visage différait : celui de Roland était ouvert et paisible alors que le sien paraissait fermé et tendu. Il se présenta lui-même d'un ton rogue pour bien signifier qu'il ne cherchait pas à plaire :

— Neuville !... Ma mère est-elle là ?

C'était le frère de Roland. Ce dernier revint sur la véranda et marqua un mouvement de surprise. Ils se serrèrent la main sans chaleur.

— Tu viens pour *l'affaire des Grands Prés ?* s'enquit Roland.

— Non, je viens voir maman si tu permets, dit Jean de sa voix légèrement cassée.

Ils pénétrèrent dans le vestibule. Quelques instants plus tard on entendit la voix caractéristique de Jean qui haussait le ton :

— Avec vous, Roland a toujours raison.

— Jean, mon chéri, ne dis pas de bêtises... Tu es ridicule, répliqua *la belle Jacqueline* de sa voix haut perchée de soprano mondaine.

Jean reçut ces paroles comme une gifle. Il se mit à vociférer :

— Je suis ridicule... c'est tout ce que vous trouvez à me

dire... Je ne vous ai pas vue depuis six mois... Je viens vous voir et vous m'injuriez...

La discussion se calma quelques instants, puis la voix exaltée de Jean retentit à nouveau :

— Papa n'aurait jamais accepté de vendre les Grands Prés.

— Dieu seul sait ce qu'aurait fait papa, répondit Roland que cet argument touchait au vif.

Après vingt minutes de palabres dans le grand salon, ils redescendirent l'escalier.

— Je vais revoir le notaire, dit Roland d'une voix lasse et résignée.

— Je veux le voir aussi, coupa Jean, il n'y a pas de raisons.

— Comme tu voudras !

La belle Jacqueline les rejoignit dans le jardin.

— Maman, je vous signale que votre petit-fils est ici, dit Jean d'un air sarcastique, il serait sûrement enchanté de voir sa grand-mère.

La belle Jacqueline tressaillit. Elle fit une réponse confuse.

Roland revint sur la véranda. Il passa la main sur son front comme pour en effacer la sueur et soupira. Puis il s'exclama : « Si on s'amusait un peu ? » Sous son pauvre sourire, on le sentait exténué, absent. Il se mit à caresser Flocon qui lui léchait la main.

VI

Dans le soir doux et lumineux, la place du village d'Arcangues ressemblait à un décor de théâtre. Face au joli clocher à l'horloge éclairée, le fronton de pelote basque paraissait posé là par seul souci artistique. Au moindre courant d'air deux vieux tilleuls frissonnaient avec un bruit de papier froissé. Des chaises inconfortables et des tables vertes fraîchement repeintes attendaient les dîneurs qui échappaient en titubant à la touffeur du restaurant. On commanda des armagnacs et la discussion reprit. Roland, d'habitude si calme, s'était emporté au sujet de l'Angleterre. Il s'était opposé à Roger Lanche et à Wiso qui, fervents anglophiles, étaient pour une fois d'accord. Personne n'avait bien compris les raisons de son échauffement.

Sinon défendre l'héritage moral de son père qui avait toujours haï les Anglais.

La conversation sous les tilleuls était plus calme. Un dernier combat d'arrière-garde. Roland ne se rendait pas compte que chacun avait envie de changer de sujet. La douceur de la soirée calmait les esprits. Pierre Lenhart caressait les cheveux de Rose avec une tendresse inhabituelle. Antonia et Eric de Spam se tenaient la main en silence.

La cloche de l'église sonna onze heures : chaque tintement résonna longuement sur la place. On savourait l'air tiède et odorant. Dans cet instant, tous les charmes des vacances semblaient réunis : l'agrément de la liberté, la complicité d'anciennes amitiés, les illusions de l'avenir, l'impression de détenir un capital de jeunesse que l'on pourrait dépenser sans compter conspiraient, avec la joliesse du village, à renforcer en chacun sa confiance délicieuse dans un bonheur infaillible. Soudain Antonia s'exclama de sa voix douce et impérative :

— Le cimetière derrière l'église ! Il paraît qu'il est ravissant. Je veux le voir !

Eric de Spam tenta de la détourner de son projet. Elle insista :

— Si, je veux le voir... Roland, accompagne-moi ! Sois gentil !

Roland, qui méditait sur son existence, sursauta. Il enviait l'assurance tranquille des deux couples. La solitude lui pesait. Des femmes ! bien sûr, il y en avait dans sa vie. Des passades. Il rêvait d'une grande passion pour une femme enfin digne de lui. Il se leva pour accompagner Antonia. Ils se dirigèrent vers la porte du cimetière.

— Eric, à ta place je ne serais pas tranquille, lança Pierre Lenhart, qui avait parfois l'humour un peu lourd.

On rit. Eric de Spam haussa les épaules, bredouilla quelques mots inaudibles et se rencogna dans le silence. Un petit chien roux se mit à glapir sur la place. La serveuse du restaurant, le visage cramoisi, apporta la note.

Quand Roland et Antonia réapparurent vingt minutes plus tard, on les attendait, debout, prêts à partir.

— Ça vaut le coup ? demanda Wiso.

Antonia paraissait excitée.

— Merveilleux... un cimetière pour poupées... on aperçoit les lumières de Bayonne... et j'ai vu un feu follet, dit-elle.

— Et tu n'as même pas rencontré de spectre ? demanda Pierre Lenhart.

— Je vous jure que c'était un feu follet, insista Antonia. N'est-ce pas, Roland ?

Ce dernier fit une moue dubitative. La petite bande commença à se mouvoir vers les deux voitures garées à l'extrémité de la place. Roland paraissait bizarre. Son front était soucieux. Il marchait en silence à côté de Pierre Lenhart, l'air d'un somnambule. Pour l'obliger à ralentir le pas, il s'appuya sur lui et murmura d'une voix altérée :

— C'est terrible, mon vieux, tu ne peux pas savoir... C'est terrible !

Wiso se retournant vers eux l'interrompit : il proposait de finir la soirée dans une boîte de nuit à Biarritz.

VII

En quelques heures, l'atmosphère apprêtée de la villa Artéa changea du tout au tout : des sacs militaires éventrés jonchaient le sol ; on se prenait les pieds dans des cordes de rappel ; des godillots de montagne bâillaient sur la véranda ; une chemise kaki flottait comme le drapeau de l'anarchie sur une chaise d'osier dans le jardin. Le plus surprenant, c'était l'absence de réaction de *la belle Jacqueline :* elle regardait avec une complaisance amusée ce désordre qui contrevenait aux usages. Il s'agissait d'une dérogation exceptionnelle accordée à un nouveau venu qui pendant trois jours eut toute licence pour s'ébrouer à sa fantaisie. Il n'avait pas fallu beaucoup de temps à la petite bande pour s'apercevoir que Xavier Forgeot, le cousin de Roland, surnommé « le petit cousin », une grande brute sympathique au crâne rasé qui jetait autour de lui de tendres regards gris, n'était pas tout à fait un invité comme les autres. Il tira la villa de sa léthargie et lui imprima son rythme syncopé et survolté.

Sa faveur était due à des causes très simples emmêlées à d'autres extrêmement complexes, comme c'est le cas dans les rapport familiaux. D'abord il était le fils de la sœur très chère de Jacqueline ; elle retrouvait en lui des traits de famille. Ceux qui en Xavier lui déplaisaient, elle les mettait sur le compte de son père, Jean Forgeot, un entrepreneur de travaux publics de Bordeaux qui, selon son expression, « *n'avait pas de manières* ». Elle s'était toujours désolée du mariage qui avait enfermé sa sœur dans un milieu provincial étriqué, sans raffinement. Elle oubliait qu'elle-même n'était que la fille d'un professeur de piano de Bordeaux. De plus, Xavier, qui venait de loin pour un bref séjour, appartenait à un corps d'élite : sous-lieutenant de la Légion étrangère, il était cantonné dans le Sud marocain. Roland, lui, reportait sur ce cousin son amour déçu pour son frère : il l'aimait et l'appréciait d'autant plus qu'il possédait un caractère docile et influençable. Xavier avait toujours suivi ses conseils aveuglément, comme ceux d'un père. Ainsi Roland était à l'origine de sa décision d'entrer à Saint-Cyr. Maintenant il admirait ce beau soldat comme son œuvre.

Xavier Forgeot n'abusa pas de son statut de privilégié. Si on parla abondamment de lui pendant trois jours, si on remarqua ses reliques dans les endroits les plus divers, il ne fit à la villa que des apparitions éclairs aux repas et le plus souvent en dehors des horaires prévus. La première fois, il ne rentra de la baignade qu'à trois heures. Le deuxième jour, on ne le vit surgir qu'à cinq heures : il était parti depuis l'aube, accompagné du fils de la femme de chambre à la poitrine orgueilleuse, pour escalader la Rhune. Ils revinrent joyeux et épuisés, les godillots couverts de boue, les bras griffés par les ronces. Ils s'écroulèrent sous la véranda où on leur servit un copieux en-cas. Une demi-heure plus tard, Xavier, allongé sur la banquette, s'était endormi. Comme le temps s'était rafraîchi, Roland craignant qu'il ne prît froid étendit sur lui un plaid écossais.

Roland paraissait enchanté de la présence de son cousin, même s'il ne lui accordait que les rares moments qu'il ne passait pas en randonnées ou à dormir. Cependant son visage ne se départait pas d'une expression soucieuse. Son esprit semblait appliqué à résoudre une question épineuse. Il se mordait plus que de coutume la peau qui bordait ses ongles. Un soir, avant le dîner, il entra dans la chambre de Pierre Lenhart, l'air mal à l'aise, hésitant et s'assit sur le lit. Après un instant de silence, il lui lança :

— Xavier est un type formidable, tu ne trouves pas ?

— Oui, formidable, répondit Pierre Lenhart d'un ton pénétré. Il savait que Roland ne lui aurait pas pardonné la plus petite réserve sur son cousin. Il ajouta :

— Il est très complet.

Le visage de Roland s'éclaira.

— C'est vrai. C'est très juste, il est très complet.

Subitement, Roland redevint soucieux et murmura une phrase qui semblait n'avoir aucun rapport avec ses préoccupations :

— Je suis content que tu l'apprécies.

Le silence pesa à nouveau. Roland regarda Pierre Lenhart d'un air douloureux.

— Il faut que je te parle... Mais c'est un secret... tu comprends... C'est très grave...

Son regard se dirigea vers la fenêtre où resplendissait la Rhune à demi dissimulée par la barrière des genêts d'Espagne. Il laissa tomber d'une voix lugubre :

— C'est Antonia... L'autre soir, à Arcangues, dans le cimetière... elle m'a demandé de l'embrasser... Je crois que je l'ai fait... Alors elle m'a dit qu'elle m'aimait, qu'elle ne s'entendait plus avec Eric... C'était terrible... et en même temps magnifique, elle était tellement belle sous le clair de lune, je sentais son corps sous sa robe... Soudain j'ai pensé à Eric qui nous attendait, là, à cinquante mètres, et tout cela m'a paru ignoble. Je l'ai repoussée. Je lui ai dit : « Tu es folle. »

Roland se tut et observa Pierre Lenhart avec avidité comme s'il attendait une réaction. Il poursuivit d'une voix plus calme :

— Le pire, vois-tu, c'est que, depuis, je me demande si je ne suis pas amoureux d'elle, si je ne devrais pas...

Il s'interrompit et balaya l'air de la main d'un geste agacé :

— Non, vis-à-vis d'Eric, d'un ami, ce serait ignoble... Je ne pourrais plus me regarder dans ma glace.

Il se tut à nouveau, le visage renfrogné, comme furieux de ne pouvoir traduire par des mots son violent débat intérieur. Il regardait en direction de la fenêtre. Une expression de plaisir passa furtivement dans ses yeux. Il songeait à Antonia, à l'impression délicieuse de ses lèvres où affleuraient ses incisives de petit carnassier, à sa brusque et nerveuse étreinte qui lui avait coupé le souffle. Il frappa le lit du poing.

— Pourquoi faut-il que la femme qu'on aime appartienne toujours à un autre ?

VIII

Roger Lanche posa sa tasse de café au lait.

— C'est curieux, dit-il, cette amitié du petit cousin pour Henrique, je me demande ce qu'il trouve à lui dire.

Sitôt cette phrase prononcée, il la regretta. Il en mesurait le ridicule. Il se mordit la lèvre, espérant qu'elle passerait inaperçue dans la torpeur du petit déjeuner.

Roland la releva d'un ton indigné :

— Henrique a beau être le fils de la bonne (il appuya sur cette expression), c'est un type épatant, un type vrai. Tout le monde n'a pas notre chance, après tout. Xavier a raison de ne pas tenir compte de toutes ces conneries de conventions sociales. Il est au-dessus de ça. Comment peut-on dire encore des choses pareilles à notre époque !

Roger Lanche rougit. Il tenta de se justifier :

— Tu m'as mal compris. C'est sûrement un garçon formidable, je suis d'accord. Mais ils appartiennent à des milieux tellement différents, la culture, l'éducation... Cela surprend. C'est très bien d'ailleurs. Et Henrique est sûrement un garçon intelligent...

Wiso le coupa.

— Comment peux-tu savoir s'il est intelligent : tu ne comprends pas deux mots d'espagnol ?

— Je le sens.

Pierre Lenhart se mit de la partie.

— Tu vois trop les choses en petit-bourgeois. Tu n'es pas le seul, rassure-toi. Toute la France crève de mépris social. N'importe quel crétin qui a un peu d'argent ou un peu de pouvoir se croit supérieur. Le communisme est le premier à tirer profit de ce mépris.

— Et le fascisme ! s'exclama Wiso.

Le visage de Pierre Lenhart se renfrogna comme chaque fois qu'on le contredisait.

— C'est différent : le fascisme n'attise pas la haine des classes sociales entre elles, au contraire il tente de les réconcilier. Il a su intégrer ses élites alors que le communisme les a purement et simplement éliminées.

— Tu crois qu'Hitler fait beaucoup de cadeaux à ses élites ? Elles fichent toutes le camp, dit Wiso.

— Sans doute, en Allemagne tout n'est pas parfait. Il y a des erreurs de départ. Ça peut évoluer. L'antisémitisme d'Hitler est un vieil héritage germanique commun à toute l'Europe centrale. Le fascisme est quand même la seule formule qu'on puisse opposer à la lutte des classes. Je ne vois pas d'autre moyen pour amener le capitalisme à se réformer. Car le capitalisme moribond nous entraîne dans sa chute. Un Etat livré à la rapacité des grands intérêts privés, on voit ce que cela donne.

— Ce sont des régimes politiques qui se sont inspirés de l'armée, dit Roland. A l'armée personne ne se sent supérieur...

— Il y a les gradés, dit Wiso.

— Les grades, c'est la compétence, reprit Roland. Un type de la grande bourgeoisie ou de l'aristocratie peut être sous les ordres d'un officier qui, sorti du rang, est fils de paysan ou d'ouvrier. Je trouve chouette ce brassage social entre des types qui s'ignoraient et qui finissent par s'estimer. A la guerre on l'impose parce qu'il est indispensable, dans le civil on perpétue une société inégalitaire et cloisonnée. C'est idiot.

— Tu raisonnes en aristocrate, dit Pierre Lenhart.

— Que veux-tu dire ?

Pierre Lenhart plaqua sa mèche contre son front.

— L'aristocratie représente des valeurs : le vieux rêve anachronique des chevaleries. Mais ce rêve d'élites fraternelles, il est purement sentimental. Il ne prend pas en compte les nouvelles données de l'économie. Le fascisme est aussi une réponse économique. Voilà pourquoi il faut créer de nouvelles élites. Comme en Angleterre. Une nouvelle aristocratie, née comme l'ancienne de la compétence, du courage, de l'intelligence, au service non plus de la foi mais de l'économie, de la science, dans un ordre nouveau, fort. Le jour où ces nouvelles élites seront au pouvoir pour le bien du peuple, quel intérêt aura la lutte des classes ? Les ouvriers comprendront que des hommes issus de leur sein se battent pour eux avec d'autres hommes qui représenteront toutes les forces vives de la nation. Alors on reconstituera un vrai tissu social cohérent, harmonieux et efficace. Et qui plus est...

— C'est du corporatisme à la Mussolini, ce que tu nous chantes là ! s'exclama Wiso.

Pierre Lenhart leva la main vers lui pour l'interrompre.

— Attends, j'y reviendrai... Et qui plus est, si un tel phénomène de consensus social se produisait dans chaque pays européen, on pourrait désamorcer à jamais les fléaux de l'humanité : la pauvreté et surtout la guerre. Car toutes ces élites issues des grandes écoles, ingénieurs, médecins, savants, s'allieraient au lieu de ne voir que leurs intérêts égoïstes. Et détenant le pouvoir économique à la place des grands monopoles fauteurs de guerres, elles dirigeraient les esprits et les forces vers des actions constructives.

— Tu y crois vraiment ? demanda Wiso, l'air incrédule.

Pierre Lenhart leva les bras.

— C'est une évidence. Si personne n'a plus intérêt à vouloir la guerre.

— Et tu vois des types dans le genre d'Hitler ou de Mussolini devenir des agneaux ? dit Wiso.

— Je ne fais pas de l'idéalisme à bon marché. Hitler et Mussolini sont ce qu'ils sont. Ils s'appuient encore sur le vieux capitalisme industriel et belliciste. Mais que peuvent-ils décider sans leurs ingénieurs ? Si ceux-ci s'organisent, constituent une force, on ne pourra agir sans eux. Et s'ils nouent des relations avec les ingénieurs d'autres pays, eux aussi organisés, alors il n'y aura plus de guerre en Europe.

Roger Lanche lui lança, l'œil malicieux :

— Crois-tu vraiment que le colonel de La Rocque a assez d'envergure pour mener à bien une politique aussi ambitieuse ?

Il faisait allusion aux sympathies de Pierre Lenhart pour les Croix-de-Feu, mouvement dont il lisait passionnément le journal, *le Flambeau,* et auquel il avait décidé d'adhérer avec Eric de Spam.

Pierre Lenhart laissa tomber sa main sur la table d'un geste désabusé.

— La politique c'est différent : c'est l'action. Cela donne des moyens pour faire aboutir des idées. L'idéal serait de réconcilier la politique et la science. Cela arrivera peut-être un jour. Aujourd'hui c'est trop tôt. Ce que veut La Rocque : un Etat fort, qui ait de l'autorité et soit respecté. Qui ne le souhaite pas ? D'ailleurs (il se tourna vers Wiso) n'est-ce pas ce que veulent tes néosocialistes : Déat et Marquet ? Ils ont compris que les idées les plus généreuses ne servent à rien sans une restauration de l'Etat. Tu faisais l'éloge de Déat l'autre jour...

Wiso hocha la tête pour signifier que son ami simplifiait abusivement ses propos.

— Si nous allions nous baigner ? proposa Roland.

— Tu as raison : allons nous baigner ! s'exclama Pierre Lenhart en se levant. Nous continuerons cette discussion plus tard.

IX

Des éclairs rougeoyants dans la tête, les tempes étreintes par un étau, les paupières lourdes et douloureuses : Roger Lanche, un matin, se réveilla malade. Bien sûr, on ne le prit pas au sérieux : son visage poupin fleuri de petits boutons roses, son air de moribond, ses yeux rétrécis de moitié d'où ne filtrait qu'une morne lueur, tout faisait farce. Après quelques plaisanteries, sa fièvre élevée inquiéta. On décida d'appeler le médecin de Guéthary, qui apparut en moto au début de l'après-midi. C'était un homme jeune, roux, à l'allure sportive, qui emplit la chambre d'une odeur de transpiration, âcre et soufrée. Il était consciencieux, sympathique, et semblait innocent de l'empoisonnement qu'il provoquait. Il ausculta le madade et livra son diagnostic : rubéole. Après avoir rédigé avec application une longue ordonnance, il repartit sur sa moto.

Dès qu'on connut le diagnostic, les plaisanteries fusèrent dans le salon. Wiso s'exclama :

— La rubéole ! Mais c'est une maladie de femme enceinte.

La mère de Roland, plongée dans la lecture d'un magazine, releva la tête et dirigea vers lui un regard qui le glaça. Confus, il bredouilla : « Excusez-moi », sans bien savoir quelle faute il venait de commettre. Elle ne cilla pas et reprit sa lecture.

On descendit dans la chambre du malade. Ses joues étaient cramoisies, ses lèvres blêmes. Il ouvrit de petits yeux cerclés de rouge. Il était faible mais on sentait que du fond de sa fièvre il éprouvait la pauvre joie d'être à nouveau un pôle d'attraction. Quelques instants plus tard, Jacqueline vint à son chevet. Après quelques paroles rassurantes, elle lui posa la main sur le front, accompagnant son geste d'un : « Vous permettez ? » Roger Lanche la regarda faire avec des yeux d'animal soumis. Elle retira sa main et hocha la tête d'un air impénétrable.

Comme la journée était belle, la petite bande abandonna Roger Lanche pour aller se baigner. Il dormit une partie de l'après-midi. Pendant la nuit, il eut un léger accès de fièvre. Le lendemain, sa température baissa. Pierre Lenhart lui prêta *Nadja* d'André Breton, qu'il lut d'une traite : cette histoire d'un amour fou agita son imagination et il dormit mal. Le troisième jour, la fièvre avait disparu. Il fit une brève promenade en robe de chambre dans le jardin. Sa faiblesse était extrême mais il jouissait avec délices du spectacle de la nature. Jamais le paysage ne lui avait paru aussi beau, les fleurs aussi odorantes que cet après-midi-là. De sa chambre, la fenêtre grande ouverte, il écoutait les oiseaux pépier : tous les sens en éveil, l'amour de la vie qu'il sentait sourdre en lui le grisait. L'idée que cet appel resterait sans réponse le rendait mélancolique. Il murmura : « Le grand amour ! Il est impossible que ma vie se passe sans connaître le grand amour ! »

Des notes de musique, grêles, fugitives, lui parvinrent. D'abord il crut à une illusion. Il prêta l'oreille et réussit à les identifier : la mère de Roland jouait le *Concerto de l'Empereur*. Cette musique désespérée qu'on croirait inspirée par un grand amour inassouvi était en accord avec son état d'âme. Il songea à la main qui tirait du clavier une mélodie si émouvante, qui sur son front lui avait paru fraîche.

X

La Ford stoppa net au milieu du virage : un char à bœufs barrait la route. Le paysan se démenait pour rassembler ses bêtes sous le joug. Des plaques de bouse séchée maculaient leur arrière-train. Elles exhalaient une odeur forte et chaude. Cette excursion de deux jours dans le Pays basque était une toquade d'Antonia, qui voulait connaître Saint-Jean-Pied-de-Port. Elle avait convaincu Eric de Spam d'emprunter la voiture décapotable de Wiso. Et maintenant elle donnait libre cours à sa gaieté, comme toujours dans les premiers temps où l'on cédait à ses caprices. L'air lui semblait vif et grisant ; un chaud soleil rebondissait sur la voiture dès que la route échappait à l'ombrage des châtaigniers. Le gave les escortait gaiement depuis Saint-Etienne-de-Baïgorry.

Elle voulut se baigner. Ils s'arrêtèrent à quelques mètres d'un pont en pierre ; un barrage naturel retenait une eau calme et plus profonde. Ils descendirent, par un chemin caillouteux hérissé de ronces, jusqu'à une plage de galets. Antonia se jeta à l'eau la poitrine nue ; elle nagea avec des mouvements saccadés de petit chien. Eric de Spam se trempa puis vint s'allonger sur les pierres chaudes. Le soleil jouait à travers le feuillage des noisetiers. Antonia, ruisselante, s'approcha de lui et l'embrassa. La bouche d'Eric lui parut d'une parfaite fadeur. Elle n'y prêta pas attention et s'allongea sur les pierres. Quelques instants plus tard, elle repensa à ce baiser qui ne lui avait donné aucun plaisir ; elle l'associa à son air retenu qui l'agaçait, à son long corps blanc et osseux, ses épaules étroites, son visage beau mais triste et fermé. Elle éprouva un sentiment d'ennui. Toute sa vie avec Eric de Spam lui parut morne et fade comme ce baiser. Dès lors, sans que rien dans son attitude ne la trahît, elle n'eut plus qu'une idée en tête : revenir à Biarritz.

Ils atteignirent Saint-Jean-Pied-de-Port en fin de journée. La ville apparut, ramassée sur elle-même comme une cité du Moyen Age, dans une lumière douce : les demeures patriciennes en granit dominaient tout un peuple de marchands de calicots, de bergers poussant leurs moutons dont les cloches tintinnabulaient dans la poussière et l'odeur de suint. Les chiens aboyaient par-dessus le vacarme. Une agitation qui tenait de la fête foraine et de la cour de ferme.

Leur chambre, dans un petit hôtel du haut de la ville, sentait l'huile chaude et le renfermé. Antonia se glissa dans les draps rêches du lit en cuivre aux ressorts distendus. Elle avait froid, se sentait mal et aurait voulu être à mille lieues d'ici, seule. L'idée qu'elle était responsable de cette escapade l'accablait. La présence d'Eric de Spam lui était devenue insupportable. Elle avait envie de fuir. Son aversion pour lui était telle qu'elle se sentait incapable de supporter son contact. Il se déshabilla et la rejoignit dans le lit. Quand il tenta de la prendre dans ses bras, elle le repoussa avec agacement.

— Non, dit-elle, je ne veux plus.

Eric de Spam fit une nouvelle tentative. Elle dit d'un ton irrité :

— Non, je ne veux plus ! Tu ne comprends pas ? Plus jamais !

— Qu'est-ce qui t'arrive, tu es folle ?

— Je ne t'aime plus, c'est tout.

Elle avait l'air buté qu'elle montrait quand petite fille elle se fâchait contre ses parents. Son caractère de silex apparaissait. Elle ne pensait qu'à elle, à son désir égoïste d'être seule.

Eric de Spam qui, toute la journée, s'était demandé s'il devait ou non quitter Antonia se sentit au bord d'un abîme qu'il n'avait pas imaginé. Elle lui parut soudain si dure, si inhumaine qu'il se trouva désemparé. Un sentiment d'impuissance le glaçait. Il se sentait seul, perdu, comme un enfant. Il la regarda, hébété. Maintenant qu'elle ne voulait plus de lui, Antonia lui était indispensable. Tout son être se concentrait sur une seule idée : la garder. Il éprouva un goût amer dans la gorge, un picotement dans les yeux et l'impression qu'une vague chaude montait de sa poitrine vers sa nuque glacée. Ses yeux s'emplirent de larmes. Il pleura. Doucement. Puis des hoquets le saisirent et il s'abandonna à ses sanglots. Il enfonça son visage dans l'oreiller pour étouffer son désarroi.

Antonia le regardait avec indifférence. Elle écoutait sans émotion le chuintement des sanglots retenus qui semblaient venir d'une enfance souterraine. Elle lui caressa la nuque d'un geste mécanique. Quand elle sentit les larmes sur sa main, elle tressaillit. Une poche de tendresse s'ouvrit en elle. Elle murmura :

— Mais je t'aime, je t'aime !

Elle ne le pensait pas. Elle voulait seulement mettre fin à cette scène. Plus tard, quand il la prit dans ses bras, elle céda. Ils firent l'amour, mais elle eut l'impression d'assister de loin à une cérémonie austère et glacée.

Ils rentrèrent le lendemain à Biarritz, d'une traite, sans prononcer un mot.

XI

Ce jour-là était comme les autres. Rien n'aurait pu laisser prévoir à Roland qu'un événement allait bouleverser sa vie. Il faisait beau ; un temps sec qu'aigrissait le vent de nord-est. A l'ombre, ce vent glaçait les os ; sur le court de tennis, il agaçait les nerfs par ses rafales sournoises. Roland depuis quelques jours dormait mal ; il s'irritait facilement. Il ne cessait de penser à Antonia : il se demandait s'il n'avait pas eu tort de repousser ses avances. La satisfaction de s'être montré chevaleresque était bien mince comparée au regret de ce corps qu'il avait laissé échapper. Le doute s'insinuait dans son esprit, tenace. Toutes les raisons qu'il se donnait d'être fier de sa conduite ne le délivraient pas de l'impression d'avoir été dupe.

Tôt dans la matinée, Roland avait eu une discussion orageuse avec le fermier dont les comptes révélaient une gestion calamiteuse. Ce petit bonhomme à tête de musaraigne, chafouin et geignard, le volait sans vergogne. Il n'arrivait pas à le prendre en défaut tant ses calculs étaient embrouillés. Désormais il n'y avait pas d'autre issue que de mettre en vente les Grands Prés. Cette solution lui déplaisait : il avait le sentiment de trahir la mémoire de son père qui, de son vivant, ne l'eût jamais toléré ; il savait aussi que son frère en tirerait un argument contre lui. Pour la première fois depuis le début des vacances ses invités lui pesaient. Il aurait aimé être seul avec ses problèmes. Mais il fallait s'occuper de la santé de Roger Lanche dont la convalescence s'éternisait, subir les discussions politiques de Wiso sous l'œil irrité de sa mère, supporter la suffisance professorale de Pierre Lenhart...

Il joua à contrecœur au tennis et se laissa battre par Pierre Lenhart. L'exercice lui fit du bien. Une douche glacée lui procura une sensation de détente. Il regarda ses invités d'un œil plus bienveillant. L'image d'Antonia revint le troubler. Il se promit de la chasser pour toujours de son esprit.

Le déjeuner fini, on se prépara à passer l'après-midi à la piscine du Miramar à Biarritz. Roger Lanche comme d'habitude se fit tirer l'oreille : il se sentait trop faible. On l'abandonna. Bientôt les voitures quittèrent la villa, escortées au long de la haie par les aboiements de Flocon. Roland conduisit à toute allure. Il s'arrêta sur la côte des Basques pour prendre Eric de Spam et fila vers la piscine.

Tandis que la petite bande se changeait dans les cabines de bain, qui sentaient l'eau de Javel et le moisi, on entendit un juron de Roland :

— Merde ! j'ai oublié mon maillot !

Le plus simple, c'était bien sûr d'en emprunter un au maître nageur. Roland refusa. L'idée de porter un maillot qui ne lui appartenait pas lui était désagréable. Il décida de faire un aller et retour à la villa.

Il partit à fond de train. Il nourrissait l'arrière-pensée d'épater ses amis par la rapidité avec laquelle il couvrirait ce parcours. Puis, au fur et à mesure que le paysage s'abattait de chaque côté de la route, il se mit à réfléchir aux difficultés qu'il rencontrait dans l'exploitation de la propriété. L'expression fourbe du fermier lui revint en mémoire. Etre volé le contrariait moins que son impuissance à en apporter la preuve. Soudain il eut une illumination : le fourrage ! Le montant de la revente lui avait été dissimulé. Cette fois il le tenait ! Une joie sauvage lui emplit le cœur. Il aperçut le fermier qui, à quelques mètres de l'entrée de la propriété, sondait la haie avec une longue tige de bambou. Roland s'arrêta et descendit de voiture. Sans même lui demander ce qu'il cherchait, il l'entreprit sur la vente du fourrage. Bien sûr, le fermier avait une réponse toute prête : on ne le vendait pas, on l'échangeait contre des engrais. Tout en discutant de cette question, Roland, accompagné du fermier, descendit jusqu'aux Grands Prés. La mauvaise foi du paysan, qui embrouillait à son profit les choses les plus simples, mettait Roland hors de lui. Le sang lui montait à la tête, il était rouge de fureur. L'ingratitude l'accablait plus que le montant de la somme volée. Roland se souvenait avec rage des sommes qu'il avait dépensées à la mort de son père pour remettre la ferme en état, y faire installer des commodités. Il avait agi par souci d'humanité. Il sentait que loin de lui en être reconnaissant, le fermier le considérait comme un faible.

Pour rejoindre la villa, Roland emprunta un petit raidillon qui montait jusqu'à un terre-plein que l'on appelait le Point de Vue. De là il gagna le jardin. Comme il atteignait un peu essoufflé le buisson de genêts d'Espagne, il entendit la voix de soprano de sa mère. Il s'arrêta et tendit l'oreille. La voix s'était tue. Il s'avança avec prudence. Un spectacle le figea : à une vingtaine de mètres, lui tournant le dos, Roger Lanche debout embrassait sa mère assise sur un fauteuil d'osier. Ce baiser l'impressionna moins que la main qu'il aperçut serrant la nuque de son ami.

Roland recula, le souffle coupé. Quand il reprit sa respiration, le parfum des genêts d'Espagne, mièvre et sucré, lui donna envie de vomir. L'idée d'apparaître pour troubler le duo et de gifler Roger Lanche lui vint à l'esprit. Elle lui parut ridicule, triviale. Comme un automate, Roland revint sur ses pas jusqu'à l'endroit où il avait rencontré le fermier. De là il pénétra dans la villa, prit son maillot dans sa chambre et regagna sa voiture. Il démarra en trombe. Un sentiment de trahison, de double trahison, l'accablait.

Il se changea dans la cabine de bain et sortit devant la piscine. Sans répondre à ses amis qui l'appelaient, il gravit l'échelle jusqu'au plongeoir le plus élevé. Là le bruit criard des conversations lui parvenait étouffé. Le grand rectangle bleu couleur des mers du Sud lui inspira de la tendresse. Il s'y laissa tomber. Le choc de l'eau lui cabra la nuque et provoqua une douleur sourde au-dessus du nez. Il ouvrit les yeux et découvrit les dessins de faïence du fond de la piscine. Quelques instants, l'idée absurde de ne plus remonter à la surface le berça. Au bord de l'évanouissement, il revint à l'air libre.

Il sortit avec difficulté de la piscine. Une extrême faiblesse le paralysait ; ses jambes flageolaient. Un bambin qui se précipitait dans l'eau lui érafla la jambe avec sa bouée. Il en éprouva une douloureuse exaspération, comme si tous ses nerfs étaient mis à vif.

XII

Roland revint de chez le notaire sous une pluie battante. Il était de méchante humeur : la situation financière de l'exploitation était pire qu'il l'avait imaginé. Même la vente des Grands Prés ne suffirait pas à combler le déficit. A cette affaire irritante s'ajoutait la scène de la veille qui l'obsédait, cette main de sa mère serrant la nuque de Roger Lanche ! Il la revoyait sans cesse : elle le troublait au milieu des dossiers du notaire, elle apparaissait sur le cadastre ; maintenant elle se dessinait dans un halo sur la route que cisaillait le mouvement régulier des essuie-glaces. Il déboucha à grande vitesse dans l'allée de la propriété, sans ralentir comme à l'ordinaire. Il ressentit un choc sourd, bientôt suivi d'un glapissement. Il arrêta la voiture, l'esprit agité par un affreux pressentiment : Flocon !

C'était lui en effet. Le berger des Pyrénées gisait sur le flanc comme un tas d'étoupe sale. D'un mouvement saccadé, il tentait de relever son arrière-train cloué au sol et glapissait d'un ton plaintif. Roland vit avec effroi apparaître une tache rouge qui s'amplifiait comme un coton qui s'imbibe de sang. Figé sous la pluie qui dégoulinait sur son visage, il se sentait impuissant. « Non... non... », murmura-t-il en se penchant pour caresser avec pitié la tête de l'animal agitée de soubresauts et sans oser porter son regard sur sa blessure.

Soudain, Roland se leva et courut comme un fou vers la villa.

La première personne qu'il aperçut fut Pierre Lenhart. Il lui raconta le drame d'une manière confuse, haletante. Pierre se rendit aussitôt sur le lieu de l'accident avec Wiso tandis que Roland cherchait à joindre le vétérinaire au téléphone.

Flocon ne remuait plus. Ses yeux jaunes et douloureux semblaient résignés à un sort fatal. Sa fourrure salie de boue et de sang était détrempée par la pluie. Pierre Lenhart s'agenouilla près de lui. Tout en le caressant, il examina la blessure : il avait une fracture ouverte de la patte postérieure. L'os brisé avait traversé les chairs et apparaissait très blanc à travers la plaie couverte d'un sang brun coagulé. Pierre Lenhart glissa délicatement une bâche sous l'animal et, aidé de Wiso, le porta ainsi sous l'auvent du rez-de-chaussée. Roland, livide, les attendait. Il demanda :

— Tu crois que c'est très grave ?

Pierre hocha la tête en signe de négation et demanda une trousse de pharmacie et de l'eau chaude. Roland se précipita à la cuisine. Pierre Lenhart posa sa veste sur le dossier d'une chaise en osier, retroussa ses manches et se dirigea vers le garage pour confectionner des éclisses.

Quand il revint sous la véranda, Antonia et Eric de Spam venaient d'arriver. Il se mit aussitôt au travail. A genoux sur les dalles de pierre, tandis que Roland maintenait la tête du chien qui tentait de lui lécher les mains, il nettoya la plaie à l'eau chaude et la désinfecta. Il se mit à réduire la fracture, arrachant à Flocon des jappements plaintifs. Il dut s'y reprendre à plusieurs fois. Tandis qu'il fixait les deux éclisses sous le regard admiratif de ses amis qui faisaient cercle autour de lui, on voyait les muscles de son dos puissant saillir sous sa chemise blanche trempée de sueur. Il se releva. Son visage exprimait la satisfaction du travail bien fait. Il épousseta son pantalon couvert de poils.

— Ça ira jusqu'à l'arrivée du vétérinaire... Pauvre Flocon... il a dû salement souffrir.

Antonia regardait fixement les mains ensanglantées de Pierre Lenhart. Du revers, il releva sa mèche sur son front souillé de boue. Roland continuait à caresser la tête de Flocon. Jacqueline apparut avec son air d'être toujours au-dessus de la situation. Elle tendit une tasse de thé à Pierre Lenhart.

— Cela va vous réchauffer. Méfiez-vous des courants d'air, vous allez attraper la mort.

XIII

La mère de Roland tourna vers Pierre Lenhart son beau visage aux pommettes hautes. Ils étaient seuls dans le grand salon du premier étage.

— Pierre, puis-je vous demander un service ? Je voudrais déplacer un peu cette table.

Il l'aida à porter la table espagnole en bois noir torsadé là où elle le désirait. Elle parut satisfaite.

— C'est mieux ainsi, n'est-ce pas ? Elle gênait le passage. Elle dirigea droit sur lui, avec une volonté ostensible de franchise, ses yeux d'un bleu passé.

— Pierre, je suis très heureuse que Roland ait un ami tel que vous. Vous avez une très bonne influence sur lui.

Elle s'aperçut de sa gêne.

— Ne protestez pas. Vous êtes trop modeste. Je dis toujours ce que je pense, vous savez. Roland a besoin d'un ami comme vous, d'un camarade qui le modère. Il est excessif. Surtout, il veut toujours trop bien faire. Et toujours ces grandes idées généreuses en tête : il tient cela de son père qui y a laissé des plumes. Roland a de très grandes qualités, et je ne dis pas cela parce que je suis sa mère, mais par certains aspects il est encore... comment dirais-je... très adolescent. Je ne parle pas de ses affaires : il mène très bien sa barque. (Roland avait pris la direction financière de l'entreprise familiale de roulements à billes de Gennevilliers, qui connaissait quelques difficultés depuis la crise.)

Elle s'interrompit un instant, réfléchit et reprit :

— Surtout en ce moment, il est trop sensible à certaines influences.

Elle l'observa, l'air interrogateur.

— Vous vous entendez bien avec Wiso ? C'est un garçon que je saisis mal. Dites-moi ce que vous en pensez ! Il est socialiste, n'est-ce pas ? Je ne voudrais pas que Roland se mette ces idées-là en tête. Il est déjà tellement idéaliste...

Ils entendirent des pas dans l'escalier. Roland apparut. Son visage avait une expression mécontente : le bruit de la conversation lui avait fait accroire que sa mère et Roger Lanche étaient ensemble.

Jacqueline changea de sujet :

— Merci, Pierre, je crois que cette table est beaucoup mieux ainsi. Qu'en penses-tu ? demanda-t-elle en se tournant vers son fils.

Roland esquissa un geste évasif. Il fit semblant de chercher une revue oubliée et redescendit l'escalier, suivi de sa mère.

XIV

Le cœur battant jusqu'à perdre le souffle, l'oreille attentive au moindre bruit suspect, le pied nu, tactile et circonspect, éprouvant chaque marche de l'escalier, Roger Lanche se dirigeait à tâtons dans l'obscurité vers la chambre de Jacqueline. Le silence rendait d'autant plus violent le tumulte de la joie qui claironnait en lui. Pour la troisième fois il se livrait à cette expédition nocturne dans la villa endormie. Il se sentait dans la peau d'un voleur ou plutôt dans celle d'un sauvage qui, dans la brousse, se laisse guider par ses sensations. Après les six marches en bois, tièdes et encaustiquées, il faudrait trouver à tâtons la poignée en fer forgé de la porte du vestibule, affronter l'épreuve des gonds gémissants. Puis ses pieds rencontreraient la glace du carrelage. A nouveau un escalier mais, cette fois, doux et pelucheux ; l'odeur de fumée refroidie du grand salon figé dans la clarté boréale de la lune ; enfin une perfide table basse antipathique à ses tibias.

Parvenu à ce point de son parcours, il respira longuement. L'émotion lui comprimait la poitrine. Il mesurait avec une angoisse rétrospective l'étendue des périls qu'il avait traversés. La peur le tenait en haleine : et si Roland le surprenait ? Il l'imaginait avec ce regard sévère et réprobateur qu'il lui jetait à la dérobée depuis quelques jours sans qu'il en comprît la raison ; un regard dur et inhumain de rapace qui lui rappelait le mot de Wiso un jour où Roland était de mauvaise humeur : « Il a un visage d'ange et des yeux de gerfaut. »

Roger Lanche gratta à la porte de la chambre. Elle s'ouvrit presque aussitôt : il eut l'impression de pénétrer dans un nuage parfumé à la citronnelle. Il régnait dans la pièce un calme duveteux ; la porte entrebâillée du cabinet de toilette laissait passer un mince rai de lumière. Jacqueline posa un doigt sur ses lèvres : « Nous sommes fous, complètement fous... Vous n'avez pas fait de bruit. » Il la sentit légère dans ses bras. Il l'étreignit de toutes ses forces. Sa peau était brûlante sous la soie de sa robe de chambre. Il s'étendit nu sur elle dans la tiédeur des draps qu'elle venait de quitter et caressa ses cheveux secs et drus comme du crin, l'arête pure de son nez, ses petits seins durs. Il distinguait à peine ses traits dans la pénombre. En elle, dans son sexe à l'odeur de tabac blond, avec un sentiment de reconnaissance, de vénération, il entrevit sur son visage une expression nouvelle d'abandon, de recueillement et comme l'esquisse d'un sourire.

Si ébloui et tendre qu'il fût pendant l'amour, Roger Lanche ne pouvait se défendre d'une sorte d'effroi devant ce corps magnifique qui s'ébattait dans le plaisir avec frénésie comme s'il s'affranchissait pour la première fois de ses entraves. Il s'inquiétait de ne plus retrouver trace de la femme maîtresse d'elle-même, comptable de ses mots, parcimonieuse de ses élans, dans cette cavale indomptable électrisée par un orage intérieur. Le plaisir chez elle lui apparaissait dans sa violence comme une réquisition impitoyable de la chair. Cette métamorphose le troublait : il s'en sentait l'instrument, non le maître. Quand elle atteignit le plaisir, elle se cambra, la bouche ouverte comme si l'air lui manquait, et laissa échapper un gémissement rauque ; des soubresauts secouèrent son corps ; elle se détendit peu à peu. De toutes ses forces elle serra Roger Lanche contre elle et soupira : « J'avais oublié que c'était si bon de tenir un homme dans ses bras. » Alors commença à voix basse la ronde des confidences. Roger Lanche lui parla de son trouble quand elle lui était apparue pour la première fois sur la véranda. Elle lui dit :

— Je n'en menais pas large, vous savez : tous ces jeunes gens qui allaient me juger.

Il lui demanda :

— Pourquoi vous ai-je plu ?

Elle lui caressa le front :

— Vous étiez tellement drôle, tout en vous me donnait envie de rire.

Il feignit de se vexer :

— Je vous fais toujours rire ?

— Non, maintenant, c'est différent.

Leurs jeunes souvenirs les fascinaient : le premier baiser maladroit dans le salon, la première nuit où il était venu la rejoindre dans sa chambre. Ce passé d'une semaine qui contenait tout entier l'histoire de leur amour leur paraissait frais, pulpeux, paré des moindres détails, des infimes sensations.

Le petit jour les découvrit immobiles, serrés l'un contre l'autre, les yeux ouverts, plongés dans leurs pensées. Roger Lanche se laissait imprégner par l'atmosphère de la chambre. Chaque meuble, chaque objet lui semblait participer d'une féerie, jusqu'à ces flacons de maquillage qu'il entrevoyait par la porte du cabinet de toilette qui figuraient le monde magique de la femme. Les souvenirs de la nuit se mêlaient à ceux des autres nuits. Le corps exténué, son imagination continuait à battre la campagne. Parfois il se demandait avec angoisse s'il ne vivait pas un rêve. Et ce rêve, la pente changeante de son esprit le lui représentait tantôt comme un miracle, tantôt comme une justice que la vie, enfin, lui rendait.

Les piaillements des oiseaux emplirent le jardin.

— Il faut partir, dit-elle en l'étreignant.

Elle l'accompagna jusqu'à la porte. Il la regarda avec ferveur et posa un baiser sur son front.

— Surtout ne faites pas de bruit, lui dit-elle à voix basse.

Elle lui sourit et referma la porte avec précaution.

Il descendit dans sa chambre et se glissa dans les draps rêches et froids. Longtemps, il huma sur sa peau le parfum de citronnelle qui s'y était attaché.

XV

Les poings sur les hanches, les jambes écartées, la mine satisfaite et attentive d'un propriétaire regardant paître ses bestiaux, le maître nageur de la plage du Palais, moulé dans son maillot noir à bretelles, observait ses baigneurs en suspension dans les vagues. Un tic nerveux ébranlait par instants l'architecture imperturbable de son visage, lui tirait sa moustache noire, comme s'il chassait une mouche de sa joue. Dès qu'un rouleau d'une belle taille surgissait, des cris aigus saluaient l'arrivée du monstre comme pour en grandir la menace ; et les nageurs plongeaient au cœur de la lame avec des battements de jambes, tandis qu'elle s'écrasait pesamment dans un flot rapide et écumant qui montait à l'assaut du sable sec. Le soleil du matin acéré comme une dague traversait l'air tonique, chargé d'iode.

Roland, à demi allongé sur une serviette de bain bleu marine, observait le manège des baigneurs. Il se sentait toujours un peu mélancolique hors de la présence de ses amis. Parfois, de la crête des vagues, le vent jetait sur sa peau rôtie un crachat d'écume glacée, qui le saisissait.

A quelques mètres de lui, il vit un bambin en maillot rouge courir vers l'eau de toute la force de ses petites jambes potelées. Une longue jeune femme fondit sur l'enfant et l'enleva dans les airs tandis que l'eau écumante léchait ses chevilles brunes. La scène avait provoqué sur la plage une impression d'angoisse qui tenait moins au danger couru par l'enfant qu'à l'appréhension de la mère. La nurse, une antique grosse dame tout en bleu, avait à peine eu le temps de soulever son corps pachydermique, découvrant ses grosses jambes blanches. Appuyée sur ses mains qui supportaient son poids, elle demeurait figée dans cette position inconfortable, théâtrale, pour que l'on prît en compte son effort secourable.

Quand la mère tourna son visage vers la plage, éclairé par la joie de tenir contre elle ce petit corps chaud, dodu, qu'on avait voulu lui ravir et dont les jambes gigotaient comme celles d'un animal pris au piège, Roland éprouva un sentiment de stupeur. Il se sentit saisi par une émotion inconnue. La plage, les baigneurs et leurs cris disparurent, et aussi la mer, le soleil : il n'y eut plus que ce visage dont l'expression dorée, souriante, semblait le reflet d'une âme douce, énergique. Avec son long corps musclé, gracile comme celui d'un adolescent, cette femme incarnait le type de beauté, dépourvu de toute mièvrerie, qu'il recherchait depuis toujours. Jamais comme à cet instant il n'avait éprouvé une telle impression de perfection. Que cette femme fût là si proche et si lointaine, familière et inabordable, lui faisait mal.

Elle rejoignit la nurse en tenant son fils par la main. Elle se coiffa d'un bonnet de bain blanc et, d'une démarche souple, revint sur ses pas ; lentement, elle pénétra dans l'eau, prenant soin d'éviter les rouleaux. En quelques rapides mouvements de brasse, elle gagna la mer calme et ondulée. Après avoir nagé une dizaine de minutes d'un rythme égal, ne s'arrêtant que pour regarder en direction du parasol aux raies bleues et blanches, elle profita d'un long rouleau et se laissa porter vers le rivage. Elle se releva de l'écume, retira son bonnet de bain et secoua ses cheveux. Revenue près du parasol, elle se frictionna avec une sortie de bain blanche et s'allongea en faisant glisser les bretelles de son maillot noir.

Roland était désemparé. Il n'osait aller lui parler. Il savait qu'il regretterait toute sa vie sa timidité. Le temps qui s'écoulait lui rendait plus cruelle sa stupidité. Il lui était souvent arrivé d'aborder des jeunes filles sur la plage mais elles ne lui importaient pas, des occasions. Cette fois la gravité du sentiment qu'il éprouvait et la trivialité des moyens à employer le paralysaient. Il craignait aussi d'affronter le regard sévère de la nurse et plus encore de s'immiscer entre cette mère et son fils : il l'imaginait encore troublée par l'inquiétude sous son masque impassible.

La rage au cœur, il la vit se relever, parler à la nurse et revêtir une robe de plage bleu ciel sur son maillot. Après avoir plié le parasol, rangé les jouets dans un sac, le trio qui marchait lentement dans le sable se dirigea vers l'escalier en bois qui menait à la terrasse en terre-plein de l'hôtel du Palais. En passant près de Roland, l'enfant laissa tomber dans le sable un canard en celluloïd jaune. Sa mère s'en aperçut et revint le chercher. Roland, qui avait hésité un instant à le rapporter, se mordit les lèvres. Tandis qu'elle se baissait pour ramasser le jouet, elle leva ses yeux gris vers lui, comme intriguée par le regard qui était posé sur elle. Roland, plein de confusion, sentit son cœur s'arrêter. Déjà elle s'éloignait et gravissait l'escalier dont la nurse avait entrepris l'ascension.

Roland, accablé, la regarda s'éloigner. Il était dévoré par les regrets, furieux de son impuissance. Cette impression de perdre irrémédiablement le seul être qu'il eût pu aimer sans avoir rien tenté !

Il la vit s'immobiliser en haut de l'escalier et parler à une jeune fille au chemisier orange. Roland reconnut Rose. Elle ne tarda pas à venir vers lui, l'air souriant, détendu, comme toujours lorsqu'elle échappait à la tutelle de Pierre Lenhart. Roland était abattu, songeur, mais il fut sensible à l'impression de fraîcheur qui émanait d'elle. Il la trouva presque belle. Elle se pencha vers lui et l'embrassa.

— Pierre m'a dit que tu l'attendais ici... Je ne te dérange pas ?

— Qui était la jeune femme à qui tu parlais ? demanda

Roland avec appréhension comme si soudain allait se dissiper le mystère.

Rose écarquilla les yeux :

— Tu ne la connais pas... C'est Solange Corbin, tu sais, la femme d'Alexandre Corbin, le constructeur d'avions... Ce sont des amis de mes parents et...

Déjà Roland ne l'écoutait plus. Il regardait l'escalier où des enfants se lançaient un ballon rouge. Il venait de perdre par sa faute une femme qu'il ne retrouverait jamais plus et dont une voix intérieure lui murmurait qu'il était né pour elle. Cette nouvelle blessure ravivait celle, à peine cicatrisée, que lui avait infligée Antonia.

Rose poursuivait son monologue. Il l'entendit dire :

— C'est frappant comme elle ressemble à ta mère, tu ne trouves pas ? Avec quelques années de moins...

— Cela ne m'a pas frappé, répondit Roland, l'air distrait. Le vide affreux de sa vie s'imposait à lui. Il ne pouvait imaginer l'amour en dehors de cette femme. Et il ne lui avait même pas parlé.

XVI

— Ma petite Tonia, fais attention, tu vas attraper une insolation. Mets un chapeau !

Antonia ne cilla pas devant l'affectueux conseil de son père, qui n'insista pas. Un bleuet dans les cheveux, sa petite langue rose tirée au-dessus d'un cahier à spirale, elle dessinait avec des crayons de couleur une vue de la plage de l'Oucabia. Elle s'arrêtait par instants et observait le résultat d'un air sérieux. Seule une part de son attention était requise par le dessin, l'autre errait, suivant des pentes diverses.

Il faisait chaud et lourd. Aucun souffle de vent ne franchissait la barrière d'acacias qui entourait la villa, une grande bâtisse blanche à l'entrée du golf de Chiberta à laquelle des colonnades donnaient un faux air colonial.

Antonia était agacée par sa famille. Elle n'avait rien à lui reprocher. Entourée, choyée, aimée, elle était seulement lasse de cette sollicitude douceâtre. Quel ennui ! La facilité, la platitude de son existence l'écœuraient. Elle se prenait à aspirer à un grand malheur, avec ses appels sombres, ses souffrances intenses qui coupent le souffle, ses rougeoiements violents où s'abîme l'âme : tout plutôt que ce fade menu quotidien entre des parents d'une irritante équanimité. Les seuls orages qui se levaient de ces douceurs du train-train familial, c'était elle qui les provoquait. Loin de troubler l'atmosphère, on les considérait, avec amusement, comme des distractions. Ils avaient établi sa réputation de *caractère.*

Antonia fut désagréablement saisie par le miaulement de la scie électrique que son père actionnait dans son atelier, au fond du jardin. Elle l'imagina avec son gros estomac protégé par un tablier en cuir posé contre l'établi, ses épais sourcils noirs hérissés de poils blancs, dans un nuage de sciure dorée, grisé de l'odeur chaude du bois, fier de sa collection de rabots, de doucines, de varlopes, dont, avant chaque été, il faisait l'emplette au Bazar de l'Hôtel-de-Ville. Hubert Roussy Le Man, vice-président du Conseil d'Etat, avait l'ébénisterie dans la peau. Il aimait à répéter que ses meilleurs arrêts lui avaient été inspirés par l'équarrissage d'une belle pièce de chêne. Il remplissait la villa de Biarritz de ses créations. Plus d'une fois, ayant enfilé son smoking pour une soirée au golf de Chiberta, il avait été mettre la dernière main à son ouvrage tandis que sa femme, armée d'une brosse, l'attendait en marmonnant.

Dans ce qu'elle jugeait l'insipide nid familial, Antonia n'éprouvait de passion que pour sa tante Geneviève, une jeune sœur de sa mère qui, dix ans après son mariage, avait abandonné mari et enfants pour suivre son amant, un médecin lyonnais : un grand amour qui s'était effiloché au bout d'un an. Elle n'avait pas regagné le bercail ; ayant connu une autre vie, elle avait décidé de mener l'existence d'une femme libre. Elle n'en avait pas l'air : c'était une frêle jeune femme au regard doux et humble, coquette, qui possédait toutes les vertus cardinales d'une bonne mère de famille sauf une : elle changeait d'homme tous les six mois. Un mal mystérieux foudroyait ses amours avec une régularité à laquelle elle-même et sa famille avaient fini par s'habituer.

Antonia lui demandait de lui raconter sa vie toujours nourrie de nouvelles péripéties. Sans y voir malice, elle s'exécutait, consciente d'être un intéressant objet d'étude pour une jeune fille, mais sans orgueil ni prosélytisme. Antonia l'écoutait le cœur battant comme si elle lui révélait des planètes inconnues. Elle lâchait les amarres de son existence morne pour le grand large de la vraie vie. Le soir, elle se sentait grisée et exténuée comme après un effort intellectuel trop poussé. « Quel cœur généreux ! » soupirait Antonia en songeant à cette ample trajectoire amoureuse qui accusait l'égoïsme du cercle familial confiné dans un amour durable et licite. Elle l'admirait si fort qu'à son insu elle copiait ses manières précieuses, sa façon de relever fièrement la tête quand on s'adressait à elle, jusqu'à ses tics de langage comme ce : « par le fait » dont elle truffait son babillage.

C'était cette vie piquante, instable, imprévisible, qu'elle avait cru trouver avec Eric de Spam. Les premières années de grand amour dissipées, elle avait seulement l'impression d'avoir changé de prison, oui, une prison éclairée par des éclairs de passion mais où un amour inquiet et jaloux l'entravait de trop de chaînes.

Antonia tourna la page de son cahier à spirale et se mit à dessiner un long jeune homme ; le visage aigu au profil d'aigle, la lèvre à la commissure mâchurée ne laissaient aucun doute sur le modèle : Eric. Elle ajouta quelques traits bleus ondulés qui derrière lui figuraient la mer. Elle prit du recul pour examiner l'exécution et, sur la poche supérieure du blazer, à l'endroit où sont cousus les écussons des collèges anglais, elle inscrivit avec application, en lettres capitales, le mot FIN.

Elle se leva et se précipita à travers la villa jusqu'à la vaste cuisine à la fraîcheur apaisante. Elle serra dans ses bras la vieille bonne au chignon blanc, assise sur une chaise, qui leva de son tricot des yeux bleus délavés. Elle lui demanda de sa voix caressante et capricieuse :

— Hortense, sois gentille, je voudrais du thé avec des toasts et de ta bonne confiture d'abricots. Apporte-les-moi dans le jardin.

Et elle s'envola.

XVII

— Tu as mal ? demanda Roland.

Wiso était allongé dans un lit en fer chromé de l'hôpital de Bayonne. Vêtu d'un pyjama blanc, les traits tirés, un hématome bleu sur le front, il avait le bras droit en écharpe, moitié dans le plâtre, moitié enveloppé de bandelettes. Il fit une moue qui se voulait rassurante :

— Maintenant, ça va mieux. Mais on a eu chaud. S'il n'y avait pas eu un arbre pour arrêter la bagnole, on y restait.

— Et les personnes qui étaient avec toi, elles...

Roger Lanche coupa Roland :

— Les deux poules ! s'exclama-t-il d'un air égrillard.

Roland jeta sur Roger Lanche un sévère regard de biais : il n'était pas bégueule mais l'atmosphère de stupre qui commençait à peser sur cette fin de vacances lui était désagréable. De toute façon, Roger Lanche l'irritait.

— Elles s'en sont bien tirées, dit Wiso d'une voix lente et calme qui ne lui était pas habituelle, elles sont dans la chambre en face.

— Tant de mystères pour une partouse, dit Pierre Lenhart d'un air dégagé. (Il ne voulait pas être en reste dans cette conversation qui prenait un tour un peu leste.) Quelle idée aussi d'aller jusqu'à Biriatou !

— C'était trop simple de prendre une chambre au Miramar ! dit Roger Lanche.

Roland murmura d'un air rêveur :

— Deux filles ! Toute une nuit ! Ça doit être...

Il ne parvint pas à trouver le qualificatif qu'il cherchait. Il demeura songeur. Wiso prit un air faussement modeste :

— C'est toujours un peu la même chose.

— J'espère qu'au moins vous avez bien rigolé ? dit Roger Lanche, qui paraissait enchanté du cocasse de la situation.

Wiso se mordit les lèvres pour ne pas éclater de rire :

— Oui, ça, on a bien rigolé !

La conversation continua sur ce ton. Eric de Spam, qui n'avait pas participé aux plaisanteries, s'approcha de Pierre Lenhart :

— Viens, je voudrais te parler, dit-il à voix basse.

— On revient dans cinq minutes, lança Pierre Lenhart.

XVIII

— Descendons dans le jardin, on sera plus tranquilles, proposa Eric de Spam.

Ils longèrent un couloir, couleur crème, à l'odeur d'éther et de soupe de légumes. Ils s'assirent sur un muret, tournant le dos à de gros bégonias roses.

— Qu'est-ce qui se passe ? demanda Pierre Lenhart. Toujours Antonia ?

Le visage d'Eric de Spam prit une expression douloureuse ; ses yeux bleus d'habitude vifs et fiers n'avaient plus ni intensité, ni éclat. Il posa sa main sur le bras de Pierre Lenhart.

— Si tu savais comme je souffre ! C'est terrible, terrible.

— Elle veut te quitter ?

— Je n'en sais rien. Je ne la comprends plus. C'est un mur. Tantôt elle refuse de me voir, tantôt elle me dit qu'elle m'aime encore. J'ai l'impression qu'elle joue avec ma souffrance. Si au moins elle se tenait à une décision, je crois que je l'accepterais. Mais ce supplice... Je préférerais qu'elle me quitte pour de bon.

— Pourtant tu l'aimes ?

— A en crever !

Eric de Spam enfouit son visage dans ses mains. Pierre Lenhart lui tapa sur l'épaule :

— Tu sais comme elle est bizarre. Elle peut changer. A ta place, je la laisserais tranquille quelque temps.

Eric de Spam se redressa :

— Et si elle ne revient pas ?

— Crois-moi, elle reviendra.

— Tu es sûr ?

— Certain !

Eric de Spam se sentit délivré d'un terrible poids. Un chemin s'ouvrait devant lui. Il ne savait comment exprimer à son ami toute sa reconnaissance pour ce conseil. Il savait qu'il allait souffrir de ne plus voir Antonia, mais si ce sacrifice devait lui éviter de la perdre, il l'acceptait. Il balbutia :

— Tu es chic. Merci, Pierre.

Pierre Lenhart haussa les épaules.

— Allez ! Il faut remonter voir ce pauvre Wiso. Les autres doivent nous attendre.

XIX

Un gémissement douloureux et sourd. A chacun de ses services, Pierre Lenhart laissait échapper une plainte du tréfonds de sa poitrine : elle ressemblait à cette langue secrète du corps qui ne s'exprime que dans la volupté ou l'agonie. Le visage empourpré, blême par endroits, strié de petits affluents de sueur qui se rejoignaient à la pointe de son menton, il se donnait à la partie de tennis de toutes ses forces. Il frappait les balles avec une ardeur de bûcheron.

Antonia, assise dans l'herbe, tout en blanc, un ruban violet dans ses cheveux tirés en chignon, le fixait à travers le grillage. Elle avait ri avec Rose de cette plainte à l'accent presque inhumain. Mais au fur et à mesure que la partie avançait, elle se prenait à attendre l'instant où Pierre allait servir. Elle l'appréhendait et le désirait, partagée entre la fascination et le dégoût. Cela lui procurait une agréable torpeur.

La partie achevée, Pierre Lenhart ouvrit la porte du court en s'épongeant le front. Il avait perdu. Il grognait, frappait d'un geste agacé sa raquette contre son talon. Antonia et Rose se dirigèrent vers lui. Antonia lui demanda :

— Prête-moi ta raquette !

Pierre la lui tendit distraitement : il expliquait à Roland les fautes qu'il avait commises. Antonia observa la raquette ; la poignée gainée de cuir était poisseuse de sueur. A la dérobée, d'un mouvement irrésistible, elle la porta à ses narines et huma longuement l'odeur animale, âcre, qui s'en exhalait.

Roland la vit un peu à l'écart.

— Antonia, tu viens ?

— Oui, oui, j'arrive, dit-elle en se ressaisissant.

Roland l'attendit. Quand elle fut près de lui, il la prit affectueusement par l'épaule.

— Pierre a l'air de mauvaise humeur, dit-elle sans être présente à la conversation.

— Oui, il a pris l'habitude d'être toujours le premier. Mais ça ne dure jamais longtemps. Au fond, c'est un très brave type.

Roland regardait Antonia qui, tout en marchant, balançait la raquette de Pierre : sa présence ne lui était plus cruelle. Il éprouvait encore de la tendresse pour elle, il ne l'aimait plus.

Tout son amour désormais allait à la femme qu'il avait vue sur la plage et que, dans son for intérieur, il ne désignait pas de son nom véritable, trop fameux, qui l'agaçait, mais qu'il appelait « l'inconnue de la plage ». Inconnue, il lui semblait qu'elle le demeurerait toujours !

Un soleil doux dorait la fin d'après-midi. Roland demanda :

— Tu es triste ?

— Non, enfin je ne sais pas. Et toi ?

— Oh, moi ! La vie est curieuse : nous avons tout pour être heureux... presque tout. Et ce qui nous manque est peut-être l'essentiel.

Subitement Roland regarda sa montre.

— Je suis en retard. Henrique doit m'attendre. Nous allons chasser l'isard près du col d'Aubisque.

Devant la maison, un grand jeune homme sombre et timide, le béret vissé sur le crâne, attendait. C'était le fils de la femme de chambre à la poitrine orgueilleuse.

Une demi-heure plus tard, Roland réapparut habillé de pied en cap : un pantalon en velours côtelé, une veste couleur vert d'eau aux poches innombrables ; un feutre noir sur l'œil lui donnait l'air d'un conspirateur. En bandoulière un fusil Purdy à crosse d'argent ciselée qui avait appartenu à son père.

On les accompagna jusqu'à la voiture de Roland avec le même respect que s'ils partaient pour une mission périlleuse. Roland entassa dans le coffre des couvertures et deux sacs de provisions. Flocon rôdait autour de la voiture de la démarche cahotante à laquelle le condamnait sa patte invalide. Il adressait à chacun des regards suppliants de ses gros yeux jaunes.

La voiture allait démarrer. La femme de chambre accourut en nage, poussant des cris perçants dont elle sembla aussitôt confuse : elle apportait un paquet de provisions oublié. On procéda à de nouveaux adieux. La femme de chambre se signa. Pierre Lenhart de sa voix forte et chaude s'exclama :

— Bonne chasse, les gars ! A demain !

Une expression de contrariété effaça les sourires. Rose lança à Pierre d'un ton sec, cinglant :

— Voyons, Pierre, on ne dit jamais : « Bonne chasse ! » Cela ne se dit pas.

— Ah ! bon, balbutia Pierre dont le visage se décomposa. D'une voix qui n'était plus la sienne, virile et dominatrice, mais celle craintive et faible d'un enfant, il s'excusa :

— Je ne savais pas... Vraiment je ne savais pas.

La voiture déjà disparaissait derrière les chênes-lièges. Une brise tiède et odorante dispersait la poussière ocre du chemin. On regagnait en silence la villa. Pierre Lenhart regarda Rose de biais : ses yeux jetaient des éclairs de haine.

XX

« On ne dit jamais : " Bonne chasse " ! » Pierre Lenhart ressassait sans fin cette phrase. Elle le blessait cruellement. Plus il s'efforçait de l'oublier, plus elle enfonçait ses griffes dans son orgueil. L'humiliation le ravageait. Il s'étonnait lui-même d'être à ce point bouleversé pour une raison aussi infime. Il ne supportait pas d'avoir été morigéné en public comme un gamin ; surtout, il avait l'impression que cette blessure d'amour-propre réduisait à néant tous ses laborieux efforts pour acquérir une parfaite maîtrise en société. Il se sentait faible, sentiment insupportable pour lui. Sa puissante machine intellectuelle, sa force de caractère étaient incapables de maîtriser une souffrance qui réveillait d'anciennes vexations. Plutôt que de lutter contre un malaise sur lequel il n'avait pas prise, il préférait s'en distraire en reportant sa rancœur sur Rose.

Réfugié dans sa chambre, marchant de long en large, il se repaissait de sa haine. Avec quelle férocité il mettait Rose en pièces ! Il voulait oublier ses qualités afin de s'acharner sur les défauts qui la rabaissaient. Il la caricaturait, l'enlaidissait. Elle n'était plus qu'une poupée, sotte, gauche, imbue de prétention sociale : « Une petite pimbêche. » Pour mieux la disgracier, il rehaussait l'attrait de ce qui, à cet instant, constituait son seul prestige à ses yeux : sa fortune. Elle n'était plus qu'une héritière, « un gros sac ». Il s'aveuglait. Il allait jusqu'à répudier tous ses gestes de générosité et de tendresse comme les manifestations de l'encombrant attachement d'un être faible, sans caractère. « Elle s'est collée à moi comme une huître à un rocher », pensait-il sans se départir dans l'humiliation de son inébranlable confiance en lui-même.

Il passa le dîner et la soirée en compagnie de Wiso, de Roger Lanche et de la mère de Roland. Pour une fois, il bouda la conversation : il ressassait ses griefs contre Rose. Il passait sans transition du mépris à l'envie. Elle surgissait dans son esprit armée de tous les attributs de sa puissance sociale : il revoyait le domaine des Ormes, près de Fontainebleau, l'affreux et opulent château Napoléon III, rose et blanc comme une pièce montée, le parc aux allées infinies qui musardaient autour des cèdres centenaires, le pigeonnier mangé par le chèvrefeuille qui dominait le potager et dont les teintes fauves s'allumaient sous le soleil comme un incendie, les serres aux vitres brillantes comme du métal en fusion où s'affairait le jardinier vêtu de toile bleu marine, là où Mme Dolfuss herborisait, là où il allait cueillir avec Rose des framboises et des groseilles. Alors il l'aimait. Il la trouvait charmante. Elle l'impressionnait. C'était un conte de fées. Il se souvenait de son émoi de petit-bourgeois provincial affronté à de tels espaces, à une existence luxueuse qu'il ne croyait possible qu'en rêve. Et ce rêve s'était approché de lui sans effort jusqu'à ce qu'il ne tienne qu'à lui de l'atteindre, de le posséder. D'où venait que ce mariage avec Rose, qu'il avait tant désiré quand il lui paraissait impossible, lui semblât maintenant une corvée ?

Il ne se l'expliquait pas. Sinon que même au fin fond de la pauvreté, boursier au lycée de Metz, puis à Louis-le-Grand, il n'avait imaginé que son destin pût passer par un mariage avec une femme riche. Ce destin, il n'avait jamais douté de le forger seul, par son intelligence, par sa force. Il avait vu le raccourci que lui présentait le hasard comme une justice rendue à sa valeur. Mais cette facilité le séduisait autant qu'elle le rebutait. Il y soupçonnait un manque de foi en lui-même. Ce mariage tant désiré n'était plus qu'un devoir auquel il ne pouvait plus se soustraire sans perdre une fortune et des apanages qu'il avait pris l'habitude de considérer déjà comme les siens. Il en voulait à Rose de s'être laissé prendre dans un piège d'où il ne pouvait se dégager sans désagréments.

Obsédé par ses réflexions, Pierre Lenhart ne trouvait pas le sommeil. Il faisait très chaud dans sa chambre. Il regarda sa montre : elle marquait une heure du matin. Vêtu de sa robe de chambre bordeaux, il monta dans le salon en quête d'un livre. Il se mit à fureter dans les rayons de la bibliothèque : Mauriac, Maurois, Marcel Prévost, les gros bataillons romanesques. Et Pierre n'aimait pas les romans. Un genre frivole. Il préférait les essais : Bainville, Benda. Mais il les avait déjà lus et relus. Il s'arrêta à un Barrès : *Un jardin sur l'Oronte.* Un roman, tant pis ! Par précaution, il le doubla des ***Essais de politique*** de Prévost-Paradol. Il s'assit dans un fauteuil près d'une lampe dont l'abat-jour filtrait une douce lumière verte.

Il ouvrit son livre. Aussitôt il fut assailli par l'image de ses parents. Il voyait son vieux père, ses yeux toujours vifs, qui après avoir usé ses souliers de facteur avait fini sa carrière à la poste centrale de Metz ; sa mère, qui ressemblait à une grosse paysanne, avec son visage congestionné. Il les imaginait sur leur trente et un dans le domaine des Ormes. Quel abîme séparait ces gens simples, qui n'avaient jamais connu que leur province, des Dolfuss, ces grands bourgeois ! Chaque été, il se promettait de surmonter sa gêne et de leur présenter sa fiancée. Au dernier moment, il y renonçait par crainte du jugement de Rose sur eux. Quel avantage elle détiendrait devant ce témoignage de son infériorité sociale ! Plutôt mourir que de subir son air de commisération quand elle verrait le petit appartement de rentier sur le boulevard du Maréchal-Foch, au-dessus d'une épicerie.

Soudain Pierre entendit des craquements dans l'escalier : Roger Lanche apparut dans son pyjama trop large. Sachant Roland en train de traquer l'isard à cent kilomètres de là, il avait avancé d'une bonne heure son rendez-vous nocturne avec Jacqueline.

— Qu'est-ce qui t'arrive ? lança Pierre.

Roger Lanche tourna vers lui un visage affolé.

— Ah, tu es là, dit-il, tu m'as fait peur... Qu'est-ce que tu fiches ?

— Tu vois, je bouquine.

— Moi aussi, je cherche un livre. Impossible de dormir avec cette chaleur... Tu as trouvé quelque chose d'intéressant ?

Il se pencha pour examiner le livre de Pierre :

— Barrès ! Ce vieux con ! Si tu n'arrives pas à dormir avec ça, c'est désespéré.

Pierre ne répondit pas. Il ne se sentait pas d'humeur à batailler avec quelqu'un dont il ne tenait pas les jugements en très haute estime. Roger Lanche tripota quelques volumes dans les rayons : la présence de Pierre lui avait donné un tel choc que les titres des ouvrages se brouillaient devant ses yeux. Il prit au hasard le premier tome des ***Mémoires*** de Mme de Genlis.

— Voilà, dit-il, j'ai ce qu'il me faut ! Tu vas passer la nuit ici ? demanda-t-il d'un ton détaché.

— Pourquoi pas ? Il fait plus frais.

— Moi, je ne trouve pas, rétorqua Roger Lanche, agacé de voir ses projets amoureux contrariés. Bonsoir.

Pierre le regarda partir avec soulagement. Il reprit le cours de sa méditation : Rose était certainement bonne, généreuse ; elle ferait une épouse parfaite. Mais toutes ces qualités maintenant lui paraissaient mornes.

Roger Lanche regagna sa chambre en pestant contre sa malchance. Par la porte-fenêtre il sortit dans le jardin. La lune était à son plein. L'air tiède sentait le foin coupé. Son cœur battait d'une tendresse exaltée par la difficulté. La fenêtre de Jacqueline était entrouverte. Il songea au moyen d'escalader la façade. Impossible sans une échelle. Il tenta d'attirer son attention :

— Psitt... psitt...

En vain. Il ramassa une poignée de terre et la lança vers les vitres. Il manqua son objectif. Il recommença. Cette fois la fenêtre s'ouvrit et Jacqueline apparut : sa chemise de nuit blanche semblait phosphorescente.

Il chuchota :

— Pierre est dans le salon !

Elle mit un doigt sur sa bouche. Roger Lanche monta sur le rebord de sa fenêtre. Il répéta :

— Pierre est dans le salon... Je viendrai dès qu'il sera redescendu.

Il se hissa sur la pointe des pieds et tendit la main vers elle. Elle se pencha : les pulpes de leurs doigts s'effleurèrent. Elle murmura : « A tout à l'heure », et disparut comme un fantôme. Roger Lanche demeura quelques instants devant la maison, savourant le bonheur d'être attendu, désiré. Il avait envie de remercier les étoiles, la lune. Il regagna sa chambre et entrouvrit la porte du couloir afin d'être averti du retour de Pierre Lenhart. Allongé sur son lit, l'oreille aux aguets, il lut un bon tiers des *Mémoires* de Mme de Genlis. Vers quatre heures du matin, le pas d'éléphant de Pierre retentit. La porte de sa chambre claqua. La voie était libre. Enfin !

XXI

Des nasaux et de la gueule du monstre jaillissaient des gerbes d'étincelles. La foule poussait des hurlements ; on fuyait dans les rues sombres en mimant la terreur. La grande houle populaire se déplaçait du vieux marché de Saint-Jean-de-Luz vers l'église Saint-Jean-Baptiste au gré des assauts du *Toro de fuego.* Les couples s'étreignaient d'épouvante ; les gamins ouvraient des yeux ébahis ; on se jetait des poignées de confettis ; des pétards éclataient sous les pieds : un grand chahut aux relents d'espagnolade qui sentait la poudre, le patchouli et le remugle de la marée basse.

Tout le monde s'était retrouvé pour la fête. Eric de Spam n'avait pu résister à la tentation de revoir Antonia ; il était passé sur ses résolutions : ils se regardaient avec timidité et émotion comme s'ils craignaient de renouer avec un bonheur trop fragile. La mésentente de Pierre Lenhart et de Rose semblait avoir été balayée par le flot des réjouissances. Wiso tentait de protéger son bras invalide dans la bousculade. Roland, un peu en retrait, regardait d'un air bougon la sollicitude nouvelle que lui manifestait sa mère : flanquée de Roger Lanche, elle exprimait à tout moment une exubérance forcée comme si elle s'imaginait que c'était là le ton obligatoire de la jeunesse. Cela aussi agaçait Roland.

Cette fête, on le savait, serait la dernière de l'été. Août finissait, des signes presque imperceptibles l'indiquaient. Chacun semblait vouloir faire le meilleur visage, celui dont il aurait plaisir à se souvenir. On prenait un dernier acompte de joie de vivre. Il y avait je ne sais quelle gravité derrière cette allégresse apparente. Tant de questions restaient en suspens auxquelles il allait falloir donner des réponses. Paris était plus exigeant que Biarritz. Chacun souhaitait que l'illusion durât le plus longtemps possible avec ses bonheurs en trompe-l'œil, ses résolutions vagabondes, ses incertitudes. Une main de fer allait s'abattre : on pouvait encore rêver d'y échapper. Ivresse de ces instants à laquelle s'ajoutait celle du madiran au goût âpre et corsé dont ils avaient vidé quelques bouteilles, au restaurant Betatsuna, pour adoucir une piperade aux piments de feu.

A un moment d'accalmie, le petit groupe se trouva réuni

dans une ruelle qui sentait l'huile chaude. Roland interpella sa mère :

— Vous auriez quand même pu inviter Henrique... Bien sûr, c'est le fils de la bonne... (Il insista sur le mot.) Il a le droit de s'amuser lui aussi.

La belle Jacqueline sentit se réveiller en elle un sentiment confus de culpabilité.

— Tu as raison, répondit-elle d'un air contrit. Il faudra y penser la prochaine fois.

Cette réaction désarma Roland. Il n'insista pas. On rejoignit le gros de la foule devant la maison de l'Infante. Sous les coups de boutoir de la cohue le groupe se disloquait et se reformait quelques instants après. On se retrouvait avec un partenaire différent, comme lors des baignades dans les rouleaux de la Chambre-d'Amour. C'était un jeu grisant. On craignait de se perdre. On se cherchait. On s'appelait à grands cris. On s'étreignait de plaisir en se revoyant.

Après plusieurs immersions dans la foule, on perdit Antonia ; *la belle Jacqueline* et Pierre Lenhart manquaient également. On se cantonna sous un porche pendant qu'Eric de Spam et Rose partaient à leur recherche. On crut les voir réapparaître : on scruta les ombres. En vain. On se résolut à les attendre. Un quart d'heure passa. Rose revint en compagnie de la mère de Roland, radieuse, les cheveux maculés de confettis.

— Je vous croyais vers le vieux port, dit-elle. Quelle bousculade !

Eric de Spam surgit à son tour.

— Antonia n'est toujours pas là ? demanda-t-il d'une voix inquiète.

Il replongea dans la cohue. Roland, gagné par la bonne humeur générale, commençait à plaisanter :

— Sacrée Antonia, elle ne peut jamais rien faire comme tout le monde !

— Elle nous attend peut-être devant la maison de l'Infante, dit Wiso.

— J'y suis allé, répondit Rose, l'air préoccupé.

Un début de bagarre éclata à quelques mètres entre deux marins éméchés. On les sépara. Leur querelle se fondit dans le brouhaha.

Eric de Spam réapparut, le visage en sueur.

— Vous ne l'avez pas vue... Je n'y comprends rien... Où peut-elle bien être ?

Il tremblait. Sa nervosité, son air hagard faisaient peine à voir. Wiso tenta de le rassurer.

— De toute façon, on la retrouvera devant la voiture. Elle ne va pas rentrer à pied.

— Si elle est capable de la retrouver, dit Roland.

— Et Pierre ? Lui non plus n'est pas revenu ! s'exclama Rose avec une expression anxieuse qui alourdit l'atmosphère.

C'était vrai : la disparition d'Antonia avait fait oublier celle de Pierre.

Wiso ironisa :

— Pas d'Antonia, pas de Pierre : il y a anguille sous roche.

Roland lui fit signe de ne pas insister.

La foule avait maintenant déserté le port. Il ne subsistait plus que des couples attardés qui s'étreignaient dans l'ombre ; quelques ivrognes butaient dans le caniveau. On entendait le bruit des cordages qui claquaient contre les mâts des bateaux de pêche.

— On ne va pas rester toute la nuit ici sans les chercher, déclara Rose dévorée par l'inquiétude.

Roland la prit par l'épaule.

— Ne t'inquiète pas. On va les retrouver. Ils doivent nous attendre à la voiture.

Le petit groupe se dirigea vers l'église Saint-Jean-Baptiste.

— C'était évident qu'on allait se perdre, commentait Roland, on aurait dû se donner rendez-vous quelque part.

Arrivé sous les platanes où les voitures étaient garées, Wiso s'exclama :

— Merde ! Ma voiture ! Elle a disparu !

— Tu es certain que Pierre s'était bien garé là ? insista Roland. (C'était Pierre qui conduisait la Ford que Wiso lui prêtait en attendant que son bras soit rétabli.)

— Absolument. Pierre a dû filer avec. Ce salaud aurait pu au moins nous prévenir.

Rose, qui tenait ses chaussures à la main, se mit doucement à pleurer. Roland la serra dans ses bras. Il lui murmura :

— Tout va s'arranger, je t'assure.

Personne n'osait s'avouer la vérité. Contre l'évidence, on voulait croire à tout prix que Pierre et Antonia allaient réapparaître.

— On va quand même passer par le commissariat, dit Roland. On ne sait jamais.

Tout le monde s'entassa dans la Renault. La voiture fit

quelques centaines de mètres et s'arrêta devant le commissariat. Roland alla aux informations accompagné de Roger Lanche. Ils revinrent bredouilles un quart d'heure plus tard : le factionnaire de service leur avait lu la liste des personnes blessées ou hospitalisées. Aucune trace des disparus.

— Alors ? demanda Eric de Spam, qui gardait un dernier espoir.

— Rien, répondit Roland. Je ne comprends pas. Attendons demain.

La voiture fila vers Guéthary. Chacun observait le silence. On n'entendait que le tintement d'une vis qui errait sous le tableau de bord et les sanglots de Rose.

XXII

La sonnerie du téléphone retentit tôt le matin à la villa Artéa. Roland, qui avait dormi d'un court sommeil agité, se précipita sur le combiné dans le couloir.

— Allô...

L'opératrice passa la communication. Il entendit la voix de Pierre.

— Roland, c'est moi. Je suis désolé... Tout s'est passé si rapidement...

— Tu es avec Antonia ?

— Oui.

Ils se turent. La ligne grésilla.

— Tu trouves que j'ai mal agi ? demanda Pierre.

— Je n'ai pas à juger ta conduite, tu n'es plus un enfant... J'espère seulement que tu ne le regretteras pas.

— Ça a vraiment été un coup de foudre entre nous, je te le jure. Jamais je n'aurais imaginé...

— Tu as prévenu Rose ?

— Non... Justement... C'est peut-être inutile... Elle comprendra... Je lui écrirai.

Quand Roland raccrocha, il fut saisi d'un sentiment d'irréalité. Jusqu'à cet aveu, il s'était interdit d'admettre la trahison de Pierre Lenhart. Ainsi une femme avait suffi à faire voler en éclats l'amitié ancienne, profonde, qui le liait à Eric. Et Antonia !

D'elle, cette trahison ne l'étonnait pas. Mais de Pierre, si scrupuleux, si exigeant sur la morale !

Roland descendit dans la chambre de Pierre. Il plia les vêtements de son ami et les empila dans sa valise. Ils avaient rendez-vous devant la gare de Biarritz-La Négresse à midi : Pierre avait décidé de partir le jour même avec Antonia pour Paris. Roland monta la valise dans le vestibule. Le petit déjeuner était prêt sous la véranda. Roland pensait à Rose : l'idée de son chagrin lui était pénible. « Comment peut-on faire souffrir une aussi chic fille ? » se dit-il.

Le soleil était déjà chaud. Un souffle de brise lui apporta le parfum sucré des genêts d'Espagne. Il revit la main de sa mère posée sur la nuque de Roger Lanche et jeta un regard vindicatif sur le maudit buisson dont les petites fleurs jaunes étaient éclairées comme des lampions.

XXIII

Les vagues éclataient sur les rochers que la nuit estompait ; l'eau mousseuse se retirait en grésillant entre les galets. C'était une petite crique d'une cinquantaine de mètres, non loin du rocher de la Vierge, à laquelle on accédait par un chemin boueux, hérissé de ronces. Dans la journée, ne venaient que de rares baigneurs descendus des quelques villas accrochées à la falaise. La nuit on était certain de ne trouver personne. Eric de Spam y avait conduit Antonia un soir qu'elle avait la lubie de prendre un bain de minuit. De cette soirée, il se souvenait de chaque instant : les silhouettes blanches des corps nus marchant avec précaution entre les rochers ; l'eau froide, noire et huileuse où ils s'étaient jetés sans hésiter ; les caresses des algues gluantes ; et ces bulles phosphorescentes dans l'eau sombre à chaque mouvement de brasse. Allongés sur la serviette humide avec laquelle ils s'étaient frictionnés, claquant des dents, ils avaient fait l'amour : il gardait intacte la sensation de ses paumes meurtries par les galets, du vent qui glaçait son dos, tandis que le bruit sourd du ressac semblait la respiration de l'océan.

Ce soir, ce lieu lui était indifférent. Toute la nuit, toute la journée, il avait souffert. L'apaisement était venu avec sa décision. Il se déshabilla lentement et déposa ses vêtements sur les galets humides. Il respira profondément et pénétra dans l'eau. Il se mit à nager l'indienne vers le large. A chaque mouvement, il avait l'impression de participer à un rite secret. Quand il dépassa la pointe de l'anse, il se trouva dans la longue avenue lumineuse que traçait le phare. Elle disparut. La nuit devint plus sombre.

Il nagea un bon quart d'heure jusqu'à ce qu'il sentît ses forces épuisées. Il tourna la tête vers la côte : les lumières de Biarritz scintillaient comme un ciel étoilé. Il avait envie d'aller encore plus au large... A quoi bon ! Il se sentait soulagé d'un poids immense : tout allait finir ici. Il revit Antonia avec des cerises accrochées à ses oreilles et Pierre Lenhart. La haine qu'il lui portait était si forte, si absolue, qu'elle l'étouffait.

Il vida l'air de ses poumons, cessa tout mouvement et s'enfonça dans la mer. L'eau lui parut plus froide. La surface ressemblait à un dôme translucide. Il laissa pénétrer une gorgée d'eau dans sa bouche et voulut l'avaler. Son goût saumâtre lui donna la nausée. Il but une tasse. Alors tout chavira : l'eau emplit sa gorge et son nez. C'était la fin. La pression qui s'exerçait sur sa poitrine devint très douloureuse. Il savait qu'après cette dernière épreuve la paix l'attendait. Soudain, d'un mouvement irrésistible des bras et des jambes, il tenta de remonter à la surface. Il crut ne jamais l'atteindre. A bout de souffle, il retrouva l'air libre. Il hoquetait, vomissait de l'eau et de la bile ; ses membres étaient flageolants. Une faiblesse infinie l'envahissait, qui lui procurait une douce griserie. Il revit les lumières de Biarritz avec émerveillement comme si elles lui apparaissaient pour la première fois. « Dire que je dois quitter tout cela ! » songea-t-il. Un sentiment de pitié pour lui-même l'envahit.

Il se dit : « Même si je le voulais... maintenant il est trop tard... Je ne pourrais pas revenir. » Et l'idée de tenter le sort brilla dans son esprit : s'il parvenait à regagner la côte de si loin, dans son état d'épuisement, alors la mort ne voulait pas de lui. Il commença à nager. Le courant était contre lui. Soudain une masse gluante le frôla et la peur le saisit. Des images défilèrent : méduses, pieuvres, requins. Cette peur lui donna une folle envie de vivre. Il nageait maintenant par saccades, avec nervosité. Les lumières parfois s'éloignaient ; puis les falaises ne semblaient plus qu'à une centaine de mètres ; une force mystérieuse l'empêchait d'atteindre le rivage.

Le courant l'avait déporté. La lumière rouge qui lui avait servi de repère avait disparu. A plusieurs reprises la tentation de se laisser couler le traversa. Il la domina : « Ce serait trop bête, si près du but. » Il voulait sortir vainqueur de ce défi lancé à cette mort qui, peu de temps auparavant, lui paraissait une amie et qui maintenant s'acharnait à sa perte.

Soudain, une plage lui parut toute proche, comme s'il avait été transporté par enchantement. Il distinguait le sable clair, quelques cabines de bain. Il crut ne jamais franchir les derniers mètres. Plusieurs fois il lui sembla avoir pied. Bientôt son corps fut vomi sur la plage par une vague. Le contact rude du sable lui brûla la peau. Il demeura inerte, ballotté par les vagues qui déferlaient sur lui. Avec difficulté, il rampa vers le sable sec. Il claquait des dents. Le sable avait gardé de la chaleur sous sa surface froide. Il s'en recouvrit et perdit conscience.

XXIV

Les vacances étaient finies. Les derniers jours d'août s'effilochaient. Les belles villas fermaient une à une leurs volets. Les automobiles se faisaient rares. La côte basque perdait sa nervosité, s'immobilisait. Elle prenait les formes pleines et calmes d'un fruit mûr. Elle retrouvait sa langueur à peine troublée par l'agitation estivale.

Jacqueline décida de remonter à Paris dans la voiture de Wiso en compagnie de Roger Lanche : cette décision agaça Roland qui prit le parti, toujours reculé, de cesser d'habiter chez elle : « A vingt-cinq ans, se dit-il, si on continue à vivre avec sa mère, on finit par rester vieux garçon. » Il téléphona à son notaire pour qu'il lui cherchât un logement dans le quartier des Ternes, non loin de la rue du Général-Foy, pour ne pas trop s'éloigner de l'appartement familial.

Eric de Spam ne donna pas signe de vie. Roland, inquiet, téléphona chez sa tante qui lui annonça qu'il avait regagné Paris.

Demeuré seul, Roland prit des nouvelles de Rose. Elle semblait revivre après les jours pénibles qui avaient suivi la rupture. Elle commençait même à s'épanouir loin de la tyrannie de Pierre Lenhart. Au retour d'une de ses visites, Roland pensa : « Pierre a été idiot de quitter Rose. Elle est vraiment charmante. Elle aurait été pour lui une femme exquise. »

La dernière journée à la villa Artéa, Roland parut préoccupé. Il avait dû régler des questions en litige avec son frère, et surtout négocier la vente des Grands Prés. Autre chose l'agitait.

Depuis un moment, ce matin-là, il tournait autour du jardinier, « Monsieur Jean », un douanier en retraite qui chaque matin soignait les fleurs du jardin dont Jacqueline tirait une grande fierté. C'était un vieil homme sec, au dos cassé, avec de belles bacchantes qui le faisaient ressembler à Aristide Briand. Roland se décida à engager la conversation. Il n'aborda pas de front l'objet de sa requête. Il s'enquit de la bonne tenue des géraniums, des seringas, des rosiers. Il en vint enfin à la question qui lui tenait à cœur.

— Monsieur Jean, j'allais oublier... Les genêts devant ma fenêtre... ils dissimulent la vue. Il faut les couper. D'ailleurs c'est aussi l'avis de ma mère, elle a dû vous en parler. La Rhune est si belle, dit-il en la désignant, ce serait dommage de ne pas en profiter.

Le jardinier ne semblait pas envisager cette besogne de gaieté de cœur :

— Je pourrais les tailler un peu, cela vous dégagerait la vue ?

— Non, je pense qu'il vaut mieux les arracher, coupa Roland d'un ton cassant. Et le mieux serait de le faire tout de suite.

— Ce sera fait, répondit respectueusement le jardinier.

Et un moment plus tard, il se mit à l'ouvrage. Roland épia l'opération de sa chambre. Chaque buisson arraché ouvrait la perspective sur la Rhune. Il se demandait comment il avait pu surseoir si longtemps à la réalisation d'un projet si bénéfique. Quand il vit les buissons aux fleurs jaunes couchés le long des buis nains, à sa satisfaction s'ajouta un soulagement plus trouble : il n'aurait plus à souffrir leur parfum écœurant qui sans cesse lui rappelait la main de sa mère posée sur la nuque de Roger Lanche.

Le lendemain matin, les bagages rassemblés sous la véranda, Roland fit ses adieux à la femme de chambre à la poitrine orgueilleuse. Il demeura quelques instants à contempler la Rhune en compagnie de Flocon. Elle resplendissait comme une pyramide de verdure dans l'horizon bleuté. A quelques mètres, en face de lui, il y avait un vide là où, la veille encore, les genêts d'Espagne formaient un rempart vert et or. La terre avait été retournée. Seul un rameau à l'écart subsistait.

Roland monta dans sa voiture et démarra. Il conduisait lentement pour savourer ce paysage qu'il aimait. Devant la plage du Palais où il avait aperçu celle qu'il continuait d'appeler « l'inconnue de la plage », il ralentit encore pour s'imprégner de ce lieu qui l'emplissait de regrets et de nostalgie. Puis il accéléra et regagna Paris à son habituel train d'enfer.

DEUXIÈME PARTIE

LA VIE ADULTÈRE

Ensuite tes yeux se tourneront vers des femmes étrangères et ton cœur parlera des paroles déréglées.

Et tu seras comme celui qui dort au milieu de la mer et celui qui dort au sommet d'un mât.

On m'a battu et je n'ai pas souffert.
On m'a frappé et je n'ai rien senti.
Quand me réveillerai-je ?
Ce sera pour chercher encore.

Proverbes, XXIII.

I

Les vagissements du nourrisson régnaient impunément dans la maison. Les murs et les cloisons semblaient impuissants à étouffer ces cris stridents, inlassables, comme s'ils émanaient non d'un être humain mais d'une mécanique folle : une poulie, une scie. Roland se réfugia dans son bureau, au premier étage. Les cris le poursuivaient : ils se répercutaient sur le mur mitoyen du jardin et s'engouffraient par la fenêtre ouverte. Un mouvement de panique l'envahit. Il était oppressé. Lui qui d'habitude à cette heure douce de la fin de journée, surtout à cette saison — on était en septembre —, se laissait griser par le silence qu'animaient les piaillements des moineaux dans les ramures des jardins de l'hôtel Matignon, tout le charme de cette petite maison particulière de la rue du Bac, il avait l'impression d'être pris dans un piège. Ces cris étaient des chaînes. Une conscience aiguë de ses devoirs nouveaux lui donna le vertige. Il n'était plus libre. Il était chargé d'une famille. Cette idée à laquelle il avait eu pourtant le temps de s'habituer l'accabla. Un fulgurant ressentiment le dressa contre cette boule de chair hurlante, moite, bavante, avatar ensanglanté d'une physiologie élémentaire. L'automne chaud qui enveloppait Paris accentuait sa sensation d'écœurement. Il éprouvait jusqu'à la nausée la bestialité de la vie.

Ce mouvement d'exaspération, Roland en mesura aussitôt toute l'injustice — et l'injustice était dans son cœur un sentiment insupportable. Pourquoi n'était-il pas heureux ? Il s'accusa de la pire ingratitude : il était un père dénaturé, un mari négligent indigne de sa chance, des bienfaits reçus de Rose. Il ne pouvait souhaiter une meilleure épouse, généreuse, attentive à lui éviter tout ce que la vie familiale comporte d'astreintes. Matériellement, il était traité chez lui comme un invité à qui on cherche à rendre l'existence facile loin des soucis. L'argent des Dolfuss y aidait, bien sûr. Il assurait le train de vie à grandes guides, les deux domestiques, la nurse hollandaise. Sans lui ? Roland n'osait y penser sans effroi. L'honnête salaire qu'il recevait de l'entreprise familiale moribonde de Gennevilliers, suffisait à peine à son argent de poche quand il en avait déduit les sommes nécessaires à l'entretien de la villa Artéa et une symbolique participation aux frais du ménage.

Il devait beaucoup à Rose ; beaucoup plus que ce confort dont il jouissait surtout parce qu'il lui rappelait l'époque heureuse et facile où son père vivait encore. Grâce à elle, il s'était sorti des chimères de l'adolescence. Rose, le père Dolfuss surtout, dont le jugement lui importait, lui avaient donné le sens de ses limites. Il s'y sentait rassuré, sauf, comme aujourd'hui, quand elles l'accablaient. Alors il regrettait le temps où il était libre, jeune homme prêt à tous les départs, inflammable à tous les enthousiasmes. Il rêvait toujours de la gloire, mais il lui paraissait chaque jour plus improbable qu'elle vînt le chercher dans le train-train confiné de la vie bourgeoise. Cet enlisement, qui en était responsable ? Rose ? Le mariage ? Lui-même ? Le temps qui passe ? Un peu tout à la fois. Une sournoise conspiration de la vie.

Le roucoulement des tourterelles s'ajouta aux vagissements. Roland sourit. Rose lui avait raconté le drame survenu l'après-midi même : l'une des tourterelles d'Henri s'était échappée de sa cage dans le salon ; Bicky, le setter irlandais, s'en était emparé et avait commencé à la malmener. L'oiseau y avait laissé toutes ses plumes. Henri était en larmes. Rose, intervenant avant l'irréparable, avait frotté la tourterelle meurtrie avec un coton imbibé d'alcool. Nue, frileuse, l'œil rouge et hargneux, elle avait réintégré sa cage tandis que Bicky recevait un coup de cravache.

Cette scène attendrissait Roland : c'était le meilleur de la vie conjugale, cette moisson journalière d'anecdotes sur son fils. Il trouvait là un apaisement, une distraction qui l'aidaient à affronter ce : « Qu'ai-je fait de ma vie ? » qui le hantait.

Rose ! La culpabilité le reprit. Ce soir encore il ne dînerait pas avec elle. Il allait falloir s'expliquer, mentir, lui faire de la peine. Il aurait voulu reculer ce moment le plus longtemps possible. Mais l'heure du dîner approchait. Il la chercha. Elle donnait son bain à Henri qui jouait dans la baignoire avec un canard jaune en celluloïd.

— Le bébé n'arrête pas de pleurer. Je me demande s'il n'est pas malade.

Rose, sans lever les yeux, le rassura. Roland se mit à jouer avec son fils en se demandant comment il allait aborder la délicate question de sa soirée. Rose prit les devants :

— Tu sors encore ce soir ? demanda-t-elle d'une voix qui se voulait sans acrimonie, le regard toujours rivé sur son enfant.

Roland feignit de ne pas avoir entendu la question et continua de pousser le canard jaune dans la baignoire. Rose reprit :

— Cela fait le troisième soir que tu ne dînes pas à la maison... S'il se passe quelque chose de grave, dis-le-moi !

Cette fois elle le fixa résolument. Il la regarda droit dans les yeux dans un simulacre de franchise qui lui fit apparaître son hypocrisie d'autant plus ignoble.

— Je sais... Je sais... mais j'y suis obligé. Cela ne m'amuse pas, tu sais, tous ces dîners... Bon... à tout à l'heure.

— Tu vas te préparer ? dit-elle d'un ton aigre.

Roland s'offusqua.

— Pas du tout. Je vais dans mon bureau. J'ai du travail à finir...

Roland passa prendre un costume dans leur chambre et gagna son bureau pour s'habiller. Rose ne tarda pas à l'y rejoindre. Elle se fit affectueuse.

— Tu ne peux pas annuler ton dîner ? Nous aurions été si bien ce soir dans le jardin.

Elle parlait d'une voix exempte de tout reproche. Sous sa douceur perçait une souffrance qui émouvait Roland. Mais rien ne pouvait le faire renoncer à sa soirée. Il se détestait dans ce rôle de bourreau.

— Rose, non, ce soir c'est impossible. Demain si tu veux. Nous dînerons en tête à tête... comme des amoureux.

Il se reprocha cette expression si peu sincère. Puis, pour éviter toute explication, il enfila sa veste.

— Il faut que je parte. Je suis déjà très en retard. Ne t'inquiète pas, je rentrerai tôt.

Dans la rue du Bac, il se sentit libéré d'un poids. « Quelle vie idiote je mène ! se dit-il. Rose est malheureuse, je déteste la faire souffrir, et tout cela n'est qu'un drame ridicule puisque demain nous serons peut-être en guerre. (On était le 11 septembre 1938 et Hitler devait prononcer un discours au congrès de Nuremberg pour décider du sort de la Tchécoslovaquie.) La guerre : diriger une section au front, ce serait sortir enfin de toutes ces embrouilles. » Et il se prit à la souhaiter.

II

Quand Roland relâcha son étreinte, il se sentit accablé. Il éprouvait jusqu'au néant l'inutilité de l'acte qu'il venait d'accomplir. Au lieu de le distraire du gâchis de sa vie, il l'y replongeait. Ce corps avec lequel il venait de faire l'amour, dont il n'avait tiré qu'une maigre jouissance, ne lui inspirait aucune reconnaissance, plutôt une sorte de hargne, comme ces produits qui ne tiennent pas les promesses de leur réclame. On l'avait dupé, ou il s'était dupé lui-même : quelle différence ! La femme pourtant était belle ; de beaux seins lourds ; des jambes fines et musclées. Encore une de ces femmes divorcées, voluptueuses et tristes, comme il en avait connu cinq ou six depuis son mariage. Ce premier dîner avec elle, dont il avait attendu un peu de magie — qui sait, l'espoir de tomber amoureux — s'était dissipé dans les banalités galantes. Alors il n'avait plus eu qu'une pensée en tête : l'entraîner au lit. Maintenant la chose était faite : sa dernière illusion gisait dans cette copulation aussi fougueuse que vaine. Elle n'était qu'un corps. Roland la rangea dans cette morne catégorie qui lui faisait toujours regretter l'autre, celle des âmes. Oui, comme Rose. En comparaison les qualités fortes de sa femme resplendissaient. Quel idiot il avait été de manquer cette soirée avec elle : ils auraient dîné dans le jardin en parlant d'Henri, au lieu de cette froide étreinte dans la garçonnière triste de l'avenue de Ségur dont il se promettait à chaque fois de résilier le bail. Rose devait l'attendre, souffrir. Cette idée lui était intolérable : « Si elle pouvait savoir comme je m'ennuie, comme je la regrette », se dit-il. Et, encore une fois, il prit des résolutions de sagesse.

Des résolutions ! Il s'était si souvent juré de s'y tenir. Et elles se dissipaient à la première occasion comme des bulles à la surface de l'eau. Quel démon toujours le déliait de ses serments ? Un visage nouveau, porteur d'espoir, un rêve vorace qui animait quelques instants le feu qui couvait en lui ; la vie ne lui donnait aucune autre occasion de nourrir ce brasier. Il songea de nouveau à la guerre avec griserie : « Je passerais certainement pour un fou si je disais que ce que j'aime dans l'amour physique, c'est cette atmosphère animale de la guerre : une guerre sans risque et sans gloire ! »

La femme près de lui commençait à s'étonner de sa prostration. Elle s'étira d'un air voluptueux.

— Tu es si rapide... Pourquoi ne m'as-tu pas attendue ? demanda-t-elle avec une voix minaudante.

Tout dans ce reproche choqua Roland : le tutoiement, l'inconvenance, la trivialité. Non, décidément, ce n'était pas une *âme.*

— Peut-être ne nous entendons-nous pas ?

— Mais non... je suis certaine au contraire que si tu voulais...

Elle se serra contre lui.

— J'ai sommeil, dit-il, il ne faut pas que vous m'en vouliez, je vais devoir rentrer.

Son visage prit une expression vexée. Roland posa sur ses lèvres pincées un baiser poli et se leva. Il commença à se rhabiller sans un mot : « Voilà, se dit Roland, maintenant c'est la haine. »

Roland l'aperçut debout, nue devant le miroir, avec son air d'irritation nonchalante. Elle l'exaspérait. Ce sentiment mêlé à la vision de son sexe, de ses beaux seins lourds, la lui fit soudain désirer ardemment. Une convoitise fulgurante de prédateur. Sans se dévêtir, il l'entraîna vers le lit. Elle se laissa étreindre en soupirant.

— Vous êtes fou... Vous vouliez partir.

Tandis qu'il s'allongeait sur elle, elle lui murmura :

— Doucement... Doucement.

Cela aviva son exaspération. Il pénétra en elle avec violence.

III

La Renault roulait à vive allure dans la nuit. L'averse avait transformé la chaussée en un long miroir sombre qui s'illuminait sous la lumière des phares. On respirait enfin plus amplement dans cette fin d'été orageuse. Roland raccompagnait la jeune femme chez elle, rue Guynemer. Ils étaient silencieux. Sur le boulevard Montparnasse, Roland dut ralentir pour éviter un piéton à la longue silhouette hésitante. Celui-ci se retourna : c'était Eric de Spam. Roland baissa sa vitre et le héla. Il tourna vers lui un visage qui, sous le feutre sombre, était tiré, inquiet. Roland sortit de la voiture sous la pluie et lui serra la main avec effusion.

— Ça alors ! Ça fait un bail...

Eric de Spam demeura glacial.

— Si nous prenions un verre ? proposa Roland.

Eric de Spam fit une moue.

— Tu n'es pas seul, dit-il.

Roland comprit que c'était une objection. Il le rassura.

— Je raccompagne une amie chez elle... J'en ai pour cinq minutes. Je te retrouve en face, au Sélect.

Eric de Spam parut réfléchir.

— Si tu veux, au Sélect, laissa-t-il tomber sans enthousiasme.

Roland démarra en trombe. « Je suis certain qu'il ne viendra pas », se dit-il.

Aussi quand il entra au Sélect, il ne fut pas étonné de ne pas voir son ami. Ce n'est qu'après un examen plus attentif qu'il l'aperçut dans un coin, à une table dont les bouteilles de bière n'avaient pas encore été desservies. Il s'installa en face de lui sur une banquette. Alors sa pâleur, son air maladif le frappèrent : ses yeux étaient bordés de cernes rouges, la sueur perlait sur son front. Son visage était muré dans une expression rogue et interrogatrice. « Je t'écoute. Que me veux-tu ? » semblait-il signifier. Roland n'osa pas lui poser de questions sur sa santé.

— J'ai lu ton enquête dans *le Populaire*... C'était très bien, très bien écrit... (Roland rougit en prononçant ce compliment qui convenait si peu à un dossier aride sur le chômage. Il se reprit.) Je veux dire très intéressant, très documenté... Ça a l'air de bien marcher ?

Eric de Spam ne réagit pas. Puis il leva sa belle et longue main d'un air désabusé et la laissa choir sur le guéridon en marbre.

— Franchement, dit-il, je me demande ce que je fous avec les socialistes. Ils sont aussi mous que les autres...

— Pourtant Blum, ce matin..., dit Roland qui poussait la complaisance envers son ami jusqu'à justifier la position d'un parti pour lequel il n'éprouvait pas de sympathie.

— Chèvre-chou, comme d'habitude... Ces gens-là ne comprennent pas que les belles idées ne valent rien en face de la force. Ils témoignent pour l'Histoire, la belle affaire !

— Tu ne penses pas qu'Hitler va faire des concessions dans son discours ?

— On peut toujours rêver, comme Blum. Non, il ne reculera pas. Et on s'écrasera.

— Que faire alors ? demanda Roland, qui se sentait gêné par l'attitude soumise, presque servile, qui était la sienne depuis le début de la conversation.

— Une révolution... une vraie... avec trois cent mille morts. C'est la seule façon de redresser cette république pourrie... ce tube digestif.

Roland était ébahi. Il savait qu'Eric de Spam avait fait du chemin depuis l'époque où il était camelot du roi. De là à s'attendre à une telle violence ! Il n'osait pas le contredire. Si ferme que fût sa position en ce moment sur l'affaire de la Tchécoslovaquie, il sentait que pour Eric de Spam il faisait lui aussi partie des « mous ». L'ascendant qu'il subissait lui parut excessif. Il fit une tentative pour affirmer ses positions.

— J'ai failli adhérer au P.P.F. avec...

Il s'interrompit : il avait failli prononcer le nom de Pierre Lenhart.

— Doriot est un fasciste, rien d'autre ! trancha Eric de Spam.

— Je n'aurais jamais cru qu'il se dégonflerait comme une baudruche...

Eric de Spam le regarda d'un air méprisant comme s'il venait de prononcer une insigne banalité.

Roland se sentait de plus en plus frustré : lui qui n'aimait que la chaleur et l'effusion dans l'amitié, il voyait s'éloigner toutes les chances de mettre la conversation sur le passé, sur les souvenirs de jeunesse qui lui brûlaient les lèvres.

— Tu sais que j'ai épousé Rose, dit Roland pour briser le silence.

— Je sais, on me l'a dit.

Ce « on » ne pouvait être que Wiso, le seul qui eût conservé des relations avec Eric de Spam.

— Et Wiso, reprit Roland, tu sais qu'il va publier un roman ?

Eric de Spam fit un geste désabusé.

— C'est vraiment l'époque pour écrire des romans : pourquoi pas de la broderie anglaise ?

Roland fit une nouvelle tentative.

— Si nous dînions ensemble en petit comité, avec Wiso, Roger Lanche...

Eric de Spam se leva, esquissant un sourire inquiétant.

— C'est fini, tout cela... On n'est plus des enfants : on ne remet plus les billes sur la table.

Et sur cette phrase singulière, il quitta Roland.

IV

Eric de Spam remonta le boulevard Montparnasse en longeant les murs. Comme la pluie redoublait, il trouva refuge sous une porte cochère. Sa veste et sa chemise trempées plaquaient contre sa poitrine un cataplasme glacé. La fièvre le faisait frissonner. Prendre froid : rien ne pouvait être pire dans son état. Ce risque lui était indifférent. Les peines de son corps lui paraissaient étrangères. Il aurait souhaité qu'il en fût de même des souffrances morales. La sagesse était loin d'avoir tempéré son cœur. Il fulminait de cette conversation avec Roland. Pourquoi avait-il accepté de le revoir ? Du sentimentalisme, de l'attendrissement sur soi-même, autant de faiblesses qui le dégoûtaient et dont il croyait être venu à bout. Il ne se pardonnait pas de s'être laissé prendre au piège de la séduction de Roland. Il s'appliquait à déterminer sa conduite selon une règle stricte et froide. Au diable la sympathie, seul devait compter le jugement ! Et le regard qu'il portait sur Roland était sévère : le type du grand bourgeois progressiste aux idées floues, prisonnier d'insolubles contradictions. Son riche mariage lui paraissait la marque même de son manque de caractère. Ce n'était pas tant les propos de Roland qui l'exaspéraient que ce témoin surgi d'une époque qu'il voulait oublier. « Du temps perdu », marmonna-t-il.

La pluie ne cessait pas. Eric de Spam secoua son feutre, releva le col de sa veste et se jeta de biais sous l'averse. Il traversa le boulevard. Les lumières de la Coupole se réfléchissaient sur la chaussée. En quelques minutes il atteignit la porte de son immeuble, rue Delambre. Il s'arrêta pour reprendre sa respiration. Un chaud remugle d'ordures emplissait le vestibule. Sur sa boîte aux lettres, au-dessus des poubelles, une lettre recommandée avait été collée. Il l'engouffra dans sa poche sans l'ouvrir. Il commença à gravir l'escalier avec lenteur, pour ménager son souffle.

Quand il ouvrit la porte de son minuscule appartement, Lucrèce, sa chatte noire, vint se frotter contre ses jambes en miaulant. La présence de l'animal dissipa un instant sa mauvaise humeur. Il prit une bouteille de lait sur le rebord de la fenêtre. Après avoir rempli le bol de la chatte, il en but une longue gorgée au goulot. Le liquide, d'une douceur écœurante, apaisa sa poitrine enflammée. Les deux pièces cubiques séparées par un rideau en velours cramoisi offraient le spectacle d'un désordre irréparable. Excepté le lit sur le sol, l'armoire sur ses pieds, aucun objet n'était à la place qui lui était destinée : la bibliothèque donnait asile à la cafetière, à des chemises froissées, à d'antiques chaussures de marche. Les livres, eux, élevaient leurs tours branlantes autour de la table de travail dans les emplacements que leur laissaient les montagnes de journaux empilés. Une photo de Lénine, une carte de l'Europe égayaient faiblement l'austérité des murs d'une couleur passée qui hésitait entre le vert et le jaune. Des citations de Marx, de Bakounine, transcrites à la diable sur des feuilles de calepin, étaient fixées par des punaises au-dessus du lit.

Eric de Spam s'allongea sur le matelas aux draps tire-bouchonnés. Ses nerfs étaient à vif. Il éprouvait une douleur dans la nuque. Il ne se l'avouait pas, mais à chaque fois qu'il s'arc-boutait de tout son être pour réprimer l'invasion des souvenirs, la même souffrance le tenaillait. Il ne voulait y voir qu'une banale migraine et se bourrait de cachets d'aspirine.

En parlant du roman de Wiso, Roland sans le savoir avait mis le doigt sur une blessure secrète. Eric de Spam avait lui aussi voulu écrire. Pendant les six mois qui avaient suivi sa rupture avec Antonia, il ne s'était occupé que de cela. Veilleur de nuit dans un hôtel de la rue de l'Université, il avait échafaudé le projet d'un roman grandiose : inspiré dans sa structure de *la Divine Comédie,* il brassait tous les thèmes, l'amour, la mort, le mal, le suicide. Tous les personnages étaient des allégories et avaient le privilège de quitter ce monde quand il leur déplaisait pour se réfugier dans une sorte d'Olympe nuageux et indéfini. On retrouvait les traits d'Eric de Spam dans le personnage d'un jeune prince hongrois séditieux et désespéré qui tentait d'arracher une jeune fille à la mort.

Cette histoire de près de mille pages était perdue dans un fatras philosophique. Les éditeurs lui avaient renvoyé son manuscrit. Ce refus l'avait humilié. Il en était accablé. Qu'allait-il devenir ? La littérature lui avait paru la seule voie possible. Et elle se dérobait.

Les événements l'avaient tiré du désespoir : le 6 février, il avait fait le coup de poing aux côtés des ligues. Mais la droite capitaliste et conservatrice l'exaspérait de plus en plus. Il rêvait d'un fascisme aux couleurs nationales, d'un parti fort avec une large assise populaire. La création du P.P.F. de Doriot avait suscité en lui un grand espoir. Il s'était précipité à la mairie de Saint-Denis pour s'inscrire dans ses rangs. Une longue file attendait les bulletins d'adhésion. Il avait le pressentiment que ce nouveau parti allait incarner tout ce qu'il avait cherché. Des ouvriers et des bourgeois se mêlaient, se tutoyaient, dans une chaude fraternité. Soudain, à deux mètres devant lui, il avait aperçu une silhouette familière : cette nuque brune, cette carrure ! Son sang s'était glacé : Pierre Lenhart ! Il ne pouvait y croire. Quand il l'avait vu se retourner à demi, découvrant son profil anguleux et ses lunettes d'écaille, il s'était senti empoigné par la haine violente et destructrice qu'il avait déjà éprouvée à Saint-Jean-de-Luz quand il avait appris sa trahison. Il avait quitté la file d'attente. « Ça, jamais », se répétait-il tout au long du trajet qui le conduisait chez lui.

Huit jours plus tard, il avait rencontré Wiso devant les Deux-Magots. Il savait qu'il travaillait au *Populaire.* A brûle-pourpoint, il lui avait demandé si l'on n'avait pas besoin d'un journaliste. « Je crois qu'on cherche quelqu'un pour faire des critiques littéraires. Va voir ce type de ma part. » Il avait griffonné un nom sur un paquet de cigarettes. C'est ainsi qu'Eric de Spam avait fini par être engagé à la rubrique sociale du *Populaire*. Il revoyait souvent Wiso, prenait un verre à l'occasion avec lui. Mais, au fond de lui-même, il s'en voulait d'avoir ressenti le besoin de son aide.

Hors du travail au journal, la solitude d'Eric de Spam était absolue. Il n'avait plus d'amis. Pas question, bien sûr, de revoir ceux qu'il s'était fait aux ligues ; quant à ses collègues du journal, il ne frayait pas avec eux : trop médiocres. De sa famille il n'avait que de maigres nouvelles par un de ses frères, Henry, l'inspecteur des finances ; sa tante Cécile de Biarritz était morte, lui laissant quelques meubles qu'il avait aussitôt vendus autant par nécessité que parce qu'ils la lui rappelaient trop cruellement. Il ne souffrait pas de sa solitude. Loin de chercher à la rompre, il s'y complaisait. Il se demandait parfois comment il avait pu s'adonner si longtemps à toutes ces *singeries* de la vie sociale : les dîners, les réunions mondaines où l'on s'efforce de faire bonne figure sans avoir rien à se dire. Quand il regagnait son petit appartement à la nuit tombante, Eric de Spam était grisé par les plages infinies de silence qu'il pouvait consacrer à la lecture, à la réflexion, ou seulement à observer sa chatte. Il s'en félicitait : « Si peu d'hommes ont la chance d'avoir un désert dans leur vie. » Loin de l'affaiblir, de le faire douter de lui-même, ce retrait lui apportait un surcroît de force. Plus que jamais il se sentait supérieur ; et cet intense sentiment d'orgueil n'avait besoin d'aucun appui dans la réalité. Qu'il eût un destin hors du commun lui paraissait une certitude. Les épreuves, les échecs n'avaient fait que muer son intuition en certitude. Restait l'opportunité !

La seule personne qu'il voyait sans déplaisir, c'était Jean Robin, l'adjudant communiste qu'il avait eu sous ses ordres à Brive, retrouvé par hasard dans une piscine de la rue de Vaugirard, une étuve qui puait l'eau de Javel, où il allait nager tous les dimanches. Cet ancien instituteur, rondelet, aux yeux malins, était devenu permanent du P.C. après avoir suivi les cours de formation du parti. Eric de Spam aimait marcher sans fin avec lui dans les rues populeuses du XVe arrondissement : les cheveux mouillés, les yeux rougis par le chlore, le corps délicieusement exténué par ses étreintes avec l'eau, il reprenait avec son compagnon une inlassable discussion sur le communisme. Un monde qui fascinait Eric de Spam : la rencontre d'une science, d'une foi, d'une vérité. Un monde clos et lourd comme une pierre. Il en éprouvait autant de crainte que d'attrait.

V

Il faisait chaud dans la salle des fêtes de Saint-Denis. Les assises du Parti populaire français s'étiraient dans une atmosphère lourde, poisseuse, sur laquelle pesait un vélum de fumée qui piquait les yeux. Toute une journée d'agitation, de passions criardes, d'invectives, de mises au point, de rappels à l'ordre, dans les remugles de sueur et de banquet, agonisait sous l'éclairage cru de la lumière artificielle. Les visages crispés et congestionnés s'étaient figés dans une expression de torpeur exténuée. La nuit avait investi les grandes fenêtres aux carreaux embués, qui ruisselaient. Doriot, le poing levé, martelait son discours d'une voix véhémente. Il était debout à la tribune devant son gigantesque portrait photographique qui faisait régner sa présence physique de tribun du peuple, ses traits lourds et rugueux d'ouvrier. Seules les petites lunettes rondes choquaient : quelle idée de s'affubler de cet attribut petit-bourgeois quand on veut incarner le peuple ? L'assistance composite, où avaient pris l'habitude de se coudoyer les ouvriers à casquette, quelques grands bourgeois épris de fraternisation populaire, des intellectuels, ne se pâmait plus devant son chef. On contestait, on protestait, on discutaillait. La grande passion tournait à l'aigre.

Pierre Lenhart était déçu. Doriot avait beau se pasticher dans son numéro de lutteur qui se colletait avec le Parti communiste, avec Moscou, avec le grand capital, comme s'ils étaient des ennemis personnels, il ne contentait plus que des partisans fanatiques. L'impression de force invulnérable qu'il dégageait s'était lamentablement affaissée devant Munich. Le charme était rompu. Ceux qu'il avait entraînés ne lui pardonnaient pas d'avoir été trompés. Plus que les interruptions, les : « Vendu ! » qui fusaient et donnaient l'illusion d'une assemblée vivante, ce qui était grave, c'était cette masse inerte qui exprimait par son silence le reflux des espoirs.

Pierre Lenhart observait sans pitié le jeu de Doriot ; les chevilles grossières de son discours, les références sans pudeur à son passé de soldat l'exaspéraient. « Les Français aiment les bêtes de cirque », se dit-il. Il se souvint avec amertume de son enthousiasme pour Doriot deux ans plus tôt : tout le monde voulait du *populo;* il avait lui aussi donné dans le mythe. Pourquoi le renier ? La mode avait passé, voilà tout, et aussi la belle espérance d'une société sans classes. Pierre Lenhart se mit à comparer les hommes politiques du jour et les grands fonctionnaires, industriels, banquiers qu'il côtoyait. D'un côté la célébrité incompétente, les idées floues, la crasse démagogique, le tintamarre impuissant ; de l'autre, les vraies forces, intelligentes, imaginatives, efficaces. Pourquoi les Français s'acharnaient-ils à vouloir que les représentent ces gros notables engraissés par les pots-de-vin ? La vraie révolution c'était celle-ci : mettre la compétence au pouvoir. Il imaginait la Chambre des députés rénovée, conquise par les quatre cents meilleures intelligences. Ce serait un autre spectacle. Une utopie ? Qui sait si elle ne prendrait pas corps un jour ? Il fallait de la patience. Doriot aurait pu être l'homme de la transition, le boutoir. Quelle autre ambition pouvait-il nourrir ?

Ces idées, Pierre Lenhart savait qu'il n'était pas le seul à les défendre. Autour de lui, disséminés dans la salle, il pouvait apercevoir Louis Navacel, l'homme de confiance d'Alexandre Corbin, le grand constructeur d'avions, Raymond Schiller, l'industriel qui régnait sur la chimie, petit bonhomme moustachu, timide, au crâne rubicond, presque tous les directeurs et fondés de pouvoir de la banque *Jacob et de Jacquelot* ; dans les derniers rangs, Paul Courtaud, président de l'association des anciens élèves de Polytechnique et animateur du cercle « Organisation, science et avenir », grand gaillard aux cheveux coupés en brosse qui promenait sa canne et sa claudication prononcée partout où l'on parlait de réformer scientifiquement la société. Tous ces hommes, et bien d'autres, étaient unis par un lien secret. Ils avaient un même but et une égale volonté pour le faire aboutir. Pierre Lenhart se sentait réconforté par leur présence : la force souterraine, tenace, qu'ils constituaient contrastait avec les rodomontades de ce fantoche musculeux de Doriot qu'une chiquenaude pouvait renverser.

Pierre Lenhart éprouva un pincement dans la nuque ; un voile passa devant ses yeux. Il cessa de prêter attention au discours qu'il suivait pourtant avec un intérêt irrité. Le sentiment de l'à-quoi-bon s'abattit sur lui tandis que l'angoisse pointait des épines dans sa poitrine. Il attribua d'abord ce malaise à sa déception : tant d'heures, de soirées, tant d'énergie, de passion dispensées en vain avec Doriot pour tenter de lester son projet politique d'un système économique cohérent ! Du temps perdu. Rien ne l'exaspérait autant que le gâchis. L'idée qu'il allait rompre avec le P.P.F. qui avait occupé une place si importante dans son existence lui causait une impression de vide, combattue par un intense désir de changement, de renouveau. Etait-ce vraiment sa vie, ce combat qu'il menait avec acharnement pour sa carrière, pour toujours être le premier ? La satisfaction d'avoir conquis un vaste terrain social ne lui suffisait pas. Il cherchait autre chose, un dépassement qui ne s'incarnait pas tout entier dans son ambition politique et réformatrice. Il songeait à cet infini qu'il pressentait ; le visage d'Antonia lui apparut. L'angoisse devint plus forte. Il ne cherchait pas à se dissimuler l'importance qu'elle avait pour lui : tous ses nerfs lui paraissaient reliés à son corps ; tout ce qu'elle éprouvait, il le vivait. Lui qui se faisait gloire de sa force, quelle immense faiblesse il avait pour elle ! Soudain la pensée lui vint que la présence d'Antonia lui dissimulait peut-être quelque chose d'essentiel, une vérité plus haute que cet amour. Mais le tumulte de la salle reprit son attention : Doriot élevait la voix pour couvrir l'expulsion d'un contradicteur.

Doriot était intarissable. Pierre Lenhart regarda sa montre : il était près de dix heures. Son voisin, un barbu à lunettes qui n'avait cessé de l'enfumer avec sa pipe, lui envoya dans le nez une bouffée particulièrement âcre. L'ennui de cette journée inutile, loin d'Antonia, lui apparut dans toute sa désespérance. Il dut faire un effort pour ne pas quitter la salle. Cette promiscuité lui fit songer à la guerre : elle allait avoir lieu, c'était évident. Il se sentit une nouvelle fois cruellement partagé entre sa satisfaction de patriote et sa crainte de quitter Antonia. Cette terrible éventualité de la perdre, d'être tué !

Des applaudissements et des sifflets saluèrent la fin du discours. Pierre Lenhart se leva et se fraya un passage vers la sortie engorgée par les militants. Il calcula qu'il ne serait pas chez lui avant une heure.

Quand il parvint villa Scheffer, après avoir garé sa voiture, il regarda dans la direction de la petite maison en brique de style victorien : au premier étage, la lumière qui filtrait à travers les rideaux dessinait un lumineux et chaud rectangle orange. Il se sentit rassuré. Depuis cinq ans qu'il avait épousé Antonia il avait rarement manqué, quand il rentrait le soir, de lancer, avec un léger frisson d'angoisse, un regard vers cette fenêtre. Le rectangle orange était pour lui le signe que tout allait bien. Il avait confiance en Antonia, il la croyait fidèle. Mais il ne pouvait chasser l'appréhension de trouver un jour la maison désertée, Antonia partie avec Hélène, leur petite fille. Impossible de se raisonner ! Il l'avait vue quitter si brusquement Eric de Spam. Pourquoi ne serait-il pas lui aussi un jour sa victime ? Dans son for intérieur il pensait avoir sur elle un ascendant plus puissant. Il avait des motifs intimes d'en être convaincu. Mais toutes les raisons qui auraient dû le rassurer lui semblaient subitement fragiles face à la menace de ce précédent encore lourd de mystères. Qui sait de quelles ténèbres se nourrit la claire existence d'une femme ?

Dès qu'il pénétra dans la maison, les craintes qui l'occupaient se dissipèrent. Après les bourrasques de la vie politique, les grands brasiers d'affaires qu'il tisonnait sans répit à la banque, comme il aimait se retrouver chez lui, dans cet appartement qui grimpait sur deux étages, meublé avec plus de confort que de raffinement ! Peu de beaux meubles, mais un parfum de respectabilité cossue qui lui donnait le sentiment réconfortant de sa promotion sociale.

Il monta l'escalier blanc, luisant de peinture fraîche. Antonia était assise à croupetons sur le lit tapissé de photos qu'elle choisissait pour son album. Elle était absorbée par son occupation. Dans sa robe de chambre colorée aux impressions indiennes entrouverte sur sa poitrine, ses cheveux noirs dénoués, elle ressemblait à une jolie petite fille appliquée. Il se pencha vers elle pour l'embrasser. Elle lui tendit distraitement la joue. Ce détachement était trop habituel pour qu'il y attachât une grande importance. Il le blessa d'une griffe imperceptible. C'était moins ce geste indifférent qui l'inquiétait que ce qu'il laissait supposer : elle avait ce visage fermé qui précédait toujours son refus de faire l'amour. Pierre Lenhart savait que quelle que fût son attitude, la force de son amour, son désir, tout était joué déjà, les décrets de fer arrêtés. Les supplications, les plaintes, les récriminations ne serviraient qu'à la buter. Malgré cette froideur — peut-être même à cause d'elle — il la trouvait encore plus belle et désirable. Il éprouvait un violent désir de l'étreindre. Comment un être qui était capable de se donner à l'amour avec tant d'abandon, de lui montrer des marques si chaleureuses de tendresse et de plaisir, pouvait-il se murer ainsi dans l'indifférence ? Etait-ce donc la même femme qu'il dominait de son corps, à laquelle il arrachait des plaintes de bonheur ?

Antonia l'interrogea distraitement sur sa journée. Il laissa tomber quelques mots d'un ton gourmé, sûr de soi, qui n'exprimait rien des tourments qui le déchiraient. Ce rôle pontifiant qu'il jouait sans le vouloir devant elle le mortifiait. Il aurait aimé pouvoir se jeter dans ses bras, lui confier sa détresse. Une seule issue lui restait : bouder ou se replonger dans ses dossiers jusqu'à l'épuisement.

Il descendit l'escalier et se dirigea vers la cuisine. « Comment peut-on aimer à ce point une femme qui à tout instant peut vous tuer ? » se dit-il. Il savait qu'elle détenait son sort entre ses petites mains. Elle pouvait le tuer puisqu'elle pouvait le quitter. Cette perspective était si affreuse qu'en comparaison sa déception lui parut beaucoup moins douloureuse.

VI

Personne n'aurait imaginé qu'Antonia et Pierre Lenhart formeraient un couple d'apparence aussi paisible. En cinq ans de mariage, Antonia avait mûri. Avec ses formes arrondies, ses joues rebondies, elle n'était plus jolie mais belle. Son regard avait pris une confortable assurance. Le mariage semblait dissoudre ses ferments de dispersion, endormir le grain de folie qui faisait son charme lunatique. Elle avait gagné en calme ce qu'elle avait perdu en fantaisie. On s'étonnait de la voir, elle autrefois si fantasque, se plier avec autant de sérieux aux obligations de la vie familiale. Elle s'y adonnait avec une ardeur de néophyte. Qu'il s'agît de chercher une école pour Hélène, sa petite fille, de faire réparer une fuite d'eau ou de préparer des bouquets pour un dîner, on pouvait être certain que cela serait mené rondement. Etre une femme mariée était une condition qui lui paraissait reposante : elle avait délimité cet avenir qui pesait sur elle de tout son poids d'inconnu ; elle l'avait maîtrisé par des liens solides.

Aimait-elle Pierre Lenhart ? Elle ne se posait pas la question. C'était son mari ! Elle appréciait ses qualités : bon cœur, solidité, intelligence. Oui, bien sûr, elle l'aimait à ceci près qu'elle estimait qu'il lui faisait l'amour « comme un ours ». Elle avait presque envie de rire quand elle le voyait s'approcher d'elle, sans ses lunettes, dans son pyjama à rayures, et poser ses mains pataudes sur son corps. Cette maladresse finissait par être émouvante. Elle tirait du lit conjugal un plaisir un peu solennel dont elle lui avait d'abord attribué tout le mérite avant de s'apercevoir qu'elle le devait surtout à l'heureuse disposition de son propre corps à la volupté.

Elle était heureuse, si on peut appeler bonheur ce chapelet d'occupations qui divisait ses journées sans lui laisser le temps de se poser la moindre question. Le plan de son existence était tracé au fur et à mesure par de dévorantes nécessités. Les semaines, les mois, les années passaient dans la douce torpeur de la routine sans qu'elle ait beaucoup réfléchi à ce qui lui manquait. Elle répétait les gestes qu'elle avait vu sa mère accomplir. La satisfaction de voir que sa maison était mieux tenue que beaucoup d'autres, sa fille mieux élevée, sa situation matérielle mieux assurée suffisait à lui procurer une agréable sensation de plénitude.

Que restait-il de sa grande ambition d'être une femme fatale, une de ces héroïnes romantiques pour lesquelles les passions se déchaînent ? Un souvenir amusé ? Même pas ! Elle vivait l'instant avec entêtement.

On était étonné de la voir se promener avec sa fille au bois de Boulogne, participer avec d'autres jeunes femmes à des babillages de mères de famille. Elle s'était fondue dans son rôle. Elle était devenue une vraie bourgeoise. Et il n'y avait que Pierre Lenhart pour craindre de voir se rallumer les braises fantasques de sa jeunesse.

Elle n'avait pas ce qu'on appelle un bon caractère. Elle s'était assagie sans s'assouplir. Parfois, au cours des dîners qu'elle donnait pour les amis de Pierre Lenhart, il lui arrivait de s'ennuyer devant les jeunes banquiers pleins de morgue et les hauts fonctionnaires sentencieux. Le dîner fini, elle disparaissait.

Elle n'avait jamais revu Eric de Spam et ne songeait pas à lui. Les lettres qu'il lui avait écrites étaient toujours dans sa chambre, enfermées dans une commode chinoise en bois laqué rouge. Elle ne les avait pas relues.

Cet après-midi-là, pendant que Pierre Lenhart assistait à la réunion politique de Doriot, elle se tenait à côté du meuble chinois lorsque le téléphone avait sonné : c'était Rose qui l'appelait pour répondre à son invitation : Antonia organisait un grand dîner à la demande de Pierre, chez Ledoyen, en l'honneur d'Alexandre Corbin, le constructeur d'avions.

Rose changea subitement de sujet.

— Tu sais qui Roland a rencontré hier soir ?... Eric...

— Eric ! Ils se sont parlé ?

— Oui. Il n'avait pas l'air en très bonne santé.

— Qu'est-ce qu'il a ?

— Roland n'a pas pu me le dire. C'est une impression...

Cette nouvelle avait troublé Antonia. Pour la première fois le souvenir d'Eric de Spam lui revenait en mémoire avec un curieux et intense sentiment de pitié. Quelle vie elle avait vécue avec lui ! En comparaison son existence lui parut bien morne. Elle songea avec effroi que l'avenir ne serait guère différent. A moins que les choses changent, qu'elle ait d'autres enfants. Et elle se posa brutalement la question qu'elle éludait toujours : pourquoi ne voulait-elle pas un autre enfant de Pierre Lenhart ?

VII

Wiso apprit par la radio, qui n'en finissait pas de commenter le refus de la Pologne de négocier avec l'Allemagne sur Dantzig, que le prix Femina venait d'être décerné à Félix de Chazournes. Il était accablé mais enfin libéré d'une longue attente. Il avait cru à ce prix d'une manière folle, comme sans doute cinq, dix, vingt écrivains cités au long des sélections. Le mirage se dissipait avec un arrière-goût d'injustice. Pour mille raisons, il aimait son roman, *le Lieutenant foudroyé*, pour toutes les peines qu'il lui avait coûtées, les blessures qu'il avait ravivées; compensées par ces intenses moments d'espoir du succès qui sont les démons de l'écriture. Ce livre était devenu un morceau de sa chair. Il ne pouvait y penser avec équanimité. Il se reprochait d'avoir été dupe de lui-même, des bruits qui couraient dans les salles de rédaction. Lui qui se croyait toujours à l'abri des emballements, il s'était laissé prendre au piège le plus grossier. Jamais il n'oublierait son émotion en apprenant la nouvelle : le vide qui s'était fait en lui, comme après une explosion.

Ce qui le blessait le plus dans cet échec, c'était le désaveu qu'on infligeait à la mémoire de son frère, Laurent, mort aux Dardanelles en 1916. Trait pour trait il avait servi de modèle au lieutenant de son roman. Une dette payée à ce grand frère, la seule personne pour laquelle il ait éprouvé une vraie admiration. Il ne se faisait pas beaucoup d'illusions sur la valeur littéraire de son ouvrage et n'avait pas l'ambition d'en écrire d'autres. Il était tout prêt à concéder que cet hymne à la patrie, à la fraternité guerrière, à l'héroïsme, n'était pas particulièrement accordé à la sensibilité du temps — des thèmes qu'il avait été le premier surpris de voir s'épanouir sous sa plume! N'importe, ce livre avait une valeur profonde, symbolique, qui aurait dû émouvoir. Dans sa vie de bâton de chaise, il représentait sa seule action louable, et on refusait de la prendre en compte.

A travers cette histoire d'un jeune juif courageux qui, à dix-huit ans, avait devancé l'appel sous les drapeaux, alors que rien ne l'y obligeait, que ses brillantes études de médecine lui promettaient un bel avenir, tout cela pour aller se faire tuer par les Turcs, il avait dépeint le cadre familial rigoureux des Weissberg. On y retrouvait le père, Théo, le grand professeur de médecine, sec, myope, aux principes de fer, qui avait fait vivre les siens dans l'angoisse perpétuelle de ne pas se tenir « comme il faut ». Il leur inculquait qu'il fallait désamorcer par des mérites exceptionnels — et des opinions de bon ton — les éventuels griefs que pouvait leur attirer leur qualité de juifs. D'où le nationalisme outrancier, la germanophobie — d'autant plus étonnante qu'ils avaient des cousins en Westphalie —, l'interdiction de parler d'argent. Au point qu'on se demandait parfois, quand on l'entendait vitupérer la « racaille » d'Europe centrale en parlant des malheureux émigrés que le régime nazi faisait affluer sur le territoire, si par mimétisme de la grande bourgeoisie, il n'était pas devenu lui aussi un peu antisémite. Il avait de solides liens d'amitié avec la famille de Léon Blum, auquel il était apparenté, et jouait un rôle important au sein du consistoire israélite.

A plus de trente ans, Wiso se sentait encore dépendant de sa famille. Depuis la mort de son frère, tout reposait sur lui. Il était navré d'avoir une vie en complète contradiction avec les principes de son père : belles voitures décapotables, costumes de chez Charvet, champagne à flots, il aimait vivre dans le luxe. Avec sa famille, il se montrait discret : il laissait sa dernière torpédo au coin de la rue. Cela ne trompait personne. On lui savait gré de sauver les apparences. Qui aurait pu se douter de la profondeur des dépravations de sa vie privée ? Son apparence convenable dissimulait une foule de désirs interlopes. Etait-ce sa faute si l'amour, que l'on représente comme un sentiment idyllique et rafraîchissant, était pour lui une passion d'abîme qui le roulait dans les bas-fonds, l'ordure, le vice.

Sa seule tentative pour se remettre dans le droit chemin avait échoué : il s'était marié en trois semaines avec une splendide Argentine, richissime, sportive, rencontrée à Juan-les-Pins. Leur appartement de la place Dauphine à peine aménagé, elle était repartie pour Buenos Aires : en huit mois, Wiso ne l'avait touchée que quatre fois, et mû uniquement par le sentiment du devoir. Décidément une belle femme, élégante, bien faite, raffinée, ça ne lui disait rien. Aucun piment !

Il était vite retourné à ses vrais plaisirs. Et depuis, dans sa vie, c'était un tourbillon de soubrettes aux cuisses blanches, de serveuses fleurant le graillon et surtout de putains, toute une engeance aux aisselles pileuses et aigrelettes, bardée de bourrelets moites. Il en traînait une ou plusieurs dans quelque chambre d'hôtel borgne, avec pour décor un lavabo ébréché, des draps douteux, un linoléum à bout de souffle et des poils frisottés qui se tordaient dans le bidet. Voilà ce qui lui procurait des plaisirs séraphiques !

Cette vie dissolue n'empêchait pas Wiso de mener des activités sérieuses. Journaliste politique au *Populaire,* son nom était familier, dans le monde parlementaire. Il était attaché au Sénat. Une sinécure qui lui permettait de ne pas se lever à l'aube, d'être un peu à l'écart du tohu-bohu de l'actualité et d'écrire prestement ses articles en démarquant les *bleus* que rédigeaient les sténographes du palais du Luxembourg. La salle de presse était confortable et capitonnée comme le meilleur club. Un vieil huissier, seul détenteur du secret tortueux de ses numéros de téléphone, le prévenait si un événement survenait en séance de nuit.

Ce métier plaisant, dont il n'avait pas besoin pour vivre, l'amusait, flattait son goût des intrigues politiques, mais ne le satisfaisait pas. Il aspirait à un emploi plus vaste de ses capacités sans nourrir pour autant d'ambition dans la presse. Il aurait aimé justifier sa vie par un engagement dans une grande cause. Son scepticisme, son infirmité à s'enthousiasmer desséchaient ses moindres velléités. Combien de fois avait-il songé à se battre aux côtés des républicains espagnols, comme correspondant de guerre ou même les armes à la main ? Mais à force de ratiociner, les républicains étaient en si mauvaise posture que son sacrifice ne leur serait guère utile. Trop tard ! Il ne pouvait entendre des nouvelles de la guerre civile sans être tarabusté par la mauvaise conscience. Il lui faudrait bien une nuit d'orgie pour effacer tout cela.

Il avait ce jour-là un déjeuner avec le président de la commission des Finances. Il donna avant de partir son coup de téléphone habituel au *Populaire* et entendit la voix zézayante du sous-chef du service politique, un gros méridional envieux qui sous des dehors mielleux tentait de l'éliminer ; efforts en pure perte dont la vanité désolait Wiso : Blum vivant, il était inamovible.

— Alors vous l'avez raté, votre prix !

— Quel prix ?

— Le Femina.

— Tiens, c'était aujourd'hui !

— Oui, c'est Chazournes qui l'a eu.

— Tant mieux pour lui... Rien de neuf pour moi au journal ? Alors, au revoir.

Wiso éprouvait souvent, même quand il en était la victime, une certaine fascination pour la méchanceté, les mauvais instincts. Un pur plaisir littéraire. Ce n'était pas le cas avec cet imbécile qui faisait tout pour empoisonner sa vie au journal. En passant par la salle de bains, il s'aperçut que la baignoire n'avait pas été vidée. Il n'aimait pas les rappels de ses turpitudes refroidies. Il eut un mouvement d'humeur contre la négligence de cette Evelyne Pignot, une comédienne de troisième ordre (ce n'était pas faute de lui avoir dit qu'on ne peut pas réussir au théâtre avec un nom pareil), qui avait passé la nuit chez lui. Une liaison qui n'en finissait pas d'agoniser. « Décidément, quelle journée irritante ! » se dit-il en verrouillant la porte en chêne de ce joli appartement qui s'ouvrait sur les marronniers de la place Dauphine ; agrément auquel Wiso n'était pas sensible : il avait horreur de tout ce qui rappelait la campagne.

VIII

Un carillon musical aux tintements de fanfare endiablée. Quand Wiso tira la sonnette en cuivre de l'atelier de Roger Lanche, il fut étonné de provoquer un tel branle-bas. La courte impasse pavée qui donnait sur la rue Jean-Ferrandi en résonnait encore. Il sourit devant cette nouvelle invention. Bientôt la porte peinte dans un criard ton vert pomme gémit sur ses gonds : Roger Lanche apparut, ébouriffé, un pinceau entre les dents, vêtu d'un tablier blanc maculé de taches multicolores. Il plissa le nez en signe de déconvenue.

— Mauvaises nouvelles, hein !

— Bah, dit Wiso, je m'y attendais un peu... C'est nouveau, cette trompette ! Ça peut toujours te servir de signal d'alarme.

— Tu le trouves trop bruyant ? Il faut que je le règle.

Ils gravirent quelques marches et pénétrèrent dans l'atelier. L'odeur de l'essence de térébenthine régnait dans la vaste pièce sur laquelle une baie vitrée laissait tomber une lumière froide. Un corbeau à l'œil injecté de sang, juché sur des dossiers empilés sur la table, toisa Wiso d'un air agressif. Il se mit à voleter d'une aile maussade et se posa sur la rambarde de la loggia. Là il émit des croassements en rentrant la tête dans ses ailes.

— Je me demande quel plaisir tu peux trouver à vivre avec une bestiole pareille, dit Wiso.

— Parle moins fort, il comprend tout !

L'atelier avait l'allure d'un plaisant capharnaüm. Les deux amis étaient assis sur un vaste canapé défoncé sur lequel était jetée une étoffe de velours vert bouteille qui dissimulait le crin à nu. La partie de la pièce réservée aux travaux de peinture, où se dressait un chevalet en bois foncé, une table couverte de pots remplis de pinceaux et de tubes de couleurs, gagnait chaque jour du terrain. La cuisine était totalement conquise. Les châssis se mêlaient aux embauchoirs ; une palette était posée sur une chaise dont le dossier servait de cintre à une veste de smoking. Seule la loggia était épargnée : une toile de madras au relief tourmenté tentait de recouvrir le désordre du lit ; sur le mur était épinglée une longue feuille de papier ; on pouvait lire en lettres peintes en rouge : « Tout se fatigue assez pour que je me repose. Abel Bonnard. »

— Et le Quai, lança Wiso, tu n'y mets jamais les pieds ?

— Chut, je suis en mission. Tu ne me croiras pas : je n'ai jamais autant travaillé. Cela fait quinze jours que je passe toutes mes nuits à la Chambre avec le ministre pour le Budget.

— Tu vas à la soirée de Pierre et d'Antonia demain soir ? demanda Wiso l'air distrait, en regardant la veste de smoking.

— Non, répondit Roger Lanche dont le front se rembrunit, je n'ai pas eu l'honneur d'être invité.

Wiso rougit.

— Tu ne rates pas grand-chose, ça risque d'être assommant. Je comptais sur toi pour mettre un peu d'animation... Et ton grand amour... c'est toujours la lune de miel ? Comment va *la belle Jacqueline ?* Vous allez finir par vous marier !

— Ne dis pas de conneries. Même si cela déplaît à *certains,* on s'entend à merveille. Aucun potin à glaner de ce côté-là. Et toi ? Toujours les poules ?

Roger Lanche regretta son ton trop vif.

— Tu as raison, toujours les poules, dit Wiso d'une voix enrouée, avec une lueur de tristesse dans les yeux. C'est pas gai. Ce soir, je dois aller bambocher au One Two Two : j'ai plutôt envie d'aller me pendre.

Soudain, ils éprouvèrent l'usure de leur vieille amitié. Ce n'était pas la première fois. Ils ne pouvaient se décider à la rompre mais ils sentaient qu'elle devenait stérile. Ils attendaient l'un de l'autre une attitude active de compréhension. Leur complicité ne leur servait plus à se venir en aide, à se faire rire, mais à aiguiser des mots qui leur faisaient mal. Ils se regardèrent en silence, un peu gênés. Ils étaient accablés par leur déception. Le ressort vif et joyeux qui avait tendu leur amitié leur semblait brisé. Ils se reprochaient de ne pas être compris. Wiso cherchait un réconfort qu'il n'avait pas trouvé après son échec ; Roger Lanche, qui, depuis quelque temps, était déchiré entre son attachement pour Jacqueline et sa lassitude devant une liaison qui vieillissait, aurait voulu s'épancher en confiance. Pourtant, ils le savaient, ils ne pouvaient se passer longtemps l'un de l'autre.

Roger Lanche regarda avec tristesse par la baie vitrée s'éloigner Wiso, dans son élégant costume en tweed beige, son parapluie à la main. Il sentit poindre en lui un sentiment de remords. Il hésita à le rappeler mais y renonça. « De quoi ça aurait l'air : on dirait deux bonnes femmes. »

IX

Roger Lanche arriva de méchante humeur chez Jacqueline, dans l'immeuble cossu et triste de la rue du Général-Foy. Elle louait une partie de son vaste appartement, qu'elle avait séparé par une cloison, à un couple d'aristocrates polonais qui, après avoir eu toutes les vertus, était accablé de défauts. Cet arrangement que nécessitait la dégradation de sa situation financière était pénible à son amour-propre. Elle ne pouvait s'empêcher d'y faire sans cesse allusion alors qu'on n'y eût guère prêté attention. Elle accueillit Roger Lanche dans un chemisier noir en mousseline transparente. Il remarqua avec agacement qu'elle avait trop poudré son visage, figé sous le maquillage.

Un bruit métallique se fit entendre.

— Chut, dit-elle en levant un doigt, vous avez entendu ce bruit de casseroles ?... Insupportable... C'est devenu la zone ici !

En la voyant reprendre son antienne, il crispa ses maxillaires sans répondre. Elle s'en aperçut.

— Roger, je vous embête avec mes problèmes. Venez dans le salon !

La table du dîner avait été dressée face à la cheminée ; des bûches brûlaient dans l'âtre ; elles projetaient des lueurs vives sur les chandeliers et les couverts en argent, répandant dans la pièce une rassurante odeur de sapin.

Elle lui servit un verre de porto.

— Vous avez l'air préoccupé. Quelque chose ne va pas ? D'instinct elle se regarda à la dérobée dans une glace et fit bouffer sa chevelure à laquelle la coloration donnait des teintes fauves.

Roger Lanche ne savait pas à quoi tenait son irritation. A la visite de Wiso ? A cette femme dont l'attitude mondaine, fabriquée, l'exaspérait mais dont il n'arrivait pas à se détacher ? Le poids de cet amour lui était pénible. Les signes du vieillissement le frappaient : les pattes-d'oie qui griffaient ses yeux, les pommettes qui saillaient plus durement dans son visage qui perdait sa douceur. Quel avenir pouvait-il y avoir entre eux ? Aucun. Ce constat l'irritait et l'attristait. Il savait qu'il était injuste, qu'il avait vécu grâce à elle un bonheur rare, qu'il leur restait sans doute encore des instants doux et tendres, mais quel serait le destin de cet amour dans cinq, dix années ? Il ne pouvait qu'être condamné à mort. Sans espoir de durer, cet amour le glaçait.

Commencée sous les plus sombres auspices, la soirée s'anima et fut assez gaie. Le porto, puis un bordeaux qui accompagnait la pintade aux pommes qu'elle avait préparée elle-même — elle ne le recevait à dîner que les soirs où la cuisinière béarnaise prenait son congé — firent venir la badinerie aux lèvres et le rose aux joues. Roger Lanche sentit se dissiper ses brumes de mauvaise humeur ; bientôt sa nervosité laissa place à un sentiment de bien-être. Jacqueline perdit son ton compassé et montra sa vraie nature, tendre et généreuse.

Ils se retrouvèrent, après le dîner, sur un inconfortable canapé Louis-Philippe, un peu grisés, silencieux, se tenant la main. Ils y demeurèrent peu de temps.

Quand il vit son corps dénudé dans la pénombre, bien modelé, dont l'âge avait à peine fléchi les muscles, dans sa chambre solennelle qui sentait la citronnelle, Roger Lanche fut étreint par un désir ardent. Toutes les réflexions qu'il se faisait une heure auparavant étaient oubliées. Il frissonna en caressant son sexe. Il aimait la résistance qu'elle lui imposait, qui lui rendait plus désirable sa possession. Elle referma ses bras sur lui à l'étouffer. Chacun de ses mouvements trouvait en elle une réponse chaude, haletante. Il se donnait à l'amour avec une fièvre inhabituelle comme s'il voulait chasser de son cœur les mauvaises pensées qui l'avaient habité.

X

— Mais si, tu la connais ! Souviens-toi, à Biarritz, sur la plage du Palais...

Rose, allongée sur son lit, pâle, les yeux brillants, la voix enchifrenée, tentait de réveiller la mémoire de Roland.

— Solange Corbin ? répéta-t-il d'un air vague en hochant la tête.

— L'une des plus belles femmes de Paris, insista Rose avec dans le regard une lueur naïve.

Rose avait employé cet argument pour le convaincre de ne pas renoncer au dîner de Pierre et d'Antonia. Roland avait d'autres projets en tête. Il prenait prétexte de l'indisposition de Rose et d'un dîner de dernière minute avec des industriels hollandais pour éviter une soirée qui lui paraissait d'autant plus une « corvée » qu'il était invité ailleurs, à un souper beaucoup plus gai chez une amie qui lui avait fait miroiter la présence de ravissants mannequins de Chanel. Rose, bien sûr, l'ignorait. Elle s'acharnait d'une voix faible.

— Ça ne sera pas forcément ennuyeux. Antonia m'a dit qu'elle avait invité des gens très amusants. De toute façon, tu es obligé d'y aller, on ne se décommande pas deux heures avant un dîner.

Roland finit par céder. Il rejoindrait les mannequins après. Il serait en retard, voilà tout.

— Ta fièvre n'est toujours pas descendue ? dit-il avec une sincère commisération. La perspective de n'avoir à sacrifier aucun de ses plaisirs lui procurait une satisfaction dont il lui était reconnaissant.

XI

Wiso fut la première personne que Roland aperçut chez Ledoyen. Il était en smoking et confiait au vestiaire son écharpe blanche et son manteau noir en cachemire. Roland tendit le sien. Il regarda son ami des pieds à la tête et ironisa :

— Décidément, il n'y a que les socialistes pour avoir des smokings bien coupés !

Wiso sourit et le frappa amicalement du poing sur l'épaule.

Ils se présentèrent à la porte des salons où de nombreux invités se pressaient. Il y régnait une atmosphère fébrile et surchauffée. Roland retrouva Antonia avec plaisir. Elle était belle dans sa robe en tulle noir dont le décolleté laissait entrevoir ses magnifiques seins. Pierre Lenhart, un peu engoncé dans son smoking, avait un visage rouge, à la fois amical et accaparé, qui contrastait avec l'expression souriante et détachée d'Antonia.

D'un coup d'œil Roland jugea les invités. La soirée correspondait bien à ses funestes prévisions. Cette société de banquiers, d'hommes d'affaires, de hauts fonctionnaires manquait de raffinement. Roland scrutait les visages : ils ne lui apportaient qu'une impression d'ennui, de fadeur. Il regarda avec hargne les moulures surdorées des salons. Il pensa : « Une sous-préfecture. » Et les femmes ? Pas une qui séduisît son regard : des maigres, des sèches, des peinturlurées. Devant lui, la conversation d'une tête de cheval avec une frimousse de souris le fit frémir. Ce spectacle lui donnait un vif sentiment de sa différence. Il ne pouvait s'empêcher d'en trouver l'explication dans les origines de Pierre Lenhart. Une horrible expression lui vint à l'esprit : « La caque sent toujours le hareng. » Il se la reprocha aussitôt ainsi que le mouvement de supériorité vaniteuse auquel il se laissait aller. Lui qui était si épris de fraternisation sociale, il sentait avec dégoût renaître en lui un vieil esprit de caste qu'il pensait avoir tué à jamais.

Roland aperçut Xavier de Spam, l'inspecteur des finances, en conversation avec l'un des principaux fondés de pouvoir de la banque Jacob et de Jacquelot, un sinistre raseur. Physiquement, c'était une réplique affadie d'Eric : le même profil en bec d'aigle, les mêmes yeux clairs, mais dans une enveloppe charnelle moins anguleuse. Sa personne témoignait d'une domestication sociale, d'un goût pour les plaisirs totalement absent chez son frère.

Une légère agitation parcourut les grappes d'invités immobilisés à l'entrée des salons. L'aboyeur avait lancé un nom aussitôt broyé par le brouhaha ; seules quelques personnes avaient pu le saisir. Roland aperçut le nouvel arrivant : c'était l'invité d'honneur, Alexandre Corbin, le constructeur d'avions. Le bandeau noir qui dissimulait son œil borgne jetait des ombres sur son visage. Son œil valide en paraissait d'autant plus vif, mobile, dominateur. Roland fut frappé par l'intensité et la force qui se dégageaient de ce petit homme, aux cheveux bruns et rares, dont le bras gauche, gravement atteint dans un accident d'avion resté légendaire, était sans vie. Il se sentait attiré par cette personnalité forte qui avait déployé tant d'énergie, en dépit des accidents, des infirmités, pour conquérir un empire. Une telle pugnacité lui en imposait. Il admettait sa supériorité. Son destin, nourri de ses facultés multiples d'homme d'action, d'inventeur, de bâtisseur, était comparable à celui des grands conquérants. Aussi loin qu'il eût pu porter ses ambitions, Roland ne s'était jamais vu à la tête d'un empire. Pourquoi ? Il se posa la question. Ce n'était pas la volonté qui lui manquait, plutôt l'acharnement à fortifier ses conquêtes. Dès qu'il avait atteint son but, il lâchait prise. Alors un empire...

Un déplacement des invités fit apparaître la belle femme qui accompagnait Alexandre Corbin : beaucoup plus grande que lui, longue et fine, elle avait un visage ouvert, lumineux. Devant sa jeunesse Roland ne put croire qu'elle était sa femme. Il interrogea Wiso qui venait vers lui.

— Bien sûr, c'est sa femme, dit Wiso. Tu sais comment on la surnomme ? Lady Hamilton.

Roland regarda son ami d'un air stupide. Il répéta :

— Lady Hamilton...

— Oui, tu sais bien, Nelson, l'œil borgne !

— Vraiment, on ne dirait pas qu'ils sont mariés. Elle paraît si jeune.

— Tu sais, mon vieux, on voit des choses encore plus bizarres. En tout cas, je te la laisse.

XII

Roland débitait des platitudes à ses voisines de table, une rousse d'âge mûr, bien en chair, femme d'un directeur des impôts, et une petite personne noiraude, fluette, si peu loquace qu'il n'était parvenu à lui tirer un seul mot. Elle l'écoutait en silence avec un regard apeuré. La conversation générale avait d'abord roulé sur la guerre, le plat de résistance de tous les dîners. On avait émis les mêmes banalités avec ce détachement que l'on accorde à une menace dont l'issue paraît inéluctable mais à laquelle on est persuadé d'échapper par un miracle. La signature le jour même, à Paris, du pacte de non-agression franco-allemand donnait un aliment nouveau aux espoirs. Roland ne voyait dans la venue de Ribbentrop qu'une duperie de plus. Mais il parlait sans conviction, sans attacher d'importance à ses propos. Il ne pensait qu'à la présence de Solange Corbin, derrière lui, à la table voisine. Jamais une femme ne l'avait à ce point ébloui. Il découvrait des qualités qu'il avait toujours cru inconciliables : la beauté sans la vanité, l'élégance et le naturel, la fierté et la générosité, un corps fin, délié, sportif, auquel des manières raffinées donnaient une aisance légère, une harmonie parfaite entre la nature et la société. L'idée que de sa main il pouvait en se retournant effleurer son dos nu que découvrait l'échancrure de sa robe en taffetas de soie bleu roi lui donnait le vertige. Il vitupérait la malchance qui l'avait condamné à être à une autre table que la sienne, proche d'elle, mais sans pouvoir lui parler. Plus le dîner avançait, plus il sentait s'évanouir les chances de forcer le destin qui le séparait d'elle.

Comme le serveur au front rouge et en sueur se penchait pour déposer une tranche de veau marengo dans son assiette, Roland se tourna à demi et fixa la nuque de Solange Corbin. Ses cheveux bruns, remontés en chignon et retenus par une épingle en diamants, dénudaient un long cou d'une finesse de porcelaine. A cet instant, elle tourna la tête ; elle croisa son regard avec un léger mouvement de stupeur et lui sourit. Dans ce sourire, il lut tout l'ennui de ce dîner, la recherche éperdue d'un regard jeune et vivant. Roland fut pris de panique. Il murmura d'une voix altérée par l'émotion un compliment dont la banalité le fit rougir.

— Vous êtes belle... irréelle...

— Merci, répondit-elle.

Elle ferma les yeux pour appuyer sur le « merci » et se retourna. Roland sentit se rencontrer en lui deux flots contraires : le bonheur et la tristesse. Ce sourire, ce regard bienveillant, jamais il ne les aurait crus possibles. Mais était-il condamné à ne conserver d'elle que ces minces et volatils témoignages d'intérêt ? Une voix lui murmurait : « C'est Elle, c'est Elle. » Une certitude chaude, bienfaisante, emplissait son être : la femme qu'il avait cherchée si longtemps à travers tant de corps, tant d'illusions, il l'avait trouvée. Elle était là. Elle lui avait souri. Pour la première fois, il n'éprouvait pas le sentiment de supériorité du prédateur envers sa victime, mais une crainte : elle était son égale. Il demeurait silencieux. Un sourire dont ses voisins ne comprirent pas le sens illumina son visage.

Bientôt la conversation à la table fut monopolisée par un grand dadais bavard, prétentieux, la caricature du noblaillon du faubourg Saint-Germain, qui infligeait d'une voix haut perchée le récit d'un voyage en Turquie. Roland, soudain indulgent, se laissa bercer par ces sonorités : « Le pont de Galata... Le Bosphore... Ataturk... » Son imagination errait avec le sourire de Solange Corbin. Soudain le souvenir l'envahit avec force : la plage du Palais à Biarritz; allongé sur le sable, il la voyait marcher d'un pas souple suivie de son enfant; il sentait l'air vif et iodé de cette matinée ensoleillée, l'odeur forte du varech; l'éblouissement devant sa beauté à la fois proche et lointaine et la morsure qui déchirait son cœur à l'idée qu'il ne la reverrait jamais. Il revoyait tous les détails : le canard jaune que l'enfant avait perdu, le maître nageur, les jambes écartées, dont le visage était déformé par un tic... et la voix de Rose qui disait : « Souviens-toi... La plage du Palais... La plus belle femme de Paris. »

Comment avait-il pu oublier tout cela? Un sentiment d'abandon lui revenait. Comme il s'était déchiré sur ce souvenir! Et cette femme vers laquelle il avait si souvent en rêve tendu les bras, il pouvait la toucher, lui parler. Elle lui avait souri. Il n'était plus pour elle un baigneur anonyme mais un être. Et ce sourire ? Que signifiait-il ? N'était-il pas dupe d'une illusion? N'allait-elle pas lui échapper à nouveau pour toujours ? Cette idée l'ulcérait. Comment lui dire sans être ridicule tous les sentiments qu'il éprouvait? Sous quels travestissements, quels mensonges, devait-il s'exprimer pour être compris? Le temps passait. Il se sentait perdre tout courage pour lui parler. Engager la conversation avec une femme lui avait toujours paru la chose la plus facile du monde : cela lui semblait maintenant un exploit au-dessus de ses forces. C'était trop grave. La moindre maladresse pouvait tuer ce sourire qu'il avait fait naître.

Les cafés étaient servis depuis longtemps. On se leva. Roland perdit tout espoir. Il avait laissé passer sa chance. Elle allait partir; il ne la reverrait jamais. Il se leva et se trouva face à elle. Il fut impressionné par sa haute taille.

— Quel dommage que je n'aie pu vous parler! dit-il d'une voix timide, la tête baissée comme un collégien.

— C'est le hasard... Nous aurions pu même ne pas nous voir. Elle rougit de son audace.

— Mais peut-on vous revoir?... Puis-je vous téléphoner? Elle sourit d'un air indulgent comme devant une impétuosité de jeune homme.

— Je ne donne jamais mon numéro de téléphone à des inconnus.

Déjà Alexandre Corbin était près d'elle; sans un regard pour l'homme qui se permettait d'adresser la parole à sa femme, il avait posé sur son bras la griffe de sa main valide. Roland fut fasciné et horrifié par la mâle laideur de son visage, qui n'évoquait rien d'humain, mais le feu, le fer, les forges ; une peau boucanée sillonnée de cicatrices blanches.

Elle lui tendit sa main à baiser.

— Au revoir, dit-elle, le visage impassible.

Elle disparut. Roland demeura hébété.

Wiso s'approcha de Roland.

— Alors, tu viens ?

Ils suivirent le flot des invités. Dehors, la nuit glacée était claire. La pleine lune jetait des clartés crayeuses sur les jardins des Champs-Elysées. Roland, son manteau posé sur les épaules, ignorait le froid.

— Cette femme... elle est extraordinaire !

— Solange Corbin ? interrogea Wiso.

— Cette fois, mon vieux, je suis bien pris.

Wiso le regarda avec un sourire incrédule.

— Je t'ai entendu dire cela cent fois.

— Oui, mais cette fois, c'est vrai.

XIII

Antonia se fit déposer par le taxi à l'angle du boulevard Raspail et de la rue Delambre. Elle descendit de voiture avec soulagement : conduit par un curieux être mi-homme mi-femme, le G7 ferraillait et sentait le pipi de chat.

Antonia renifla la fourrure de son manteau en loup des Carpates et ne l'estima pas infectée. Elle se trouva un instant désorientée dans cet après-midi froid et brumeux. Elle n'était plus habituée à l'agitation des boulevards. On vendait des marrons devant le Dôme. Elle s'empressa d'en acheter un cornet ; elle éprouvait le besoin de se réchauffer les mains et surtout de gagner du temps. Avait-elle assez réfléchi ? Elle se le demandait en dépiautant les marrons calcinés. Elle n'avait jamais résisté à ses impulsions : le monde pouvait s'écrouler, elle ne changeait pas d'avis. Aucune digue morale, psychologique, ne pouvait la retenir. C'était sa manière de concevoir la liberté. Il fallait que la vie cède tout de suite à son caprice. Et son caprice depuis une semaine était de revoir Eric de Spam.

Elle ne savait pas quel sens elle devait donner à ce désir : nostalgie, curiosité, regain d'amour ? Elle le saurait en le revoyant. Elle obéirait à la pente de l'instant. Elle ferait l'amour avec lui ou repartirait en lui posant un baiser sur le front. C'était égal.

Elle se sentait avec délices dans une situation irrégulière. Un piquant d'école buissonnière. Que dirait-on si on la voyait, si Pierre la découvrait ? Et ce quartier de rapins, de faux artistes traînant la savate, d'imposteurs de tout poil, comme il avait plus de charme que l'avenue Henri-Martin, plantée de stupides marronniers, où déambulaient des nurses anglaises !

Devant l'aride rue Delambre, une idée fantasque lui traversa l'esprit. Elle ignorait l'adresse précise d'Eric de Spam ; elle décida de ne tenter sa chance qu'avec les trente premiers numéros impairs. S'il ne s'y trouvait pas, elle renoncerait. Elle commença son porte-à-porte : cette visite des loges l'amusa et la terrifia. Jamais elle n'avait vu autant de trognes avinées, de mégères en bigoudis, de petits cabots hargneux. Parfois elle avait l'agréable surprise d'être accueillie par un ancien gendarme, ou pompier, cérémonieux et propret. Souvent il n'y avait que de vieilles boîtes aux lettres rouillées. Le cœur d'Antonia battait : allait-elle découvrir le nom qu'elle cherchait ? Au dernier numéro, elle eut le pressentiment de toucher au but. Elle dut déchanter. Elle hésita à tricher : mais quel intérêt de tricher avec soi-même ? Elle renonça et revint, l'humeur maussade, vers la station de taxis. La nostalgie lui piquait la gorge. Comme elle aurait aimé le voir apparaître au coin de la rue, la cigarette au bec !

Un taxi la déposa villa Scheffer. Elle fut de méchante humeur toute la soirée. Elle cassa un encrier en porcelaine de Delft que lui avait donné sa mère, auquel elle tenait beaucoup. Pierre Lenhart, après lui avoir témoigné des trésors de compréhension et de gentillesse, renonça à l'amadouer.

— Décidément, tu n'es pas à prendre avec des pincettes, lui dit-il en réponse à une phrase humiliante.

Elle le regarda avec des yeux noirs de colère.

XIV

Roland scrutait le visage de Rose. Il s'acharnait ce soir-là, avec une singulière injustice, à relever ses défauts. Rose pourtant était loin d'être laide. Adolescente ingrate en raison de sa maigreur, et plus encore d'un sentiment d'infériorité qui coupait ses élans, troublait son regard, l'âge, la maternité l'avaient épanouie. Elle avait conquis une fragile assurance ; une conscience affirmée de son rôle. Son enveloppe charnelle s'était étoffée. Quand elle se sentait en confiance, elle manifestait un humour pointu. Toujours réservée, elle n'était jamais triste. Elle plaisait pour son charme, sa générosité attentive. La plupart de ses qualités apparaissaient en l'absence de Roland. Devant lui, elle craignait d'être jugée ; elle perdait ses moyens. L'obsession de lui déplaire en disant des banalités éteignait sa spontanéité. Il avait sur elle un terrible pouvoir. Dès qu'il la rabrouait ou lui signifiait du regard son mécontentement, elle se rapetissait ; sa poitrine s'enfonçait dans son thorax ; ses lèvres perdaient leur pulpe, devenaient des lignes sèches et blanches. Elle offrait un visage de victime.

Ce soir-là, il la regardait avec hargne. Du fond de lui-même remontait une humeur épaisse et noire. A plusieurs reprises il avait ressenti cette impression poisseuse d'être injuste et de savoir pourquoi. La clé de son agressivité : il voulait se comporter en homme qui refuse d'être asservi à une femme épousée pour son argent. Mais l'avait-il vraiment épousée pour son argent ? Dans ses moments d'agacement contre elle, il le pensait ; le plus souvent, devant ses qualités, il se disait qu'il l'aimait malgré son argent. Où était la vérité ? L'argent avait certainement joué un rôle d'amorce ; puis il s'était attaché à elle. Mais Roland était trop idéaliste pour ne pas se mépriser d'avoir tant soit peu fondé une part importante de sa vie sur l'argent.

Pendant le dîner en tête à tête dans la salle à manger Empire du rez-de-chaussée. Roland n'avait proféré que quelques mots. Il était sombre et songeur. Rose l'avait rarement vu à ce point absent. En fait, depuis la veille, une seule pensée obsédait son esprit, le transportait à des extrémités d'enthousiasme et d'abattement : Solange Corbin. Il se rappelait avec émotion son sourire, ses gestes gracieux. Il la revoyait entrer dans les salons du restaurant, longue et fine comme une goélette aux voiles déployées ; et sa nuque fragile, blanche, au-dessus de laquelle brillait une épingle en diamants ! Il se répétait avec ivresse les mots qu'elle lui avait dits : « Nous aurions pu ne pas nous voir... » « Je ne donne jamais mon numéro de téléphone à des inconnus. » Il les interprétait tantôt comme une promesse, tantôt comme une simple politesse. Comme cette rencontre était grave ! Il lui semblait n'avoir vécu que dans l'attente de cette femme. Il se demandait comment la revoir.

La présence de Rose lui était désagréable. Elle lui rappelait tous les liens qui l'attachaient. Il ne pouvait s'empêcher de comparer les deux femmes, au désavantage de Rose.

Soudain Rose se mit à parler de la soirée d'Antonia.

— Comment as-tu trouvé Solange Corbin ?

Roland demeura stupéfait. Il se troubla.

— Je ne la trouve... rien de plus que beaucoup d'autres... Pourquoi ?

— Non, pour rien.

— Pierre a le don de s'entourer d'emmerdeurs... Cette femme, non vraiment, ce n'est pas mon genre.

Rose exprima un soupir de soulagement.

— Tant mieux, dit-elle, j'avais peur que tu en tombes amoureux.

XV

Antonia, essoufflée d'avoir escaladé l'escalier étroit et raide, frappa à la porte en sapin verni. Elle attendit avec une légère appréhension. La porte s'ouvrit. Eric de Spam apparut devant elle. Elle le trouva inchangé, seulement amaigri. Ses yeux se portèrent avec émotion sur la cicatrice qui lui mâchurait la commissure des lèvres.

— Ah ! c'est toi, dit-il d'une voix douce et lasse, sans marquer d'étonnement. Entre, si tu veux.

Elle pénétra dans le minuscule appartement et suivit les sentiers ménagés entre les piles de livres et les monticules de journaux. Elle éprouva le besoin de justifier sa visite.

— On m'avait dit que tu étais malade.

— Ça va mieux, répondit-il d'une voix lugubre.

Il la fit asseoir sur le lit après avoir tiré la couverture écossaise qui servait de couvre-lit. Il se posa, rigide et mal à l'aise, sur une chaise en face d'elle. L'émotion les paralysait. Le silence leur semblait la seule réponse possible au désordre des sentiments qui les traversaient. Ils avaient peur de se parler, comme si les mots devaient inévitablement débusquer des souffrances endormies. En quelques coups d'œil, Antonia mesura le dénuement et la solitude de son ancien amant. Elle lut autour d'elle les signes de cette haine de soi qui dévore le cœur des amoureux abandonnés; les murs nus et austères, le désordre déprimant, ce décor aride, hérissé de ce désespoir qui émane des lieux où vivent les hommes sans femme; tout lui criait ce qu'il avait souffert à cause d'elle. Jamais elle n'aurait pu imaginer une telle dévastation. Elle se sentit coupable.

La chatte, caressante, se frotta contre ses chevilles.

— Veux-tu du thé ? demanda Eric de Spam sans la regarder.

— Je vais m'en occuper !

Elle se leva. Elle avait besoin de bouger.

Le désordre de la cuisine lui parut indécent. Elle en fut d'abord stupéfaite; puis elle ne put s'empêcher de sourire d'une si manifeste inaptitude aux objets de la vie courante. Elle découvrit la théière enfouie sous des casseroles sales, deux tasses dépareillées et un thé éventé.

Eric de Spam posa sa tasse devant lui; il n'y toucha plus. Antonia se mit à l'interroger. A quoi passait-il ses journées ? Aimait-il son métier de journaliste ? Pensait-il que l'on pourrait éviter la guerre ? Elle s'efforçait de maintenir ses questions hors de tout domaine sensible. Elle avait l'impression d'avancer avec prudence sur une fragile passerelle environnée de flammes. Il répondait brièvement. Les mots se tarissaient dans sa bouche. Il était sur la défensive. Antonia se contenait pour ne pas évoquer ce qui seul lui tenait à cœur : comment avait-il passé ces cinq années sans elle, quelles avaient été ses souffrances ? La force de son amour, sa constance solitaire, le désert qui l'avait suivi l'impressionnaient. Tant d'hommes se consolent si aisément de la perte d'une femme. Elle l'admirait pour l'excès de son renoncement. Elle ne fit aucune allusion à son mariage. Et une heure se passa ainsi à retenir derrière des mots sans importance des aveux trop graves.

Antonia se leva.

— Je dois partir.

Eric de Spam l'accompagna à la porte.

— Je peux revenir ? demanda-t-elle timidement.

— Si tu veux.

La porte refermée, elle se sentit les jambes coupées par la fatigue. Elle faillit tomber plusieurs fois dans l'escalier. La rue glacée sur laquelle pesait une nuit brumeuse la saisit. Elle respira avec l'impression d'être libérée d'un énorme poids. Et subitement gaie : dans son existence morne, monotone, brillait enfin un secret.

XVI

Autour des petites tables blanches juponnées, brillantes d'argenterie, des dames mûres aux yeux violets, lourdement baguées, papotaient en triturant sur leurs genoux des chiens fanfrelucheux qui exhibaient des faciès rabougris de vieux mandarins. Les serveuses en jupe noire et tablier blanc évoluaient avec des plateaux d'argent ou poussaient un chariot chromé tapissé de gâteaux multicolores. Une lumière électrique d'un jaune pimpant redorait le jour usé qui tombait de la rue de Rivoli. Il faisait bon dans cette atmosphère calfeutrée à l'abri de l'après-midi glacé. Le salon de thé Rumpelmeyer, au charme viennois, était préservé de tous les aléas du temps : au seuil de sa porte à tambour s'arrêtaient les frimas, les miasmes, les feux brutaux de la guerre menaçante.

Roland regardait Solange Corbin sans savoir que lui dire. Elle était assise en face de lui. Il l'avait attendue un long moment. Il dissimulait sa nervosité sous un masque impassible. Il se sentait aussi désarmé devant elle qu'en face d'une statue du Luxembourg à qui il aurait arraché un rendez-vous par téléphone. Plusieurs fois il faillit renverser sa tasse de thé. Elle s'amusait de sa gêne. La tension nerveuse qui l'agitait depuis cinq jours s'était muée en apathie et en maladresse. Il ne comprenait pas lui-même cet émoi. Il n'avait plus devant lui l'impressionnante femme du monde en robe du soir, au visage fier, qui fendait la foule du restaurant Ledoyen, mais une jeune femme au sourire accessible. Habillée d'un tailleur chiné marron, elle n'arborait aucun des emblèmes de sa fortune, à l'exception de l'énorme solitaire qui scintillait à son doigt. Elle avait un air sportif, frais, gai, comme une collégienne qui vient de sécher un cours. Rien d'affecté en elle, ni dans ses paroles.

— J'ai eu du mal à échapper à mon fils, dit-elle en guise d'excuse, c'est une véritable histoire d'amour entre nous.

— Quel âge a-t-il ?

— Neuf ans.

Roland remarqua un léger accent dont il ne put déceler la provenance. Il n'osa l'interroger. Soudain elle toisa Roland avec un sourire de défi, la tête rejetée en arrière.

— Vous savez, je n'ai pas l'habitude de me rendre à des rendez-vous avec des inconnus.

— Je ne l'ai jamais cru.

— J'ai fait une exception.

— Vous le regrettez ?

— Je n'ai pas eu le temps... Je plaisante. Où serait le charme de la vie sans les exceptions ? J'aime me surprendre. Et vous avez insisté...

— Trop ?

— Non, ce qu'il faut. Et j'ai l'impression que je peux vous faire confiance. Vous savez, cette fameuse intuition des femmes qui neuf fois sur dix leur fait commettre des erreurs irréparables...

Elle sourit et reprit sur un ton vibrant :

— Ce que je crains, ce sont les commérages, toutes ces dames autour de nous qui n'ont rien d'aùtre à faire qu'à cancaner. Elles transformeraient vite l'existence en une prison.

Rolant vit quelques faces-à-main braqués dans leur direction.

— Il fallait peut-être choisir un endroit moins en vue, dit Roland.

Elle le regarda d'un air indigné, les yeux brillant de fierté.

— Ah ! ça, non. Je ne vais tout de même pas me conduire en coupable. Que fais-je de mal, je vous le demande ?

Elle se radoucit :

— Tout cela n'a aucune importance. Je suis nerveuse : je ne supporte pas Paris l'hiver. Heureusement... nous partons passer Noël à Megève.

Roland lui demanda si elle était d'origine étrangère.

— Danoise ! Mais j'ai toujours vécu en France. Mon père était consul à Paris. Petersen, vous l'avez peut-être rencontré ?

Elle le regarda droit dans les yeux.

— Vous savez pourquoi j'ai accepté de vous revoir ?

— Non !

— Essayez de deviner.

— Vraiment, je ne vois pas.

— Vous ressemblez à quelqu'un que j'aimais beaucoup... A mon frère... Cela m'a frappée la première fois... Il est mort... Un accident de ski... C'était quelqu'un de formidable.

Sa voix changea et prit une intonation dure :

— Maintenant je dois partir.

Elle se leva.

— Non, ne me raccompagnez pas : la voiture attend à la porte. A bientôt.

Roland lui baisa la main.

— Je pourrai vous revoir ?

— Il faudra insister.

Roland la regarda s'éloigner de sa démarche souple. Elle monta dans une Talbot noire ; le chauffeur referma la portière. La voiture glissa sur les pavés de la rue de Rivoli.

XVII

Roland raccrocha le combiné du téléphone avec violence.

— Ma mère est incroyable ! s'exclama-t-il devant Rose qui venait de le rejoindre dans le bureau assombri par les cuirs des livres anciens.

— Tu ne vas pas te mettre en colère le soir de Noël ?

— Pourquoi ne veut-elle pas me donner son numéro de téléphone ? On dirait une jeune fille qui fait des cachotteries. A son âge, c'est ridicule.

— Ça n'a pas beaucoup d'importance, dit Rose... Le dîner va être servi...

— Le réveillon, à dix heures !

— Oui, tu sais que mes parents ne veulent pas veiller trop tard.

Roland haussa les épaules.

Il se dirigea vers le grand salon. Fred Dolfuss, son beau-père, était dans sa position favorite à la campagne : assis dans une bergère face à la cheminée où brûlaient de grosses bûches, il dévorait tous les journaux en tournant bruyamment les pages avant de les empiler sur le tapis. Il ponctuait sa lecture de légers hennissements, tapotait nerveusement le sol du pied sans cesser de siffler entre ses dents des airs jazzés. Ce bon vivant, efficace, empirique, avait relevé comme en se jouant la fortune déjà considérable des Dolfuss. Il ne tirait aucune vanité de sa compétence dans les affaires et regardait avec une indulgence bienveillante les velléités maladroites de Roland pour remettre à flot l'entreprise de Gennevilliers. Plusieurs fois, discret, il lui était venu en aide. Roland s'assit à côté de lui sur un fauteuil. Rose vint tout gâcher.

— Roland trouve que l'on réveillonne trop tôt, dit-elle.

— Mais non... mais non, bougonna Fred Dolfuss sans le moindre embarras, le nez toujours dans son journal, c'est déjà bien assez tard comme ça... N'est-ce pas, mon vieux ? dit-il à Roland qui jeta sur Rose un regard exaspéré.

Mme Dolfuss, volubile, nerveuse, vint vibrionner un instant dans le salon comme une abeille. On n'attendait plus que Paul, le frère de Rose, un fou d'aviation, toujours en retard.

— Qu'est-ce qu'il fabrique encore ? dit Fred Dolfuss en arrangeant un œillet grenat à sa boutonnière devant le trumeau.

Roland, une coupe de champagne à la main, laissait errer son imagination. Pourquoi n'était-il pas heureux ? Tout était si bien à sa place ici. Il ne pouvait rêver une famille plus exquise, qui avait de l'argent sans être ni prodigue ni avare, ni « nouveaux riches » ni dégénérée ; des gens équilibrés, raisonnables. Comme l'existence était calme et paisible dans ce château des Ormes, grosse bâtisse sans grand charme de la fin du XIXe siècle qui ressemblait à une pièce montée en crème fouettée, cernée de bois giboyeux, clos par de hauts murs. Roland avait tout ici pour être heureux. Pourtant l'insatisfaction le rongeait. Il aurait aimé trouver un motif pour justifier son mécontentement. Il n'en trouvait aucun.

Il savait que le souper serait parfait : le sauternes vieilli, le foie gras abondant et moelleux, les huîtres fraîches, la conversation agréablement désordonnée, les cadeaux bien choisis. Il savait qu'il aurait la même controverse avec Paul à propos de Mussolini. Puis tout le monde s'embrasserait. Et Fred Dolfuss, avant d'aller se coucher, prononcerait sa phrase rituelle :

— N'oubliez pas d'éteindre l'électricité... Ça me coûte plus cher qu'une écurie de courses.

Oui, tout cela c'était le bonheur familial, mais qu'était-ce en comparaison de l'appel de cet amour qui chaque jour se gonflait en lui ? Quand reverrait-il Solange Corbin ? Que ne pouvait-il prendre le premier train et la rejoindre à Megève ! Le présent n'était plus qu'une souffrance. Il aurait voulu abolir les jours et les nuits qui le séparaient d'elle.

Le souper se passa comme il l'avait prévu. Sauf que la controverse avec Paul ne porta pas sur Mussolini mais sur un article de Drieu La Rochelle dans *l'Emancipation nationale.* On réveilla le petit Henri pour lui montrer le pimpant vélo rouge qui l'attendait au pied du sapin et les cadeaux de ses grands-parents. Roland fut attendri de voir son fils à demi éveillé dans sa petite robe de chambre en pilou bleu ciel. On but encore du champagne. Fred Dolfuss alla promener son cocker dans le jardin. Et tout le monde se coucha.

Roland eut du mal à trouver le sommeil. Il finit par s'endormir. Il se réveilla en pleine nuit, inquiet de ne pas trouver Rose à côté de lui. Elle était devant la fenêtre : le front contre la vitre, elle regardait la grande pelouse blanche de neige éclairée par la lune ; et, à l'abri du grand cèdre, une harde de chevreuils venus chercher leur nourriture dans la mangeoire. Elle se murmurait : « Je n'ai jamais passé un aussi triste Noël de ma vie. »

XVIII

Le vaste appartement du boulevard Péreire était chamboulé par la fête, les parquets maculés de petits fours écrasés sur les cotillons. Des couples s'embrassaient sur les canapés. Un orchestre mexicain se démenait pour tirer une gaieté factice des danseurs. A travers la musique on entendait des fous rires, des cris. Roger Lanche s'était laissé entraîner sans enthousiasme par Wiso à ce réveillon du Nouvel An. Wiso buvait beaucoup. Il avait retrouvé son amie, Evelyne Pignot, la comédienne ; vêtue d'une robe rouge qui découvrait ses petits seins pointus, elle était aguichante. Ses yeux brillaient d'excitation. Elle était parfaitement accordée à cette atmosphère de bastringue de luxe. Elle déambulait près du buffet, flanquée d'une amie, une blonde décolorée aux lèvres épaisses et rouges, avec de gros yeux de veau triste, qu'elle présenta à Roger Lanche.

— Josette.

C'était une belle plante qui ne s'animait qu'en dansant ; alors elle était prise d'une frénésie inattendue. Les deux jeunes femmes exerçaient sur Roger Lanche une séduction trouble, faite d'attirance et de répulsion. Elles étaient à la fois populaires et sophistiquées. Wiso semblait ne s'intéresser qu'à une grosse brune à l'énorme poitrine qu'Evelyne Pignot regardait avec un mépris ostensible.

Pour se venger, elle invita Roger Lanche à danser.

Il sentit avec émoi ses petits seins contre sa poitrine et la caresse parfumée de sa tête sur son épaule. Wiso, absorbé par son entreprise de séduction, ne s'aperçut même pas de son manège.

Plus la fête avançait, plus Evelyne Pignot semblait nerveuse et de mauvaise humeur. Soudain elle déclara à Wiso :

— J'en ai marre d'être ici... Si on allait manger des huîtres ?

— Oh ! oui, s'exclama Josette.

— D'accord, dit Wiso qui aimait les caprices. On y va. Attendez-moi.

Il se dirigea vers la grosse brune pour prendre son numéro de téléphone sous le regard noir d'Evelyne Pignot qui se rongeait les ongles avec application.

Tout le monde s'entassa sur les deux sièges avant de la Delahaye de sport. Wiso conduisit jusqu'à la place de Clichy, au milieu des concerts d'avertisseurs, dans une confusion de bras et de jambes.

Ils furent bientôt assis à une table. Les deux filles dévorèrent de bon appétit les belons, le pain bis et le beurre salé. Wiso, très excité, parlait sans qu'on pût l'arrêter. Roger Lanche, grisé, lui renvoyait faiblement la balle.

— Personne ne déteste plus les juifs que les juifs eux-mêmes, dit soudain Wiso avec une lueur mauvaise dans les yeux. J'ai envie d'écrire un livre que j'appellerai *Contre les juifs*. Je suis certain que cela intéressera beaucoup de gens. J'en vendrai certainement plus que de mon roman.

Il ricana. Puis, avec une vulgarité inhabituelle, soufflant dans le nez d'Evelyne Pignot la fumée de son cigare, il se mit à raconter des histoires du plus mauvais goût. Au point qu'à un moment, Josette s'indigna :

— Oh ! là, faut pas charrier tout de même !

Wiso en rajouta. Roger Lanche se sentait pris entre la lassitude, le dégoût et le désir que lui inspiraient les deux filles.

Elles étaient un peu sottes, braves filles, pas farouches, faites pour être prises un soir sans histoires et abandonnées le lendemain. Cette facilité dont il avait eu si peu l'occasion de jouir le fascinait. Wiso empocha l'addition. Il tint un conciliabule à l'écart avec Evelyne Pignot. Roger Lanche sentit qu'il était question de lui : il en éprouva un malaise.

Dans la Delahaye, Wiso décréta :

— On va finir la nuit chez moi... On regardera le soleil se lever sur la Seine.

Roger Lanche protesta faiblement.

Ils se retrouvèrent dans l'appartement de Wiso, qui sentait le renfermé. Une bouteille de champagne apparut. Wiso mit en marche le tourne-disque. On dansa dans la demi-obscurité. Wiso avec Evelyne Pignot, puis Evelyne avec Roger Lanche, qui sentait de plus en plus le plancher tanguer. Il eut soudain l'impression d'être seul dans l'appartement avec Evelyne Pignot.

— Où sont les autres ? interrogea-t-il, l'air incrédule.

— Wiso est allé raccompagner Josette, dit-elle en se serrant contre lui.

Bientôt il trouva la touffeur de sa bouche ; ses mains serrèrent ses petits seins durs, errèrent sur la douce peau de ses cuisses, entre les bas et le porte-jarretelles. Ils roulèrent à demi dévêtus sur le lit de Wiso.

Tandis qu'il la prenait avec une impression d'irréalité, qu'il sentait ses ongles fichés dans son dos, Roger Lanche entendit Evelyne Pignot lui murmurer :

— Fais-moi tout ce que tu voudras, mais pas d'enfant.

A peine avait-il relâché son étreinte qu'il eut la sensation d'une présence dans la chambre. Il se retourna : Wiso, à moitié nu dans sa robe de chambre, et Josette, elle entièrement nue, regardaient le spectacle par l'entrebâillement de la porte. Wiso, qui était ivre, éclata d'un rire acide.

— Plus on est de fous, plus on rit.

Roger Lanche se releva furibond. Il emporta ses vêtements sans un mot. Wiso tenta de le retenir :

— Reste là, ne fais pas le con, c'était pour rire.

Il claqua la porte et se rhabilla dans l'escalier.

XIX

Le téléphone sonna dans l'atelier. Roger Lanche décrocha. Il entendit la voix de Wiso, goguenarde :

— Dis donc, ça ne te gêne pas de piquer la femme des copains ?... Il paraît que vous ne vous êtes pas embêtés...

Roger Lanche étouffait d'indignation. Il resta muet. Wiso insista :

— C'est tout ce que tu as à dire pour t'excuser ?

Roger Lanche explosa :

— Salaud !... Salaud ! Ça, je ne te le pardonnerai jamais.

Il raccrocha brutalement.

XX

Le combiné à la main, Wiso demeura interdit. En lui montait l'amertume désolée des blagues qui tournent mal. Il était oppressé, nauséeux. Un étau glacé lui serrait la nuque ; la sueur mouillait son front. Les secondes qui s'écoulaient gonflaient son appréhension d'avoir commis un acte irréparable. Il était fasciné par l'abîme qu'il venait d'ouvrir par de simples mots. Une minute plus tôt, tout aurait pu être changé. Désormais il était trop tard. C'était trop bête. Bien sûr, les mots n'étaient pas seuls en cause... Il y avait le reste, la nuit. Pourquoi avait-il agi ainsi ? Il ne trouvait aucune explication. L'ivresse ? Une impulsion, l'excitation qui avait fait flamber son imagination à l'idée d'offrir le corps d'Evelyne Pignot à son ami. Un plaisir bien innocent, après tout. Cela pouvait être considéré comme un acte généreux, de prêter sa maîtresse.

Non ! la mauvaise foi ne lui était d'aucun secours. Il savait qu'il blesserait profondément Roger Lanche. Il connaissait ses points sensibles, ses pudeurs. Le plaisir avait été plus fort que tout. Le risque que leur amitié encourait ne lui avait paru qu'un piment supplémentaire. Et maintenant, en comparaison de ce maigre plaisir fané, comme cette amitié lui était précieuse ! Quel miracle pouvait encore la sauver ? Pourquoi cette brutalité des actes qui violente la souplesse des désirs ? Wiso se torturait. Il souffrait de ses contradictions. Les ténèbres de son cerveau étaient traversées par des éclairs d'intelligence : soudain il comprenait tout ; son comportement devenait simple, logique. Vite, cette lucidité se dissipait. Une hébétude douloureuse l'accablait. Il se sentait habité par des forces obscures, incontrôlables. Depuis longtemps déjà il voyait avec terreur sa vie lui échapper ; la gangrène mystérieuse qui corrompait ses relations avec les femmes contaminait à son tour l'amitié.

Un mouvement de fureur le fit taper du pied. Son humeur changea de cap. Après tout, Roger Lanche n'était qu'un imbécile de se formaliser, un petit-bourgeois étriqué qui dissimulait sous ses allures de dilettante une pudibonderie de chaisière. Il eut vite fait de retourner cette agressivité contre lui-même. Il se vit avec horreur dans le rôle d'un dépravé abject, qui singeait les grands libertins du XVIIIe siècle. Pourquoi avait-il tenu ces propos ignobles sur les juifs ? Quel démon lui avait dicté ces horreurs ? Etre juif lui inspirait autant de fierté que de dégoût. Appartenir à une race de martyrs lui procurait un curieux sentiment d'invulnérabilité. Par accès, il abhorrait sa judaïté comme une tare ; il se morfondait de ne pouvoir changer de peau ; il se rêvait une autre existence, claire et blonde, en harmonie avec des lieux limpides : *Beaugency, Vendôme, Notre-Dame de Cléry.* Appartenir à une race sans opprobre !

Le téléphone sonna. « Et si c'était Roger Lanche ! » Il savoura les quelques secondes qui maintenaient l'illusion. Quand il décrocha le combiné, les intonations faubouriennes d'Evelyne Pignot heurtèrent son oreille.

— Ce que je fais ce soir, dit-il, je n'en sais fichtre rien.

Il accepta de dîner avec elle.

En raccrochant, il ne put réprimer un sentiment de convoitise et de dégoût à l'idée qu'il allait faire l'amour avec une femme qui, la veille, avait tenu le corps de Roger Lanche dans ses bras.

XXI

Roland écoutait Solange Corbin. Elle évoquait son séjour à Megève. Il la regardait avec émerveillement. Après tant d'espoirs et d'angoisses, il se sentait tout près d'être heureux. Son esprit était ailleurs : il ne suivait le récit que par bribes. Pendant le déjeuner dans ce bistrot de l'île Saint-Louis — c'était elle qui avait voulu un restaurant *discret* — il n'avait cessé de penser à la stratégie qu'il devait employer pour faire sa conquête. L'idée d'un calcul appliqué à son amour lui était pénible comme une trivialité nécessaire. Il savait cette rencontre décisive. Elle avait accepté de le revoir avec réticence. Le fragile penchant qu'elle avait pour lui pouvait s'éteindre à tout instant. Il la voyait avec dépit tenter de désamorcer l'équivoque de leurs relations en discourant sur son mari ou son fils. Elle manifestait du plaisir à être en sa compagnie, mais ses confidences, son ton libre et confiant étaient ceux que l'on réserve à un ami. Seule l'insistance avec laquelle elle accentuait son rôle de mère de famille lui paraissait suspecte. Une telle défense dissimulait forcément une faiblesse. Mais comment l'amener à la découvrir, à y céder ?

Roland cherchait ses yeux ; tantôt ils fuyaient son regard, tantôt ils l'affrontaient avec une franchise qui le désarmait, comme deux noisettes mouillées.

Comme elle lui vantait à nouveau les qualités de son fils, il pressentit une faille dans ce bonheur familial. Il lui lança :

— Votre mari est un homme extraordinaire, tellement complet, cela doit être enthousiasmant de partager l'existence d'un homme exceptionnel ?

— Oui, dit-elle, certains en disent du mal, je le sais, mais c'est qu'ils ne le connaissent pas. Il est exceptionnel. Il est très loyal, très bon. Je n'ai jamais rencontré quelqu'un qui possède un tel courage dans l'existence. C'est un homme fort, très fort...

— Il vous rend heureuse ?

Elle le regarda avec une expression de méfiance.

— Comment une femme à qui l'on donne tout ce qu'elle désire ne serait-elle pas heureuse ? Je suis gâtée plus qu'aucune autre. J'ai un fils adorable, un mari qui... (Elle se troubla et reprit :) Qui me gâte, oui, et me respecte.

— Il n'y a pas que les satisfactions matérielles.

Elle fixa Roland d'un air fier.

— Non, certainement... Mais les *autres* satisfactions, je les ai aussi.

— Alors il ne vous manque rien ?

Elle sourit devant ce piège si visible.

— Oh ! si, mais ce qui me manque ne tient qu'à moi. Je n'en fais le reproche à personne.

Son front rembruni s'éclaira :

— Si vous redemandiez un peu de vin ?

Roland héla le garçon.

— Mon bonheur vous intéresse à ce point ? dit-elle à Roland avec un sourire. Mais quelle femme est totalement heureuse ? Les plus favorisées ont elles aussi leur part de solitude, de chagrin. Seulement elles ne peuvent le montrer. C'est peut-être mieux ainsi : cela évite de se lamenter inutilement sur soi-même. Mais je ne parle que de moi. Il y a tellement d'autres sujets plus intéressants et surtout plus graves. Vous pensez vous aussi qu'il y aura la guerre ? Mon mari en est persuadé.

Roland réfléchit un instant. Il voulait éviter cet air docte que chacun se croyait obligé d'adopter.

— Echapper à la guerre, c'est toujours possible... mais à quel prix ? Nous continuerons à nous déshonorer devant Hitler et nous aurons quand même la guerre.

— Vous devez avoir raison. C'est atroce. Ce n'est pas à moi que je pense ni même à mon mari, c'est à mon fils. L'idée qu'il puisse subir le sort de ces enfants en Espagne sous les bombardements... Alors l'honneur, bien sûr, c'est important, mais il faut me comprendre : je ne veux pas qu'on touche à mon fils.

Le serveur vint apporter l'addition. Le restaurant était déserté. La caissière attendait d'un air las.

Ils firent quelques pas dans la rue Saint-Louis-en-l'Isle.

— Je vais vous faire une confidence, dit-elle. Je me sens en confiance avec vous.

Après un silence, elle ajouta :

— Maintenant je dois rentrer. Où trouverai-je un taxi ?

Roland l'accompagna jusqu'au quai de la Tournelle où deux G7 étaient stationnés. La porte du taxi ouverte, il lui demanda :

— Ne pouvons-nous nous revoir, un soir... aller au théâtre ?

Elle le regarda avec des yeux pleins de compréhension, comme si elle désirait sincèrement lui faire plaisir.

— Le soir, c'est difficile... Peut-être dans dix jours, mon mari doit s'absenter.

Elle rougit d'avoir prononcé ces mots et brusqua leurs adieux en disant d'une voix sèche sans le regarder :

— Appelez-moi.

XXII

De son bureau directorial des Champs-Elysées aux portières capitonnées de cuir, Pierre Lenhart apercevait l'immeuble du *Figaro.* Ce siège imposant et austère de la banque Jacob et de Jacquelot était pour lui le symbole de sa réussite. Rarement comme aujourd'hui il s'accordait un instant de répit pour s'accouder au balcon. Il avait fallu pour le débaucher ce rayon de soleil rare dans un hiver humide et froid, une matinée de travail particulièrement intense où avaient été décidés d'importants investissements sidérurgiques. Le sentiment de son ascension sociale le grisait moins que celui de sa puissance. Il éprouvait une sorte de vertige à l'idée de l'immense réseau de relations qu'il avait constitué, de la formidable association de compétences mise sur pied. Cette organisation exerçait son influence dans la banque, le patronat, les houillères, les grandes industries, les ministères clés, et se déployait en groupements professionnels, en centres d'études, en amicales. Une ligue des élites sur le modèle de la fameuse *Fabian Society,* dont l'ambition n'était rien moins que de changer la société, d'employer les connaissances des meilleurs à l'amélioration du monde. Aurait-il jamais imaginé, quand il était boursier au fond de sa province, qu'un jour tant de choses dépendraient de lui ?

Ce projet enthousiasmait Pierre Lenhart. Il mobilisait toutes ses forces, satisfaisait à la fois son esprit cartésien et son idéalisme. L'idée du Bien qu'il confondait avec celle de la Patrie suscitait en lui une ardeur si passionnée qu'il se sentait capable de se battre pour elle de toutes ses forces. Il pouvait se donner tout entier, non à un parti — il n'avait considéré Doriot que comme un instrument —, mais à l'avènement d'une société harmonieuse, libérée de l'hypothèque de la lutte des classes, de la fausse représentation d'un parlementarisme perverti.

Il n'avait pas forgé seul ces convictions. Paul Courtaud l'avait aidé à se débarbouiller des idées simplistes de l'Action française et des enfantillages monarchistes — ainsi considérait-il ses anciennes croyances. Ce président des anciens élèves de l'X , pittoresque, bouillonnant d'idées, animateur du cercle « Organisation, science, avenir », franc-maçon d'obédience martiniste, lui avait évité de piétiner plus longtemps dans ses erreurs. Il l'avait présenté à deux hommes remarquables qui, chacun à leur manière, avaient eu sur lui une influence décisive : Alexandre Corbin, qui dans les moments où il n'inventait pas un nouveau carburateur d'avion ou une nouvelle technique commerciale était un théoricien original des structures sociales, et Léopold Leroy-Vigier, un transfuge de l'Action française au visage délicat et efféminé : ancien séminariste, père de huit enfants, converti aux doctrines de Saint-Yves d'Alveydre, l'inspirateur du Mouvement synarchique. La synarchie. C'était la seule idéologie capable de s'opposer au marxisme et de se substituer à la société chrétienne, qui avait vécu.

Pierre Lenhart voyait s'épanouir devant lui la perspective immense tracée par Saint-Yves d'Alveydre : à chaque communauté humaine correspondent trois fonctions principales qui doivent vivre en harmonie : la première fonction de base, dont l'équivalent pour le corps humain est la nutrition, c'est l'économie. La deuxième fonction est sociale. Elle régit l'activité et assure des relations justes entre les hommes, c'est la législation ou la politique. La troisième fonction est l'esprit. Elle recouvre ce qui a trait à la science, à la religion et à l'enseignement, pris pour guides de l'activité humaine. Ces trois fonctions doivent s'incarner dans trois institutions spécifiques qui s'exercent en harmonie sans que l'une domine l'autre.

Pierre Lenhart voyait une preuve de l'opportunité de la synarchie dans l'enthousiasme que suscitaient les seuls aspects économiques de la doctrine chez les nouveaux adeptes : économie dirigée, redistribution des données entre le capital et le travail, corporatisme, construction européenne. On les laissait par prudence dans l'ignorance du projet global. N'étaient initiés au Mouvement synarchique d'empire qu'une trentaine de personnalités dont la liste était tenue secrète dans un coffre.

Ces idées, Pierre Lenhart ne doutait pas de les voir aboutir. Le régime parlementaire était discrédité ; la jeunesse, les cadres le méprisaient. Il allait à l'effondrement. Aucune solution de remplacement n'apparaissait. Alors le pouvoir ! Quel que fût le régime politique qui verrait le jour, aucun sauf le communisme ne pouvait exclure sa compétence. Il se voyait régner sur l'avenir avec l'orgueil sans forfanterie des grands entrepreneurs qui savent le prix de leur efficacité, mais avec en plus une ardeur mystique. Il se préparait avec un recueillement religieux devant le crépuscule social d'où devait naître un ordre nouveau et sa nouvelle chevalerie.

Ces pensées de gloire n'allaient jamais chez lui sans tristesse. Antonia ne savait pas son mérite, elle y était indifférente. Plus croissait l'estime que l'on portait à sa valeur, plus il la sentait s'éloigner de lui. Devant cette injustice il était aussi désarmé qu'un enfant. Il avait rêvé l'attacher à lui par le succès, elle n'y trouvait que matière à critiques. Il frémissait à l'idée que peut-être, un jour, entre la gloire et Antonia, il devrait choisir. Mais que pouvait être sa vie sans Antonia ?

XXIII

Antonia posa sa main sur la nuque d'Eric de Spam. Elle le sentit frémissant et rétif. Alors elle eut conscience de la gravité de son geste. Elle en fut troublée. Tous les sentiments diffus qui se pressaient en elle se réveillèrent. Le danger surtout. C'était ce qui l'avait fascinée dans l'amour qu'elle avait éprouvé pour lui, ce danger si désespérément absent de son existence et qui était la vie même. Elle le regardait avec des yeux nouveaux, non plus avec la lassitude de la fin de leur liaison, mais avec la curiosité fraîche, apéritive, des débuts, dix ans plus tôt. Il était toujours ce long jeune homme austère et maladroit qu'elle connaissait par cœur. Pourtant il avait changé ; il s'était durci ; ses faiblesses n'affleuraient plus son visage. Mais elle savait que d'un geste, d'un mot, elle pouvait provoquer de terribles bouleversements dans son existence.

La nuit était tombée. Le silence qui pesait devenait insupportable. Eric de Spam était figé sur sa chaise. Antonia avait retiré sa main, mais le silence prolongeait son geste avec une singulière solennité. Quels secrets appels du passé opprimaient sa poitrine et soufflaient en elle des désirs ? Moins une impulsion charnelle que la tentation de transgresser l'interdit qui planait sur leur ancienne rupture. Savoir si le passé était vraiment mort : cette curiosité était plus avide que s'il s'était agi entre eux d'une première étreinte. Se pouvait-il que cet amour ne fût pas tari, qu'il eût continué à vivre de sa vie souterraine ? Elle était devant un mur qui lui dissimulait une vérité sur elle-même. Voulait-elle le franchir ?

Une hésitation nerveuse la saisit comme avant un moment de folie. Elle s'approcha d'Eric de Spam — le long manteau de fourrure qu'elle avait gardé sur elle à cause du froid qui régnait dans la pièce rendit son geste théâtral — et elle posa ses lèvres sur les siennes.

Eric de Spam demeura immobile, les lèvres serrées. Cette défensive dérouta Antonia, puis exalta sa détermination. Elle le supplia de sa voix de petite fille :

— Sois gentil !

A ces mots, il se détendit, il ne refusa plus sa tendresse, il fut gagné par sa chaleur. Il la serra contre lui à la broyer. Une agitation fébrile s'empara de lui. Il reconnut de ses lèvres avec ferveur les contours de son visage. Ils glissèrent sur le lit. Il la déshabilla. Elle distinguait dans la pénombre son regard curieusement intense et vide. Elle sentit sur elle son corps amaigri parcouru de tressaillements. Elle retrouvait intact le frisson d'inquiétude que provoquait en elle le déchaînement de sa passion : jamais aucun homme ne lui avait donné un tel témoignage de folie amoureuse. Cette transe dans le désir, dans la possession, la grisait comme une drogue violente.

Elle le sentit pénétrer en elle avec une sensation âpre et la conscience de revivre une expérience familière et lointaine, de rejoindre par magie une existence oubliée. Cette émotion lui donna le vertige. Elle s'abandonna, agrippée à son dos, avec un sentiment de perdition.

XXIV

Les flonflons de la fanfare s'égaillaient par les fenêtres ouvertes sur toute la largeur de l'avenue de Breteuil. Jamais fête n'avait accueilli des invités aussi composites : les képis blancs de la Légion étrangère faisaient nombre au milieu des péquins en costume sombre ; les bourgeoises les plus chic côtoyaient des demi-mondaines à la chevelure flamboyante, aux lèvres de sang. Il s'y mêlait une faune d'allure plus artiste, aux cheveux longs, en veste de velours côtelé. Le clou de la soirée, c'était le spectacle que donnait la concierge : on avait installé dans le vestibule du rez-de-chaussée cette harengère à la trogne rougeaude affublée d'un képi de la Légion, en sentinelle près d'un tonneau de beaujolais en perce. Elle offrait le coup de rouge aux arrivants ; à son parler tonitruant, décousu, on voyait qu'elle ne s'était pas oubliée.

On fêtait une permission de Xavier Forgeot, le *petit cousin* de Roland. En garnison dans le Sud marocain, il n'était pas revenu à Paris depuis deux ans. La famille Dujardin recevait : Michel Dujardin, un sympathique hurluberlu tout en os, avait préparé Saint-Cyr avec Xavier Forgeot. Ils étaient devenus inséparables. C'était le petit-fils de Paul Dujardin, grand industriel et amateur d'art : les vestiges de sa collection couvraient les murs de toiles de la période fauve. La famille continuait à vivre sous l'ombre écrasante de l'ancêtre, tiraillée entre ses aspirations bourgeoises et les séductions de la bohème. Cet appartement était la maison du Bon Dieu : il voyait passer les énergumènes les plus extravagants ramassés au café ou même dans la rue par un des enfants et qui, parfois, demeuraient six mois. Sous son allure insouciante, la famille Dujardin vivait dans une angoisse sourde qu'elle ne rompait que par la fréquentation de nouveaux visages et par ces fêtes dont elle payait les accès de gaieté par des crises de dépression.

Roland avait l'air absent. Il était abasourdi par la musique tonitruante que jouait l'orchestre militaire. Quant à Rose, elle se sentait étrangère dans ce milieu mélangé. Elle y évoluait avec une curiosité pleine de bonne volonté et une pointe d'appréhension. Elle se sentit rassurée par l'arrivée de Pierre et d'Antonia. Pierre Lenhart portait sur son visage maussade tout l'ennui qu'il éprouvait à s'être laissé entraîner dans cet endroit inexplicable. Antonia semblait, elle, d'une humeur tout à fait à l'unisson de cette atmosphère pittoresque.

— On se croirait au bal des Quat'z' Arts, dit-elle.

— Ne dis pas cela trop fort, conseilla Roland, les légionnaires n'ont pas beaucoup d'humour.

Pierre Lenhart se mit à entreprendre Roland sur la situation en Tchécoslovaquie : Mgr Tiso avait fui la veille en Allemagne et la loi martiale était proclamée.

— Ça craque de partout, répondit Roland, mais on ne fait rien. On fait des fêtes, on s'amuse, alors que l'Europe flambe et que le feu est à nos portes.

— L'exemple vient d'en haut, dit Pierre Lenhart. Comment veux-tu que les Français se redressent avec un régime pareil ? Tu as entendu la déclaration de Daladier hier soir ?

Pour parler plus commodément ils s'éloignèrent de l'orchestre et s'installèrent devant une fenêtre. Xavier Forgeot vint les rejoindre un instant. Roland était déçu par son cousin : tout à ses amis, il semblait faire peu de cas de lui. Il sentait que leur amitié s'était distendue. Face à ce géant au visage aminci, hâlé par le soleil du désert, tout frémissant d'actions guerrières, sur lequel il avait eu une si forte influence, il se trouvait « bourgeois ». Il l'enviait et se méprisait de s'être abrité dans une existence sans horizon.

Roland aperçut Rose en conversation avec deux jeunes hommes. Il éprouvait de la fierté du succès de sa femme. Qu'elle plût à d'autres hommes le rassurait et la lui rendait attirante. Roger Lanche, l'air inquiet et mal à l'aise, s'approcha d'eux. Il les quitta dès qu'il vit arriver Wiso, qui semblait passablement éméché.

Depuis un moment Pierre Lenhart manifestait des signes de nervosité. Il n'était plus qu'à demi dans la discussion. Il surveillait Antonia dansant avec un légionnaire qui la serrait de près. Elle semblait s'amuser beaucoup de la situation.

Des cris fusèrent. On entendit des bruits de verre cassé. Pour un motif inconnu, un légionnaire et un spahi en étaient venus aux mains. Un filet de sang coulait de l'arcade sourcilière du spahi. On se précipita pour les séparer.

Cette scène excéda Pierre Lenhart.

— Qu'est-ce qu'elle fiche ? marmonna-t-il en quittant brusquement Roland et Wiso pour aller se planter devant Antonia.

— Viens, dit-il, nous rentrons.

Antonia se lamenta.

— Déjà ?... Mais pourquoi ?... On s'amuse bien ici... Restons encore un peu... Tu ne sais pas t'amuser...

Devant le visage de plus en plus blême et crispé de son mari, elle céda.

Ils quittèrent la fête. Dans le vestibule, la concierge s'était endormie sur les marches, son képi sur les genoux. Ils marchèrent sans un mot dans l'avenue vers leur voiture. A cet instant, Wiso, complètement ivre, venait de rejoindre Roger Lanche sur le trottoir.

— Je vais te mettre mon poing dans la figure, disait Roger Lanche, l'air menaçant.

Wiso, repliant ses bras derrière la nuque, s'offrait en victime.

— C'est ça, vas-y, frappe-moi !

Dérouté par ce geste, Roger Lanche haussa les épaules et laissa Wiso en plan.

Dans la voiture, Antonia poursuivit ses plaintes.

— On s'amusait bien. Toi tu as horreur de t'amuser. Tu ne te plais qu'avec des gens ennuyeux. Tu n'avais qu'à partir tout seul, après tout...

A ces mots, Pierre Lenhart sentit sa colère tomber. Une immense peine l'envahit. Il saisit doucement Antonia par les épaules.

— Tu aurais voulu que je te laisse dans les bras de ce type... Non, je ne peux pas, Antonia, c'est impossible.

— Quel mal y a-t-il à danser ? dit-elle. Tu es égoïste...

— Non, simplement je t'aime, je ne peux pas me séparer de toi même une seconde.

— L'amour, ça ne consiste pas à asphyxier les gens qu'on aime... De toute façon tu es toujours jaloux à contretemps.

— Que veux-tu dire ?

— Tu t'alarmes pour des bêtises et tu ne vois même pas les vrais dangers devant ton nez.

Cette réponse fit à Pierre Lenhart l'effet d'un coup de poignard. Il se sentit si malheureux, si inquiet, qu'il préféra ne pas approfondir sa blessure. Il conduisit la voiture en silence jusqu'à la villa Scheffer. Chaque pavé de la chaussée résonnait douloureusement dans son crâne.

XXV

La foule des spectateurs s'écoulait du théâtre vers le trottoir mouillé et luisant. Roland, qui tenait Solange Corbin par le bras, l'entraîna dans l'avenue Montaigne : il venait d'apercevoir une amie de Rose et son mari. Ils traversèrent l'avenue. Roland avait retenu une table pour souper au bar des Théâtres.

Leur entrée fut remarquée. La beauté de Solange Corbin, son élégance étaient ce soir-là particulièrement éclatantes. Et elle gardait ce naturel qui éclairait son visage comme une douce lumière. Roland commanda du champagne.

— Cette pièce n'est pas bien fameuse, dit Roland.

— C'est toujours la même atmosphère nauséabonde chez Bernstein. On se sent sale. Croyez-vous qu'il existe dans la vie des êtres aussi ignobles ? Parlons d'autre chose... après un tel spectacle, j'ai besoin de rêve...

Elle remarqua que l'on commentait ostensiblement sa présence à une table voisine.

— On fait déjà des cancans sur moi. Je ne sais pourquoi ce soir cela m'est égal.

Ils parlèrent à bâtons rompus comme s'ils étaient déjà de vieux amis. Toute gêne s'était dissipée entre eux. Elle revint sur son mari : les louanges qu'elle tressait à l'homme public et les ombres qu'elle laissait planer sur leur vie personnelle confirmèrent Roland dans son impression : elle était seule. Elle raconta son entretien avec le préfet du collège Saint-Louis-de-Gonzague à propos d'une rédaction de son fils, évoqua son père, le consul, ses séjours au Danemark. Ils parlèrent encore de la guerre, de cette société parisienne si veule, si peu charitable, si superficielle, mais dont, au fond, ils ne pouvaient se passer.

Tard dans la soirée, il la raccompagna en voiture. Elle habitait dans un immeuble somptueux construit dans le style dépouillé de Perret, à l'angle du boulevard Suchet et du bois de Boulogne.

— Merci pour cette soirée, dit-elle en lui tendant la main.

— Ne partez pas tout de suite, je voudrais vous parler.

— Mais il est tard !

— Vous êtes fatiguée ?

— Non. Pas du tout.

Elle rit.

— Alors restons ensemble !

— Cela ne se fait pas de rester dans une voiture avec un monsieur en face de chez soi à une heure du matin.

— Vous voulez que nous allions ailleurs ?

— Et où... Non, vraiment, je dois rentrer.

Il l'accompagna jusqu'à la porte. Il lui baisa la main ; puis il approcha lentement son visage du sien pour l'embrasser. Elle détourna légèrement la tête. Il déposa un baiser à la commissure de ses lèvres.

Ce baiser à demi accordé, il l'emporta à toute allure dans la nuit.

XXVI

Tout le monde à la banque s'interrogeait sur le changement d'attitude de Pierre Lenhart : d'habitude souriant, affable avec ses secrétaires et les huissiers, il les saluait d'un air sec. Il rudoyait ses collaborateurs avec lesquels il avait toujours eu des rapports paternes et bienveillants. En quelques jours l'altération de son humeur fut si prononcée qu'on ne put que l'attribuer à un motif grave. On pensa à des préoccupations tenant à la situation internationale — elle était toujours alarmante mais aucun fait marquant n'était à signaler. Quant à incriminer des déceptions dans sa vie professionnelle, personne n'y songeait : chacun savait de quelle confiance il jouissait auprès des actionnaires de la banque. On se perdit en conjectures devant ses traits tirés, son regard dur et douloureux.

Depuis la soirée chez les Dujardin, Pierre Lenhart avait perdu toute quiétude. La réflexion d'Antonia : « Tu es toujours jaloux à contretemps », l'avait plongé dans un abîme de doutes. La jalousie le dévorait. Elle ne lui laissait aucun répit. Il se répétait sans cesse : « Elle me trompe... Elle me trompe. » Et cette idée le déchirait. Il se sentait égaré, sans point d'appui. Les satisfactions qu'il tirait de son travail ne lui étaient plus d'aucun secours. Au contraire, ses activités faisaient obstacle à ses investigations : les rendez-vous, les commissions qu'il présidait l'empêchaient de téléphoner à l'heure prévue à Antonia pour vérifier son emploi du temps. Parfois il se demandait s'il n'était pas le seul à ignorer l'étendue de son infortune. Les messes basses, les sourires, au cours d'un dîner, lui paraissaient une allusion à sa situation. Sa douleur devint si insupportable qu'il finit par se persuader que la découverte de la vérité apporterait un apaisement aux ravages de l'incertitude. Il décida de faire appel à une agence de détectives privés à laquelle il avait déjà eu recours dans une affaire épineuse.

Dès qu'il entendit la voix de la standardiste, la honte l'envahit. Il raccrocha. « Je ne peux pas tomber aussi bas », murmura-t-il.

Il passait des jours affreux. Plus il épiait dans le détail le comportement d'Antonia — et il y mettait toute son intelligence, son sens aiguisé de l'observation scientifique —, plus son infidélité lui paraissait évidente. Seuls manquaient les preuves, le complice — il avait eu beau passer en revue une dizaine d'amants possibles, il n'avait que des présomptions. Les preuves échappaient à tous les filets qu'il tendait. Un matin, observant avec une curiosité inquiète sa façon de s'habiller, il avait été intrigué par le raffinement inhabituel qu'elle mettait dans le choix de ses sous-vêtements : un nouveau soutien-gorge à balconnet, un porte-jarretelles plus affriolant. Il avait songé à la suivre, mais un grave incident boursier qui avait mis la banque en émoi l'en avait empêché.

A ces doutes cruels s'ajoutait chaque soir le refus obstiné d'Antonia de faire l'amour. Cette situation était devenue si pénible pour lui qu'il prit l'habitude de coucher sur un canapé dans la bibliothèque : il y passait des nuits blanches. Le sommeil ne lui était accordé qu'un peu avant l'aube, traversé de cauchemars. Pendant ces nuits, il pensait que cette situation ne pouvait durer. Il avait beau chercher, il n'y trouvait que deux issues : se tuer, quitter Antonia.

Un matin, à son bureau, il reçut un coup de téléphone du chef de cabinet du ministre des Finances, qui appartenait lui aussi au cercle « Organisation, science, avenir » : Paul Reynaud souhaitait l'inviter à déjeuner en tête à tête. Il voulait son avis sur sa politique monétaire et la dévaluation du franc. Pierre Lenhart se sentit aussitôt tiré par magie d'un puits obscur. Il émergea à la vie réelle. Il commanda une multitude de notes à ses collaborateurs, se mit à compulser ses dossiers et travailla sans répit. Son humeur se rétablit. On vit revenir peu à peu sa bonhomie.

XXVII

Roland referma sans bruit la lourde porte vitrée de l'immeuble du boulevard Suchet. Une pluie fine et froide tombait sur le bois de Boulogne. Quelle heure était-il : quatre, cinq heures du matin ? Roland n'éprouvait aucune fatigue. L'excitation était près de lui rompre le cœur. De sa vie il ne s'était senti aussi heureux. Le plaisir, l'amour, la fierté se mêlaient à son enchantement. Il avait envie de danser, de crier son bonheur dans les rues. Lui qui si souvent après l'amour était pris de mélancolie, de dégoût, dès que son plaisir était réduit en cendres, il avait la certitude d'être enfin vraiment amoureux. Cette certitude lui était chère ! Sa vie était justifiée. Son être, sa peau, son existence subitement embellis. Il arracha une feuille de lierre et la porta à sa bouche : il la conserva un instant douce et fraîche sur sa langue et la déchira de ses dents. Le goût âpre et amer du lierre apporta à son palais une saveur violente. Tant de saveurs avaient ému ses lèvres cette nuit-là ! Il aurait voulu graver tous les instants qu'il venait de vivre, du plus infime au plus beau, pour être certain de ne les oublier jamais.

Il marcha dans les allées détrempées du bois. Une nuée d'émotions, de souvenirs éclataient en gerbes dans sa tête. La fièvre lui faisait oublier le froid. Il songeait au souper qu'elle avait préparé pour lui à l'insu des domestiques dans sa chambre tendue de soie bleu roi : cette audace de grande bourgeoise qui l'avait décidée à l'introduire sans transition au cœur de son univers le fascinait. Ce geste avait de l'allure ; il se dit que Rose n'en eût pas été capable. Pourquoi les comparer ? En face de cette femme à la superbe désinvolture, Rose lui semblait engoncée.

La lumière douce des bougies dans la chambre sur la table improvisée créait une île d'intimité et de chaleur dans le vaste appartement tout en vestibules et en salons aux meubles luxueux et glacés. Elle l'avait placé pour souper face à la large fenêtre qui donnait accès à la terrasse d'où l'on embrassait les toits de Paris par-dessus la cime moutonneuse des arbres : le Sacré-Cœur perçait dans la nuit grise, le phare de la tour Eiffel balayait la nuit.

Plus tard, sur le lit, étreignant son corps enveloppé d'une robe de chambre en soie, il avait perçu le bruit de la pluie, mat sur la terrasse, sonore sur les feuilles. Toutes lumières éteintes, la réverbération de Paris les éclairait sur les draps. Roland trouva au visage immobile, dévoré d'ombres de Solange une ressemblance avec le masque de l'Inconnue de la Seine. Cette pluie qui battait au-dehors, tirant du bois une odeur de feuilles et de troncs mouillés, Roland l'avait aimée comme une complice.

Le souvenir de sa beauté le ravissait. Jamais dans les moments de plus folle passion il n'avait admiré à ce point le corps d'une femme. Il semblait avoir été modelé par un artiste qui en aurait éliminé toute pesanteur pour l'étirer en finesse et en sensualité. Le plaisir entrait dans cet émerveillement, mais pouvait-il appeler encore plaisir une émotion qui ne ressemblait en rien à celles qu'il avait connues et qui était à ce point une joie de l'âme ? Cette rencontre marquait dans sa vie une étape nouvelle où l'amour et le plaisir n'étaient plus dissociés. Il n'avait jamais connu le plaisir que par bribes, dans des rencontres qui le laissaient déçu. Quant à l'amour, il se réduisait à ce sentiment d'estime fraternelle et de tendresse pour Rose. Mais le corps de Rose ! Il lui était trop connu, trop familier, comme une part habituelle de lui-même. Soudain il avait la révélation d'une harmonie possible.

L'amour qu'il éprouvait pour Solange Corbin soulevait des ombres dans l'avenir. Si elle l'avait déçu même sur un point infime il aurait pu imaginer une faille dans cet amour. Mais non, elle était parfaite, même dans la façon de se donner : elle avait été simple, directe. De cette paix, de cette unité trouvée qu'il sentait s'épanouir en lui, que de terribles conséquences allaient naître ! La fragile construction de mensonges, d'habitudes que constituaient ses relations avec Rose n'allait-elle pas voler en éclats ? Il s'y résignait. Quel que fût son attachement à sa femme, à sa famille, il savait qu'elles n'étaient que de faibles remparts devant la force tumultueuse qu'il avait libérée.

Il ne pouvait se résoudre à rentrer chez lui. Sa marche dans le bois ne l'avait pas calmé. Il était trempé. La débandade de son imagination le grisait : c'était comme s'il continuait de caresser en rêve la femme qu'il venait de quitter. Il se laissait bercer par la mélodie de leur intimité nouvelle. Quand il lui avait demandé : « Quand nous reverrons-nous ? » elle lui avait dit : « Bientôt, si vous voulez. Mais je vous préviens : nous ne nous verrons qu'en secret. Ne me le reprochez jamais. »

Devant les premières lueurs de l'aube, il regagna sa voiture et rentra rue du Bac. Son agitation était telle qu'il renonça à se coucher. Il s'installa dans le salon devant la porte-fenêtre grande ouverte. Il se mit à regarder intensément la nuit qui enveloppait le jardin et il lui confia ses espoirs.

XXVIII

La foule des voyageurs se pressait sur le quai. Les têtes bariolées de bonnets étaient hérissées de skis auxquels pendaient de grosses chaussures. Des barbus en chandail et culotte de velours côtelé, des jeunes femmes mastoc à l'humeur rugueuse de cheftaines prenaient d'assaut les troisième classe. Accoudé à la fenêtre dans le couloir des wagons-lits, Roland observait avec sympathie ce piétinement dans l'odeur de fumée. Il aimait cette fraternité chaude des sportifs. Mais que n'aurait-il pas aimé ce soir ? Le vacarme du dehors, sifflets, trompes des chariots, jets de vapeur, cris, qui se distinguait du brouhaha de la gare, contrastait avec l'atmosphère sereine et calfeutrée du pullman : un tapis moelleux absorbait l'agressivité des sons ; le bois vernis aux ferrures brillantes de cuivre reflétait une paix luxueuse.

Cette sensation du départ, apéritive, grisante, et malgré tout nerveuse, oppressante, avant la mise en branle du train, Roland la savourait comme jamais. Il y associait la joie de posséder l'être qu'il aimait, hors de Paris, loin des tentacules mondains qui l'enserraient. A la vérité de leur amour, il fallait aussi la vérité des choses : les montagnes, les alpages, la neige. Tout conspirait au charme de ce voyage : le piquant d'une situation irrégulière et dangereuse, le départ nocturne, le secret d'un nom fameux détenu dans ce pullman aux parois d'acajou ; et même cette foule grossière, bruyante, qui ignorerait toujours dans son sommeil cahoté la cérémonie silencieuse de leurs corps emportés par ce train crachant violemment ses fumées dans la nuit.

Roland aperçut Solange Corbin dans la foule. Les nerfs de son plexus se dénouèrent : jusqu'au dernier moment l'appréhension l'avait tenu. Elle était vêtue de son long manteau de fourrure en loup, coiffée d'une toque, et tenait son fils par la main. Le chauffeur et un porteur les précédaient. Dès qu'elle vit Roland, son visage s'éclaira. Elle cligna des yeux. Roland gagna aussitôt son compartiment et attendit le départ du train.

Quand il revint, le couloir était presque désert. Deux fumeurs de pipe évoquaient leurs randonnées à skis aux environs de Chamonix. Il se mit à observer dans les ténèbres le battement régulier des pylônes, les villages aux lumières filantes troués avec un bruit d'enfer. Il éluda les avances des deux fumeurs qui voulaient lier connaissance. Il ressentait le besoin d'être seul, de méditer. Le destin lui accordait ce don si rare : un inéluctable instant de bonheur. Il ne fallait pas le gâcher.

Il revint dans son compartiment et s'allongea devant la fenêtre au rideau levé. Seule la veilleuse brillait dans l'obscurité. Un long moment passa ainsi en rêveries. Il sentit la porte s'ouvrir. Solange Corbin apparut en robe de chambre. Elle le serra dans ses bras et murmura :

— Je suis folle, n'est-ce pas ? Mais j'avais promis de venir.

Sur l'étroite couchette du sleeping, sous la surveillance de la veilleuse violette, ils vécurent une heure d'étreintes exaltées.

XXIX

Roland emporta des deux jours qu'il passa à Megève une impression de soleil intense et de neige sur un pur ciel bleu. Le gros village lui avait plu, avec ses chalets plantureux aux toits encore couverts de neige qui dégoulinaient sous le soleil. L'hôtel des Sapins, où il avait pris une chambre, était modeste et discret. Sa fenêtre s'ouvrait sur le clocher et sur un petit pont de pierre qui enjambait la rivière des Cordes.

Il se souvenait du petit téléphérique rouge du mont d'Arbois qui survolait des pistes dont les noms l'enchantaient : la Princesse, les Etudiants, les Mandarines, l'Idéal, le Mont-Joux. Pendant l'ascension, il regardait les efforts des skieurs débutants et surtout, avec émotion, le chalet de Solange Corbin au milieu d'un bois de sapins.

Ils n'avaient skié que quelques heures ensemble. Il l'avait aimée avec sa longue écharpe écossaise au vent, ses hautes jambes moulées dans des pantalons noirs. Elle portait bravement ses skis sur l'épaule dans les dures ascensions à pied sous le soleil.

Le soir, avec des airs d'espionne elle était venue le retrouver à l'hôtel des Sapins. Ils avaient bu un *irish coffee* à l'auberge parmi les guides qui chantaient à tue-tête. Dans sa chambre trop chauffée, au parquet qui craquait, dont le lit de fer grinçait comme à l'agonie, il s'était enseveli avec elle sous l'édredon. Et ces étoiles si brillantes, si nettes dans la nuit !

Quelques rencontres dans le téléphérique du mont d'Arbois l'avaient agacé : trois raseurs pleins de suffisance lui avaient fait entrevoir la mondanité de Megève. Il aurait aimé un village plus fier, plus imprenable, plus pur ; déjà il était contaminé par la société parisienne, par l'artifice.

Le bonheur avait illuminé ce bref séjour, un bonheur fragile. Il avait peu vu Solange en dépit des efforts et des ruses qu'elle avait déployés. Son nom, son argent, sa réputation élevaient autour d'elle des murs invisibles. Il en gardait un goût de tristesse et d'impuissance : elle régnait sur un univers au cœur duquel il ne pénétrerait jamais; quelle que fût la force de l'amour qu'elle éprouvait pour lui, il ne serait jamais dans sa vie qu'un amant vu en cachette. Cette situation, qu'il avait vécue souvent sans s'en plaindre, et même avec satisfaction, cette fois lui était douloureuse : il avait l'impression d'une conspiration pour l'empêcher de crier son amour à la face du monde.

XXX

Rose passa seule le samedi et le dimanche de Pâques au château des Ormes. Ni ses enfants, ni ses parents, ni les amis qui vinrent déjeuner ne parvinrent à la distraire de son sentiment de solitude. L'absence de Roland parti Dieu sait où — elle n'était pas dupe de son explication — la rongeait. Cette défection lui semblait grave comme une trahison qui ne l'atteignait pas seule : elle avait dû cacher sans entrain des œufs dans le jardin pour les enfants. Roland s'était toujours appliqué à respecter les apparences : quels que fussent sa vie, ses dîners, il rentrait toujours dormir chez lui. Son absence le jour de Pâques était le signe d'un changement. Hélas, pas le seul depuis trois mois : irritable, mélancolique, il soupirait à la moindre contrariété. Elle le voyait rentrer le soir l'air maussade, comme s'il regagnait une prison.

Elle s'interrogeait sur cette dégradation. Elle l'imputait à ses difficultés professionnelles — l'entreprise de Gennevilliers était moribonde : l'explication la plus satisfaisante mais la moins convaincante. Elle imaginait une femme ou des femmes dans sa vie. Elle avait eu des doutes, jamais de preuves. Son intuition lui disait que Roland aimait surtout séduire en paroles. Elle lui imaginait, selon sa propre expérience, peu d'appétit sexuel. Et elle l'avait si souvent entendu blâmer ses amis mariés qui affichaient leurs liaisons... sans compter sa moralité sourcilleuse, son sens un peu vieillot de la famille, tout cela lui avait semblé des garants de sa fidélité.

Pourquoi pas une femme ? Tous les symptômes qu'elle relevait accréditaient l'idée d'un nouvel amour. Avec son esprit si logique elle se demandait si elle ne préférait pas cette hypothèse, si douloureuse fût-elle, à une autre plus insaisissable, à la lassitude. Avec une autre femme elle pouvait lutter, mais contre l'ennui ?

Le dimanche matin, quand elle partit à la recherche des œufs de Pâques avec les enfants, tenant à la main le même petit panier d'osier avec un ruban rouge qu'elle emportait, petite fille, pour la même récolte, leur joie, les primevères en fleur dans le parc, le gai soleil printanier, tout ce bonheur gâché lui donna envie de pleurer. Elle se retint pour ne pas s'abandonner à son chagrin. Eût-elle oublié l'absence de Roland, tout le monde la lui eût rappelée : ses enfants, ses parents, ses amis, chacun y allait de son : « Mais où est donc Roland ? »

Le dimanche soir, la maturation de son chagrin l'avait convaincue de son infortune conjugale. Elle était émue, tremblante. A sa tristesse s'ajoutait l'amertume d'avoir été la dupe des manèges de Roland. Déjà, bravement, elle préparait un plan de bataille dont le premier principe stratégique était : « Ne pas pleurer devant lui. » Elle était persuadée de l'emporter sur sa rivale. « D'ailleurs, qui peut l'aimer autant que moi ? » se répétait-elle pour se ragaillardir en séchant ses yeux.

XXXI

La gravure de Dürer représentait Samson domptant le lion, mais ni Samson ni le lion ne semblaient appartenir à la Judée : ils étaient plaqués dans un décor lugubre qui faisait penser à la Bavière. Wiso scrutait la gravure dans ses moindres détails. Il s'y complaisait comme s'il avait trouvé là un refuge. Il aurait aimé qu'elle dissimulât une porte dérobée d'où il eût pu fuir, ou qu'elle fût, comme le miroir enchanté d'Alice, une échappée sur un autre monde. Le silence devenait d'une pesanteur insupportable. Il entendait sa propre respiration ; la sueur perlait sur son front ; sa poitrine était comprimée. Toutes les rivières vives et frémissantes de son esprit lui semblaient soudain immobilisées par de lourdes vannes infranchissables. Ce silence évoquait des sensations poisseuses d'impuissance sexuelle, de constipation, de continence. Il voulait, il ne pouvait pas parler.

Le malaise devint si douloureux qu'il se retourna sur le divan pour s'adresser au Dr Boileau, assis derrière lui dans un fauteuil en cuir.

— Docteur, c'est horrible, je ne peux plus parler.

Le Dr Boileau hocha sa tête blanche, au crâne mangé par la calvitie ; d'un air paterne, il le rassura :

— Cela arrive... Cela arrive souvent... Ne vous inquiétez pas, détendez-vous. La semaine dernière vous m'avez dit, je crois : « J'admire mon père mais c'est comme si j'admirais une statue. » Pourquoi une statue ?

Cette question posée avec simplicité inonda Wiso de reconnaissance pour le vieux docteur. C'était comme s'il venait de lui tendre une bouée alors qu'il se noyait. Il retrouva avec allégresse le fil cassé de son monologue.

— Oui, exactement comme une statue. Il parle très peu, il est froid et imposant comme le marbre. J'ai l'impression qu'il a été façonné à une autre époque. Je ne peux pas être le fils d'une statue. Mon père n'a pas de sexe. J'ai souvent rêvé que j'étais le fils de quelqu'un d'autre, d'un vivant. Je crois que je le dégoûte. Je l'admire, je l'aime et moi je le dégoûte. Il aimerait que je sois en marbre comme lui. Pourtant mon frère n'était pas comme lui et il l'aimait. Mon frère, c'était à la fois lui... et moi... Vous voyez ce que je veux dire...

Wiso avait commencé depuis un mois cette psychanalyse chez le Dr Boileau, rue Spontini. Il l'avait choisi au hasard après une entrevue avec le Dr Brash, un grand ponte de la Société psychanalytique de Paris. L'entretien s'était mal passé : Wiso avait été agacé par le luxe du grand appartement de l'avenue Victor-Hugo, par les prétentions mondaines du médecin. Surtout, il lui avait trouvé l'air « trop juif » : « Ce n'est pas au moment où je ne supporte plus d'être juif que je dois choisir un psychanalyste juif », avait-il conclu. Et il avait pris un rendez-vous avec le premier médecin choisi dans l'annuaire dont les consonances patronymiques correspondaient à ses exigences. Le Dr Boileau lui avait tout de suite plu : un mélange de grande bourgeoisie provinciale et de bonhomie qui l'avait rassuré. Quand il se rendait deux fois par semaine rue Spontini, il avait l'impression d'aller déjeuner chez ses parents le dimanche. La même atmosphère, calme, austère.

Ce n'était pas sur un coup de tête que Wiso avait entrepris cette psychanalyse. Depuis la rupture avec Roger Lanche, il avait perdu goût à la vie. Son état avait empiré après la scène avec Roger Lanche lors de la fête chez les Dujardin. Il était déprimé ; il avait des velléités de suicide ; les remords l'assaillaient ; il se sentait incapable de rédiger ses articles et n'y parvenait qu'après de longs efforts. Une réflexion acerbe du chef du service politique au *Populaire* que pourtant il méprisait l'avait poursuivi plus d'une semaine. Il fumait plus de deux paquets de cigarettes par jour. Il avait l'impression que le bonheur avait déserté sa vie pour toujours ; qu'il n'était qu'une terre sèche malsaine.

A sa dépression s'ajoutaient des angoisses incessantes. Les arrestations de juifs en Allemagne provoquaient chez lui une peur panique. Il se sentait poursuivi, menacé. Il voyait de l'antisémitisme dans la moindre critique qu'on lui adressait. Jamais il ne s'était à ce point détesté comme juif. Il se répétait : « Une race maudite... Je suis voué à la malédiction. »

La rupture avec Roger Lanche l'avait ébranlé. Jamais, sinon lors de la mort de son frère, il n'avait ressenti un tel sentiment d'abandon, de malheur absolu. Son frère avait disparu à une époque où se greffaient à son chagrin les problèmes de la puberté. Cette dépression dans l'âge mûr secouait son édifice mental. Il ne pouvait se sortir de sa tristesse à l'idée de cet ami perdu. Quand il songeait à tous les bons moments passés ensemble, à la complicité, à la bouille rigolarde et caustique de son ami, il se disait que sa vie n'avait plus de sens. Il se sentait amputé. Pourquoi s'était-il acharné à perdre la seule amitié, le seul amour auquel il s'était donné sans réserve ?

Il s'était tu à nouveau. Le Dr Boileau reprit avec douceur :

— Vous parliez de votre frère : vous disiez que vous l'aimiez beaucoup...

Comme si une substance enflammée lui arrachait la gorge, Wiso répondit d'un trait :

— Oui, mais je le haïssais aussi de toutes mes forces.

XXXII

Après une journée et une nuit passées dans le train, Roger Lanche découvrit la campagne des Pouilles ; le printemps tentait d'enjoliver les plaines arides et les collines austères. Un soleil matinal s'acharnait sur le train. Dans la gare de Brindisi, la foule criarde le happa. Un chauffeur de taxi, estampeur nonchalant, le conduisit au port pour une petite fortune.

Une harassante négociation avec un marin grec aux yeux langoureux lui permit de faire valider son billet sans débours. Il monta à bord de l'*Agios Nicolaos,* un rafiot grec à la peinture écaillée auquel l'équipage faisait un brin de toilette à coups de seaux d'eau puisés dans les égouts du port. Sa cabine de première classe était un réduit sans air, à la chaleur d'étuve, au hublot inutilisable. Ses tentatives pour changer de cabine se heurtèrent à la désarmante inertie grecque. Plutôt que de cuire à l'étouffée dans sa cabine, il décida de passer la nuit à la fraîche sur le pont, dans un transat.

Ce fut une belle nuit, claire, étoilée, sur une mer luisante comme de l'huile. N'eussent été un crachat lancé contre le vent par le commandant de bord et qui était venu cingler sa joue, la muflerie tranquille des marins grecs qui le réveillèrent pour asperger le pont, l'infect café au lait du petit déjeuner, les lavabos innommables, il eût passé là des instants enchanteurs.

Pendant tout le temps que lui laissa un sommeil rétif, il eut le loisir de méditer sur son départ. Plusieurs raisons l'avaient incité à entreprendre ce voyage en Grèce : l'opportunité d'une inspection diplomatique à Athènes l'avait décidé. Son entregent au ministère, son zèle auprès du ministre lui avaient valu cette gratification. Depuis longtemps il voulait fuir Paris où il avait passé un mauvais hiver assombri par sa rupture avec Wiso. De plus sa liaison avec Jacqueline lui pesait. Les cinq années qu'il avait passées avec elle lui laissaient une impression douce mais fade. Si parfois il s'irritait de tel ou tel trait de son caractère, aussitôt le souvenir des moments merveilleux, de l'influence bénéfique qu'elle avait eue sur lui, revenait et il s'accusait d'ingratitude. Elle avait été sa véritable initiatrice, la Lycénion de Daphnis et Chloé. Désormais son cœur était prêt pour Chloé, pour une jeune fille dont il pût caresser la chevelure soyeuse en songeant au mariage, à des enfants. L'amour sans la perspective d'y inscrire l'avenir, c'est-à-dire l'éternité, n'est qu'une suite d'instants fugitifs et désordonnés. Il avait beau voir souvent Jacqueline, leur liaison lui paraissait sans élan. La monotonie, la routine les engluaient. L'irrégularité de leurs rencontres n'était plus un piment comme au début, mais une servitude.

Au jugement sévère qu'il portait sur leur liaison essoufflée s'ajoutait un autre motif d'irritation lié à sa faiblesse. Si conscient qu'il fût de la nécessité de connaître un nouvel amour, il se sentait incapable de rompre. Trop de souvenirs, d'habitudes l'attachaient à elle. Elle l'aimait d'un amour qu'il désespérait de trouver auprès d'une autre femme. Elle lui avait donné le sentiment de sa virilité, de sa beauté. Quelle femme en serait capable ?

Le lever du soleil sur l'Adriatique, en vue des côtes dorées de l'Epire, l'étreignit d'une émotion qu'il n'avait jamais éprouvée : le bleu intense et profond de cette mer comme un saphir ondoyant, le soleil royal dès l'aurore lui donnèrent le sentiment d'être à la source vive de la beauté. Si beaux que pussent être d'autres paysages qu'il avait aimés, ils lui semblaient fades, efféminés, face à cette lumière magnifique.

Il débarqua à Patras dans la poussière. Un autobus brinquebalant le conduisit à la gare, d'où un tortillard devait le conduire à Athènes. Il eut tout le loisir de savourer les paysages du Péloponnèse qui éveillaient en lui des réminiscences de ses études classiques : Olympie, Mycènes, Sparte, Corinthe surgissaient de la poussière du dictionnaire *Bailly* et des *Classiques Budé* comme des cités triomphantes et solaires. Il arriva à Athènes dans un curieux état d'épuisement exalté qui surprit le personnel compassé de l'ambassade. Sans dîner, sans avoir rendu visite à l'ambassadeur, il se laissa tomber sur le premier lit qu'il rencontra et s'endormit.

Hors quelques dîners obligatoires avec l'ennuyeuse société diplomatique et une inspection au grand galop des archives qui lui apparurent comme le mariage de la bureaucratie française et du désordre oriental (des classements impeccables de dossiers vides ou si embrouillés qu'il eût mieux valu les laisser en pagaille), il ne s'éternisa pas à Athènes et ne vit sérieusement que le musée archéologique et le Parthénon. Il fila vers les

Cyclades sous le prétexte d'une visite à l'Ecole d'Athènes qui poursuivait des fouilles à Délos. Ce furent encore des bateaux qui étaient autant de défis à la mer, carcasses de tôles rongées par la rouille que seule la chance menait à bon port ; les marins grecs abrutis et rustres ; des séances de vomissements collectifs qui tordaient les tripes de grosses matrones vêtues de noir.

Heureusement, il trouva le paradis à Mykonos, à l'hôtel Baboulis. Il y savoura l'ouzo avec des morceaux de poulpe grillés sur la terrasse face au coucher de soleil, caressé par les effluves capiteux des bougainvillées violettes. Il entama une liaison platonique avec la femme déjà amortie d'un riche Anglais dont les jambes maigres et le nez aquilin flamboyaient de coups de soleil. Il se baigna sur des petites plages tapissées de cailloux blancs dans une eau transparente et tiède.

Le crâne protégé par un chapeau de paille, sa palette à la main, il peignit plusieurs aquarelles qui représentaient des moulins à vent, la terrasse de l'hôtel fleurie de bougainvillées, le môle avec des mâts enchevêtrés.

Le soir, dans les cafés du port, il observait les vieux Grecs aux visages burinés jouer au jacquet dans une odeur d'iode, de goudron, de basilic, d'anis, qui lui paraissait être le parfum oublié de la vraie vie.

XXXIII

Antonia voyait Eric de Spam presque chaque après-midi. Elle franchissait la porte du petit appartement de la rue Delambre avec la même fièvre mêlée d'appréhension. Consciente d'accomplir un acte grave, dangereux, elle aimait cette vie. Elle avait troqué ses sages certitudes de mère de famille contre les angoisses de la femme adultère. Elle avait l'impression d'avoir repris les rênes, d'avoir reconquis son existence. Ni la crainte d'être découverte, de blesser son mari, ni un quelconque scrupule moral n'auraient pu la dissuader de poursuivre sa liaison. Cette chambre secrète, au lit toujours défait, dans un quartier lointain, le désordre bohème, la peau blanche et fine d'Eric de Spam lui étaient devenus indispensables. Elle lui devait d'avoir retrouvé son propre corps échappé d'un hiver interminable et qu'elle sentait refleurir. Elle gagnait avec la jouissance des sens l'équilibre, l'apaisement.

Elle pensait rarement à ses escapades quand elle avait rejoint la villa Scheffer. Sauf si un obstacle imprévu rendait sa visite impossible : elle sentait alors son esprit happé par une sensation chaude, sensuelle, comme l'haleine de la volupté.

Pourtant sa liaison ne la laissait pas insatisfaite. La faim qu'ils éprouvaient l'un pour l'autre ne connaissait pas de répit. Plus ils se voyaient, plus ils faisaient l'amour, plus ils se désiraient. Il leur semblait qu'ils ne s'étaient jamais quittés. La rupture de cinq années n'avait pas entamé leur fougueux élan sexuel. Ils se sentaient comme au premier temps de leur rencontre avant que les orages et les brouilles ne perturbent leur entente. Il la troublait. Elle ne le dominait plus comme autrefois. Sous des dehors perdus qui pouvaient faire illusion, sa force, sa volonté la fascinaient. Elle se demandait avec inquiétude quel pourrait être leur point d'application. Rencontrerait-il un jour la réalité ? Ce qu'elle admirait le plus chez lui, c'étaient ses silences à faire peur ; ces moments où il semblait s'absorber dans un rêve intérieur dont rien ne pouvait le tirer. Elle se sentait alors petite, inutile dans sa vie.

Ces rencontres intenses de deux ou trois heures chaque jour, Antonia les voyait se consumer sans se demander où cela allait la conduire. Jamais l'avenir ne l'avait laissée à ce point indifférente. Elle n'avait d'autre idée en tête après l'avoir vu que de le revoir. Elle vivait dans un rêve. Combien de temps durerait-il ? Le principal obstacle à la poursuite de leur liaison était le caractère exigeant, exclusif, d'Eric de Spam. Pour l'instant il semblait lui aussi vivre au jour le jour. Elle ne se sentait aucun remords vis-à-vis de Pierre Lenhart. Le sentiment de le tromper ne l'effleurait pas. N'avait-elle pas connu Eric avant lui ? Elle s'était tellement éloignée de son mari ! Il n'était plus un corps pour elle, mais un principe que l'on respecte, un ami cher que l'on estime. Non ! avec Eric de Spam ce n'était pas l'adultère, mais un moment de jeunesse retrouvée qu'elle avait oublié de vivre.

XXXIV

Pierre Lenhart n'apprit que deux heures avant de s'y rendre que son déjeuner avec Paul Reynaud était annulé : une visite impromptue du chancelier de l'Echiquier britannique, de retour de Rome, avait contraint le ministre des Finances à bousculer ses rendez-vous. Pierre Lenhart en fut déçu, non blessé. Il gardait la satisfaction d'avoir été invité. En outre, on lui demandait de coucher d'urgence par écrit ses réflexions sur les conséquences de la dévaluation du franc à l'attention du ministre. Cette consultation flatta son amour-propre, et il y vit une occasion de défendre plus abondamment des thèses qui débordaient le sujet financier.

Son surcroît d'activité pendant cette période ne lui avait pas fait oublier ses soupçons sur la conduite d'Antonia. Sa jalousie avait été mise en sommeil. Il connaissait de brefs accès de souffrance qu'il domptait à force de volonté. L'ambition, son goût pour les affaires de l'Etat avaient été de puissants dérivatifs. Mais la terrible question demeurait posée. Il n'y trouvait toujours pas de réponse. L'habitude avait épointé son angoisse, qui était devenue une compagne familière depuis un mois. Parfois il allait jusqu'à bénir le destin qui lui avait évité l'impitoyable dureté d'une certitude. A quoi lui servirait de découvrir les preuves de l'infidélité d'Antonia ? Que ferait-il alors ? Il se tuerait, il la tuerait, il la quitterait pour toujours ? Non, mieux valait l'incertitude qui permettait de continuer à vivre sans tragédie. Mais la passion de la vérité avait vite fait de le reprendre et le livrait à la torture.

Si au moins il avait pu tenir Antonia dans ses bras, lui faire l'amour, trouver auprès d'elle un apaisement dans la volupté ou la tendresse, ses obsessions se fussent sans doute dissipées ou du moins assoupies. Mais elle se refusait obstinément à lui. Cette attitude accréditait ses soupçons et accroissait sa douleur de n'être plus aimé. Il ne la comprenait pas. Il lui avait tant donné, fait pour elle le sacrifice de tant d'inclinations, tout cela pour n'obtenir en récompense qu'un baiser sec et indifférent sur les lèvres avant de se coucher. Où était le temps de leurs étreintes passionnées ? Pourquoi, pour qui, l'avait-elle délaissé ?

Chaque premier jeudi du mois, Pierre Lenhart déjeunait au Ritz dans un salon particulier, avec plusieurs actionnaires de la banque. Il s'y rendait dans sa Ford. Il aimait conduire. Avec le tennis, c'était le seul sport qu'il pratiquait. Il avait le goût de la mécanique, des beaux moteurs, des puissantes accélérations. Souvent, pour se détendre, il allait faire une pointe de vitesse sur la route de Quarante-Sous vers Meulan. Sauf pour les réceptions officielles, il refusait les services du chauffeur de la banque.

Cet après-midi-là, après le déjeuner, il fut surpris par le soleil printanier. Dans sa voiture, la chaleur rendait odorant le cuir des banquettes. Il baissa les glaces et démarra. Un taxi G7 qui avait la priorité passa devant lui. A l'arrière, de profil, il aperçut Antonia. Il crut à une hallucination. Il reprit ses esprits en entendant les klaxons se déchaîner derrière lui. Le G7 avait presque franchi le pont de la Concorde et se dirigeait vers la Chambre des députés. Il était convaincu de sa méprise : Antonia, le matin même, lui avait parlé du goûter d'enfants à Auteuil où elle devait accompagner leur fille. Il redémarra, incrédule, songeant avec une légère commisération pour lui-même à quelle folie le menait l'amour d'Antonia. Il rattrapa le taxi boulevard Saint-Germain, à l'angle de la rue de l'Université et reconnut sans hésitation la nuque d'Antonia à travers la lunette arrière. Malgré l'évidence, il croyait encore une méprise possible. Il laissa le taxi prendre de l'avance et le fila.

Le G7 remonta le boulevard Raspail vers Montparnasse. Devant la Rotonde, il obliqua, emprunta la rue Delambre et stoppa, une cinquantaine de mètres plus loin. Pierre Lenhart gara sa voiture à distance respectable et attendit, le souffle coupé par l'angoisse. La portière s'ouvrit : Antonia descendit vêtue de sa robe rouge. Elle se dirigea d'un pas assuré vers la porte d'un immeuble.

Pierre Lenhart demeura accablé. Il n'arrivait pas à croire qu'il venait de voir sa femme : elle ne pouvait lui avoir menti avec une assurance aussi tranquille. Une foule de questions l'oppressaient : où allait-elle ? Pourquoi n'était-elle pas au goûter d'enfants ? La sagesse lui conseillait d'oublier ce mauvais rêve et de rebrousser chemin. Pourquoi approfondir une situation qui amènerait de pires souffrances ? Quel profit pouvait-il tirer de la découverte du mensonge d'Antonia ? Un irrésistible besoin de savoir balaya tous ses raisonnements. Il sortit de sa voiture et entra dans l'immeuble. Il savait qu'il approchait d'un grave mystère, peut-être même de la découverte d'un processus qui pouvait entraîner sa propre mort. Cela lui était indifférent. Il avait trop erré, il lui fallait la vérité, quel qu'en fût le prix.

La saleté de l'immeuble le surprit. Dans le vestibule il déchiffra fébrilement les noms des locataires sur les boîtes aux lettres en métal. Quand il lut ce nom : ERIC DE SPAM, il fut abasourdi, comme foudroyé par une décharge électrique.

XXXV

Recroquevillée dans un fauteuil, Antonia sentait se réveiller de pénibles souvenirs de réprimandes dans le bureau de la directrice du collège Sainte-Marie. Elle était encore en position d'accusée. Harcelée par les preuves d'une culpabilité qui ne parvenait à susciter en elle aucune mauvaise conscience, elle s'abandonnait au destin avec fatalisme. Pierre Lenhart, blême, glacé, avec des accès furibonds, jouait les procureurs. Devant ses arguments accablants, l'impeccable mécanique de ses raisonnements, sans aucune justification à lui opposer, elle se réfugiait dans le silence en espérant que le déluge d'accusations allait se tarir. Elle avait tout avoué sans résistance au bout de quelques minutes d'un interrogatoire serré qui ne laissait place à aucun faux-fuyant. Elle avait avoué trop tôt. Pierre Lenhart était désemparé devant une vérité obtenue trop vite, qui maintenant l'écrasait. Plus de zone d'ombre à éclaircir, de recoin imprécis où eût pu se loger un doute apaisant ! Si au moins elle s'était défendue, si elle avait nié contre toute réalité, il lui aurait laissé une chance. Tandis que là il ne pouvait que s'acharner sans autre bénéfice que se faire souffrir sur une situation parfaitement limpide. En multipliant les arguties sur les circonstances, il voulait éluder le moment où il faudrait décider de l'avenir.

Il la regarda avec une expression méprisante et demanda :

— Et maintenant, que comptes-tu faire ?

Antonia demeura stupéfaite devant cette question. Elle pensa qu'après tant d'accusations, ce n'était plus à elle de décider de son destin. Elle murmura :

— Je ne sais pas.

— Tu vas continuer à le revoir ? demanda-t-il d'une voix tremblante.

Antonia ne répondit pas.

— Je répète ma question : vas-tu continuer à le voir ?

Antonia haussa les épaules. Cela provoqua la fureur de Pierre Lenhart. Il hurla :

— Oui ou non ? Réponds !

La crainte de la voir agir sur un coup de tête à son désavantage le fit se radoucir.

— Ou plutôt non, dit-il d'une voix presque conciliante, réfléchis jusqu'à demain. Alors tu me diras qui tu choisis : ta famille ou... ce... cette liaison dégradante.

Il la laissa déconcertée. Sa tête était vide et cotonneuse. Elle n'avait plus aucune force, comme si elle venait de sortir du coma après un accident.

Pierre Lenhart monta dans sa voiture et partit dans la direction de la porte de Saint-Cloud. Là il se lança à toute allure sur la route de Quarante-Sous. Ses nerfs étaient à vif. Des pensées morbides l'obsédaient ; les partis les plus fous succédaient à de sages résolutions. Parfois la mort lui semblait la seule issue. Peut-être que s'il conduisait très vite, elle viendrait d'elle-même ? Il arriva à Mantes à dix heures du soir et prit une chambre à l'hôtel du Lion-d'Or. Mais il ne dormit pas. Toute la nuit le souvenir de la scène de l'après-midi le harcela. A cinq heures du matin, il reprit la route pour Paris.

Il traversa la capitale déserte ; seuls quelques camions de primeurs se dirigeaient pesamment vers les Halles. Il les suivit jusqu'à la rue Rambuteau. Il commanda un copieux petit déjeuner dans un café fréquenté par des bouchers aux blouses ensanglantées qui s'offraient des collations arrosées de vin blanc.

Il croqua de belles tartines de pain beurré et but deux bols de café au lait. Il s'aperçut dans la glace et se fit pitié. Pas rasé, décoiffé, dans son costume gris à rayures de banquier, il avait l'allure d'un noceur dans la débine. Il marcha au hasard parmi les éventaires des commissionnaires des Halles. Le bruit, les cris, les odeurs fruitées, la lourde haleine des poissonneries fouettaient son esprit hébété. La douleur en lui avait laissé la place à un sentiment navrant d'inutilité.

Dès l'ouverture des bureaux, il téléphona à la banque pour faire annuler tous ses rendez-vous de la journée. Sa secrétaire lui transmit un message urgent d'Antonia : il devait rappeler chez lui. Si mince que fût cette attention, elle le toucha.

Il reprit sa voiture et roula le long de la Seine jusqu'à la place Saint-Michel. Au hasard. Il remonta la rue Danton jusqu'au carrefour de l'Odéon et descendit la rue Saint-Sulpice. L'atmosphère de gaieté que diffusait la place le surprit. Des enfants jouaient au ballon sur le terre-plein près de la fontaine ; des oiseaux piaillaient dans les marronniers qui déployaient leurs feuilles fraîches ; des mères de famille, les bras chargés de sacs à provisions et de marmots, revenaient du marché Saint-Germain. Même les boutiques d'objets religieux qui exhibaient leurs habituelles bondieuseries surdorées avaient un air pimpant. Pierre Lenhart gara sa voiture. Il alla s'asseoir sur un banc où des clochards avaient abandonné des miettes de pain. Ce fut à ce moment qu'il aperçut le porche de l'église tendu de noir et les quelques fidèles qui se rendaient à l'office funèbre.

Quelle indifférence entourait ce mort inconnu ! Une maigre poignée d'amis perdus dans le printemps de Paris. Pierre Lenhart se sentit pris de sympathie pour ce mort : on ne faisait pas beaucoup de cas de l'un et de l'autre et, après tout, c'était normal : les morts, ceux qui souffrent... autant de rabat-joie.

Les petites filles qui jouaient au ballon d'un air appliqué lui rappelèrent Hélène, sa fille. Il songeait à elle pour la première fois depuis sa terrible découverte de la veille. Tout entier à la jalousie qui le dévorait, il l'avait négligée. Comme il aimait sa *petite Hélène !* Ce fruit de son amour pour Antonia était peut-être tout ce qui resterait d'eux. Elle ressemblait à sa mère de façon frappante, même joliesse du visage, même coquetterie, et pourtant, quelque part en elle, à des expressions fugitives, il retrouvait l'esquisse de ses propres traits. Et cela l'émouvait.

Pierre Lenhart se leva. Il gravit le parvis et pénétra dans l'église. La nef était vide ; une cinquantaine de fidèles se pressaient près du chœur. L'odeur de l'encens se mêlait à celle des cierges.

Il mit un cierge. Il chercha dans sa poche de quoi faire une offrande mais il n'avait que de grosses coupures. Son hésitation, sa parcimonie le firent rougir : comment pouvait-on négocier avec Dieu ! Il glissa un billet dans le tronc. Que pouvait-il demander à Dieu ? Antonia ! De retrouver l'amour d'Antonia et surtout d'oublier à jamais son infidélité.

Il s'agenouilla, se prit la tête dans les mains et implora Dieu. Des larmes inondèrent ses yeux. Il se sentait mauvaise conscience de chercher du secours dans une religion qu'il ne pratiquait plus depuis longtemps. Sa souffrance était si profonde, son dénuement devant la souffrance si absolu : il ne voyait d'autre issue que la prière.

Sa prière était troublée par des pensées confuses. Tout s'entremêlait : les affreuses sensations qu'il éprouvait lorsque Antonia se refusait obstinément à lui, les affres de la jalousie, la haine d'Eric de Spam, le désir sensuel frustré, le souci de préserver la petite Hélène. Et comme une eau tiède, bienfaisante, s'infiltrait la sensation de la mort.

A force de prier, les ongles fichés sur son crâne, il sentit s'espacer les à-coups violents qui l'ébranlaient. Bientôt ils ne furent plus qu'un écho au fond de lui-même. Un sentiment de douceur pénétrait dans son âme dévastée. Il avait la sensation de s'éloigner de lui-même, de s'observer avec des yeux indulgents. Une immense compréhension mettait un baume sur ses blessures, le réconciliait peu à peu avec lui-même. Des vannes s'ouvraient qui laissaient pénétrer en lui des sensations douces, apaisantes comme les caresses d'une mère. Une paix infinie s'épanouissait en lui ; la discorde qui l'avait ravagé se calmait. Il pardonnait. Il avait le sentiment que ce pardon ne venait pas de lui-même : il lui était accordé comme un don.

Il connut une sensation d'amour si intense, une plénitude si grande qu'il eut envie de crier sa gratitude. Déjà l'instant intense, chaud, s'estompait et le laissait fourbu, les jambes flageolantes. Ne demeurait que le désir impérieux du pardon.

Il regagna sa voiture en titubant. La fatigue, les émotions l'avaient brisé. Il se sentait délivré d'un énorme fardeau. Il songea que depuis un mois il ne s'était préoccupé que de lui-même. Il n'avait pensé à Antonia que pour la haïr. Aujourd'hui il pouvait enfin lui donner quelque chose où son être était tout entier : le pardon.

XXXVI

Après une semaine passée à Mykonos, Roger Lanche commença à se lasser du soleil, de la mer, des ânes, des moulins à vent, des chemins de rocaille et même de la femme du riche Anglais qui accueillait ses avances avec un sourire chevalin. Il se sentait seul au milieu de la beauté qui se dérobait à lui comme s'il l'observait à travers une vitre. La raison, il la comprit vite : il n'aimait pas, ou plutôt il n'avait personne avec qui la partager. Insidieusement, il se mit à penser à Jacqueline. Un soir, il lui écrivit une longue lettre descriptive et drôle, illustrée de caricatures : le patron de l'hôtel, le riche Anglais, un vieux Grec qui jouait au jacquet dans un café du port.

Deux jours plus tard, il lui adressa un mot plus court et beaucoup plus tendre, qui réveilla sa nostalgie ; puis une lettre tous les matins. Il comptait les jours qui le séparaient d'elle. L'absence la parait de toutes les qualités et estompait les griefs qu'il croyait avoir contre elle, qui ne tenaient en réalité qu'à l'usure de la routine. Ce fut le cœur plein de l'espoir des retrouvailles qu'il s'embarqua à Patras la semaine suivante sur un bateau aussi sale et déglingué qu'à l'aller. Mais il était devenu indulgent : la magie grecque avait opéré. Il s'en revenait à Paris avec quelques aquarelles, une bouteille d'ouzo, un nez rouge qui pelait, un rapport administratif bâclé et amoureux comme jamais.

XXXVII

Devant la menace d'une rupture avec Pierre Lenhart, Antonia décida de rompre avec Eric de Spam. Sa liaison n'avait de sens pour elle que secrète, sauvage. Au grand jour son piquant s'éventait. Elle songea aussi à Hélène, qui risquait d'être la victime de ce drame : sa seule culpabilité. Elle s'attendait avec son mari à une négociation très dure, à des arrangements quasi juridiques, à la mise en branle d'un arsenal moral, à tout sauf à son pardon. Une chair animale en elle fut déçue. Elle aspirait confusément à l'orage, à la violence, pour la remettre dans l'espace d'où elle s'était échappée. Ce pardon n'était pas dans l'ordre des choses. C'était une conclusion inattendue, déroutante. Avec du recul, elle fut impressionnée par la magnanimité du geste. Elle avait toujours eu de l'estime pour Pierre, et celle-ci s'accrut, mais ce sentiment chez elle n'entraînait pas l'amour, et même il le dissuadait. L'estime suscitait en elle des sensations froides, drapées de noir, en robe d'hermine, en uniforme d'apparat, tandis que l'amour...

Pierre Lenhart se montra en tout élégant et généreux. La douleur lui avait fait perdre son masque hautain. Avec tact, sans agressivité, il la mit en garde contre les risques qu'elle avait fait courir à sa famille et à elle-même. Il ne chercha pas à dramatiser. Il fit preuve d'une grande compréhension, allant même jusqu'à lui proposer de lui venir en aide si elle prenait le parti de se séparer de lui : il ne lui dissimula pas que cette dernière perspective s'ouvrait à elle sous les plus sombres augures. Ces arguments pesèrent peu dans sa décision de quitter Eric de Spam. L'amour qu'elle avait éprouvé pour lui, sensuel, violent, lui paraissait soudain graveleux dans la publicité de la découverte. Cette faiblesse étalée lui était désagréable.

Elle s'installa devant son petit secrétaire Empire et de son écriture ronde, sans ratures, rédigea une lettre d'un trait.

Eric, j'ai été surprise par Pierre devant chez toi. Je lui ai tout avoué. Je sais que tu vas m'en vouloir : nous ne devons plus nous voir. C'est à ce prix que je dois de conserver Hélène. Crois qu'il me coûte de renoncer à toi, à nos après-midi rue Delambre. Cela aura été une récréation merveilleuse dans ma vie. Pendant un mois j'ai eu l'impression de vivre. Cela ne pouvait durer, ni pour toi, ni pour moi. C'est peut-être mieux ainsi. Je penserai souvent à toi avec tendresse. Ne sois pas triste, ne m'oublie pas. Tu es le seul être que j'ai vraiment aimé, le seul que j'aimerai toujours. J'ai l'impression que c'est la vie qui ne nous aime pas.

Toujours à toi,

Antonia.

De ce jour elle ne chercha plus à le revoir. Il disparut même de ses pensées, remplacé par le train-train d'une vie familiale négligée.

XXXVIII

La nouvelle tomba, incroyable, provocante, à la limite du canular : Wiso s'était remarié. L'événement en soi était cocasse : personne n'était moins fait que lui pour supporter le joug conjugal — il l'avait prouvé en quittant sa première femme au bout de deux mois. Sa frénésie de séduction était loin de s'apaiser ces derniers temps : il lui fallait une fille nouvelle tous les soirs. Mais c'était la personne sur laquelle il avait jeté son dévolu qui donnait à ce mariage un arrière-goût de mauvaise farce : Evelyne Pignot. Personne n'ignorait la vie menée par cette actrice de seconde zone ; Wiso ne s'était pas gêné en parlant d'elle : il la traitait de « roulure », répétait qu'elle était entretenue par de riches Brésiliens. Lui-même l'avait entraînée dans des soirées assez spéciales qui n'étaient pas de nature à améliorer sa réputation.

Ils s'étaient mariés en coup de vent à la mairie du IVe arrondissement, avec pour témoins un agent de police et un secrétaire de mairie, ou quelque chose de ce genre. Pas de parents, pas d'amis. Et un bref voyage de noces à Deauville où Wiso avait perdu une fortune au baccara.

Les parents Weissberg étaient furieux. Ils se demandaient quelle mouche avait piqué leur fils. Ils n'étaient pas les seuls. Les amis de Wiso se posaient la même question. Lui-même d'ailleurs l'ignorait. Cette décision brusque avait répondu chez lui à une sourde impulsion. Il s'était marié comme on saute sans raison d'un train en marche.

Son humeur s'aigrissait. Loin de trouver dans cette union un apaisement, elle était au contraire une source constante d'exaspération. Il se sentait prisonnier, encombré d'une femme qu'il jugeait vulgaire, avec laquelle il n'avait aucune affinité. Elle devenait son souffre-douleur. Il la reprenait sur sa façon de parler, de s'habiller, de tenir le ménage, de faire l'amour. Brave fille, elle accueillait tous ces reproches sans broncher. Quoi qu'elle fît pour le satisfaire, il était mécontent.

D'explication à ce mariage, il n'y en avait peut-être pas hors le désir inconscient de Wiso d'appeler sur lui un déluge de reproches. De ce point de vue, il fut gâté. En réalité cette provocation visait surtout à perturber ses relations avec ses parents, dont la psychanalyse remuait les hauts-fonds. Le Dr Boileau, avant d'entreprendre les séances, l'avait averti : « La cure psychanalytique est éprouvante. Vous passerez, si tout se passe bien, par des phases d'exaltation et de dépression liées au transfert. Vous aurez parfois envie de tout bousculer dans votre existence, de vous comporter de façon insensée. Tâchez de ne rien entreprendre qui engage votre avenir avant la fin de la cure. »

De cet avertissement, Wiso n'avait tenu aucun compte. A dire vrai, il l'avait oublié. Il ne s'en était souvenu qu'en se rendant rue Spontini, à une séance chez le Dr Boileau, deux semaines après son mariage. Trop tard.

XXXIX

Roland voyait Solange Corbin deux après-midi par semaine. Il avait quitté sa garçonnière de l'avenue de Ségur et loué deux pièces quai Bourbon, au quatrième étage d'un bel hôtel du XVIIe siècle. Un escalier qui sentait l'encaustique et la soupe aux choux conduisait à une vaste pièce flanquée d'un petit bureau ouvert sur les eaux grises de la Seine. Seul inconvénient : l'absence de téléphone. Souvent, au lieu de Solange, Roland voyait arriver un télégraphiste porteur d'un message annulant le rendez-vous. Roland demeurait accoudé à la fenêtre, triste. Il regardait les péniches gavées de charbon glisser sur le fleuve et humait l'odeur sucrée des marronniers en fleur.

Le mois de juin était beau. Roland n'avait jamais été aussi heureux. Solange Corbin remplissait sa vie. Il ne pensait plus à la gloire. Son temps se passait à attendre Solange, à l'espérer, à la voir, à se souvenir de leurs rencontres. Il vivait rue du Bac comme un somnambule. Sa seule préoccupation, c'était l'été. Il voyait arriver la période des vacances avec angoisse : comment allaient-ils parvenir à se voir ? Roland échafaudait des plans qui se révélaient impraticables.

Solange Corbin devait partager son été en deux : juillet au cap d'Antibes, août à Préfailles, sur la côte Atlantique. Un jour que Roland déjeunait avec Wiso, celui-ci lui dit qu'il ne savait pas encore où il allait passer ses vacances avec sa femme ; il hésitait entre le Pyla et l'île de Noirmoutier où on lui prêtait une maison. Roland lui prit nerveusement le bras.

— Noirmoutier... C'est à côté de Préfailles ?

— Juste en face : il n'y a que la baie à traverser.

Roland regarda Wiso d'un air suppliant.

— Alors choisis Noirmoutier et invite-moi. Tu me rendras un sacré service.

Rassuré par la promesse de voir Solange Corbin, Roland se prit à espérer que la guerre, que récemment encore il appelait de ses vœux, ne viendrait pas foudroyer son bonheur. Il partageait l'état d'esprit de la plupart des Français : il ne sentait aucune urgence à « mourir pour Dantzig ».

Un télégramme d'Antoinette, la femme de son frère, assombrit le climat d'euphorie dans lequel il baignait : Jean était gravement malade, frappé d'un mal mystérieux. Roland sauta dans le premier train pour Bordeaux.

Là, dans le petit appartement que sa belle-sœur occupait avec ses trois enfants, près de la place de la Bourse, dont l'atmosphère étriquée, nécessiteuse, grassement ménagère lui fit mesurer à quel point il était privilégié, il apprit que son frère avait été pris d'un accès de folie à son bureau d'import-export : dans ses imprécations délirantes se mêlaient Dieu, le diable, le colonel de La Rocque, Staline et Roland. On avait dû le faire hospitaliser à l'hôpital psychiatrique où on le soignait à coups de neuroleptiques. On envisageait un électrochoc. Roland téléphona à Wiso dont le père était un des grands patrons de la faculté pour avoir son avis. Il conseilla de s'adresser à un psychiatre de Bordeaux, le Dr Lavau, qui se montra hostile à l'électrochoc et préconisa une cure de repos dans sa clinique de Mérignac. Au bout de cinq jours, l'état de Jean parut s'améliorer. Roland, qui n'avait pas été autorisé à le voir, regagna Paris.

Dans le train, il ne pouvait détacher ses pensées de l'appartement où vivaient son frère et sa famille : une atmosphère petite-bourgeoise, vieillotte, confinée. La chute de sa famille l'accablait : vingt ans avaient suffi à éclipser trois siècles de mérites militaires, politiques. Il ne put s'empêcher d'éprouver un sentiment de supériorité pour avoir échappé à la fatalité de la décadence. Il se reprocha aussitôt sa vanité. S'il se maintenait à un certain rang, c'était grâce à Rose, à son argent. Pourtant il la trompait. Cette idée le glaça.

XL

Après sa rupture avec Antonia, Eric de Spam ne laissa voir aucun signe de désespoir. Il fut seulement encore plus sombre, encore plus solitaire. Il se mit à fumer beaucoup plus que de coutume, et même à boire, lui qui de sa vie n'avait absorbé une goutte d'alcool. On le voyait s'arrêter le soir au bar de la Coupole et avaler *cul sec* deux ou trois cognacs, puis raide, son regard bleu absent, la démarche mécanique, regagner la rue Delambre. Deux semaines plus tard, il disparut sans laisser d'adresse. Au bout de quelques jours on put lire dans *le Populaire* ses chroniques politiques envoyées de Bucarest : on lui avait proposé de remplacer le correspondant tombé malade. Il avait accepté aussitôt cet exil. Quant à son désarroi intérieur, à la rancœur qu'il pouvait nourrir contre Antonia et la manière expéditive avec laquelle elle l'avait quitté, personne n'en reçut jamais la confidence.

XLI

La villa le Tambourin, dans l'île de Noirmoutier, dominait la plage des Souzeaux de son faux air de manoir néogothique. Sinistre, fantomatique, meublée sans beaucoup de goût, avec des pièces hétéroclites, cette grande bâtisse qui sentait le moisi ouvrait toutes ses fenêtres sur la mer ; cette mer, on la respirait ; on entendait son sourd clapotement sur les rochers du promontoire, ses élongations chuintantes sur la plage ; on sentait ses effluves iodés et goémoneux. Surtout elle emplissait les yeux : on la voyait de la façade, régnant sur l'espace que lui laissait le ciel pommelé de Vendée, ou à travers la gaze des mimosas et l'échancrure des pins.

Les amis de Wiso qui avaient envahi le Tambourin pendant le mois d'août lui donnèrent une vie inhabituelle. Toujours généreux, Wiso se révélait un étonnant maître de maison : il passait un temps infini à organiser des balades en mer, des dîners dans des restaurants, des parties de pêche, réjouissances qui avaient la particularité d'échouer toutes sans exception : soit que Wiso eût oublié l'heure du départ de la pinasse, soit que celle-ci fût en panne ; quant aux restaurants, ils étaient immanquablement fermés, complets, ou simplement ils ne servaient plus de crustacés, raison pour laquelle, justement, on les avait choisis. Le scénario avec Wiso était le même : on se cassait le nez, on le charriait et on trouvait au dernier moment un autre bateau, un autre restaurant. Ces échecs n'empêchaient pas Wiso de continuer à se croire un organisateur né.

Les couples étaient venus en compagnie de leurs enfants : Antonia et Pierre avec Hélène, Rose et Roland avec Henri et la petite Isabelle. Deux solides Irlandaises s'occupaient des enfants dans une aile isolée de la maison. Déchargés des soucis familiaux, les couples avaient repris un air de jeunesse, un goût de la fête qu'ils avaient oublié. Ils paraissaient plus tendres, plus unis. La chevelure rousse, les yeux verts de Ronnie, l'une des deux Irlandaises, ne laissaient pas Wiso indifférent : il rôdait autour d'elle, sous l'œil courroucé d'Evelyne, en prétextant que les enfants l'adoraient.

On s'amusait pendant ces vacances. Pourtant chaque jour on écoutait à la T.S.F. des nouvelles alarmantes de la situation en Pologne. Sitôt après les informations, on dansait sur l'air de *Kiss me again,* qui faisait fureur. On sentait peser la menace implacable de la guerre. Et jamais on n'avait eu autant envie de vivre, de se baigner, de faire l'amour. On avait l'impression de découvrir le soleil, l'eau, le sable. On oubliait la menace. Elle réapparaissait. On l'oubliait à nouveau dans des parties de volley-ball endiablées. On pensait la repousser par le spectacle de l'insouciance, conjurer le malheur par les plaisirs.

XLII

Le phare de l'Anse-Rouge balayait la mer par intermittence. De l'autre côté de la baie de Bourgneuf clignotaient les lumières de Préfailles. La marée était basse ; un fort remugle de goémon remontait de la plage. Roland et Wiso fumaient sur la terrasse après le dîner.

— Fais attention, conseillait Wiso à voix basse, ne rate pas le bateau du retour.

Roland hocha la tête. Wiso insista.

— Et si la mer est trop mauvaise ? Et si le bateau a une avarie ?

— Avec des craintes pareilles on ne ferait jamais rien.

— Je dis cela pour Rose, moi, je m'en fous, je ne voudrais pas qu'elle...

Cette remarque irrita Roland.

— Ce n'est tout de même pas toi qui vas me donner des leçons de morale conjugale ! C'est l'aveugle qui se moque du borgne.

— Moi je n'ai pas de liaison, répliqua Wiso.

— Toi... c'est pire !

— Tu crois que Rose se doute de quelque chose ? demanda Wiso.

— Je ne sais pas. Je ne crois pas. Les femmes ont un tel pouvoir pour fermer les yeux sur ce qui les fait souffrir... De ce côté-là ta femme n'a pas beaucoup d'illusions à se faire.

— Détrompe-toi. Evelyne et moi faisons un couple beaucoup plus uni que tu ne l'imagines. Et puis entre nous il n'y a pas de mensonges.

— Oui, ricana Roland, unis par les engueulades !

C'était un fait que les scènes de ménage entre Wiso et sa femme ponctuaient de cris le cours paisible de la vie au Tambourin. Wiso s'acharnait sur Evelyne avec une injustice qui désarmait les préventions que l'on pouvait nourrir à l'égard de cette fille, au fond assez brave. Peu intelligente, inculte, d'une vulgarité qui s'étalait dans des manières artificielles et des tenues excentriques, on ne pouvait s'empêcher de la plaindre, d'admirer son courage. Wiso ne lui passait rien. Il semblait se complaire à l'humilier devant ses amis. On sentait qu'il avait honte d'elle. D'après Roland qui avait reçu les confidences de Wiso, leurs nuits se passaient en revanche fort bien.

— Et Lady Hamilton ? demanda Wiso. Tu penses qu'elle...

Il s'interrompit devant l'arrivée de Rose et d'Antonia sur la terrasse.

— Qu'est-ce que vous conspirez encore ? demanda Antonia.

— Nous refaisons le monde, répondit Wiso.

— Il ne fait pas chaud, dit Rose, je vais monter chercher un lainage. Roland, tu ne veux pas un chandail ?

— Non, merci, répondit-il sèchement.

Pierre Lenhart, qui avait écouté la radio, vint leur annoncer la signature du pacte germano-soviétique.

— Ce sont sans doute nos dernières vacances, conclut Wiso, profitons-en !

XLIII

Assise seule sur des cordages à l'avant de la pinasse, Rose regardait le jour se lever. La brise, les embruns lui fouettaient le visage. Un soleil rouge vif surgissait de l'horizon dans un affolement de petits nuages roses. Le moteur du bateau faisait vibrer la coque. Les casiers empilés exhalaient une odeur forte qui semblait celle des entrailles de la mer. Rose laissait errer ses pensées : dans l'air vif du petit matin, elle se sentait l'esprit clair. Comme la vie lui aurait paru belle sans cette question qui rôdait dans sa tête : pourquoi Roland avait-il refusé de les accompagner ? Il avait prétexté du travail. Elle ne le croyait pas.

Les deux marins étaient dans le cockpit. Wiso, vêtu d'un ample imperméable militaire kaki, était plongé dans la lecture d'un ouvrage de Freud. Antonia empilait sur elle tous les vêtements chauds du navire et se tenait à la poupe, à l'abri du vent.

Pierre Lenhart vint s'asseoir près de Rose. Elle avait toujours de l'affection et de l'estime pour lui mais s'étonnait d'avoir pu l'aimer à ce point. Tout cela était si loin... Seule l'agaçait cette façon qu'il avait de la traiter avec commisération, comme si, au fond, elle ne pouvait être heureuse après avoir été quittée par lui. Chaque phrase qu'il prononçait semblait ponctuée par un « ma pauvre Rose » sous-entendu qui l'obligeait à des efforts pour avoir l'air gai, enjoué. Ce jour-là, elle donnait le change, sans entrain. Elle avait beau tenter de se rassurer, elle pressentait qu'il se passait des événements importants dans la vie de Roland. Probablement une femme. Si au moins elle avait pu avoir la certitude qu'il ne s'agissait que d'une passade. Non, c'était plus grave.

Hormis ce trouble, elle éprouvait un grand réconfort à côté de Pierre Lenhart. Elle le savait bon, généreux. Il représentait un morceau de son passé, usé, poli, comme un vieux caillou ramassé sur une plage. Ils se comprenaient sans se parler. Depuis quelques jours, il lui témoignait une gentillesse particulière dont elle s'efforçait en vain de déchiffrer le sens.

Soudain hors de l'abri de l'île, dans la houle de la haute mer, le bateau commença à rouler ; les casiers liés entre eux par des cordages gémissaient.

— Antonia a le mal de mer ? demanda Rose.

— Non, simplement un peu froid.

— Tu ne veux pas aller t'occuper d'elle ?

Pierre Lenhart la regarda d'un air douloureux.

— Tu sais à quel point elle aime être libre. Quand je m'occupe trop d'elle, cela l'agace.

Il se tut, parut réfléchir et reprit :

— J'ai sans doute tort d'être aussi libéral : on n'est jamais gagnant quand on laisse faire aux gens leurs quatre volontés, crois-moi !

Rose reçut cette phrase avec la violence d'une gifle. Elle l'interpréta comme une allusion à son attitude vis-à-vis de l'infidélité de Roland. C'était donc le message qu'il tentait de lui transmettre ! Toute l'étendue de la trahison qu'elle voulait se dissimuler lui apparut. Le plaisir qu'elle attendait de cette journée s'évapora : il ne restait devant elle que le temps sans joie, asséché, qui la séparait de Roland. Devant ce gâchis, l'envie de pleurer la prit. Elle respira profondément et fixa la mer. Elle aurait tout donné pour revenir au Tambourin, interroger Roland, obtenir de lui un aveu ou même un nouveau mensonge. La jalousie la tenait comme une rage de dents. Elle ne voyait rien, n'écoutait rien, tout entière à se ronger.

Elle n'entendit pas le marin qui l'interpellait. Il s'approcha d'elle et la saisit par le bras.

— Madame, il ne faut pas rester là. Nous allons relever les casiers !

Elle le regarda d'un air affolé et se laissa conduire à l'intérieur du bateau.

XLIV

Dès que la barque l'eut déposée sur la plage, Rose se précipita pieds nus vers le Tambourin et fit irruption dans la salle à manger où les enfants dînaient avec les deux Irlandaises. Elle demanda où était Roland. On lui répondit qu'on ne l'avait pas vu de la journée. Elle monta quatre à quatre l'escalier, espérant le trouver dans leur chambre en train de travailler. Personne ! Les dossiers et les lettres étaient rangés sur la commode : il n'y avait pas touché. Elle descendit l'escalier, l'esprit tourneboulé, et se heurta à Wiso qui arrivait du bateau avec Pierre et Antonia. A son air effaré, il comprit que quelque chose n'allait pas.

— Qu'est-ce qui t'arrive : tu es malade ?

Elle murmura d'une voix étouffée bientôt couverte par les sanglots :

— Roland... Roland...

— Eh bien, quoi Roland ? demanda Wiso inquiet.

— Personne ne sait où il est.

Elle se prit la tête dans les mains. Wiso la saisit par l'épaule.

— Allez, ne te mets pas dans des états pareils pour une vétille ! Il est allé se promener, voilà tout.

— Non, tu ne peux pas savoir, c'est beaucoup plus grave, dit-elle d'une voix entrecoupée par les sanglots.

Les enfants, attirés par le bruit, accoururent. Voyant leur mère en larmes, ils se mirent eux aussi à pleurer. En quelques instants, une atmosphère de désolation envahit le Tambourin. Rose s'enferma dans sa chambre.

XLV

Roland ne rentra qu'une heure plus tard par la vedette qui reliait deux fois par jour Préfailles et l'estacade de la plage des Dames, dans le bois de la Chaise. Il était dans un nuage de bonheur. Il avait passé la journée avec Solange Corbin à se baigner dans les rochers, à faire l'amour dans une cabane abandonnée, au milieu d'un bois de pins qui bordait la mer. Ils avaient pique-niqué pour ne pas être vus dans un restaurant. Il était encore sous la magie de ces instants buissonniers, si longtemps attendus. A quoi tenait l'intensité de ces heures ? A la passion bridée, aux digues sociales qui la comprimaient ? A l'enchantement des vacances, à ce sentiment réciproque de n'être attachés l'un à l'autre par aucune nécessité autre que l'impulsion du bonheur ? Roland revenait de ses rencontres avec Solange toujours plus amoureux. Chaque fois il la trouvait plus belle, chaque fois il prenait un plaisir plus fort à lui faire l'amour.

Roland débarqua sur l'estacade sans la moindre inquiétude. Rose était-elle rentrée de sa balade en mer ? Quelle importance ! Que lui dirait-il ? N'importe quoi. Il improviserait au gré des circonstances. Il se savait un talent diabolique dans le mensonge.

Au Tambourin, il fit irruption en plein drame. Wiso l'accueillit avec un regard sévère.

— Tu aurais quand même pu faire gaffe... Rose a eu une crise de nerfs.

Roland haussa les épaules et monta l'escalier pour rejoindre Rose. Il éprouvait un sentiment pesant de lassitude, de contrariété. Pourquoi de tant de tracasseries fallait-il toujours payer le bonheur ? Au fond, la tristesse de Rose lui était indifférente. Affronter une scène lui paraissait un inconvénient léger en comparaison de l'après-midi qu'il avait passé. Si les choses tournaient mal, il aurait toujours cette arme : quitter Rose. Il pourrait alors voir Solange Corbin librement, ne plus dissimuler.

Il trouva Rose assise devant la fenêtre. Elle paraissait calme. Ses yeux étaient rouges, son visage d'une extrême pâleur.

Roland prit une attitude dégagée.

— Comment s'est passée votre excursion ?

Rose ne répondit pas. Sans prêter attention à son silence, Roland commença à se changer pour le dîner. Elle éclata :

— Où étais-tu ? Ne me dis pas que tu as travaillé, tu n'as rien fait.

Elle prit les dossiers sur la commode et les jeta avec rage sur le sol.

Roland tenta de prendre la situation à la blague :

— Où veux-tu que j'aille ? Nous sommes dans une île... Je ne vais tout de même pas te tromper avec... les poissons, ou je ne sais quelle sirène, pour te faire plaisir ! La jalousie t'égare.

Il s'approcha d'elle et voulut la serrer dans ses bras. Elle se récria :

— Ah, non, ce serait trop facile ! Je suis ta femme, après tout, j'ai droit à des explications : où étais-tu ? Pourquoi n'as-tu pas travaillé ?

— J'ai changé d'avis. Voilà tout. Il n'y a pas de quoi faire un drame.

— Ça te serait égal de me perdre ! s'exclama Rose, l'air hagard.

— Ne dis pas de sottises !

— Si, si, je suis persuadée que c'est ce que tu veux.

Elle se remit à pleurer.

Roland réussit à la calmer. Puis ils firent l'amour. Roland ne put éviter de comparer le plaisir que lui donnait Rose à la volupté qu'il avait connue l'après-midi même.

Ils descendirent en retard pour le dîner. On les accueillit avec une bonne humeur factice. On eut beau plaisanter, le visage de

Rose en larmes était présent dans l'esprit de tous. Roland semblait absent de la conversation. Des sentiments contraires se bousculaient en lui. Son regard errait parfois vers la véranda où la nuit tombait sur la mer. Très loin, les lumières de Préfailles commençaient à clignoter.

XLVI

Roland crut avoir apaisé la jalousie de Rose. Il pensait que ses doutes se dissoudraient avec le temps. Surtout il ne voulait se poser aucun problème. Sa passion pour Solange Corbin l'absorbait tout entier. Chaque jour, sous le prétexte d'acheter *le Figaro,* il allait chercher une lettre à la poste restante. Il la lisait dans un café sur le port de Noirmoutier. Il y répondait. Dès lors ses pensées ne quittaient plus Solange Corbin. Il vivait dans un rêve. Aussi ne croyait-il pas que Rose s'entêterait dans la recherche d'une vérité qui ne pouvait que lui être cruelle. Il se trompait : de ce jour, elle ne cessa d'épier ses moindres gestes. Son intelligence confortait son intuition : la présence d'une femme mystérieuse se dessinait avec une ampleur mythique. Tout son être lui criait la trahison. Cette femme inconnue, c'était comme si elle respirait son parfum sur la peau de Roland. Sa certitude était si forte qu'elle en éprouvait parfois une ivresse. Qui était-elle ? Où habitait-elle ? Elle ne désespérait pas de le découvrir. Elle s'imaginait que le jour où sa curiosité serait satisfaite, sa souffrance s'apaiserait. Elle voulait en finir avec cette jalousie angoissée et diffuse qui la conduisait à suspecter toutes les femmes. Oui, jusqu'à Antonia.

Un soir, la petite bande dîna au restaurant les Prateaux, dans le bois de la Chaise, à dix minutes du Tambourin. Une soirée très gaie, bien arrosée de muscadet. Ils dégustèrent un bar, une tarte chaude aux abricots. Les couples s'entendaient. Pierre Lenhart et Antonia renouaient peu à peu. Le soleil, les baignades, la bicyclette avaient requinqué Antonia : elle refaisait l'amour avec Pierre. Ce n'était pas la frénésie comme avec Eric de Spam, mais une réconfortante habitude.

La petite bande rentra à pied par les allées du bois sous un beau clair de lune. Tout le monde était éméché. On butait sur les racines recouvertes de sapinettes. On traversait des odeurs de résine, de pin, de fougère, d'acacia, de romarin. Rose et Roland précédaient la marche. Elle se pencha vers lui et dit d'une voix tendre, persuasive :

— Mon chéri, tu me caches quelque chose. Pourtant tu m'avais promis de tout me dire.

— Mais non, tu te fais des idées.

Rose éclata d'un petit rire gouailleur.

— Tu crois vraiment que je suis une idiote, que je ne te connais pas ? Tu ne peux pas mentir sans qu'aussitôt ton nez remue. Parfois je m'énerve. Mais au fond cela m'est égal. L'important c'est de te garder. Tu as le droit de t'amuser. Je veux bien te partager à condition que tu m'aimes toujours.

— Mais je t'assure...

— Ne fais pas l'idiot... Ce qui me peine le plus, c'est le peu de confiance que tu as en moi. Si cela m'arrivait — et pourquoi pas — je serais franche avec toi. Je te dirais : j'ai un amant. Je suis certaine que tu me comprendrais. Pourquoi ne me crois-tu pas capable de te comprendre ?

Ces mots touchèrent Roland. La compréhension de sa femme lui semblait un miracle. Les vapeurs de l'alcool ajoutaient une nuance de commisération. Elle mettait le doigt sur son drame : elle était la personne qu'il aimait le plus avec Solange Corbin, celle à laquelle le liaient la reconnaissance, la tendresse, l'estime, non seulement une épouse, mais une amie dont il n'imaginait pas qu'il pourrait se séparer, et parce qu'elle était sa femme, il lui était interdit de lui confier sa nouvelle passion. Comme il avait envie de partager avec elle l'amour qui emplissait son cœur ! Il se berçait à l'idée du couple idéal qu'ils pourraient former alors : libres, sans mensonges, unis par un respect et une compréhension réciproques. Rose en était-elle capable ? La tentation de ce couple idéal poussait l'aveu sur ses lèvres. Un pressentiment l'arrêta.

Rose revint à la charge. Il sentit naître une autre raison de se délivrer de son fardeau : la vanité. Fier de cette liaison avec l'une des plus belles femmes de Paris, il n'était pas mécontent de pouvoir montrer à Rose l'étendue de sa séduction. Ce succès, d'une certaine façon, rejaillissait sur elle. Il savait l'admiration que Rose vouait à Solange Corbin. En éblouissant Rose, il imaginait avoir plus de prix à ses yeux.

Ils arrivèrent devant le Tambourin. La petite bande se sépara pour aller se coucher. Rose voulut voir ses enfants. Roland l'accompagna. La porte de leur chambre était à demi ouverte pour laisser pénétrer la lumière du couloir. Isabelle dormait les draps rabattus, avec sur le visage une expression d'extase. Henri avait la tête tournée contre le mur. Rose jeta aussi un œil dans la chambre de la petite Hélène : tout allait bien. Ils montèrent dans leur chambre.

Dès qu'ils furent couchés, Rose le harcela de nouveau :

— Sois gentil, dis-moi le nom de cette femme. Tu finiras de toute façon par me l'avouer.

Roland se sentait tiraillé entre l'envie de dormir et le désir de révéler son secret. Le vin, qui amollissait sa résistance, suscitait dans son esprit des utopies merveilleuses sur le couple. Rose insistait. Il céda.

— C'est Solange Corbin !

Dans l'instant même où il prononça ce nom, il eut conscience de son erreur. Il sentit toute la faiblesse qui l'avait poussé à parler et mesura tous les ennuis et les drames qui allaient en découler.

— La femme d'Alexandre Corbin ? Tu me dis n'importe quoi. Dis-moi la vérité. C'est elle ? Tu me le jures ? Et cela dure depuis combien de temps ?

— Je ne sais pas. Deux ou trois mois ?

— Quelques mois ! dit-elle d'une voix blanche.

Elle poussa un cri strident comme celui d'un animal blessé. Sans qu'il pût la retenir, elle se précipita dans la salle de bains et s'y enferma. Roland demeura seul, impuissant, dégrisé, comme un idiot qui vient de provoquer un accident.

XLVII

Rose pleura toute la nuit, enfermée dans la salle de bains. A l'aube, elle se rendit dans la chambre des enfants et s'allongea sur le lit de sa fille. Elle trouva un bref sommeil agité. Elle avait beau chercher, aucune solution ne lui apparaissait. Quitter Roland ! Elle n'y songeait pas. Il fallait l'amener à rompre avec *cette femme*. Elle était si effondrée qu'elle ne se sentait capable d'exercer aucun chantage, aucune menace. Son impuissance devant la trahison lui était un surcroît de souffrance. Etait-elle donc condamnée à n'être qu'une victime ?

Elle attendit le jour pour donner libre cours à l'agressivité qui l'étouffait.

Le petit déjeuner servi dans la salle à manger fut pénible. Il s'y ajoutait l'aggravation de la situation en Pologne.

A la fin de la matinée, on apporta un télégramme pour Roland. Dès qu'il l'eut ouvert, il vacilla.

— Maman est morte, dit-il, l'air incrédule.

Rose dut faire effort pour dominer le sentiment d'injustice qui l'étreignait devant cette mort qui la frustrait de la scène violente qu'elle voulait infliger à Roland. Elle fit table rase de ses griefs. Elle se leva et serra Roland dans ses bras. Roland paraissait abasourdi. Il répétait : « C'est un accident stupide. » Sur l'instant il ne ressentit aucune douleur, seulement un choc. Dans un éclair, il songea à son rendez-vous avec Solange Corbin. L'idée qu'il ne pourrait s'y rendre l'obnubilait.

Roland appela son frère au téléphone pendant que Rose préparait sa valise. Il apprit les conditions de l'accident : un camion avait renversé Jacqueline alors qu'elle marchait sur la route de Bayonne en compagnie de Roger Lanche.

Roland partit au début de l'après-midi. La marée basse permettait de passer le Gois en voiture. Ce ne fut que dans sa voiture, au volant, devant le visage tendu de ses amis, qu'il éprouva la première vraie morsure de la souffrance. Rose devait le rejoindre à Guéthary pour l'enterrement. Roland conduisit avec sa fougue habituelle pendant les vingt kilomètres qui le séparaient du Gois. Là il dut s'arrêter quelques instants : la mer n'avait pas encore découvert la route. Il se laissa tomber sur son volant et pleura. Un sentiment de fragilité, d'abandon, le secouait. Les remords l'obsédaient : pourquoi avait-il si peu vu sa mère depuis cinq ans ? Il lui avait gardé rancune de sa stupide liaison avec Roger Lanche. Quelle sottise ! Comme tout cela paraissait dérisoire !

La mer se retira. Les voitures commencèrent à s'avancer sur la route pavée, ruisselante. Roland se sentit incapable de repartir. Retrouverait-il jamais dans sa vie cette chaleur que seule pouvait lui donner sa mère ? Il murmura : « Maman, ma pauvre maman... »

L'image de Solange le traversa. L'idée de ne pas la voir avant longtemps lui parut intolérable. Il démarra, traversa le Gois et prit la route de Préfailles. Il téléphona d'un café et lui donna rendez-vous à l'entrée de la villa. Devant la route, les marais salants étendaient à l'infini leurs quadrilatères aux eaux multicolores. La chaleur était torride ; les gros tas de sel scintillaient sous le soleil. Roland éprouvait un besoin fou de retrouver le corps de Solange.

En même temps il souffrait.

A Préfailles, il suivit la route de corniche jusqu'à la villa les Vagues. Il s'arrêta et attendit.

Comment se retrouva-t-il avec elle dans la chambre d'un petit hôtel de l'arrière-pays ? Il n'en garda pas le souvenir. Ce qu'il n'oublia jamais, ce fut la douceur triste, après avoir fait l'amour avec maladresse, à s'abandonner au chagrin, tandis qu'elle lui caressait le front.

A six heures, il la raccompagna devant chez elle et s'élança sur la route de La Rochelle. Il était brisé. Il n'atteignit la côte basque qu'au milieu de la nuit.

XLVIII

Le petit cimetière de Guéthary était envahi par une foule disparate où se côtoyaient paysans des environs, bourgeois de Bordeaux, relations plus huppées de la côte basque et la petite bande des amis de Roland — tous étaient venus, à l'exception d'Eric de Spam. La Rhune toute proche dominait le paysage de sa masse d'un vert cru ; dans le lointain, les montagnes fermaient l'horizon de leurs dentelures gris-bleu à peine plus foncées que le ciel. Le temps était instable. Il avait plu à verse pendant la messe. Les flaques d'eau étincelaient devant le convoi sous un soleil qui soudain brillait dans l'azur purifié. L'inhumation avait lieu dans le caveau familial des Neuville. La dalle funéraire en granit repoussée sur le côté, le trou béant, les cordes et le madrier sous la bière donnaient une impression de chantier. Le prêtre du village, un grand escogriffe aux oreilles rouges et décollées, prononça l'absoute d'une voix rocailleuse. Arc-boutés au bord du caveau, les employés des pompes funèbres descendirent le cercueil. On entendit un bruit sourd lorsqu'il toucha le fond. Roland tressaillit comme si à nouveau on blessait sa mère.

Le prêtre bénit le cercueil et tendit le goupillon à l'assistance. La foule défila. Roland soutenait son frère Jean, secoué par des sanglots. Il avait l'impression d'assister à une scène irréelle. Il serrait les mains, répondait aux paroles de condoléances, mais son esprit était ailleurs. Il revoyait le visage de sa mère à l'hôpital de Bayonne, son profil intact, reposé, enveloppé de toile blanche comme celui d'une religieuse. Une légère meurtrissure tachait sa joue. Cette image était troublée par mille préoccupations triviales : le déjeuner à organiser dans une auberge pour les paysans et les bergers qui le saluaient d'un air gauche, les chambres à préparer pour les amis.

Il s'étonnait de ne pas souffrir atrocement. Ce n'était qu'un répit. L'ébranlement nerveux qui l'avait secoué à l'annonce de la mort de sa mère n'était qu'une blessure superficielle en comparaison de la souffrance qui l'attendait. Il sentait qu'elle faisait son chemin en lui, qu'elle grondait comme une tempête avant de se déchaîner. Quand apparaîtrait-elle ? Dans trois, quatre, six jours ? Alors il connaîtrait la véritable épreuve. Il craignait d'en sortir brisé. Il allait mesurer dans toute son horreur l'étendue de la déchirure. La mort de sa mère ne signifiait pas la fin de leur relation passionnée. Tout commençait. Vivante, il avait pu prendre ses distances, se protéger de son empire, morte, elle était partout, dans l'air qu'il respirait, dans les secondes qui s'écoulaient. Et non seulement son image, mais sa chair. Ses nerfs anesthésiés par le choc allaient se réveiller. Et tous ces souvenirs qui ne cesseraient de le torturer...

Roland aperçut Roger Lanche qui quittait le cimetière. Son visage était congestionné, ses yeux rougis.

Quand la foule se fut dispersée, Pierre Lenhart s'approcha de Roland. Il avait longtemps attendu avant de se résoudre à lui parler. Il lui toucha le bras.

— Les Allemands ont envahi la Pologne.

Roland le regarda, l'œil vide.

— Alors c'est la guerre, dit-il sans que son visage exprimât le moindre étonnement.

— Oui, répondit Pierre Lenhart, on vient de lancer l'ordre de mobilisation.

TROISIÈME PARTIE

LES ANNÉES TERRIBLES

Chaque époque croit que c'est elle qui a atteint le fond de l'ignominie, et il arrive qu'elle s'en effraye ; puis elle ouvre l'Histoire, elle s'y retrouve, elle y retrouve toute sa noirceur, et alors elle repart rassérénée. Elle a compris que l'Histoire ne lui en voudra pas plus qu'elle n'en veut à ces autres époques, et qu'elle peut être infâme en toute impunité.

HENRY DE MONTHERLANT.

I

Le printemps naissant exaltait le petit air champêtre et provincial de Vichy. Une ville d'opérette toute de crème fouettée et de stucs, comme les minuscules capitales des principautés germaniques. Les grands hôtels déployaient leurs somptueuses marquises en de grands éventails de verre qui mettaient le moindre rayon de soleil en folie. Un côté pimpant, et cette faune costumée qui vraiment faisait théâtre : des militaires, des prêtres, des uniformes et des soutanes à perte de vue, qui se mêlaient sous la promenade en fer du parc des Sources à des poules aux cheveux de feu lorgnant quelque capitaine sous le face-à-main intéressé d'une douairière. Au beau milieu du parc, dans le kiosque à musique, un orchestre — militaire, bien sûr — jouait depuis une heure des marches impériales pour un public nonchalant assis sur des chaises blanches aux fers artistiquement entrelacés. Il était six heures : la sortie des bureaux. Les timbres d'une nuée de bicyclettes tintaient dans une atmosphère de fin de collège. Tout cela n'aurait pas fait très sérieux, même en temps de paix. Dans des heures graves, cette atmosphère avait quelque chose de choquant. Comment pouvait-on prétendre gouverner un pays que l'on ne voyait qu'à travers le prisme cancanier et futile d'une ville d'eau ?

C'était ce que pensait Pierre Lenhart en sortant d'un pas pressé du charmant hôtel des Gardénias occupé avec une rudesse administrative par le secrétariat d'Etat à l'Intérieur dont il avait la charge. Et quelle charge ! Ecrasante, terrible, et malgré tout magnifique comme tout pouvoir. Les circonstances ne lui donnaient pas de quoi être très fier. Et il ne se leurrait pas : le véritable pouvoir, ce n'était ni lui, ni Darlan, ni même Pétain qui le détenait. Il était à Berlin. Chaque fois qu'il revenait de Paris comme aujourd'hui par l'autorail ministériel, Pierre Lenhart était frappé par l'abîme qui séparait la capitale, où l'on se colletait avec d'effroyables réalités, et cette sous-préfecture fantasque comme une midinette. Quelle décision pouvait-on prendre dans ce bouillon de culture d'intrigues, de ragots, d'intoxications ? « Ministère des Limbes... » Il songea à la jolie formule d'un ministre de Louis XV. La France crevait de faim, on fusillait, on déportait, pendant qu'ici on écoutait des marches impériales en scandant du pied d'un air martial quand on ne se promenait pas en pédalo sur l'Allier, le dimanche, après de joyeux déjeuners dans les auberges à terrasse du bord de l'eau. Et les interminables parties de bridge, opium mondain de tous ces déracinés ! Ce vernis de bonne société hérissait Pierre Lenhart, qui avait gardé la fibre populaire susceptible : « Du bridge pendant que tant de prisonniers... » Pour lui, cette attitude était pire que de l'indifférence, une insulte au malheur !

Quand il songeait, face à la pauvre réalité vichyssoise de cette fin d'hiver 1942, à l'idée élevée qu'il s'était faite du pouvoir, Pierre Lenhart se sentait pris de pitié pour son idéalisme. Lui qui avait cru à l'avènement des compétences, des meilleurs, des purs, il se voyait dans la situation de disputer chaque jour ses décisions à un ramassis d'arrivistes prétentieux, d'imposteurs *pistonnés*, de mythomanes qui s'épanouissaient dans les cabinets ministériels et les officines pseudo-administratives. Tout ce monde ergotait, complotait, se montait la tête du matin au soir au café des Sources ou au bar du Majestic, pâture des espions et des provocateurs. On parlait, on parlait et on couchait dans tous les sens avec cette absence de scrupules qu'autorise le provisoire. C'était dégoûtant, révoltant, et pourtant c'était la vie. Pierre Lenhart ne parvenait pas à en prendre son parti. Sur lui pesaient tant de drames aux victimes innombrables ! On refilait toute la sale besogne à ce commode secrétariat d'Etat : prisonniers évadés en délicatesse avec l'occupant, juifs pourchassés, gaullistes, communistes, francs-maçons, jusqu'au nigaud de lycéen qui avait fait un pied de nez à un officier de la Wehrmacht et au matamore de café qui s'était vanté d'avoir écouté la radio de Londres. Tout cela lui incombait et tant d'autres problèmes encore : les exigences toujours plus lourdes des Allemands avec lesquels il devait ruser, les gages à donner. A quels ignobles marchandages ne fallait-il pas se livrer et pour quel résultat ? Sauver un ou deux innocents du poteau ou de la déportation... Un sur cent, sur mille... Déjà dans la paix, l'injustice l'écœurait : les bouleversements de la guerre l'avaient multipliée à l'infini.

Pierre Lenhart n'avait pas la conscience tranquille : quitter son bureau si tôt — à une heure de fonctionnaire — alors que tant de dossiers étaient en souffrance ! Il tentait de chasser ses scrupules en invoquant son besoin de repos : il s'était couché à trois heures du matin à Paris, levé à six, il avait voyagé sept heures dans l'autorail, n'interrompant la dictée de son courrier que par un rapide déjeuner. La fatigue n'était qu'un prétexte : il voulait retrouver Antonia le plus vite possible. Cinq jours sans la voir, sans la tenir dans ses bras. Et Wiso qui habitait chez eux ! Il ne pouvait penser sans effroi à cette promiscuité si fertile en tentations entre un homme et une femme pendant l'absence du mari. Il devait lutter pour dominer sa jalousie. Il avait beau se raisonner, se dire que Wiso était un ami, les soupçons le déchiraient. Sur le chapitre des femmes, jamais il ne pourrait lui faire confiance.

Pierre Lenhart traversa d'un pas rapide le boulevard de Russie. Le policier en civil chargé de sa protection avait du mal à le suivre (les lettres de menaces affluaient au ministère ces derniers temps). Il marchait en regardant droit devant lui pour éviter d'avoir à saluer les personnes de connaissance. Sans compter les bavards, les solliciteurs. Il aperçut devant lui le crâne chauve et cramoisi de l'ambassadeur d'Italie : il changea de trottoir. Chaque pas qui le rapprochait d'Antonia lui étreignait le cœur. Il avait l'impression de ne pas l'avoir vue depuis un mois, un siècle. Il savait qu'elle s'ennuyait ici. Paris lui manquait. Elle n'acceptait cette vie provinciale qu'à cause d'Hélène, des privations. Elle se plaignait d'être seule la moitié du temps, de ne le voir qu'en coup de vent entre deux voyages à Paris. Elle lui reprochait d'être intoxiqué par ses responsabilités. Sa satisfaction d'être la femme d'un ministre n'avait pas duré : le prestige s'était évanoui, elle n'en voyait plus que les « corvées ».

Il tenait sous son bras une boîte de chocolats. Un cadeau

qu'on lui avait fait à Paris. Toute une histoire, ces chocolats ! Une intervention délicate auprès des Allemands qui, cette fois, s'était bien conclue. Il songeait aux difficultés croissantes qu'il rencontrait dans ses négociations avec les occupants. La situation se dégradait de jour en jour. L'époque des séductions était révolue. Leur mépris devenait de plus en plus ostensible ainsi que leur défiance envers l'équipe de Darlan. Il avait rédigé un rapport sur ce sujet. A quoi bon ! A Vichy, on ne voulait entendre que les bonnes nouvelles.

Tandis qu'il parvenait à l'angle de la rue du Docteur-Fernand, quelqu'un fit un geste brusque dans sa direction. Il eut un mouvement de recul dont il se blâma aussitôt. Le policier en civil avait bondi ; il s'était arrêté, en voyant l'auteur parfaitement inoffensif de cet incident.

— Encore vous, monsieur Weinfeld !

Pierre Lenhart prononça ce nom d'une voix courroucée, agacé de sa frayeur, en appuyant sur ses consonances germaniques. Il était furieux de se voir voler des secondes précieuses qui le séparaient d'Antonia. Devant lui se tenait un septuagénaire propret, vêtu de noir, coiffé d'un chapeau à large bord, à l'attitude contrite et soumise. Ses beaux yeux d'un bleu délavé exprimaient le fond de la tristesse. Il tendit un maigre dossier dans une chemise verte en implorant d'une voix chuintante à l'intonation tudesque :

— Monsieur le ministre... pardonnez le dérangement à nouveau...

Pierre Lenhart connaissait la suite par cœur. M. Weinfeld, juif, professeur de piano, avait quitté Vienne au moment de l'Anschluss. Il voulait obtenir la libération de sa fille internée à Drancy. Chaque semaine, depuis deux mois, Pierre Lenhart le voyait apparaître par surprise, toujours dans un endroit différent. C'était devenu pour lui un personnage familier. Il lui parlait, le plaignait sincèrement, mais ne donnait pas suite à sa demande d'intervention. Il s'en tirait par un : « Je verrai, je ne vous promets rien. » Il s'interdisait d'intervenir en faveur des juifs (une règle qui avait souffert une cinquantaine d'exceptions : à commencer par les parents de Wiso et ceux de nombreux amis arrachés aux Allemands). Ces arrestations de juifs lui paraissaient barbares. Des mesures inhumaines dont la finalité échappait à son entendement. Arrêter des terroristes, des communistes, cela pouvait se comprendre. Mais des femmes, des enfants, des vieillards ! Quel danger pouvaient-ils représenter pour le Reich ? Absurde ! Mais il existait des dizaines de milliers de M. Weinfeld. Pourquoi intervenir en faveur de l'un plutôt que de l'autre ? Sur le plan philosophique, humain, cette position n'avait rien de reluisant. Il en était conscient. Mais il avait une responsabilité politique, et on ne dirige pas un ministère en s'obnubilant sur les cas particuliers. Cette ignominie était l'affaire des Allemands. Ils avaient les moyens d'imposer leur loi. Quant aux politiciens et idéologues français qui entonnaient à leur tour le refrain antisémite, il éprouvait pour eux un dégoût absolu.

L'apparition de M. Weinfeld avait aujourd'hui toutes les raisons de l'agacer : il était un obstacle qui s'interposait devant son désir de retrouver Antonia et ravivait sa culpabilité. Il réagit avec une brutalité inhabituelle :

— Je vous l'ai déjà dit : je n'y peux rien. Adressez-vous aux Allemands !

Eberlué par cette rudesse, le vieil homme continua à tendre dans le vide son dossier vert.

II

Pierre Lenhart arriva en nage devant la petite maison blanche aux volets bleu clair, en bordure du parc des Célestins, qu'il louait à la veuve d'un médecin. L'incident avec M. Weinfeld avait assombri son humeur. Il sonna à la porte. Personne ne vint. Il sonna à nouveau plusieurs fois, l'imagination agitée par des pressentiments catastrophiques. Enfin Wiso apparut dans l'entrebâillement de la porte.

— Ah, c'est toi ! Nous t'attendions.

— C'est gentil, répondit-il sèchement.

Tout l'exaspérait dans cet accueil : qu'Antonia ne se fût pas dérangée. (« C'est vrai, se dit-il, je ne suis que son mari. ») Le manque de vergogne de Wiso qui était en chaussettes et se comportait comme s'il était chez lui. Ce : « Nous t'attendions ! » Comme si déjà ils formaient un couple !

— Où est Antonia ? demanda Pierre Lenhart, de plus en plus nerveux.

— Avec Hélène dans le jardin... Les nouvelles n'ont pas l'air fameuses ?

Pierre Lenhart le regarda d'un air rogue.

— Pourquoi dis-tu cela ?

— Pour rien... A cause de ta tête...

Pierre Lenhart haussa les épaules et se dirigea vers le jardin. Antonia, assise sur un fauteuil en rotin, maniait de longues aiguilles : elle apprenait le tricot à Hélène. Une pelote de laine rouge avait roulé à ses pieds. Entendant des pas sur les graviers, elle leva les yeux. Elle adressa à Pierre Lenhart un sourire appuyé mais sans consistance et se replongea dans ses mailles sans un mot de bienvenue, comme s'il venait de la quitter un instant auparavant.

Hélène aperçut son père. Elle s'exclama d'une voix excitée :

— Papa... surtout ne nous dérange pas... J'apprends à tricoter.

La froideur de cet accueil cingla Pierre Lenhart. Un éclair de fureur le traversa. Il réprima son impulsion de jeter par terre la boîte de chocolats et de la piétiner. Toujours la même désillusion ! Il attendait tant de sa famille. Trop. Dès qu'il s'éloignait, il la parait de mille attraits. Il en espérait la chaleur, le réconfort, après le tumulte harassant de la vie ministérielle. Il devait se contenter d'une tendresse parcimonieuse. Du moins d'Antonia. Hélène, c'était différent : sous des dehors capricieux, elle était très affectueuse. Une chatte : il fallait attendre son bon plaisir. Elle avait une façon si adorable de tendre ses petits bras vers lui, de l'étreindre avec passion quand il allait l'embrasser, le soir, dans son lit. Il domina sa déception et s'approcha. Il baisa le front d'Antonia, puis celui d'Hélène, qui réagit par une moue agacée.

— Je vous ai rapporté des chocolats.

Le mot eut un effet magique. Le tricot fut laissé en plan. Elles se précipitèrent sur lui. Hélène s'empara de la boîte. Comme elle ne parvenait pas à en dénouer les rubans, elle la tendit à sa mère en trépignant.

Pierre Lenhart soupira :

— Je prendrais bien du thé.

— Je vais le préparer, dit Antonia la bouche pleine. Fameux, ces chocolats. D'où viennent-ils ?

Pierre Lenhart leva le bras et le laissa retomber mollement.

— Oh, c'est toute une histoire. Je te raconterai.

Pierre Lenhart se détendit en buvant le thé brûlant. Quelle douceur ! Un fragile rayon de soleil rasant dorait le jardin. Des notes de musique voletaient par la fenêtre ouverte du salon :

Wiso était au piano et jouait une sonate de Beethoven. Il butait sur les accords, reprenait les trilles. « Quelle paix ici, tout de même ! » songea Pierre Lenhart en regardant Antonia et Hélène qui avaient repris leur occupation. Pourquoi Wiso ne se joignait-il pas à eux ? Par discrétion, pour le laisser jouir de ses retrouvailles familiales ? Il lui fut reconnaissant de sa délicatesse. Il se reprocha sa mauvaise humeur. Il se sentait délivré de l'angoisse qui l'avait oppressé. Un doux bien-être irriguait son âme : rien n'avait changé, tout était à sa place. Presque un miracle. Il observait Hélène appliquée sur ses immenses aiguilles. Elle ressemblait de plus en plus à sa mère. Il éprouvait pour elle un sentiment qui, au contraire de celui d'Antonia, le rassurait : elle avait besoin de lui, leur amour ne pouvait finir, le temps ne pourrait rien contre lui. Il l'aimait avec ses caprices, sa coquetterie, ses tristesses soudaines.

— Raconte-moi, qui as-tu vu à Paris ?

Antonia le questionnait avec des yeux gourmands. Paris, même blessé, occupé, lui paraissait une véritable Babylone en comparaison de Vichy. Cet intérêt venait trop tard pour Pierre Lenhart. Maintenant il avait surtout envie de laisser glisser sur lui les riens de la vie familiale. Il se mit à raconter sans enthousiasme un dîner avec Roland et Rose. Subitement, une autre idée lui vint : il s'efforçait de ne pas parler chez lui de ses rencontres politiques. Pour une fois il voulut faire exception.

— J'ai eu un dîner intéressant avec Otto Abetz. C'est un curieux type, il...

Antonia le coupa.

— Et Rose ? Roland la rend toujours malheureuse ?

Pierre Lenhart soupira d'un air dubitatif. Cette conversation-là ne l'intéressait pas. D'ailleurs, vraiment, il n'avait aucune envie de parler. Il n'avait cessé d'observer Hélène. Le rayon de soleil taquinait son visage. « Quelle effroyable époque pour des enfants ! » songea-t-il. La scène avec M. Weinfeld lui revint à l'esprit. Quel mal avait bien pu faire la fille de cet inoffensif professeur de piano ? Aucun, évidemment. Toujours cette stupide haine raciale. Il regrettait de l'avoir rabroué. Pourquoi lui avait-il lancé cette phrase inutile, blessante : « Adressez-vous aux Allemands » ? L'énervement n'était pas une excuse. Vraiment, une réaction méprisable !

Wiso abandonna les sonates de Beethoven et sans transition entama des airs de jazz. Ce changement mélodique bouleversa l'harmonie intérieure encore fragile de Pierre Lenhart et mit ses nerfs à vif. Il avait fini par oublier la présence de Wiso. Il se leva.

— Je vais me changer.

Il monta l'escalier aux marches grinçantes et pénétra dans son bureau. Une odeur de renfermé régnait dans la pièce sombre tapissée de livres. Ici il se sentait chez lui. Il retira sa veste et ouvrit la fenêtre. Tout l'agaçait en ce moment. Wiso et son jazz... Bien sûr, Antonia était derrière tout cela. Pourquoi ne l'aimait-elle pas autant que lui. Un mystère ! L'injustice de cet amour lui paraissait effrayante. Sa vie avait été une suite de conquêtes victorieuses. Rien ne lui avait résisté. Il régnait sur une administration puissante ; il était obéi au doigt et à l'œil par ses attachés de cabinet, par ses fonctionnaires. Et chez lui, il était un intrus. Antonia s'ennuyait avec lui, c'était l'évidence. Elle le supportait. Pourquoi s'acharnait-il à lui dédier son existence ? Il se tapa le front contre le chambranle de la fenêtre : « Quelle bête je fais : la France est occupée, le monde ensanglanté par la guerre, des milliers de prisonniers sont arrachés à leur famille, des types de vingt ans meurent chaque jour ou sont mutilés, on déporte des populations entières, et moi qui suis au cœur de tous ces drames, j'en suis toujours à me demander si Antonia m'aime... après neuf ans de mariage. Quelle jeunesse, tout de même, ou quelle déraison ! »

Il songea à nouveau à Hélène. Quel serait son sort dans ce monde infernal qui traquait même les enfants ? Dieu seul savait ce qui pouvait advenir. Il pouvait être assassiné, arrêté, déporté. Sans lui que deviendrait-elle ? Une petite fille sans défense comme la fille de ce pauvre M. Weinfeld ; une proie livrée à la brutalité et à la bêtise des hommes. Et elle n'aurait même pas ce père obstiné pour intercéder en sa faveur. Des larmes lui montèrent aux yeux. « Je suis un salaud », se dit-il. En bras de chemise, il descendit au rez-de-chaussée. Il décrocha le récepteur du téléphone. Il demanda l'hôtel des Gardénias, puis son directeur de cabinet.

— Allô ! Leroy, c'est moi. Pouvez-vous jeter un coup d'œil sur le dossier Weinfeld, oui, WEINFELD, prénom Ruth, une juive autrichienne. Elle est à Drancy. Tâchez de la sortir de là, c'est important. Tenez-moi au courant. A demain.

Quand il eut raccroché le récepteur, il se sentit délivré d'un énorme poids. Il était décidé à tout entreprendre pour la sauver. Cela n'excuserait pas sa phrase ignoble. Il pensa : « A force de vivre au milieu des atrocités, on devient soi-même atroce. »

III

Une lettre à la main, vêtu d'un blazer bleu marine orné d'une pochette blanche, Wiso pénétra dans la salle à manger. Pierre Lenhart, Antonia et Hélène étaient déjà à table.

— Tu ne dînes pas avec nous ? dit Pierre Lenhart avec une intonation à la fois engageante et désolée qui visait à faire oublier sa mauvaise humeur de l'après-midi.

— Merci. J'ai un rendez-vous. Je vous laisse dîner en amoureux.

Il glissa la lettre dans la poche intérieure de sa veste.

Pierre Lenhart le regardait avec un sourire plein de bonne volonté, ne sachant comment lui être agréable.

— Tu parais tout à fait équipé pour faire une nouvelle victime dans le Gotha.

C'était une allusion aux nouvelles habitudes sentimentales de Wiso. Depuis qu'il était à Vichy, il avait perdu sa manie des coiffeuses, des petites vendeuses. Il s'attaquait maintenant au *gratin :* grandes bourgeoises, épouses des dignitaires du régime, femmes d'amiraux aux interminables noms à rallonge, intrigantes de haut vol comme cette baronne Van Bollaert pour laquelle le Maréchal avait eu un faible : on murmurait qu'elle avait dansé les seins nus devant lui au cours d'une soirée dans un petit salon du pavillon Sévigné. Sa régulière était la petite comtesse de Favrolles, jeune veuve d'un capitaine mort à Dunkerque, qui habitait un château sur la route de Clermont-Ferrand. Il avait ses habitudes chez elle quand il n'était pas à Antibes avec sa femme et ses parents. Elle ne pouvait le recevoir en ce moment à cause de la présence de sa belle-mère.

— Tu ne crois pas si bien dire, rétorqua Wiso avec un sourire fin. Allez, bonsoir.

Il passa affectueusement la main dans les cheveux d'Hélène.

Dans la rue, il déverrouilla l'antivol de sa bicyclette rangée contre le mur et fixa ses pinces à vélo. Au moment d'enfourcher son véhicule, il s'assura de la présence de la lettre dans sa poche intérieure. Il se mit à pédaler en direction du parc des

Sources. Il avait rendez-vous au café des Curistes. Ensuite il se rendrait au Sporting où l'attendait pour dîner la princesse Tozzi, la femme du premier secrétaire de la légation d'Italie. Le prince était à Rome pour quelques jours en consultation.

Wiso avait perdu son sourire persifleur, son air désinvolte. Tandis qu'il pédalait, une expression angoissée tirait ses traits. Depuis la guerre, il n'était plus le même. Sorti indemne de son char touché de plein fouet par un obus dans les Ardennes — un de ses coéquipiers était mort, l'autre grièvement blessé — son attitude courageuse lui avait valu une citation. Depuis il ne dormait plus, ou quelques heures d'un sommeil agité. Cette impression poisseuse d'être un mort en sursis l'obsédait. A la signature de l'armistice, il s'échappa d'un camp de prisonniers et gagna Vichy où Pierre Lenhart l'introduisit dans l'entourage du Maréchal : on cherchait un journaliste capable de rédiger des discours. Il avait tout de suite fait l'affaire. Dès son arrivée, il troqua son patronyme de Weissberg pour celui de Bellerive, du nom d'un faubourg de Vichy, qui, pensait-il, sonnait plus clair aux oreilles des maîtres du nouveau régime. D'abord pseudonyme, il réussit à l'adopter définitivement grâce à Pierre Lenhart, passé du secrétariat général de la présidence du Conseil au secrétariat d'Etat à l'Intérieur. Ce fragile paravent le rassurait. Dans l'entourage du Maréchal personne n'était dupe : ce que l'on appelait son « bon esprit », qui n'était que son aptitude à se plier sans rechigner aux exigences de ses nouvelles fonctions, le fait qu'il ait eu un frère mort pour la France en 1917 levèrent les préventions. Etait-ce la peur, le désir d'être aimé par ceux-là mêmes qui auraient dû le détester qui l'amenèrent à manifester ce zèle pour le nouveau régime ? Il crut trouver dans le giron de Vichy une protection souveraine. Il ne tarda pas à déchanter. Lorsque son père fut arrêté par les Allemands à Paris en novembre 1941, il ne vit autour de lui que des regards navrés et fatalistes. Sans l'intervention personnelle de Pierre Lenhart qui le fit libérer et le ramena à Vichy par l'autorail ministériel, le Pr Weissberg aurait été déporté.

Wiso comprit soudain les limites de l'immunité dont il jouissait. Il commença à prendre ses distances avec le régime. Les séjours chez ses parents réfugiés, avec Evelyne, dans leur villa du cap d'Antibes étaient de plus en plus fréquents. C'est là qu'il rencontra un ancien journaliste du *Populaire* d'origine juive, qui voulait gagner Londres. En l'accompagnant à Marseille pour l'aider à trouver une filière, il découvrit le réseau « Patrie et Liberté » qui regroupait d'anciens officiers francs-maçons, quelques intellectuels qui fuyaient la zone occupée. En contact avec les Services de renseignements anglais du colonel Buckmaster, ils leur fournissaient des informations politiques et stratégiques. Wiso, séduit, voulut rompre ses attaches avec Vichy. On l'en dissuada en le convainquant des avantages du double jeu.

Aussi, depuis deux mois, vivait-il dans une complète duplicité. Tantôt avec Evelyne, au cap d'Antibes, où sa moisson de renseignements était répercutée à Londres par radio, tantôt avec la petite comtesse de Favrolles à Vichy où il continuait à rédiger des communiqués pour les services de l'hôtel du Parc ou à organiser des tournées de conférences dans les chantiers de jeunesse.

Cette situation ne lui laissait pas la conscience tranquille. Il acceptait les risques qu'il courait d'être dénoncé et arrêté, mais il avait des scrupules à continuer de profiter de l'amitié de Pierre Lenhart. Parfois il se demandait si celui-ci soupçonnait ses activités clandestines. Vichy était truffé d'espions, d'agents doubles : qu'adviendrait-il le jour où il découvrirait la vérité ?

Arrivé à une trentaine de mètres du café des Curistes, Wiso gara sa bicyclette contre un platane. Il tira la lettre de sa poche intérieure et la fit glisser sous sa veste à la hauteur de sa hanche. Il pénétra dans le café en la maintenant dissimulée dans un pan de son blazer. Il jeta un regard circulaire sur les consommateurs et s'avança vers l'arrière-salle du café avec l'air de chercher quelqu'un. Il bouscula un guéridon en marbre où était attablé un beau jeune homme brun au front bombé. Il laissa glisser la lettre sur le sol et murmura :

— Pardon... je crois que vous avez laissé tomber quelque chose.

Il feignit de continuer sa recherche puis se dirigea vers la sortie.

Le jeune homme rougit. Il se baissa et mit l'enveloppe dans la poche revolver de son pantalon.

IV

Après le vieux pont en pierre qui faisait un saut sur la Die, une rivière étroite qui se frottait contre les peupliers frémissants et se poussait sans hâte vers l'Allier, la route commençait à grimper dur. Un bon quart d'heure où les mollets et les reins en prenaient un sacré coup. Puis la route déroulait des collines un long ruban beige vers Vichy. Cette alternance d'efforts et d'abandons, c'était tout le charme de la bicyclette avec le festival des odeurs : herbes mouillées, fumier chaud et lait, mêlés à l'approche des fermes, bruyères décomposées. Roger Lanche venait de revendre son vélo d'homme dont le cadre était trop haut pour ses jambes courtaudes : il avait racheté une confortable bicyclette de femme, moins sportive, mais qui ne lui coinçait pas douloureusement les parties à chaque arrêt. De l'ancien presbytère de Randan à l'hôtel du Parc, de porte à porte, il ne mettait pas plus d'une demi-heure. Aujourd'hui, dans le matin frais et pimpant, il dévorait les kilomètres de bon appétit. Sa journée était d'avance illuminée par le déjeuner organisé pour le Dr Wilfried Meinhauser dans le cadre des rencontres culturelles franco-allemandes. On allait s'en mettre plein la lampe, à Molles, chez la mère Fradin. Déjà il savourait la crème anglaise des œufs à la neige. Rien de tel que ces périodes d'incertitude pour vous faire apprécier les plaisirs de la vie. Et ce soufflé au brochet... Ah ! on était loin des conserves surchauffées, du singe à gogo de l'armée française du Levant.

Ces gueuletons chez la mère Fradin emplissaient l'existence de Roger Lanche. Il s'en délectait d'avance ; il se les remémorait avec délices. Surtout quand ils ne coûtaient rien comme aujourd'hui. Ce petit Bavarois, sec et ridé, passionné d'architecture, ami d'Arno Breker, n'aurait pas la mesquinerie de lui laisser l'addition. La seule préoccupation de Roger Lanche dans ses nouvelles fonctions de sous-directeur du département culturel aux Affaires étrangères, qu'il avait choisies tout exprès pour leur caractère inoffensif, était de laisser le moins de traces possible de ses rencontres avec les occupants, qu'il méprisait et considérait comme un fléau passager dont il fallait tirer le meilleur parti. Il employait des ruses de Sioux pour éviter d'être cité dans les comptes rendus des réunions, faisait signer les accords par l'autorité supérieure. Tous les prétextes lui étaient bons pour ne pas se compromettre. La prudence lui paraissait l'hygiène élémentaire de ces époques troubles. Et on trouve toujours un imbécile qui veut faire du zèle.

Tous les excès politiques lui étaient suspects. Aussi bien ceux des pro-Allemands que ceux des gaullistes. Pour lui tous ces gens ne nourrissaient que des arrière-pensées de carrière. Pierre Lenhart, par exemple, qui ne s'en tirait pas trop mal. Pour l'instant. Ces hommes étaient des joueurs qui misaient sur les événements. Il les ménageait, ne dédaignait pas de leur demander des services. (Tiens, au fait, il devait se procurer un *Ausweis :* c'était bien le diable si Pierre Lenhart n'arrivait pas à le lui obtenir rapidement ! Il irait le voir à son bureau de l'hôtel des Gardénias. Non, on l'y avait vu déjà trop souvent. Il irait chez lui, un soir, avant le dîner.) Face à tous ces joueurs, il se sentait neutre. Il rêvait parfois de vivre en Suisse, loin des outrances politiques, verbales, dans un pays où l'on peut s'adonner sans risques à son égoïsme tranquille.

Un autre trait caractérisait son comportement à l'hôtel du Parc : l'absentéisme. Il n'en fichait pas une rame. Dès qu'il le pouvait, il laissait les arrivistes de tout poil se dévorer entre eux, ou s'empêtrer dans les laborieuses toiles d'intrigues qu'ils tissaient à longueur de temps dans les pâtisseries du parc des Sources. Il gagnait à bicyclette les bords de l'Allier, tirait pliant et carton à dessins de sa sacoche et faisait des croquis ou des aquarelles jusqu'à la tombée du jour. Ensuite, légèrement engourdi, comme grisé, il retrouvait Antoinette au presbytère de Randan.

Antoinette ! Roger Lanche s'était marié. Il avait épousé sa secrétaire à Vichy trois mois à peine après son retour de l'armée d'Orient, où il s'était offert un brin de guerre en Tunisie et à Beyrouth sans rencontrer d'adversaires, et de périlleuses fouilles archéologiques qui lui valurent d'être arrêté comme espion, avant d'être relâché, puis rapatrié à Marseille avec une dysenterie. Personne ne comprenait pourquoi il s'était flanqué d'une femme aussi disgracieuse, chétive, tout en os, au caractère rêche qui, en un temps record, avait fait le vide autour de lui. Possédant un art consommé de la brouille, elle n'attaquait pas ses amis de front, mais réussissait à coups de remarques blessantes, d'astucieuses humiliations, à se rendre détestable à leurs épouses. Antoinette voyait disparaître deux à deux les anciennes relations de son mari avec la même satisfaction que d'autres enregistrent des victoires. Enfin il était tout à elle ! Roger Lanche regardait ces coupes sombres du même œil fataliste avec lequel il observait les désagréments inéluctables que connaissait son pays occupé. Pourquoi se serait-il battu ? Il se sentait très heureux seul avec sa mégère possessive et acariâtre.

Il lui arrivait de soupirer sur la condition d'homme marié lorsqu'il rencontrait Pierre Lenhart ou quelque vieil ami. Pour la forme. Elle lui convenait parfaitement. La mort de Jacqueline de Neuville l'avait délivré d'une liaison sans issue. Sa photo était toujours dans son portefeuille — son élimination était l'un des derniers objectifs d'Antoinette —, il pensait souvent à elle, au bonheur qu'elle lui avait donné. Elle appartenait à une autre époque, celle de l'insouciance, de la joie de vivre, de l'avant-guerre.

Parvenu au sommet de la côte, Roger Lanche éprouva un instant de satisfaction : Vichy apparaissait tout blanc à ses pieds avec l'Allier qui serpentait dans les prairies. Il allait se laisser glisser en roue libre. Une petite brise rafraîchissait son front dégoulinant et cramoisi. Il commença la descente dans un silence troublé seulement par le bruit de cigale du moyeu.

V

Roland sortit de l'immeuble de la rue du Four et marcha sous la pluie en direction du Bon Marché. Il éprouvait une désagréable sensation dans le dos. Sa poitrine était oppressée. Il devait faire un effort pour ralentir son pas, dominer la panique qui lui criait de prendre ses jambes à son cou. De peur d'éveiller les soupçons d'un suiveur, il n'osait se retourner. Sous la pluie, tous les passants se ressemblaient. Les cinq minutes qu'il mit à rejoindre le boulevard Raspail lui parurent un siècle. Aucune main ne s'était abattue sur son épaule. Dans le square Boucicaut, à l'angle de la rue de Sèvres et du boulevard, il tourna la tête brusquement : personne aux alentours. Il s'assit sur une chaise en fer, laissant la pluie dégouliner dans son cou. Libéré de la menace qui pesait sur lui, un accès de gaieté le saisit. Il avait envie de rire, de danser. Ce n'était pas encore pour cette fois. Il pouvait jouir de ce square aux arbres déplumés, du tas de sable douteux, du ciel gris sale. La vie était à lui, il la savourait comme jamais. Autrefois, tout — sauf peut-être l'amour — lui paraissait morne, une impression d'usure, un goût saumâtre de déjà-vu. Maintenant il vivait : chaque instant recelait des bouffées toniques d'oxygène. Le vague à l'âme, l'ennui de lui-même, l'indécision qu'il avait traînés appartenaient à des époques révolues.

L'existence semi-clandestine qu'il menait depuis plus de six mois aiguisait ses sens. Dans la quiétude, le train-train, on finit par ne plus rien voir. Qui connaît vraiment une ville ? Les mendiants, les voleurs, les jaloux peut-être. Des esprits en rupture, des vagabonds. Les nantis assoupis dans le confort n'ont plus d'yeux, plus de nez, plus d'oreilles. Il rendait grâce aux événements qui lui avaient donné l'occasion de se découvrir un homme véritable. Il se tenait en permanence à l'affût, même la nuit. Un mot, un bruit, un regard contenaient peut-être un message ? Il observait les rues, leurs recoins, leurs issues ; les portes cochères, les bouches de métro pouvaient devenir soudain des auxiliaires précieux. Même les plaques des véhicules ne le laissaient pas indifférent. Jamais il n'aurait pu imaginer que Paris lui apparaîtrait sous ce jour stratégique. A force de scruter tous les visages, il voyait les Allemands partout. De fait ils n'étaient jamais très loin. En face de lui, à une centaine de mètres, à l'hôtel Lutétia ; de l'autre côté du boulevard, à la prison du Cherche-Midi, là où le commandant d'Estienne d'Orves avait connu son calvaire. Et combien d'autres après lui ? Un jour ce serait peut-être son tour. Combien de temps la chance l'accompagnerait-elle encore ? Il ne parvenait pas à s'imaginer arrêté, brutalisé, torturé, fusillé. Il se sentait protégé. Sinon il n'aurait pas affronté tous ces dangers.

De qui pouvait-il être sûr autour de lui ? Question atroce ! Deux, trois, cinq personnes ! Mais au-delà ? Plus le réseau s'étoffait, plus s'accroissaient les risques d'être repéré. Ce n'étaient pas tant les mouchards qu'il craignait que les bavardages. La clandestinité, son silence forcé amènent tôt ou tard à des confidences. On ne peut pas vivre longtemps dans un état contre nature. Comme une femme qui trompe son mari : elle peut se taire six mois, un an, puis il faut qu'elle parle de son amant. Pourquoi accepterait-on de prendre de tels risques, qui donnent de soi, de son courage, une idée avantageuse, si ce n'est pour montrer aux autres qu'on vaut mieux qu'eux ? Il faudrait être un saint. Même les saints cèdent à la tentation. Le danger, c'est l'orgueil d'être une minorité, la vanité de l'exception. Comment ne la contracterait-on pas quand on vit dans le romantisme de la vie clandestine, quand on appartient à cette fraternité secrète et réprouvée qui se promène avec, dans sa poche, un revolver ou une capsule de cyanure ? Oui, un côté catacombes, avec des signes de reconnaissance et des messes silencieuses devant un poste de radio où le servant officie avec un casque sur les oreilles.

Roland avait accepté avec enthousiasme la responsabilité de chef de réseau. On l'avait désigné en raison de ses compétences militaires : il était officier de réserve et s'était bien conduit sur le front des Ardennes. Cette aventure l'avait séduit comme une entreprise désespérée, un saut dans l'abîme. Il avait mesuré les forces du désespoir en lui, comme la face noire de sa vie amoureuse. L'attrait suicidaire des causes perdues. Il ne savait pas alors à quel point il aimait la France. Comment aurait-il pu s'en douter ? Il avait méprisé la lâcheté, l'irresponsabilité, la corruption de ses politiciens. Ces boutiquiers, ces notaires à moustache, boudinés dans des costumes trois-pièces, ne donnaient pas l'impression d'une France fière et jeune. Les grands idéaux — ils avaient dû en avoir — s'étaient embourbés dans les banquets radicaux. Ce n'était plus *France, mère des arts...* France, mère du cassoulet de Castelnaudary, de l'andouillette au vin blanc, France, mère de l'apoplexie, de la cirrhose, de la main baladeuse sur les cuisses des soubrettes. Cette France-là, il l'avait haïe. Pas le pays de Saint Louis, de Louis XIV, de la Révolution, de l'Empire, mais son ventre mou, sa graisse mauvaise.

La France d'aujourd'hui avait faim. Peut-être dans les privations retrouverait-elle un sursaut d'idéal ? Ce rêve d'une France régénérée, il savait qu'il n'était pas le seul à le partager. Pas seulement dans son camp : parmi les jeunes qui s'étaient fourvoyés avec le Maréchal, beaucoup y avaient cru. Du moins au début. Ce n'était pas seulement l'espoir de bouter un jour les Allemands hors de France qui donnait cette force à son enthousiasme. Il croyait à un redressement, à une aube nouvelle. L'énergie, l'effort, le sacrifice allaient créer les conditions d'une chevalerie. Les premiers révolutionnaires étaient aussi des chevaliers qui avaient voulu imposer un idéal à une aristocratie veule, asphyxiée par ses privilèges, et les officiers de l'Empire qui avaient allumé tous ces feux victorieux à travers l'Europe...

Tout bien réfléchi, il se sentait plus proche d'un jeune engagé dans la L.V.F. qui endossait l'uniforme allemand que d'un Laval, d'un de ces politiciens usés qui tiraient leurs vieilles ficelles. Ceux-là au moins risquaient leur peau, tentaient d'embrasser leur temps. Laval, lui, s'en tirerait toujours. La race increvable des opportunistes.

Roland ne craignait rien tant que de voir renaître les jeux politiques dans la clandestinité. Il fallait préserver la pureté de cette révolte qui unissait des officiers, des bourgeois, des gens du peuple, des anciens des ligues et des communistes. La politique voulait s'y infiltrer. Tout l'après-midi avait passé en discussions. Le réseau était divisé : fallait-il se soumettre entièrement aux directives du B.C.R.A. ou continuer à donner des informations aux Anglais et garder sa liberté de manœuvres ? Pourquoi introduire déjà le germe d'une division ? Personnellement, Roland ne se sentait aucune sympathie pour de Gaulle, ce côté pète-sec, arriviste. De quel droit les gens de Londres pouvaient-ils se prévaloir ? Beaucoup étaient dans des bureaux, inspectaient leur marine d'opérette, rêvaient sur des cartes d'état-major. Ils incarnaient un principe, ce n'était pas une raison pour donner des leçons. Il y avait une magie autour de De Gaulle, il la sentait. Et puis, c'était un chef, un soldat, ça rassurait. Il l'acceptait comme drapeau. Mais comment pouvait-il juger de Londres ce qui était bon ou mauvais pour les combattants de la France occupée ?

Il ne le dissimulait pas aux chargés de mission gaullistes qu'il rencontrait. Cela ne plaisait pas. Des échos lui en revenaient : il n'était pas en faveur à Carlton Gardens. On se méfiait de lui. On tenta de le mettre en minorité dans son réseau. En dernier ressort, on lui demanda de venir s'expliquer. Pourquoi pas ? Tant de bruits contradictoires couraient sur de Gaulle. Il avait bien envie de voir ce que le bonhomme avait dans les tripes.

La pluie cessa. Un crépuscule torturé dessinait ses ombres au-dessus des arbres. Roland décida de rentrer chez lui. D'habitude, par précaution, il empruntait le métro jusqu'à la station Saint-François-Xavier et revenait ensuite sur ses pas jusqu'à la rue du Bac. Cette fois il se contenta de traverser les couloirs de la station Sèvres-Babylone.

Quand il arriva, il trouva Rose avec sa figure des mauvais

jours. Elle mettait toujours quelque temps à lui avouer les raisons de sa mauvaise humeur. Enfin elle dit d'une voix sifflante :

— Une femme t'a appelé avec des airs mystérieux. Elle n'a pas voulu donner son nom. Elle rappellera... Je n'aime pas toutes ces histoires. Pense quand même que tu es un père de famille, c'est vrai que tu l'es si peu, que tu as des enfants...

Pendant le dîner le téléphone sonna. Rose décrocha le récepteur et le tendit à Roland avec une expression de satisfaction mauvaise.

— C'est encore elle !

Roland entendit une voix inconnue, déférente.

— Je vous appelle de la part de Mme Corbin. Elle me charge de vous dire que tout s'est bien passé, que c'est une fille.

VI

Quelle folie, quelle inconscience et quelle preuve d'amour ! Roland avait été traversé par toutes ces impressions lorsque Solange Corbin lui avait annoncé qu'elle était enceinte. Pour la première fois le sentiment de la gravité de cet amour lui était apparu. Face à son courage devant les difficultés qui l'attendaient, les inévitables explications avec son mari, il s'était senti faible et avait admiré sa détermination. Il avait manifesté une joie décente qui avait armé ses résolutions. S'il s'était montré réticent, elle n'eût pas hésité à se faire avorter. Elle plaçait dans cet enfant qui allait naître tout l'espoir que lui donnait cet amour jeune, impétueux, qui l'avait surprise à un âge où elle pensait n'avoir plus rien d'important à attendre de l'existence, sinon quelques amants pour la distraire de la morosité conjugale. Des amants, pas l'amour ! Dans la vie déjà enserrée dans un étau social, mariée à l'un des hommes les plus puissants de France, le bonheur comptait peu. Sa liberté ? Elle y avait renoncé en liant son destin à celui d'Alexandre Corbin. Avec la passion, elle en retrouvait le goût, l'ivresse.

Cet enfant était un défi qu'elle jetait : à elle-même, à son mari, à cette époque rongée par les incertitudes, à la société figée dans une éternelle courbette qui évoluait autour d'eux. Qu'elle eût un amant, on le savait, on s'en doutait. Alexandre

Corbin préférait fermer les yeux. Tant que sa femme remplissait ses devoirs de mère, de maîtresse de maison — il y avait longtemps qu'il n'exigeait plus rien de l'épouse —, tant qu'il n'y avait ni scandale, ni liaison affichée, il estimait qu'il n'avait aucune raison de se plaindre. Une vie d'efforts et d'épreuves l'avait rendu coriace. Hormis son fils, il ne s'intéressait plus qu'à sa gloire, que les occupants flattaient — ils avaient compris le parti qu'ils pouvaient tirer d'un tel orgueil. Car le souhait qu'il formait pour l'avenir du monde, ce n'était ni le succès des Allemands et des Japonais, ni celui des Russes ou des Américains, c'était l'avènement des conditions les plus favorables au seul succès qui lui tenait à cœur, celui d'Alexandre Corbin. Il se sentait au-dessus des frontières, comme un seigneur de la Renaissance : un condottiere, un Colleoni de l'aéronautique. D'avoir vissé, les mains pleines de cambouis, des carburateurs dans les moteurs des premiers Morane et d'être devenu aujourd'hui le maître d'un empire, voilà qui à ses yeux lui donnait le droit de mépriser ces querelles ridicules qui ensanglantaient la planète. Il ne voyait qu'une chose : les gouvernements qui s'étaient succédé en France n'avaient suivi aucun de ses conseils ; on l'avait regardé de haut, tenu à l'écart. Les Allemands, eux, l'écoutaient. Et pour les honneurs, ils n'y étaient pas allés avec le dos de la cuillère. Il ne tenait qu'à lui de recevoir la croix de fer et un tas de breloques aux noms ronflants qui ne l'impressionnaient pas : il en avait déjà reçu tous les équivalents français sur le front en 14-18. Les seules distinctions qui l'émouvaient encore, c'était le nombre d'avions qu'on lui achetait.

Lorsque sa femme lui avait avoué qu'elle était enceinte, il était entré dans une de ces colères homériques dont il usait pour mettre au pas ses syndicalistes ; une colère superficielle, tout en éclats, en portes claquées, qui ne durait pas. Ses vraies fureurs étaient froides, silencieuses, ne laissaient apparaître qu'un léger tremblement de ses maxillaires, durcissaient ses yeux et aiguisaient des vengeances longuement préparées. Il voulait marquer un coup d'arrêt : sa femme venait de franchir la frontière qui, dans leurs rapports, délimitait ce qui était permis et ce qui ne l'était pas. Il craignait, s'il la laissait agir à sa guise, de n'avoir plus jamais prise sur elle. En même temps, il fallait éviter de la braquer, sinon il risquait de la perdre, ce qu'il ne souhaitait pas.

Quand elle lui avait dit : « Vous réagissez comme si nous n'étions pas mariés », il l'avait regardée, l'air interdit.

— Que voulez-vous dire ?

— Vous semblez vouloir à tout prix provoquer un scandale dont vous serez la première victime.

Il avait compris et s'était radouci.

— Quel scandale ? Simplement je suis tout de même votre mari, j'ai le droit de vous avertir que l'époque n'est pas particulièrement bien choisie pour pouponner, acheter de la layette, faire des guili-guili avec un hochet. Je vous aurai prévenue. C'est mon devoir. Vous ferez ce que bon vous semblera. Comme d'habitude !

Il avait poussé un profond soupir d'homme vaincu et n'en avait plus reparlé. Quand sa grossesse fut devenue visible, il lui arrivait de la regarder en hochant la tête, comme si elle s'entêtait dans un caprice. Le jour de la naissance, lorsqu'on le complimenta et qu'il fallut affronter le jeu des ressemblances — tout le monde s'accorda à retrouver ses yeux dans ceux de la petite fille —, il se montra un père bourru et flatté. Que ce fût une fille diminuait de beaucoup son humiliation secrète : il aurait mal supporté de voir son fils flanqué d'un frère adultérin. Mais une fille ! Tout cela restait une affaire de femmes à laquelle il n'avait pas son mot à dire. Le baptême à Saint-Pierre-d'Auteuil fut aussi fastueux que le permettaient les circonstances. La petite fille reçut le prénom de Juliette. Alexandre Corbin parut avoir tout à fait oublié son mécontentement. Il se comporta en tout comme s'il était son père. Il poussa même l'extravagance jusqu'à paraître s'en être persuadé lui-même.

Solange Corbin retrouva le chemin de l'île Saint-Louis où elle rejoignait Roland, l'après-midi, quai Bourbon, dans ce qu'elle appelait la « chambre haute ». Elle lui apportait des photos de sa fille, qui le troublaient. Il reprit goût à son corps. Ce printemps 42 demeura pour eux, à l'écoute des moineaux qui piaillaient dans les marronniers du quai tandis que les lourdes péniches remontaient la Seine, ponctuant leur passage d'un coup de trompe, une époque où leur amour leur paraissait un territoire précieux et sauvegardé.

VII

Depuis trois ans que durait la liaison de Roland, Rose était passée par toutes les affres, les rémissions éphémères que peut éprouver une femme qui sait qu'elle est trompée. La jalousie la dévorait. Elle s'était desséchée en recherches pour tout savoir de sa rivale. Elle croyait apaiser sa souffrance en la nourrissant d'informations et ne faisait que l'approfondir. Tout ce qu'elle apprenait au fil des jours, après des enquêtes qui la laissaient comme folle, l'amenaient à se mépriser, lui paraissait sans consistance. Il lui en fallait toujours plus pour tenter de circonscrire son malheur. Elle avait fini par tout savoir de la vie de Solange Corbin, de celle de son mari. Elle avait découvert l'existence de la garçonnière de l'île Saint-Louis ; elle s'y était même rendue, les avait épiés, les avait aperçus se tenant par le bras, amoureux. Elle savait tout de leur liaison. Mais cette connaissance ne lui suffisait pas. Il lui fallait l'élargir sans cesse. Plus elle cherchait à comprendre et plus la vérité semblait la fuir, ne lui laissant qu'une poudre de détails qui dissimulait l'essentiel. Elle épluchait les carnets de rendez-vous de Roland, flairait ses vêtements, scrutait son linge, dans l'espoir de découvrir une preuve concrète de cette vie qui lui échappait et se fondait dans l'irréalité déroutante d'un mauvais rêve. Elle avait crocheté le tiroir de son bureau, y avait trouvé des photos, des lettres qui révélaient un degré de passion insoutenable entre eux. De toutes ses découvertes, c'était la pire : jamais il ne lui avait adressé des lettres aussi tendres, qui témoignaient d'une ardeur aussi brûlante, comme s'ils voulaient prolonger sans fin des caresses — car à travers la correspondance de Solange Corbin elle lisait en creux celle de Roland. Il lui semblait sentir l'haleine de cette femme, l'atmosphère de leurs étreintes, et elle s'en imprégnait jusqu'à la douleur la plus extrême. Pourtant le mystère demeurait : quel pouvoir possédait-elle donc pour le lui arracher ? Quelle séduction secrète rendait à Roland son corps si précieux et le sien méprisable ?

Venait l'horrible attente de ces rares étreintes dont elle espérait un miracle. Elle y pensait sans cesse, les rêvait comme des promesses de bonheur, des accalmies à sa souffrance. Elle épiait chaque soir avec angoisse les signes d'un désir. Elle les provoquait par des postures aguichantes qui ne parvenaient qu'à la rendre plus pathétique et moins désirable. Elle se sentait maladroite. Tant qu'elle s'était crue aimée, l'amour physique lui avait paru simple, maintenant elle le voyait comme une science complexe. La crainte que Roland ne s'endorme pour une longue nuit, pour lui si paisible, pour elle si terrible, la paralysait. Ce corps endormi près d'elle, combien de fois elle l'avait observé, haï pour les tortures qu'il lui infligeait ! Pourquoi cette chair inerte possédait-elle ce pouvoir magique de l'apaiser ou de la consumer en désirs ? Le soir où, enfin, il consentait à la prendre dans ses bras, elle tremblait. Elle mettait dans ses gestes d'amoureuse une application mécanique. Au lieu du bonheur, de la paix attendue, elle ne parvenait pas à oublier que ses lèvres venaient d'embrasser celles de l'Autre, que son sexe avait pénétré dans le sexe de l'Autre, que sa peau s'était mêlée à la peau de l'Autre. Comment pouvait-elle dans ces conditions s'abandonner, connaître un quelconque plaisir ? Elle se contentait de mimer une jouissance dont elle ressentait cruellement le manque. Elle sentait que malgré ses efforts elle décevait Roland. Un goût de défaite succédait à ces ébats. Elle ne renonçait pas, se disait que la prochaine fois elle boirait pour être moins crispée. Mais comment savoir d'avance les soirs où elle devait boire ?

Parfois, devant son impuissance à le reconquérir, abattue, brisée, elle songeait au suicide. Seuls ses enfants l'empêchaient de s'y décider. Quel autre moyen d'échapper à cette douleur qui lui vrillait le cerveau ? Imaginant sa mort, elle se grisait de pathétique, pleurait sur son sort, pensait aux remords de Roland qui alors prendrait conscience des souffrances qu'elle avait endurées. Soudain elle sortait de sa torpeur : une solution devait exister. Il fallait la trouver. Sa nature positive ne pouvait admettre ce mur sur lequel elle butait. Combien de chimères avait-elle nourries qui s'étaient dissipées, ne lui laissant que la sensation du ridicule ? Ainsi elle avait cru qu'en singeant sa rivale elle pourrait lui voler son charme : elle s'était habillée comme elle, avec des robes de Jeanne Lanvin, avait coupé ses cheveux. Elle n'en avait tiré qu'un surcroît d'humiliation.

L'idée lui était venue un jour d'aller la trouver, d'avoir une explication avec elle. C'était une femme, après tout, elle pouvait comprendre. Accepterait-elle un rendez-vous ? Que lui dirait-elle ? Tout ce qu'elle avait sur le cœur : qu'elle détruisait un couple, qu'elle avait fait de sa vie un enfer. Pourquoi s'attaquer à Roland ? Tant d'hommes étaient disponibles, pourquoi choisir celui-là ? Elle trouverait le moyen de l'émouvoir, elle pleurerait, elle se sentait prête à tout. Qu'importait l'amour-propre ! Depuis bien longtemps, elle n'en avait plus. A d'autres moments, elle imaginait plus politique de l'aborder avec hauteur, de lui faire sentir une menace. Ce projet-là, elle se savait incapable de le mettre à exécution. Elle ne tiendrait pas cinq minutes devant elle avant de s'effondrer en larmes. Mieux valait ne rien dissimuler, jouer franc-jeu. Solange Corbin était la plus forte : sans son aide elle n'arriverait à rien. Cette perspective d'une rencontre faisait briller dans son malheur une lueur d'espoir. Elle en peaufinait le scénario, répétait son rôle, y ajoutait des variantes, imaginait des reparties cinglantes. C'était le recours suprême qu'elle gardait pour le jour où vraiment elle ne pourrait plus tenir. Mais elle avait beau se convaincre qu'il s'agissait du seul moyen efficace, le seul qu'elle n'eût pas tenté, elle s'arrêtait, la main sur le téléphone.

Elle avait découvert son numéro dans le carnet de Roland. Décidément, elle ne pouvait pas se résoudre à aller vers cette femme, à s'asseoir près d'elle, à lui parler. Elle la haïssait trop ou plutôt elle l'enviait trop. Elle craignait de ne pouvoir supporter sa présence physique. Un dégoût insurmontable. La rencontrer lui paraissait un acte aussi impudique que de devoir l'embrasser sur la bouche. Pourtant elle n'excluait pas de la voir plus tard. Elle se raccrochait même à cette éventualité en feignant d'y croire. Se mentir à soi-même : il faut n'avoir jamais souffert pour y attacher la moindre importance. Se mentir, c'était sa morphine.

Elle avait connu une époque, la plus trompeuse, la plus pernicieuse, où elle avait cru pouvoir accepter la situation. Elle s'était construit un château fort de résolutions. Après tout, combien de femmes autour d'elle étaient trompées et l'acceptaient ? Pourquoi pas elle ? Il fallait être forte, se persuader que tout allait bien. Elle fit un tel effort sur elle-même pour se contraindre qu'un eczéma se mit à lui dévorer les lèvres. Il ne disparut que lorsqu'elle cessa de lutter contre elle-même.

Cette situation la faisait douter d'elle, réveillait des souffrances depuis longtemps oubliées. Elle avait l'impression que son expérience de femme, sa sérénité si longue à acquérir avaient été balayées. Elle retrouvait à nu son cœur de petite fille si mal défendu contre la tristesse, la peur de l'abandon, l'angoisse de n'être pas aimée. Elle se regardait sans cesse dans la glace, se détestait. Il lui semblait qu'elle n'existait plus : que le noyau friable de sa personnalité avait été broyé par la souffrance. Elle avait perdu jusqu'au goût de se distraire, de lire. La jalousie la possédait exclusivement, se nourrissait de sa substance et ne l'abandonnait qu'épuisée.

Elle avait poussé Roland à entrer dans l'action clandestine : elle avait vu, dans ce combat auquel elle croyait, un dérivatif à sa liaison. Elle pensait qu'une action commune resserrerait leurs liens. Mais très vite Roland avait préféré faire cavalier seul : il avait allégué les risques que couraient les enfants. Elle l'avait admis. Pour elle, peu à peu, cette action clandestine dont il ne parlait que par allusions s'était confondue avec sa vie amoureuse, avec l'Autre, au point de ne plus constituer qu'un seul territoire impénétrable et hostile. L'une et l'autre lui prenaient Roland, le possédaient dans des transes auxquelles elle serait toujours étrangère. Quand il s'absentait sans donner de raisons, quand on lui téléphonait avec des airs mystérieux, elle ne savait jamais à qui elle avait affaire. Cette confusion ajoutait à ses angoisses. Pendant ses absences, elle ne savait jamais si elle devait craindre pour sa vie ou le haïr, l'admirer pour son courage ou le mépriser de la tromper.

La guerre, ses bombardements, ses atrocités lui paraissaient un monde lointain. Elle ne parvenait pas à s'évader de sa propre souffrance. La période la plus heureuse avec Roland avait été celle où il était mobilisé pendant la « drôle de guerre », à Amiens, et pendant l'offensive allemande. Elle avait craint pour sa vie mais au moins elle savait où il était. Il ne pouvait la tromper. Cette époque avait correspondu à une meilleure entente entre eux. Ils se voyaient peu mais leurs retrouvailles étaient lumineuses. Bien sûr, il pouvait mourir : c'était moins atroce que de le perdre à cause d'une autre. Elle l'aurait eu alors tout à elle : un souvenir glorieux purifié de la trahison. Maintenant, qu'avait-elle de lui ? Ce que voulait bien lui laisser l'Autre.

VIII

Depuis deux jours qu'il était à Paris, Xavier Forgeot ne trouvait pas le courage d'affronter son cousin Roland. Son train partait le soir même de Versailles avec une section de la L.V.F. Dans trois jours, il serait sur le front de l'Est. Il pourrait se battre. Enfin ! Cet engagement contracté à Bordeaux, un coup de folie ! Une façon de réagir à toutes les déceptions subies. Cette frontière espagnole dont tout le monde jurait qu'elle était une passoire était pire que la muraille de Chine. A Oloron-Sainte-Marie, on lui avait indiqué une filière qui devait lui permettre de passer la frontière par le col du Somport : Xavier était flanqué de deux légionnaires, un lieutenant comme lui et un caporal-chef. Ils tombèrent sur des guides incapables qui conduisaient une trentaine de braillards que la *Guarda civil* n'eut aucun mal à repérer. Ils s'y étaient repris à deux fois et y avaient laissé une somme rondelette. Et la frontière passée, ce n'était pas fini : l'Espagne à traverser, avec tous les risques d'aller moisir avec les poux dans le camp de Miranda ! Et de là, il fallait rejoindre Lisbonne ! Ils arriveraient à Londres quand la guerre serait finie depuis longtemps. Mais ils n'étaient pas hommes à renoncer. D'Oloron, ils gagnèrent Saint-Jean-de-Luz avec le projet de s'embarquer clandestinement ou d'arraisonner une pinasse. Une nuit sur le vieux port, pendant qu'ils trafiquaient le moteur d'un bateau de pêche qui sentait le poisson pas frais, ils furent surpris par les douaniers qui les remirent aux gendarmes.

Le capitaine de la gendarmerie de Bayonne qui les interrogeait leur mit le marché en main : la prison ou un engagement dans la L.V.F.

— Faudra-t-il endosser l'uniforme allemand ? demanda Xavier Forgeot.

Le capitaine haussa les épaules.

— Vous voulez vous battre, nom de dieu ? Alors ne finassez pas !

Un fourgon cellulaire les conduisit à Bordeaux.

Maintenant, à la caserne de Versailles, ils venaient de toucher leur uniforme *feldgrau*. En s'habillant ils éprouvaient un frisson désagréable : c'était comme si on leur demandait de changer de peau. Une fois équipé, Xavier Forgeot eut une moue de dégoût.

— Je ne m'y ferai jamais !

— Moi non plus, dit le petit caporal-chef.

Le lieutenant s'était mis en colère :

— Moi j'en ai marre de faire la fine bouche. Maintenant on va se battre, un point c'est tout.

Xavier Forgeot lui jeta un regard résolu.

— Vous ferez ce que vous voudrez, moi je fous le camp.

— Moi aussi, dit le petit caporal-chef.

A la nuit tombée, ils escaladèrent le mur de la caserne et prirent une chambre à l'hôtel de France, d'où Xavier Forgeot appela Roland.

— Je suis dans le pétrin. Je ne sais plus comment m'en sortir.

IX

Pierre Lenhart, en pantalon blanc, courait derrière les balles sur le court en terre battue du Sporting Club. Il n'avait pas joué depuis longtemps. Sa passion du tennis était toujours aussi vive : un symbole pour lui depuis l'époque où, étudiant, il avait vu les « mousquetaires » à Roland-Garros ; un mélange de bonne société, de raffinement, d'anglomanie. Toutes ces raisons étaient oubliées. Restait l'effort dans ce jeu où il était loin d'exceller. Il frappait les balles comme un bûcheron, sans grand résultat. Wiso, qui jouait tout en finesse, n'avait aucun mal à le dominer. Le soleil couchant brillait sur les eaux miroitantes de l'Allier ; les pédalos blancs avaient été remontés sur les berges. On se serait cru déjà en été.

La partie achevée, ils se dirigèrent vers les vestiaires par l'allée de peupliers qui bordait le fleuve.

En sortant du Sporting, Pierre Lenhart entraîna Wiso à l'écart. Ils s'assirent sur un banc face à l'Allier.

— Tu sais, dit Pierre Lenhart, la situation ne s'arrange pas. Je n'en ai peut-être plus pour très longtemps. Dieu sait ce qui arrivera lorsque je ne serai plus au gouvernement. J'ai fait ce que j'ai pu. Dans ces conditions, sans moyens, il m'aura fallu une bonne dose d'optimisme pour que j'accepte de me salir les mains. Enfin... Les Allemands sont de plus en plus hargneux. On ne peut plus les freiner. Cela dit, je suis encore au pouvoir. Combien de temps ? Je n'en sais rien. Il faut en profiter, je veux dire, tu dois en profiter.

Il se tut et regarda Wiso droit dans les yeux.

— En profiter pour quoi ? demanda Wiso.

— Je ne vais pas te faire un dessin. Les Allemands ne te feront pas de cadeau. Surtout avec tout ce que tu traficotes...

— Ce que je trafi...

Pierre Lenhart leva la main et l'interrompit.

— Je ne te le reproche pas. A ta place, je ne sais pas ce que j'aurais fait. Cela te regarde. Je ne suis pas un juge. C'est une mode en ce moment : tout le monde veut s'ériger en juge et, crois-moi, ce n'est pas fini. Pour moi chacun agit selon sa conscience. Mon devoir est de te prévenir : ils auront ta peau quand je ne serai plus là. Alors...

— Alors ? demanda Wiso, interloqué.

C'était la première fois que son ami se permettait une allusion à ses activités clandestines.

— Je peux encore vous obtenir des visas pour Lisbonne. Là-bas, vous vous débrouillerez. Il me faut ta réponse avant deux jours. Crois-moi, fiche le camp. Plus tard tu me remercieras.

— Fuir, toujours fuir ! J'en ai soupé. Mon père aussi. Il ne quittera jamais Antibes. Je ne vais tout de même pas aller me terrer au pôle Sud sous prétexte que les Allemands ont envahi la planète ! Plus ça va, moins j'ai envie de déguerpir. J'ai plutôt envie de leur taper sur la gueule.

— Et moi ! s'exclama Pierre Lenhart, tu crois que ça ne me démange pas ? Tu crois que c'est par plaisir que je fais tout ce sale boulot ? Si ça ne tenait qu'à moi, si je n'avais pas l'impression qu'ici je peux encore parer quelques coups, je quitterais tout. J'irais m'engager, comme simple soldat, en Afrique, avec tes copains...

La nuit tombait. Ils se levèrent et marchèrent en direction du parc des Célestins.

Pierre Lenhart était déçu. Il aurait aimé rendre service à son ami. Il insista.

— Tu es vraiment décidé ? Tu ne changeras pas d'avis ? Réfléchis encore jusqu'à demain.

— Non, c'est décidé, je reste.

Pierre Lenhart hocha la tête. Ils marchèrent un long moment en silence. Soudain Pierre Lenhart s'arrêta.

— Tu sais qui est ce type qu'on a arrêté à Lyon, il y a dix jours, et qui a réussi à échapper à la police, ce gaulliste du nom de Vallès...

— Non, dit Wiso.

— Eric de Spam !

— Eric ? Nom de dieu !

— Tu te rends compte de sa tête s'il s'était retrouvé dans mon bureau !

— Et la tienne ! Qu'aurais-tu fait ?

— J'aurais été bien embêté. Mais j'aurais bien trouvé un moyen pour le laisser filer.

Il regarda Wiso d'un air interrogateur.

— Tu en doutes ?

— Non, je ne sais pas.

Pierre Lenhart respira profondément.

— J'y ai beaucoup pensé, vois-tu. Il y a deux façons d'être français actuellement. Mais il n'y a qu'une façon d'être un salaud. Jamais je ne l'aurais laissé aux mains de la Gestapo.

X

Ce soir-là, pendant que Pierre Lenhart disait bonsoir à Hélène, Wiso s'approcha d'Antonia.

— Tu connais la nouvelle à propos de Vallès ?

Elle le regarda avec des yeux étonnés.

— De qui ?

— De Vallès, ce type dont on a parlé dans les journaux, le gaulliste qui a échappé à la Gestapo, à Lyon, il y a quelques jours.

— Oui, j'ai vu.

— Tu sais qui c'est ? Pierre vient de me le dire. C'est Eric !

— Eric ?

— Oui, Eric de Spam !

— Ah, bon ! dit-elle.

Et son regard prit une étrange fixité — ce que Pierre Lenhart appelait « son air d'apparition ». Elle semblait alors perdue pour son entourage, tout entière absorbée par son monde intérieur.

XI

A Bradley Street, au centre de Piccadilly, dans l'immeuble en briques qui abritait l'une des antennes du B.C.R.A., personne n'avait jamais entendu parler d'Eric de Spam — on savait seulement qu'un colonel Xavier de Spam était l'une des huiles de l'état-major de la France Libre. En revanche, la figure du capitaine Vallès, ou plus simplement de Vallès — on l'avait rarement vu en uniforme — était connue. Le moins que l'on pût dire était qu'elle ne laissait pas indifférent. En bien ou en mal, il était le principal sujet de conversation. Il était arrivé à Bradley Street déjà nimbé de cette légende qui, on ne sait pourquoi, privilégie certains êtres. Pourtant il ne manquait pas ici d'hommes dont les actions étaient plus glorieuses, qui traînaient des réputations tonitruantes de baroudeurs, de trompe-la-mort. Aucun ne possédait comme lui cette séduction du mystère qui éclairait ses exploits d'une lumière magique. Sa présence elle-même était troublante : la beauté presque féminine de son visage, le raffinement aristocratique de ses manières, des idées que l'on disait d'extrême gauche, le vernis militaire, un mélange de désinvolture et de détermination ne le faisaient entrer dans aucune catégorie connue. Dans ce temple du Renseignement, pourtant habitué au secret, il demeurait une énigme.

On n'avait jamais surpris chez lui un de ces mouvements de familiarité, d'exubérance, d'humeur, ou un accès de confidence qui livre la clé d'une vie. Hors du service, il ne parlait pas. Il n'était lié d'amitié avec personne. On lui savait seulement de hautes relations à Carlton Gardens. Faute d'informations, on se rabattait sur des trivialités : son aversion pour la bière, son goût pour les cigarettes Players dont il fumait deux paquets par jour et cette habitude, quand il n'était pas en mission, d'arriver toujours le dernier au bureau, le matin. Ce retard faisait jaser. On était bien en peine d'en donner une raison scabreuse. Ses nuits étaient aussi secrètes que ses jours.

Les conditions de son évasion, à Lyon, avant son transfert dans les locaux de la Gestapo, demeuraient obscures. Plusieurs versions avaient circulé. En désespoir d'obtenir jamais de lui la manifestation de la vérité, on avait adopté la plus rocambolesque. C'est ainsi que la légende allait son train sans qu'il y apportât la moindre complaisance. Il semblait même la repousser avec une nuance de dédain qui était du plus grand chic.

Cette mission, sans doute la dernière en France — sa photo avait été transmise partout, il était grillé —, avait été un succès. Il avait réussi à nouer des contacts avec les organisations communistes. On parlait de lui confier d'importantes tâches d'organisation. Dans les hautes sphères de la France Libre, on était moins sensible au halo romantique de Vallès qu'à son ambition. On l'avait vu se diriger insensiblement vers des activités de plus en plus politiques. D'autre part, son frère Xavier et lui avaient bien su choisir leurs appuis au Comité national. Maintenant que ne pesait plus sur lui l'hypothèse d'une arrestation, fort de la confiance des responsables communistes qui détenaient une clé importante de la situation politique, on augurait pour lui une belle carrière. La direction du B.C.R.A., le secrétariat général, ou, qui sait même, une responsabilité au Comité national ?

On ignorait là aussi tout de sa vie privée. Il la dissimulait avec soin. Depuis plus d'un an il vivait avec une infirmière de l'hôpital Saint-James qu'il avait connue lorsqu'il s'était cassé un bras au cours d'un accident de moto. Elle souffrait d'une légère claudication. Il l'aimait pour cette infirmité, parce qu'elle appartenait à une famille pauvre. Ces handicaps le rassuraient. Il avait l'impression d'être tout pour elle. Pour la première fois, il vivait un amour sans ombres, sans menaces.

Depuis son arrivée en Angleterre, le 22 juin 40, en tenue de lieutenant de l'infanterie de marine, à bord d'un bananier providentiel qui avait fait escale au Verdon, il n'était plus le même. Son caractère était toujours aussi intransigeant, mais sa conception de l'action avait changé. Il avait toujours méprisé la politique dans le cadre des partis traditionnels. A Londres, parce que toutes les amarres étaient rompues par le naufrage, il avait trouvé les conditions idéales d'un engagement absolu. Une occasion unique, miraculeuse, de rompre avec le passé. Plus rien n'existait de tout ce qui, pour lui, paralysait la France : les institutions surannées, les monuments-symboles, la Chambre des députés, l'Elysée, les féodalités financières, l'industrie lourde, le gros commerce, tous ces temples de la Troisième République ; ce Sénat à la digestion lente, expression gâteuse des lourdes provinces somnolentes, tout cela était mort. La France Libre était réduite à un principe orgueilleux. Le passé ne comptait plus. Cette France-là, purifiée par la catastrophe, allégée de ses possessions territoriales, battue par le grand vent des idées, elle le passionnait. Tout soudain y devenait possible.

Au fond, il n'avait jamais aimé que l'état de guerre. La révolution, qu'il souhaitait toujours ardemment, c'était aussi la guerre. Il était convaincu que seules les transes peuvent tirer des sociétés le meilleur d'elles-mêmes. Il fallait toujours les maintenir dans l'angoisse, l'insécurité, qui leur évitaient l'assoupissement mortel dans le confort. La guerre, sous toutes ses formes, militaires ou civiles, revitalisait le corps social, l'obligeait à se défendre, le préservait de la dégénérescence. Cette guerre n'était qu'un commencement. Après seulement viendrait la révolution. Elle ne se ferait pas en un jour : il faudrait dix, vingt ans pour extirper les racines de la morale bourgeoise. Le sang devait couler, beaucoup de sang. Et seuls les communistes en auraient le courage. Eux seuls pouvaient déclencher un soulèvement populaire. Ils détenaient les clés de l'avenir. Après ? Après, les événements parleraient d'eux-mêmes : il n'y aurait plus qu'à les suivre. Il se grisait à l'idée de ce Paris, qu'il haïssait, en proie à la révolte, dominé par une Commune insurgée.

XII

Pierre Lenhart contemplait son bureau en acajou, géométrique, sans style, qui lui avait toujours paru manquer de magnificence ; des lettres, des dossiers s'y entassaient : recommandations pour les membres de son cabinet qu'il avait rédigées jusque tard dans la nuit, ultimes décrets à signer, papiers à trier. Il lui était désagréable de songer que quelqu'un allait le remplacer, donner des ordres, agir en maître. Ce lieu était inextricablement lié à son exercice du pouvoir, d'une manière presque charnelle. Il s'était adonné à sa tâche ici avec tant de passion que ce meuble avait fini par devenir une part intime, sacrée de lui-même. Dans la cheminée d'angle, des notes confidentielles achevaient de se consumer. Deux caisses posées à même le plancher contenaient ses archives personnelles. Il avait mis un soin particulier dans le choix des pièces qu'il emportait. Ce n'était pas tant la prudence qui le faisait agir que l'exigence maniaque de la vérité. Il pouvait avoir à se justifier, ou qui sait, plus tard, écrire ses mémoires : il avait tant à dire sur son expérience ministérielle ! Il se sentait à la fois délivré et triste. On ne quitte pas un ministère sans un sentiment d'échec. Qu'est-ce qu'un homme d'Etat (il ne parvenait pas à se considérer comme un homme politique) hors du cadre de son action ? Un idéologue, un songe-creux ! Ce pouvoir dont il avait tant rêvé dans sa jeunesse, qu'il s'était fixé comme le but suprême, il le quittait après plus d'un an de fièvre, de travail acharné, et c'était comme s'il perdait sa raison de vivre. Souvent, au cours des crises graves, des attaques dont il avait été l'objet, il avait imaginé sa démission comme un soulagement. Maintenant, devant le cours irréversible des choses, il éprouvait des regrets : tous ces projets qu'il aurait menés à bonne fin et qui sans lui seraient adultérés ou tout bonnement enterrés...

A la tristesse s'ajoutait la blessure faite à son orgueil : hier encore il était un homme important, l'un des huit ou dix personnages dont on parlait. Demain il rentrerait dans le rang. Il rejoindrait la multitude de ceux qui ne font pas l'Histoire mais la subissent.

Les témoignages de son action gisaient dans les deux caisses en bois blanc. Le cœur de son existence pendant plus d'un an réduit à des papiers ! Qu'en retiendrait-on ? Le bien qu'il avait fait ou le mal qu'il n'avait pu empêcher ? Qui le jugerait ? Les incertitudes qui enveloppaient l'avenir lui ôtaient tout espoir d'une postérité sereine. Les vainqueurs seraient les juges. Ceux qui domineraient, la paix revenue, décréteraient le bien et le mal. Et cette paix serait-elle allemande, anglaise, américaine, russe ? Il n'était pas un jour où il n'avait pensé au jugement qui serait rendu sur ses actes. Aucun autre souci que cette mystérieuse et lointaine juridiction n'avait compté pour lui. Pour la première fois de sa vie, il avait agi sans préoccupation de carrière, hanté par une seule question : quelle image l'Histoire garderait-elle de lui ? Il admettait sa présomption. Sans elle il n'aurait pu affronter les médiocrités et les bassesses du pouvoir. Elle lui avait donné de la hauteur, une ambition qui dépassait sa personne. Bien sûr, tout n'était pas satisfaisant dans son action. Des zones d'ombre ; des décisions arrachées par les occupants ; des marchandages de vies humaines ; les déportations de juifs qu'il n'avait pu empêcher. Si on prenait des faits isolés, si on séparait ses décisions de leur contexte inhumain, il était facile de l'accabler. Il fallait juger sa politique dans son ensemble et la comparer avec ce qu'un autre, dans les mêmes conditions, aurait pu faire à sa place. Alors le bilan était positif. Ce qui lui avait manqué, c'était le temps.

Le retour de Laval — Darlan avait démissionné la veille —, il l'éprouvait comme un échec. Le retour des *politiciens* mettait fin à cette expérience jamais tentée en France de confier les leviers de commande de l'Etat à la compétence et à la jeunesse. Mais quelle France nouvelle pouvait-on espérer construire à l'ombre d'un vieux Maréchal, dans ces marécages délétères de la défaite et de l'Occupation ? Ce pouvoir qu'une génération brillante avait conquis grâce à l'Organisation, elle l'avait détenu dans les pires conditions : une France amputée et meurtrie.

La plupart des hommes qui constituaient l'Organisation s'étaient réunis à Vichy, dans un salon particulier du pavillon Sévigné, trois jours avant la démission du ministère : une dizaine de responsables, plusieurs directeurs de la banque Jacob et de Jacquelot, Louis Navacel, l'homme de confiance d'Alexandre Corbin, Raymond Schiller, le grand industriel de la chimie, Paul Courtaud, l'animateur du cercle « Organisation, science, avenir », et trois ministres encore en exercice. D'un commun accord ils avaient décidé de mettre l'Organisation en sommeil en attendant une opportunité politique plus favorable.

Pierre Lenhart ne sous-estimait pas l'importance de l'Organisation, qu'il avait contribué à mettre sur pied. Au contraire. Elle avait permis d'accéder aux responsabilités. Et elle servirait encore dans l'avenir. On ne pouvait pas négliger la force que représentait cette centaine d'hommes choisis parmi l'élite des grands corps de l'Etat, unis, cimentés par un idéal et un intérêt communs. Mais comme ministre il revendiquait toute la responsabilité de son action. Il avait pris ses décisions seul, il voulait être jugé seul.

On frappa à la porte du bureau. L'huissier apparut ; un petit homme replet, aux cheveux blancs, dont la queue-de-pie semblait balayer le parquet. Il déposa devant Pierre Lenhart un billet de demande d'audience : Raymond Curry, ancien ministre.

Pierre Lenhart le regarda d'un air étonné. L'huissier leva les bras dans un geste accablé.

Les audiences ! Que de temps elles lui avaient dévoré : chaque jour il avait reçu entre cinq et dix visiteurs. Aujourd'hui personne ne s'était présenté. Celui-là était bien le seul à imaginer du crédit à un ministre démissionnaire. Pierre Lenhart ne se souvenait pas d'avoir rencontré Raymond Curry. En revanche, ce nom lui était familier. Il avait dû l'entendre pour la première fois quand il était étudiant. De quoi n'avait-il pas été ministre ? De l'Air dans un gouvernement Herriot, de la Marine avec Blum, de l'Instruction publique avec... ou plutôt des Colonies ? Tout cela se brouillait. Le type même du politicien radical qui avait fleuri dans la République parlementaire et qu'il avait toujours exécré. Comment s'était-il débrouillé pour ne pas être inculpé au procès de Riom ? Une sacrée veine !

— Fontaine, de quoi a-t-il l'air ?

Le vieil huissier fit la moue. D'une voix rocailleuse qui roulait tous les r de la Bourgogne, il précisa :

— Il est nerveux. Ça a l'air diablement urgent. Il ne tient pas en place.

— Bon ! Alors introduisez-le !

L'huissier fit deux pas vers la porte, s'arrêta et revint en balançant les bras d'un air confus.

— Monsieur le Ministre... eh bien, voilà... je voudrais vous dire... Enfin, vous comprenez à demi-mot, n'est-ce pas ?... Vraiment ce qui s'est passé hier, c'est... une vraie calamité, y'a pas d'autre mot... Un homme comme vous qui sert si bien son pays... Enfin, c'est bien triste... Ma femme et moi, nous n'oublierons jamais ce que vous avez fait pour notre fils... Dieu sait ce qu'il serait devenu sans vous. (Il sortit un mouchoir à carreaux en tapon et le passa sur ses yeux.) On vous regrettera, c'est sûr. Et croyez-moi, je ne suis pas le seul à le dire. Déjà dans la maison on murmure que...

Pierre Lenhart le coupa. Il était sensible à cette effusion populaire venue droit du cœur. C'était si rare dans ce monde des attachés de cabinet, torve, compassé, rongé par les arrière-pensées d'ambition ! Mais il craignait la contagion de l'émotion. Il se savait la larme facile, lui aussi.

— Merci, Fontaine. Moi aussi je vous regretterai. Nous avons fait de notre mieux. Que voulez-vous, c'est la vie ! Il ne faut pas nous émouvoir. Allez, amenez-moi ce M. Curry !

L'huissier hocha la tête d'un air navré et sortit du bureau. Il introduisit Raymond Curry. C'était un homme d'une soixantaine d'années au visage couperosé, à l'allure de notable endimanché. Il fit irruption dans le bureau en triturant son chapeau mou d'une couleur aubergine comme son costume. Il entreprit aussitôt Pierre Lenhart sur un ton forcé d'affabilité.

— Ravi de vous revoir, cher ami. Vous me remettez ? Nous nous sommes rencontrés chez la comtesse de Saint-Paul...

Pierre Lenhart prit un air dubitatif.

— Je ne crois pas. Vous devez confondre.

Raymond Curry protesta.

— Non, non, je ne confonds pas. J'ai une excellente mémoire. Je me souviens très bien, chez elle, au parc Monceau, vous étiez avec votre femme, charmante d'ailleurs...

— Je ne connais pas de comtesse de Saint-Paul.

— Ah... pourtant, il me semblait bien... A moins que ce ne soit... Non, non, c'était bien chez la comtesse de Saint-Paul, en 37 ou en 38 peut-être ?

Pierre Lenhart balaya l'air de la main et posa sur lui un regard scrutateur.

— Que puis-je pour vous ?

Le visage de Raymond Curry passa sans transition de l'affabilité mondaine à l'inquiétude.

— C'est... c'est très grave. Je suis persécuté. Les hommes de ma sorte ne sont pas en odeur de sainteté ici, vous vous en doutez bien. On veut ma peau. Laval me hait. Oh, c'est une vieille histoire entre lui et moi. Enfin, je ne veux pas entrer dans les détails. Voulez-vous que je vous raconte ? Non, ce serait trop long. On va me livrer aux boches, c'est certain. Je serai déporté, assassiné. Ils ne me feront pas de cadeaux, vous pensez bien.

Pierre Lenhart l'observait. Le nez surtout était remarquable : long et fort, il faisait penser à un museau et donnait au visage une expression animale. A mesure qu'il parlait, cette expression s'humanisait sous l'effet des manifestations de la peur : la sueur qui humectait son front ; ses lèvres devenues sèches et blanches comme du vieux parchemin, ses yeux affolés. Pierre Lenhart ressentait une profonde impression de dégoût. La peur pouvait provoquer chez lui la pitié, la compassion, jamais elle ne lui avait inspiré à ce point de la répulsion, du mépris. Ce comportement geignard, cette absence de maîtrise de soi qui laissait voir le fond de la lâcheté étaient impudiques. Il l'interrompit d'un ton sévère :

— Pourquoi vous êtes-vous adressé à moi ?

Raymond Curry bredouilla :

— Je pensais que... la comtesse de Saint-Paul qui est une excellente amie et qui...

Pierre Lenhart manifesta de l'agacement.

— Jouez franc jeu, que diable ! Pourquoi vous adresser à moi alors que tout nous sépare ?

— Pas tant que ça, dit Raymond Curry avec une mine obséquieuse qui accentua le malaise de Pierre Lenhart.

— Répondez franchement !

Raymond Curry pâlit. Il baissa les yeux et murmura d'une voix exténuée en malmenant son chapeau :

— Je n'avais pas le choix : vous êtes ma dernière carte.

Il releva les yeux et parut retrouver soudain une énergie impulsive.

— Qu'auriez-vous fait, hein, à ma place ? Ce n'est pas drôle, vous savez, d'être un vaincu. Toutes les portes se sont fermées devant moi. Dans ces périodes on n'a plus d'amis, on vous regarde comme un pestiféré. Alors oui, j'ai misé sur vous, sur... votre grandeur d'âme.

Ces mots simples ébranlèrent Pierre Lenhart. Il se reprocha sa méthode policière. Pourquoi jouer les inquisiteurs avec un homme dans la détresse ? Demain son sort ne vaudrait pas beaucoup plus cher que le sien. Il mesurait l'injustice de sa prévention : une antipathie physique pouvait-elle suffire à le condamner ? Il balançait : lui venir en aide ? On lui en ferait grief. Mais l'élégance du geste le séduisait : secourir un adversaire, au-delà de la sympathie, de l'estime personnelle, simplement parce qu'il est vaincu. Un acte d'amour dans cette époque de haine.

— Vous voulez un passeport ?

— Oui, répondit Raymond Curry d'une voix blanche.

Pierre Lenhart le regarda et pensa : « Je vais lui donner un passeport et pourtant je suis certain qu'il crachera sur moi dès qu'il aura franchi la frontière. »

— Ce sera ma dernière décision de ministre, dit Pierre Lenhart d'un ton qui lui parut trop solennel.

Raymond Curry se leva, les mains tendues.

— Vous me le donnez... Ah ! vraiment, vous êtes chic...

infiniment chic... Je n'oublierai pas, je n'oublierai jamais... Vous pourrez vous vanter de m'avoir sauvé la vie.

— A ma place, vous auriez certainement agi comme moi, dit Pierre Lenhart. Je vais donner des ordres. L'huissier va vous conduire au bureau des passeports. Ensuite vous vous rendrez au consulat d'Espagne. Vous demanderez ce monsieur. (Il écrivit un nom sur sa carte de visite.) Il vous donnera un visa, je vous le garantis. A Madrid, c'est bien le diable si vous n'arrivez pas à rejoindre Lisbonne. Et de là...

Pierre Lenhart fit un geste large. Il se leva et raccompagna son visiteur qui se répandait en remerciements.

— On ne sait jamais, les situations peuvent se retourner, dit Raymond Curry. Si je reviens un jour au pouvoir je vous prouverai que je ne suis pas un ingrat. Je vous le rendrai au centuple. Je vous en donne ma parole d'honneur.

Pierre Lenhart sourit d'un air gêné.

— J'espère seulement vous avoir montré que les gens de mon espèce ne sont pas tous des salauds. Bonne chance !

La porte refermée, Pierre Lenhart éprouva un accès de découragement. Le dernier service qu'il pourrait rendre. Demain il serait à son tour dans une position de solliciteur. Quel serait l'avenir politique de Raymond Curry ? Il ressentit une impression désagréable à l'idée qu'un jour il pourrait avoir besoin de lui. Y avait-il encore un avenir pour cette génération usée jusqu'à la corde ? Il avait l'intuition que Raymond Curry s'en sortirait toujours. Un habile ! Quelle version donnerait-il de leur entrevue lorsqu'il arriverait à Londres ? Peut-être la dissimulerait-il ? Son expérience des services rendus — Dieu sait qu'il n'en avait pas été chiche — lui avait appris à n'attendre aucune reconnaissance. Combien peu d'hommes se souviennent de ce qu'on a fait pour eux : un sur dix. Fontaine, dont il avait fait revenir le fils d'un camp de prisonniers, oui ; les gens du peuple, parce que chez eux le cœur n'est pas dévoré par l'amour-propre. Les autres, la majorité, oublient. Et puis, il y a ceux qui ne vous pardonnent jamais de s'être montrés pitoyables ou simplement faibles. A quelle catégorie appartenait Raymond Curry ? Cela importait peu. Les déconvenues ne l'avaient pas changé. Il se sentait toujours prêt à prendre tous les risques en échange d'un peu d'estime.

XIII

— Tu as sacrément bien fait ! s'exclama Roland. Le Maréchal a perdu le contrôle de la situation. Le mécontentement grandit partout. Les Allemands sont trop gourmands. S'ils veulent tenir sur tous les fronts, il va leur falloir exercer des pressions de plus en plus fortes sur tous les pays occupés.

Pierre Lenhart et Antonia déjeunaient chez Rose, à Paris. Il faisait un temps de juin ensoleillé ; les fenêtres de la salle à manger étaient grandes ouvertes sur le jardin. Grâce à la ferme des Ormes, la table de Rose ne souffrait pas trop des restrictions. Pierre Lenhart parut réfléchir et répondit :

— Si les Allemands échouent, le communisme s'installera partout. C'est pourquoi je ne crois pas les Américains très pressés d'en découdre. Ils savent le prix que l'Europe aura à payer pour la défaite allemande. Je les soupçonne d'essayer de négocier en sous-main. Pas avec Hitler, qui est à moitié fou, mais avec les généraux. Une révolution de palais est possible à Berlin.

— Et toi, que vas-tu faire ? demanda Roland.

— Oh, moi, dit Pierre Lenhart avec un sourire forcé, je me repose, je réfléchis. Un an de pouvoir a changé ma vision des choses. J'en ai appris beaucoup sur les hommes, sur la politique. Je relis *la Révolution française* de Michelet. Je l'avais lu autrefois sans vraiment croire ce qu'il racontait, comme un livre d'images. Maintenant je sais jusqu'où peut conduire la haine.

— Oui, au train où cela va, quelle que soit l'issue, je me demande comment on recollera les morceaux, dit Roland qui essayait toujours d'atténuer les divergences qui les séparaient. Et qui aura assez d'autorité pour refaire l'unité après le Maréchal ? Mais toi, tu ne vas pas rester inactif ? Michelet, c'est bien joli, mais c'est le passé. Tu ne vas pas devenir un rat de bibliothèque !

Pierre Lenhart protesta.

— Non, bien sûr, je m'informe. J'ai vu beaucoup de gens ici, je continue d'en voir à Vichy. Personne ne sait où on va en ce moment. Il faut que la situation se décante. Les Allemands ont l'avantage mais ils vont s'essouffler. S'ils tiennent encore un an, ils liquideront les Russes. Alors les Américains négocieront. Les Allemands auront les mains libres pour faire l'Europe. Si les Russes gagnent...

Pierre Lenhart leva les bras. Après un silence, il reprit comme s'il répondait à une question de Roland :

— Bien sûr, je pourrais partir... Aller me refaire une virginité à Londres comme d'autres. Je n'y peux rien, je n'ai pas une mentalité d'émigré. La France pour moi, ce n'est pas une entité, c'est une présence charnelle. C'est quand même trop facile de refaire la France, de gouverner loin du danger, loin des boches. Le Maréchal a sans doute des défauts, mais il est resté. Ce n'était pas choisir la position la plus facile, crois-moi !

— Reste à savoir jusqu'où il peut aller. Où commence l'inacceptable ?

— Tu as raison. Individuellement, c'est facile à définir : l'inacceptable pour un gaulliste, cela a été la défaite. Mais qu'est-ce que l'inacceptable pour un pays ? Et qu'est-ce qui est le plus inacceptable, les boches ou le communisme ?

Antonia sortit de son silence avec vivacité :

— Moi je sens que les Américains vont gagner la guerre. Les gaullistes prendront le pouvoir. Tous les gens de Vichy seront balayés.

Elle ajouta en fixant sur son mari un regard dur :

— Et toi avec.

— Tu le sens, répondit Pierre Lenhart d'une voix étrangement douce et compréhensive, mais tu n'avances pas de preuves. C'est possible. D'accord. Le contraire aussi est possible.

Ce ton modéré exaspéra Antonia. Elle s'emporta.

— Qu'as-tu à perdre ? Tu n'as plus d'amis ici. A Vichy on te trouve trop libéral. Les Allemands te détestent. La vérité c'est que tu as peur, peur de l'aventure, de la nouveauté, du risque.

Pierre Lenhart pâlit sous ce reproche. Il pensa à Raymond Curry.

— Non, je n'ai pas peur, dit-il d'une voix calme et triste. Simplement je ne veux pas faire n'importe quoi. Je ne suis pas une girouette. Je ne veux pas me déshonorer.

Antonia insista.

— Si, tu as peur. Pas peur du danger, tu as peur de l'inconnu, d'un monde où on ne sera plus à ta botte, où on ne t'appellera plus monsieur le Ministre par-ci, monsieur le Ministre par-là.

Tu perdras tout par manque d'audace. Les gaullistes, eux, ont de l'audace. C'est pour cela qu'ils gagneront.

Rose tenta de faire diversion en se levant. Elle entraîna ses invités dans le jardin où le café allait être servi.

Pierre Lenhart revint sur le sujet.

— Antonia a sans doute raison. Je n'aime ni l'aventure ni les aventuriers. Mais ma plus grande peur, c'est de décevoir. Je sais pourtant que l'audace est nécessaire en politique. Parfois il faut rompre...

— Tu vois, dit Antonia, tu es d'accord avec moi. Alors qu'est-ce que tu attends ?

Il la regarda avec une expression douloureuse.

— Je veux encore attendre. Je ne suis pas mûr pour un coup de folie. Mais si je pars, toi, que feras-tu ?

Antonia esquissa un sourire de petite fille capricieuse.

— Moi, pourvu que je quitte les rombières de Vichy, je suis prête à tout. J'affronterais le diable, s'il le fallait.

XIV

Roland avait beau faire siffler le fil de soie au-dessus de sa tête, lancer sa ligne le plus loin possible dans le cours verdâtre de la Broue, la petite rivière ombragée de sureaux et de noisetiers qui bordait les Ormes, la mouche revenait bredouille. Cet échec le vexait : Henri l'observait d'un air pénétré en serrant le manche de son épuisette. Il le sentait frustré dans son admiration. Quelle déveine ! Pourquoi toutes les truites avaient-elles choisi de s'éclipser le jour où il apprenait à son fils la pêche au lancer ? Pourtant il se souvenait d'avoir fait de bonnes prises dans ce trou d'eau où pourrissaient des branches et des résidus de végétaux.

La ligne se tendit. Roland s'apprêta à pester : l'hameçon avait dû encore s'accrocher à une souche. Des pressions saccadées le rassurèrent. Il tira la ligne d'un coup sec pour ferrer la truite. D'une voix très basse, toujours dans le ton de cérémonie initiatique dont il avait enveloppé la partie de pêche, il murmura à son fils :

— Je crois que cette fois c'est bon. Approche-toi doucement !

Henri s'avança. Il tendit son épuisette vers la surface de

l'eau. Voyant qu'il était loin de l'atteindre, il s'agenouilla. Roland actionnait le moulinet avec fébrilité. La truite apparut dans un éclair argenté.

— Bravo, papa ! Tu l'as ! s'exclama Henri qui, dans son émotion, laissa choir l'épuisette dans l'eau.

Le courant la repoussa sur la berge. Roland faillit céder à la mauvaise humeur.

— Attention, voyons ! Tâche de la rattraper, ou plutôt non, ne bouge pas !

D'un geste ample, il éleva la truite dans les airs et la fit retomber, frétillante, dans l'herbe.

Il posa la canne à pêche, saisit la truite et décrocha l'hameçon. D'une main ferme il frappa sa tête contre le tronc d'un noisetier et la déposa inerte sur le sol. Il s'essuya les mains dans l'herbe. Puis il descendit sur la berge pour ramasser l'épuisette.

— Papa, on continue ? demanda Henri.

— Non, dit Roland, il commence à se faire tard. (Il craignait d'arriver à Chaumont après la fermeture de la poste.) Mais ne t'inquiète pas, nous reviendrons, reprit-il en voyant la mine dépitée de son fils. C'est une sacrée prise ! Elle doit peser plus d'une livre.

Il lui donna une tape dans le dos et mit la truite dans le sac, enroulée dans un journal.

Ils regagnèrent le chemin près du vieux pont où ils avaient laissé leurs bicyclettes. Henri portait le sac et regardait à tout instant à l'intérieur. Le soleil était chaud. Après la fraîcheur du sous-bois, la nervosité de la pêche, Roland éprouvait un très grand bien-être. Il était fier de son fils. Jamais il n'aurait pu imaginer qu'un enfant occuperait un jour tant de place dans sa vie. Il aimait sa beauté gracile, féminine, qui n'était pas sans évoquer ses propres traits ; les cheveux blonds mis à part, mais ceux-ci commençaient à foncer. Son caractère doux, spontané, son bon cœur l'émouvaient.

Roland fixa la canne à pêche sur le cadre de sa bicyclette.

— Je dois aller à Chaumont. Cinq kilomètres, ça ne te fait pas peur ?

— Non, répondit Henri.

Ils commencèrent à pédaler sur la petite route trouée de nids-de-poule qui traversait les champs de blé. Au loin, ils apercevaient la masse sombre de la forêt de Fontainebleau.

L'esprit de Roland vagabondait. Cette semaine aux Ormes

avait passé comme un rêve. Jamais la vie de famille ne lui était apparue sous un jour aussi agréable. Il n'en éprouvait plus le poids, les corvées. Il la savourait comme un lieu de paix, un refuge qui le protégeait autant du monde extérieur que de lui-même. Il se sentait délicieusement enchaîné, obligé de se plier à une existence banale et rassurante éclairée par d'infimes satisfactions. Les discussions à la table des Dolfuss étaient toujours aussi animées : on refaisait le monde quatre fois par jour entre le petit déjeuner et l'interminable conversation d'après-dîner échauffée par les vieux alcools. Tout le monde parlait en même temps ; la confusion qui régnait était un assez bon fac-similé de la réalité politique. Le château ne désemplissait pas : parents, cousins éloignés, amis venaient profiter des ressources de la ferme, du potager, et des vertus roboratives de Fred Dolfuss qui gardait en toute circonstance un moral de fer.

Roland n'ignorait pas tout ce qu'il devait à sa famille. Henri, sa petite sœur Isabelle — qu'on surnommait toujours Bébé —, Rose ! Que d'erreurs il avait évitées grâce à eux ! Ils lui avaient imposé une ligne d'existence grâce à laquelle, en dépit de ses infidélités, il n'avait pas cédé à la tentation des ruptures. Les enfants avaient conféré à son union avec Rose un caractère sacré, indestructible. L'amour qu'il lui portait passait à travers eux. Mais comment appeler cet amour à la fois si fort et si paisible, si doux et si peu charnel, qui était l'exact opposé de celui qui le poussait vers Solange Corbin ? Les deux femmes lui étaient aussi nécessaires. Il ne pouvait imaginer d'avoir à choisir un jour entre elles. Elles constituaient les deux expressions d'un même amour. A Paris, il était déchiré : il ne pouvait voir Solange Corbin sans faire souffrir Rose. Ici aucun choix ne le torturait : Solange Corbin était à Préfailles tout le mois de juillet avec son mari et ses deux enfants. Cette séparation ne lui était pas douloureuse : elle s'inscrivait dans l'ordre des choses. Elle lui permettait de se consacrer à sa femme et à ses enfants et le délivrait des tentations. Son esprit y trouvait une quiétude rare que troublaient à peine ses incartades à la poste restante de Chaumont. Tout de même, son cœur battait chaque fois qu'il s'y rendait.

Cette double vie amoureuse ne nuisait pas à son action clandestine. Au contraire, il lui semblait qu'elle lui insufflait la force et le courage dont il avait besoin. Jamais il n'avait été à ce point possédé par le désir de faire de grandes choses, jamais il ne s'était senti si près de les réaliser. L'amour qu'il recevait, il le transformait en énergie, en ambition. A aucun moment de sa vie, il n'avait ressenti ce sentiment de plénitude. Il était dans cet état de griserie que connaissent ceux qui nouent leur première idylle avec un idéal longtemps caressé. Roland voyait sa vie devenir enfin telle qu'il l'avait rêvée. Depuis six mois, il n'avait pas mesuré ses efforts : le réseau Espoir l'avait requis tout entier : recrutement des nouveaux membres, surtout des précieux opérateurs radio, recherches des renseignements, des « planques », chiffrage des messages, tout cela dans une atmosphère fébrile, angoissée et en même temps enthousiaste, confiante. Bien sûr, il savait qu'à tout instant une main pouvait s'abattre, tout saccager, le conduire tout droit à la prison du Cherche-Midi ou dans les baignoires de la Gestapo. Sans cette menace il n'aurait pas goûté chaque instant de son existence avec une sensation si forte d'exception. Il lui était souvent arrivé d'avoir peur, jamais il n'avait cessé de croire à sa chance. Il se sentait l'objet d'une mystérieuse protection. Il ne l'aurait avoué à personne : il avait la certitude que sa mère le protégeait.

Aux Ormes, pour la première fois depuis longtemps, il dormait paisiblement. Mais à tout instant il pensait aux membres du réseau que l'été avait provisoirement séparés. Comme il aimait cette fraternité qui, par-delà les origines, les conditions sociales, les talents, se consacrait à une même cause ! Jamais il n'aurait imaginé de telles richesses d'ingéniosité et de courage chez des êtres dont l'apparence était commune. Où étaient-ils, ces hommes et ces femmes avec lesquels il se sentait des liens plus forts que tous ceux qu'il avait noués jusqu'ici ? Le Rouquin, Pedro, Petit-Louis, Germinal, Saint-Preux, Louisette, Fan-Fan ? Pour eux, il était Paradol, un nom de guerre qu'il s'était choisi en souvenir de Prévost-Paradol : une façon de faire un clin d'œil à l'Histoire.

Il pensait demeurer encore quinze jours ici. Ensuite il gagnerait Guéthary où des menaces de réquisition pesaient sur la villa Artéa. Il profiterait de ce voyage pour prendre contact avec une organisation clandestine qui, à partir de Périgueux, regroupait plusieurs réseaux du Sud-Ouest.

Roland et Henri arrivèrent à Chaumont. Le village tout en longueur paraissait désert. Les paysans étaient encore aux champs. La poste aux volets bleu ciel était située en face de l'église. Roland se sentit soudain coupable d'aller chercher les lettres de sa maîtresse en compagnie de son fils.

— Attends-moi deux minutes, dit-il.

Il pénétra dans le bureau de poste et tendit sa carte d'identité à la préposée, une jeune femme maigre au regard maladif. Elle lui remit une lettre et un télégramme qu'il ouvrit avec précipitation. Il lut :

SUIS SEULE TOUTE LA SEMAINE. STOP. VENEZ VITE. STOP. VOUS ATTENDS. TENDRESSE.

S.

Roland pâlit. Tous ses projets avec Rose et les enfants s'effondraient. Il se sentait incapable de résister à cet appel. Il ne pensait plus qu'aux moyens de la rejoindre. Les protestations de Rose n'y pourraient rien. Il partirait. Rien ne l'en empêcherait. Déjà il calculait le temps qu'il lui faudrait pour atteindre Préfailles. Pourrait-il prendre un train le soir même ? Non ! Alors demain. Il était impatient, agité, nerveux. Qu'allait-il dire à Rose ? Et les parties de pêche avec Henri ? Comme les considérations familiales lui paraissaient de peu de poids face à la passion ! Ses résolutions appartenaient à un autre homme, raisonnable, qu'il n'était plus.

Roland rejoignit son fils dans la rue. Il lui tapota la joue avec affection.

— Tu as un drôle de père, dit-il comme s'il se parlait à lui-même.

L'enfant le regarda d'un air sévère.

— Pourquoi, papa ?

Roland tenta de se reprendre :

— Oh, je ne sais pas... Parfois j'ai l'impression d'avoir ton âge, de n'être pas tout à fait un adulte. L'expérience... l'expérience... je me demande parfois à quoi ça sert.

XV

Un raidillon torride, cerné par le vacarme des grillons, serpentait à travers les pins jusqu'à une crique. Sous le soleil de midi les rochers avaient des reflets de feu. Wiso s'approcha du ponton d'un pas précautionneux. Ses yeux étaient rougis par les insomnies ; une barbe de deux jours mangeait ses joues et lui donnait un air négligé qui contrastait avec l'élégance de son peignoir blanc. Evelyne, allongée à demi nue sur un caillebotis en bois, lisait face à la mer grise qui se confondait avec le ciel. A travers la brume de chaleur, on distinguait les maisons blanches d'Antibes. Wiso buta sur le haut du maillot. Il le ramassa et le lança sur sa femme d'un geste rageur. Elle ne protesta pas. Cette absence de réaction accrut son irritation.

— Il faudra te le répéter cent fois... Des habitudes de poule...

Elle le regarda à travers ses lunettes de soleil et tenta de se justifier d'une voix conciliante :

— Je sais, ne te fâche pas, il fait tellement chaud. Et puis, qui veux-tu que cela choque ? Il n'y a aucun vis-à-vis.

Wiso haussa les épaules.

— La pudeur... tu as déjà entendu parler de la pudeur ? Non ? Vraiment je me demande pourquoi je me tue à t'inculquer un minimum de sens moral.

Wiso abandonna son peignoir et apparut en maillot de bain, blanc, amaigri. Il entreprit de descendre dans la mer par l'échelle en fer. Il grimaça au contact de l'eau. Le mistral qui avait soufflé pendant deux jours l'avait rafraîchie. Il maugréa. Enfin il s'immergea, souffla bruyamment et fit quelques mouvements de brasse avant de remonter sur le ponton.

Il observa en clignant des yeux les épaules et les cuisses de sa femme rougies par le soleil. Il hocha ostensiblement la tête avec une moue dégoûtée. Evelyne s'était replongée dans sa lecture et ne s'aperçut de rien. Wiso rôdait autour d'elle avec un regard mauvais. Il cherchait un mot blessant pour la faire réagir. La haine contre elle, irraisonnée, s'enflait en lui. Il s'irritait de ne trouver aucun prétexte pour s'en libérer.

— Ça ne te trouble pas de te dorer au soleil pendant que le monde est à feu et à sang ?

Evelyne posa son livre, retira ses lunettes de soleil et dit d'un ton posé :

— Je ne sais pas ce que tu as encore aujourd'hui, mais tu n'arriveras pas à me mettre en colère.

— Réponds à ma question ! Ça ne te trouble pas, hein ?

Elle feignit de se replonger dans son livre.

— Réponds, nom de Dieu !

Ses yeux s'arrêtèrent sur sa nuque. L'idée de la frapper d'un coup de poing le traversa. Cette pensée finit par l'effrayer lui-même. Il bougonna : « Quel égoïsme. »

Il enfila son peignoir et se planta devant elle.

— Le déjeuner va être servi. La maison n'est pas un hôtel...

Il s'interrompit : cette dernière expression l'agaça contre lui-même : il se souvenait de l'exaspération qu'il éprouvait dans sa jeunesse lorsque sa mère l'employait. Il cessa les hostilités et remonta le raidillon.

Il dut s'arrêter à deux reprises. Il était en sueur. Un étau comprimait son crâne. Ses jambes avaient du mal à le porter. Il parvint avec peine sur la terrasse de la villa. La Marina était l'une des plus belles maisons du cap d'Antibes, Le Pr Weissberg l'avait achetée en 1910 à un architecte qui avait donné au vieux corps de bâtiment un faux air italien. Des colonnes en pierre soutenaient une vaste terrasse qui ceinturait le premier étage. Des palmiers et des cyprès étaient plantés devant les pins qui descendaient en cascade jusqu'à la mer.

Le déjeuner, servi dans la salle à manger du rez-de-chaussée dont toutes les fenêtres étaient ouvertes, fut lugubre. Les beaux yeux bleus du Pr Weissberg semblaient perdus dans un rêve intérieur. Avec sa petite moustache blanche, son crâne dégarni et bronzé, il ressemblait au Maréchal. Il participait rarement à la conversation, se contentant de hocher la tête d'un air désabusé. Le repas fini, il s'enfermait dans son bureau et on ne le revoyait que pour le dîner. Sa femme, toujours vêtue de noir, le visage blanc et poudré, les yeux soulignés de cernes bistre, ne prononçait que quelques paroles pour meubler, lorsque le silence devenait trop pesant. Elle manifestait beaucoup de bienveillance à Evelyne pour tenter d'atténuer les propos acerbes de Wiso. Les parents Weissberg avaient perdu leurs préventions contre leur belle-fille. Six mois passés avec elle les avaient convaincus de ses qualités de cœur que dissimulait son apparence commune. Ils prenaient souvent sa défense contre leur fils.

Wiso parla peu pendant le déjeuner. Il soupirait, s'épongeait le front. Il semblait mal à l'aise. On n'entendait que le cliquetis des couverts et le chahut des grillons. Wiso s'anima soudain pour commenter sur un ton pessimiste les dernières nouvelles de la guerre : à l'entendre, les Allemands n'allaient pas tarder à occuper Stalingrad, puis ce serait le tour de Moscou ; la flotte américaine finirait au fond de l'Atlantique, coulée par les sous-marins allemands.

La cuisinière, enceinte de plusieurs mois, emporta les plats vers l'office. Il ironisa.

— C'est son septième ou son huitième ? Evelyne, tu devrais lui demander sa recette !

Une lueur de satisfaction mauvaise passa dans ses yeux lorsqu'il vit le visage de sa femme tressaillir à cette allusion blessante : elle n'arrivait pas à avoir d'enfant et s'en désespérait. Il insista :

— De toute façon je me demande bien quelle éducation tu pourrais lui donner.

Sa mère intervint.

— Assez, voyons ! Laisse-la tranquille ! Tu es insupportable.

Evelyne porta les mains à ses yeux comme si elle était aveuglée. Elle émit une plainte sourde et éclata en sanglots. Elle se leva, renversa un verre et, les mains toujours sur ses yeux, se précipita vers sa chambre.

Wiso parut abasourdi.

— Qu'est-ce qu'elle a ? demanda-t-il sans se rendre compte de l'incongruité de sa question.

Sa mère se fâcha.

— Tu es complètement inconscient ! Cette pauvre petite, tu ne cesses de la torturer.

Wiso eut une expression hébétée. La haine qu'il éprouvait contre Evelyne s'était dissipée. Il avait l'impression de s'éveiller d'un cauchemar. Quel démon l'avait poussé à évoquer ce problème de l'enfant, si douloureux pour sa femme ? Il avait été mû par une impulsion irrésistible. Il voulait effacer cette scène pénible de sa mémoire, mais elle le harcelait. L'étendue de sa cruauté l'effarait. Se pouvait-il qu'il fût à ce point un monstre ? La dépression qui l'avait terrassé depuis deux mois n'expliquait pas tout. Etait-il donc incapable de maîtriser les forces mauvaises qui l'étouffaient ? Toutes ces questions l'oppressaient. Son existence depuis deux mois ne lui appartenait plus. Ses actes incohérents lui semblaient être ceux d'un autre. Il sentait sourdre une haine terrible contre lui-même.

Evelyne n'était pas seule en cause. Le gâchis de sa vie était général. Il agissait en contradiction avec toutes ses résolutions. Son enthousiasme pour l'action clandestine était retombé. Il n'y croyait plus. On ne pouvait lutter contre les Allemands : ils étaient trop forts. Il avait manqué plusieurs rendez-vous importants. De peur d'essuyer des reproches, il se dérobait, n'assistait que rarement aux réunions. L'essentiel de son temps se passait à ressasser ses erreurs et à en commettre de nouvelles, qu'il regrettait. Toute la journée, il traînait son cafard, incapable de rester en place, de s'astreindre à une occupation suivie, tantôt dans la bibliothèque, tantôt dans le jardin, pestant contre la chaleur, le mistral qui mettaient ses nerfs à vif. Il se lamentait sur son inaction, rêvait de s'engager à nouveau. Mais l'angoisse le paralysait ; la dépression balayait ses velléités, creusait ses doutes, exacerbait ses remords.

De tous les reproches qui le brûlaient, celui d'avoir changé de nom, de s'être affublé du patronyme ridicule de Bellerive, lui était le plus douloureux. Il l'associait à sa lâcheté, à ses compromissions avec les collaborateurs du Maréchal, péchés véniels qu'il érigeait en fautes inexpiables. Ces contradictions lui étaient si pénibles, il y voyait si peu d'issue, qu'il songeait à se tuer. Mourir de ses propres mains lui paraissait préférable à une exécution par « les boches ».

Wiso entendait les admonestations de sa mère à travers un voile irréel.

Il se leva, fit quelques pas vers la porte et revint, l'air désemparé.

— Je ne sais pas quoi lui dire. Je n'ai pas d'excuses, je suis un salaud.

Sa mère insista.

— Va lui demander pardon !

Il sortit de la pièce et monta l'escalier jusqu'à sa chambre. Evelyne préparait sa valise. Il tenta de la prendre dans ses bras. Elle le repoussa avec une grimace de dégoût.

— C'est fini, je m'en vais ! cria-t-elle.

Son visage figé par la colère se défit et elle se remit à pleurer en se lamentant :

— J'aurais dû partir depuis longtemps. Tu ne changeras jamais.

— Tu as raison, dit-il, je n'ai que ce que je mérite. Tu me détestes, mais si tu savais à quel point je me hais ! Je t'aime et je ne peux m'empêcher de te faire souffrir. C'est plus fort que moi. Ma vie n'est qu'un échec. Je n'ai plus que toi. Donne-moi une dernière chance !

A cet instant, Evelyne lui semblait parée de tous les charmes, de toutes les qualités. Le pouvoir qu'elle avait de le quitter, de le blesser cruellement la lui rendait précieuse. Il murmura :

— Je t'en supplie, aide-moi à m'en sortir !

Que de fois Evelyne avait entendu ce discours. Elle n'en croyait pas un mot et, pourtant, il la touchait. Elle savait qu'après une semaine idyllique pendant laquelle il la couvrirait de baisers, de cadeaux, les scènes recommenceraient. Elle avait beau lui en vouloir, il l'attendrissait. Sous bien des aspects, c'était un enfant. Comment un même être pouvait-il contenir en lui tant de générosité et de méchanceté ? Elle ne perdait pas espoir. Elle pouvait l'aider à sortir de sa dépression. Grâce à elle, il redeviendrait peut-être l'amant sensible et tendre qu'il lui était arrivé d'être.

Elle le regarda avec une expression navrée et suppliante.

— Tu crois que je n'aurai jamais d'enfant ?

Il la serra dans ses bras à la briser.

— Nous ferons tout pour en avoir un, je te le jure.

XVI

Sous le faisceau du phare de Préfailles, la chambre s'éclairait et retombait dans l'obscurité. Le vent portait le claquement sourd des vagues. Le corps nu de Solange Corbin surgissait un temps bref sur le lit dans la clarté intense, froide. Jamais Roland n'avait éprouvé comme ce soir la sensation d'être face à une beauté inhumaine. Le silence, cet éclair irréel dans la nuit lui donnaient l'apparence d'une statue. Une certitude renforçait cette impression : l'amour, la tendresse qu'elle donnait ne l'engageaient pas tout entière. Une forteresse de volonté la protégeait de la passion : elle ne lui livrait que des émois superficiels. Pour cette raison, elle ne ressemblait à aucune autre femme. Roland avait vite deviné chez toutes celles qu'il avait connues les faiblesses qui se dissimulaient sous leur arrogance, leur air altier, indépendant. La carapace craquait vite, laissant voir des êtres fragiles, en quête d'une volonté forte, éperdus de soumission. Solange Corbin était d'une autre race. Tout en elle évoquait la force, la victoire. Dans l'amour, elle ne se soumettait pas, elle faisait alliance.

Roland l'admirait. Il l'estimait pour la fermeté de son caractère devant laquelle tout pliait. Il était conscient de n'être dans sa vie que parce qu'elle l'avait choisi, tout comme elle avait voulu avoir un enfant de lui, tout comme elle avait décidé de braver tous les risques en le faisant habiter dans cette maison de pêcheur, à flanc de dune, récemment acquise par

Alexandre Corbin qui voulait sans cesse pousser plus loin les frontières de son domaine.

Roland partait le lendemain. Cette perspective excitait son imagination. Dans sa hâte à retrouver ses compagnons de lutte à Périgueux, il n'éprouvait aucune tristesse à se séparer de Solange Corbin. Il avait beau l'aimer, il savait que cet amour ne pouvait satisfaire qu'une part de sa vie. Il voulait affronter quelque chose de plus haut. Quitter cette femme après quatre jours d'étreintes en emportant des souvenirs rassurants lui était facile mais jamais il ne pourrait la sacrifier sans pitié à l'ambition qui le poignait. Il caressa son épaule avec émotion. Soudain la crainte de manquer de force le saisit. Il pensa : « L'amour n'a jamais donné à quiconque ni destin ni gloire. Si je veux être autre chose qu'un dilettante, je dois aller jusqu'au bout. Surtout je dois choisir. »

XVII

Comme tous les matins, les préparatifs de l'excursion à vélo se déroulaient dans la nervosité. Antonia fixait le panier du pique-nique sur son porte-bagages; Hélène trompait son attente en malmenant sa bicyclette sur le terre-plein en face de la maison. En dépit de l'heure matinale, une chaleur lourde pesait sur Vichy. La journée allait être torride. Antonia était pressée de partir : le soleil devenait de plus en plus chaud. Elle appela Pierre Lenhart, qui se tenait dans l'entrée ; il avait posé à ses pieds son havresac bourré de livres qu'Antonia l'accusait de ne pas lire. Il était plongé dans le journal que le facteur venait de déposer. En première page des *Dernières Nouvelles de l'Allier* une photo le fascinait : celle de Raymond Curry esquissant un sourire satisfait qui semblait faire la nique à ses adversaires qui l'avaient laissé filer. Le titre annonçait l'arrivée à Londres de l'ancien ministre et sa nomination comme vice-président du Comité national de la France combattante. Le commentaire fielleux qui stigmatisait son passé sous la Troisième République agaça Pierre Lenhart. Il hocha la tête : « Salir, toujours salir, ça ne rime à rien. »

Cette nouvelle le troublait. Tant d'impressions se mêlaient. Il était stupéfait de ce rétablissement d'un homme qu'il avait cru fini ; il admirait l'audace qui lui valait une si éclatante revanche. Et il ne pouvait s'empêcher de penser que ce succès était un peu le sien : quelle étrange sensation, d'avoir détenu le pouvoir de décider du sort d'un homme ! L'heureux aboutissement de son geste le satisfaisait. Il en oubliait son jugement sévère sur Raymond Curry, son ancienne antipathie. Depuis qu'il avait quitté le gouvernement, ses idées avaient évolué. Il se sentait beaucoup moins éloigné des gaullistes. Non seulement il ne les considérait plus comme des « terroristes » mais parfois il allait jusqu'à leur reconnaître un patriotisme qui lui semblait faire de plus en plus défaut aux gens de Vichy. La percée de Bir Hakeim avait touché sa fibre cocardière. Il enviait cette poignée de jeunes Français qui se battaient dans le désert. Il croyait à la pureté de leur idéal. En revanche son désaccord avec l'inclination pro-allemande du gouvernement s'accentuait chaque jour. Vichy cédait sur tout : l'institution du port de l'étoile jaune le révoltait, ces rafles de juifs où des Français prêtaient la main aux Allemands... Il ne regrettait pas sa démission.

Antonia, furieuse, se planta devant Pierre Lenhart. Il lui tendit le journal.

— Regarde !

Antonia parcourut les titres. Elle émit un petit rire sarcastique.

— En voilà un qui a senti le vent ! J'espère qu'il n'oubliera pas ce que tu as fait pour lui.

La chaleur rendit pénible la promenade. Ils durent s'arrêter à plusieurs reprises pour gravir la côte qui menait à la forêt de Randan. Sur les plateaux qui dominaient l'Allier la brise les rafraîchit. Ils décidèrent d'aller rendre visite à Roger Lanche dans son presbytère. Celui-ci les accueillit en short, les cuisses et le visage brûlés par les coups de soleil. Il parut enchanté de les voir et les invita à déjeuner. Il se reprit et murmura d'un air craintif :

— Je vais quand même demander son avis à Antoinette.

Après des palabres qui parurent assez longs, Roger Lanche réapparut en compagnie de sa femme :

— Formidable, tout va très bien, nous déjeunons tous ensemble ! s'exclama-t-il avec un entrain forcé qui laissait supposer que la négociation avec Antoinette avait été serrée.

Antonia proposa de pique-niquer sur la pelouse. On se rangea à son avis. On étendit des couvertures sur l'herbe. Roger

Lanche apporta des carafes d'un excellent vin de la région dont il avait une feuillette en perce. L'apport d'Antoinette en victuailles fut chiche. La conversation roula bon train. Roger Lanche se livra à son habituel persiflage. Personne ne trouvait grâce à ses yeux, ni le personnel de Vichy, ni les gaullistes : il ne voyait dans les positions des uns et des autres qu'un carriérisme frénétique. Il en donna de piquants exemples.

Une remarque un peu vive d'Antoinette à Hélène — elle lui reprochait son manque de zèle dans l'aide qu'elle apportait au service — provoqua une prise de bec avec Antonia, suivie d'un léger froid. Antoinette fit des efforts pour faire oublier à Hélène son mouvement d'humeur : elle alla jusqu'à lui offrir un collier en nacre de quatre sous, mais Hélène, qui possédait déjà le caractère orgueilleux de sa mère, le refusa.

Bientôt de lourds nuages plombés apparurent à l'ouest.

— Il va pleuvoir ! s'exclama Antonia. Rentrons !

Elle se leva.

Roger Lanche leur proposa de laisser passer l'orage, solution qui avait la préférence de Pierre Lenhart. Antonia s'obstina. Ils partirent.

Ils n'avaient pas parcouru trois kilomètres — à peine à la lisière de la forêt de Randan — que le vent se mit à souffler avec force. Quelques gouttes de pluie tombèrent. Le tonnerre éclata dans le lointain. Le ciel devenait de plus en plus sombre. Soudain l'orage se déchaîna. Aucun abri n'était en vue : ils durent poursuivre leur chemin trempés ; la pluie leur fouettait le visage. Ils aperçurent enfin une grange et s'y réfugièrent.

Le ciel était devenu si sombre qu'on aurait pu croire que la nuit tombait. L'orage battait son plein. Des éclairs striaient la demi-obscurité. Pierre Lenhart s'était assis sur des bottes de paille et taquinait Hélène. Antonia demeurait debout à la porte de la grange. Elle regardait fixement le paysage noyé sous la pluie.

Soudain sa colère éclata.

— J'en ai assez. Nous n'allons tout de même pas passer la nuit ici !

Pierre Lenhart se leva. Il s'approcha d'elle et la saisit tendrement par l'épaule.

— Ne t'inquiète pas, la pluie va cesser. Il faut attendre. Elle se dégagea d'un geste brusque.

— Attendre, toujours attendre ! s'exclama-t-elle avec fureur. Si tu savais comme j'en ai assez... Je n'en peux plus.

Il tenta de la prendre dans ses bras. Elle le repoussa et le toisa avec une expression de mépris.

— Tu as de la chance qu'Hélène soit là sinon je pourrais te dire des choses terribles.

A peine avait-elle achevé cette menace que son visage se crispa comme sous l'effet de la douleur. Elle sortit précipitamment de la grange et marcha une dizaine de mètres jusqu'à la route. Elle demeura immobile, le front appuyé contre un arbre.

Pierre Lenhart courut vers elle sous la pluie battante. Il tenta de la convaincre de revenir dans la grange. Elle tourna vers lui un visage ruisselant et lui dit d'une voix calme et ferme d'où la colère avait disparu :

— Je ne veux plus rester en France, avec les boches, avec tous ces lâches. Je te préviens : si tu ne pars pas, c'est moi qui partirai.

XVIII

Pierre Lenhart se tenait debout dans son bureau, face au planisphère épinglé sur le mur où il avait l'habitude de suivre l'évolution de la guerre. Il évaluait le rapport des forces. Ni sur le front russe, ni à Suez, les Allemands ne parvenaient à remporter de victoire décisive. Pour la première fois, il les sentait dans une impasse. Les Anglais avaient débarqué à Madagascar. Surtout, les Etats-Unis mettaient en branle leur formidable puissance. Le nouvel ordre stratégique, qui se dessinait, le troublait. Toute sa conduite politique avait été inspirée par la certitude de la victoire allemande. Il l'avait acceptée à contrecœur, comme une donnée inéluctable. L'hypothèse d'une défaite bouleversait ses plans. En même temps il craignait de manquer d'objectivité : ne cherchait-il pas à tout prix dans la situation du monde des arguments en faveur d'Antonia ?

Il était encore sous le choc de la scène de la veille. La menace qu'elle lui avait lancée l'obsédait. Il savait qu'elle était capable de le quitter. Rien ne lui semblait pire. Une hantise qui le desséchait. Son ambition de faire de grandes choses lui paraissait un bien mince enjeu en comparaison de l'amour toujours jaloux qu'il vouait à Antonia. Pour ne pas la perdre, il était prêt à tout sacrifier. Tout, sauf son honneur. Il acceptait de reconsidérer sa position, il ne voulait pas se trahir. Sa rancœur contre le nouveau gouvernement de Vichy ne devait pas le pousser à une conduite inconséquente. Depuis six mois, il suivait l'avilissement d'un régime dont il avait soutenu les principes. Les Allemands étaient devenus les maîtres du jeu : on cédait devant toutes leurs exigences. Pourquoi le Maréchal ne rompait-il pas brutalement avec cette politique dégradante ? Mais jusqu'à quel degré d'abjection devrait-il lui être fidèle ?

Pierre Lenhart était déchiré. Il sentait naître un vent nouveau qui le fascinait. Tout allait changer. Bientôt la sotte distinction entre patriotes de l'armistice et patriotes de la Résistance n'aurait plus aucun sens. Seule une divergence de tactique les aurait séparés. Pourquoi demeurer prisonnier du passé ? Antonia avait raison : il fallait choisir les forces de l'avenir.

Soudain il prit sa décision : il partirait. Son nom ne devait plus être associé à la nouvelle politique de Vichy. Il avait déjà pris ses distances, aujourd'hui il fallait rompre avec éclat. Il ne se dissimulait pas qu'il lui faudrait bâtir un pont au-dessus des haines, qu'il risquait sa vie. L'impression de bonheur qu'il éprouvait à se trouver en accord avec Antonia lui prouvait qu'il ne se trompait pas. Cette vie nouvelle que l'amour ouvrait devant lui, c'était la seule qu'il estimait valoir la peine d'être vécue.

XIX

Le vent du sud qui s'ébrouait sur le plateau désertique agaçait les nerfs. Xavier Forgeot s'efforçait de ne pas prêter attention à la cloche qui sonnait allègrement la soupe de midi. Il avait beau siffler des marches de la Légion, elle vibrait dans son crâne, provoquant une sensation douloureuse. Une brûlure irradiait dans son ventre. Il lui fallait chaque jour plus de volonté pour refréner son envie de se précipiter avec sa gamelle vers les cuisiniers espagnols qui faisaient tinter leurs louches sur les chaudrons fumants. Depuis une semaine que durait la grève de la faim au camp de concentration de Miranda de Ebro, les autorités avaient employé tous les moyens pour en venir à bout. En vain. Le mouvement se durcissait de jour en jour en dépit des malades à l'agonie que les infirmiers emportaient sur des brancards. Dans l'atmosphère de folie que faisaient régner les kapos polonais — vérigables maîtres de Miranda après les Espagnols — tout était possible. Quelle décision raisonnable pouvait-on attendre de trois mille têtes brûlées de toutes les origines, Tchèques, Hollandais, Français, Roumains, Anglais ? Exaltés par des Polonais insensés qui chauffaient à blanc leur témérité, ils étaient prêts à affronter le diable plutôt que de continuer à moisir dans ce lieu insalubre et puant, accablé de chaleur. Rarement autant de rêves, d'espoirs, de désillusions, d'amertumes avaient fermenté comme dans ces baraquements à l'allure d'oppidum, hérissés de miradors, qui ressemblaient étrangement aux tours en bois des fortifications de César. Toutes les chimères se brisaient comme une mer tumultueuse sur le long mur d'enceinte de pierre grise ponctué, tous les cinquante mètres, d'une petite guérite au toit pointu. Au-delà, deux rangées de barbelés achevaient de briser les velléités d'évasion. Les montagnes violettes du lointain semblaient un barrage naturel destiné à séparer pour toujours ces hommes déshérités de la vraie vie.

Xavier Forgeot et le petit caporal-chef de la Légion rongeaient leur frein depuis plus de quatre mois. Le seul ennemi contre lequel on les laissait se battre : les poux. Ils s'étaient fait pincer bêtement en tentant d'estourbir une poule en pleine nuit, dans une ferme, à quelques kilomètres de Barcelone. Ils avaient eu beau proclamer à la *Guardia civil* qu'ils étaient canadiens, on les avait expédiés dans cette fournaise. Leurs journées se passaient à somnoler et à s'adonner à deux activités désolantes : la corvée d'eau — il n'existait qu'un seul robinet pour tout le camp — et l'épouillage de leurs vêtements. Ils avaient encore des cauchemars où ils se voyaient dans leurs uniformes *feldgrau*.

La faim ne devenait insupportable qu'à l'heure des repas et la nuit. Dans les premiers jours, elle avait agi sur Xavier Forgeot comme un excitant ; jamais il ne s'était senti l'esprit aussi léger, aussi vif. Maintenant ses forces commençaient à l'abandonner. Ses facultés s'engourdissaient. Il cédait à la torpeur qui s'abattait sur tous les détenus. Les bruits les plus fous couraient : la Croix-Rouge allait intervenir ; Madrid songeait à limoger le commandant du camp ; l'ambassadeur des

Etats-Unis avait remis une note de protestation à Franco. Ces rumeurs crevaient les unes après les autres comme des bulles. Elles suscitaient un frisson d'espoir qui réveillait l'énergie mourante. Dans son for intérieur, aucun prisonnier ne nourrissait d'illusions : Miranda était au bout du monde, son sort n'intéressait personne. Au mieux, les responsables du camp céderaient sur les revendications d'hygiène : le surpeuplement ajouté à la chaleur avait transformé les baraques en nids d'infection.

A trois heures de l'après-midi, le comité de vigilance annonça que la première revendication des grévistes était satisfaite : l'assainissement des égouts à ciel ouvert qui exhalaient leur puanteur dans tout le camp. On vit bientôt apparaître les militaires espagnols en treillis, le crâne rasé. Sous le soleil meurtrier, ils se mirent à manier la pelle, la pioche et la touque de chaux.

En fin d'après-midi, une nouvelle rumeur accrut la fièvre : un représentant de l'ambassade des Etats-Unis négociait avec le commandant du camp un premier contingent de libérations. A huit heures, la nouvelle tomba : cinquante prisonniers seraient libérés le lendemain. Le comité de vigilance annonça aussitôt la fin de la grève, qui fut acclamée par un concert de casseroles et de gamelles. Par mesure de prudence, les cuisiniers ne servirent ce soir-là qu'une maigre portion de riz au lait. Il n'y eut pas un mécréant qui ne s'endormît sans lancer dans la nuit une prière à la miséricorde divine.

A huit heures, le lendemain matin, un délégué du comité de vigilance pénétra dans chaque baraque.

— Xavier Forgeot !

— C'est moi.

— Tu es libéré.

— Et mon copain ? dit-il en désignant le petit caporal-chef dont la mine déconfite faisait peine à voir.

— Lui, ce sera pour plus tard.

XX

— Demain, je serai un autre homme, dit Pierre Lenhart à Roland. Depuis que j'ai décidé de partir, je me sens le cœur léger. Je regrette d'avoir attendu. J'aurais dû me secouer plus tôt, dès mon départ du gouvernement, en avril. J'éprouve une sensation bizarre. Un vertige. Ce rôle du fugitif, du hors-la-loi, je me demande si je suis fait pour lui. En même temps, cela m'excite, ce saut dans l'inconnu.

Ils marchaient avenue de l'Observatoire, sous les frondaisons fauves des marronniers. Ils étaient venus à pied de la rue du Bac. Jamais Paris n'avait paru si triste, si sombre, qu'en cette fin d'après-midi pluvieuse d'octobre. Le ciel brouillé diffusait une lumière sale. La chaussée était luisante de pluie. Les feuilles mortes flottaient dans les caniveaux inondés.

Pierre Lenhart reprit, l'air songeur :

— C'est fou ce que la guerre nous aura changés ! Sans elle nous aurions continué notre petit bonhomme de chemin, sans risques. Elle nous a réveillés. Elle nous a forcés à prendre en main notre destin. Jamais je n'aurais pu imaginer qu'un jour je deviendrais ministre et qu'un an plus tard je serais obligé de franchir les Pyrénées clandestinement. Et toi, qui se serait douté que tu deviendrais un dangereux terroriste ?

Il lui donna une bourrade amicale dans l'épaule en prononçant ce mot.

— C'est vrai, répondit Roland en s'animant, pour la première fois de ma vie j'ai l'impression de servir à quelque chose. Ce qui me frappe, c'est qu'avant la guerre nous commencions à devenir adultes, à être un peu raisonnables. Les circonstances nous ont ramenés à l'adolescence. Nous avons retrouvé un idéal, un élan, la jeunesse. Nous ne sommes pas les seuls à l'éprouver. Il y a eu un bouillonnement fantastique après le choc de la défaite. Une montée de sève que le Maréchal a laissée se dévoyer. C'est à cause de lui que tant de braves types se laissent abuser et vont se battre en Russie sous l'uniforme allemand. Quel gâchis ! Et le rôle qu'il fait jouer à la police : complice des boches ! Et malgré tout cela, jamais je n'ai vu de gens aussi formidables, courageux, désintéressés, qui risquent chaque jour leur vie alors qu'ils auraient pu rester pépères au coin du feu. Drôle d'époque ! Au milieu de tant de salauds, elle aura suscité des héros. Reste à savoir comment tout cela se terminera.

Pierre Lenhart hocha la tête avec une moue désabusée.

— C'est curieux, reprit Roland, jamais je ne me suis senti aussi heureux de vivre et jamais je n'ai pensé autant à la mort. Tu connais le shintoïsme ? C'est une religion qui estime que l'homme n'acquiert de valeur que par la façon dont il meurt. Le reste n'a aucune importance.

Il s'interrompit et sourit avant de reprendre :

— J'ai quand même le pressentiment que nous avons tous les deux de la chance, que nous nous en sortirons. Plus tard, nous évoquerons cette époque ensemble devant nos petits-enfants. Nous dirons : c'était le bon temps. Tu ne crois pas ?

— Non, je n'ai pas ce sentiment-là. Mais quelle importance !

— Pourquoi dis-tu cela ? demanda Roland.

— C'est une impression. Toi tu prends des risques, mais tu ne changes pas de camp. Moi je joue un jeu dangereux. Je vais me retrouver seul, très seul, au milieu de gens qui me haïssent.

Roland ne répondit pas. Il baissa les yeux. Ils avaient descendu la rue Férou et s'avançaient sur la place Saint-Sulpice balayée par le vent. Soudain Roland s'exclama avec fougue :

— Ce que je trouve le plus extraordinaire dans cette époque, c'est nous, c'est que notre amitié ait pu continuer d'exister ! Nous avons suivi des chemins différents sans cesser de nous comprendre dans un monde qui se déchirait. Maintenant, nos idées se rejoignent, mais, au fond, cela ne change rien. Nous avons toujours eu en vue le même idéal... J'ai fait partir ton message pour Raymond Curry. Il l'aura très vite, trois ou quatre jours. La réponse te rejoindra à Madrid.

Pierre Lenhart haussa les épaules.

— Raymond Curry... Je me demande si je dois en attendre grand-chose.

Roland réagit avec vivacité :

— Sois prudent. Il te faut des garanties. Surtout ne te jette pas dans la gueule du loup sans précautions. Il y a aussi des excités à Londres, crois-moi.

Ils arrivèrent rue du Bac. Comme ils pénétraient dans la maison, ils virent la petite Hélène, les yeux rouges, qui se précipitait vers l'escalier. Elle avait appris que ses parents partaient sans elle. Ils la confiaient à Rose et à Roland. Pierre Lenhart l'appela. En vain. Il courut derrière elle pour tenter de la consoler.

L'atmosphère du dîner fut nerveuse. Pour éviter une scène de larmes d'Hélène, on parla de tout sauf du départ du lendemain. Pourtant chacun l'avait présent à l'esprit avec son halo aventureux et dramatique. Comme s'il était à la fois un espoir et une menace.

Après le dîner, Pierre Lenhart entraîna Roland à l'écart, dans son bureau, et lui tendit une grande enveloppe cachetée.

— Ce sont des documents qu'il faut mettre à l'abri. Tu peux t'en charger ? Si jamais il m'arrivait malheur, comme on dit, brûle-les !

XXI

Le train avait quitté Nantes depuis plus de quatre heures. Il avançait prudemment vers Le Mans, s'arrêtant à chaque alerte. A cette allure, il ne serait pas à Paris avant la nuit. Roland tentait de se distraire de son angoisse en contemplant par la fenêtre du compartiment le paysage qu'une ondée venait de reverdir. Le train était à nouveau immobilisé en rase campagne. Maintenant un soleil guilleret faisait reluire les prairies de la Sarthe ; une petite rivière en contrebas brillait comme un ruban de papier de chocolat. Il songeait avec irritation qu'avec tous ces retards il allait manquer son dîner avec Solange Corbin. Il n'avait aucun moyen de la prévenir. Elle l'attendrait en vain à la porte du petit appartement — *la chambre haute* — de l'île Saint-Louis. En même temps cette préoccupation lui paraissait dérisoire face à la vraie question : arriverait-il vivant et libre à Paris ? Le regard de Roland revint se fixer sur les fermoirs en acier de la grande valise en carton qui pesait sur le filet à bagages. Par précaution, il avait choisi le compartiment le plus proche de la porte du wagon. En cas de contrôle, il pourrait tenter de fuir, sauter en marche. A l'autre bout du wagon, Tonio, son agent de liaison, faisait le guet. Tous deux étaient armés. Roland avait dissimulé son revolver dans la valise entre deux chemises.

Cette valise banale le fascinait. Il entretenait avec elle une relation chaude, vivante. Sous sa grosse apparence paisible, elle détenait un pouvoir exorbitant sur sa vie. Elle pouvait le conduire tout droit à un poteau d'exécution du mont Valérien. Il se sentait près de lui parler, comme à un animal, pour qu'elle se tienne tranquille, qu'on ne la remarque pas. Il craignait de s'être trop appliqué à lui donner une allure passe-partout : cette ficelle qui la ceinturait (c'était pour gagner du temps si on le contrôlait), son air trop neuf. Mais alors toutes les valises seraient suspectes. Dans le compartiment personne ne semblait la remarquer. Roland scrutait les visages des voyageurs. Il ne lisait sur les faces blanchâtres, fatiguées, que des préoccupations quotidiennes. Toujours les mêmes sujets de conversation : les trains qui n'étaient plus à l'heure *comme avant,* les petits plats qui manquaient. Et cette prudence où chacun se repliait, si inhabituelle chez ce peuple de rouspéteurs patentés. C'était la marque la plus visible de la peur.

Roland était attentif à tout. Il surveillait le couloir encombré, les mouvements sur le ballast, épiait les bruits de voix. Un ennemi inconnu se dissimulait peut-être à quelques mètres de lui ? On avait pu le suivre à Nantes depuis l'hôtel de la Duchesse-Anne ? Non, il ne devait pas penser à tous les dangers qu'il courait. Il y en avait trop. Il avait accumulé les risques pendant ces trois jours où il avait rencontré les responsables de plusieurs réseaux de la région, notamment ceux de l'organisation du colonel Buckmaster. Il leur devait cette précieuse valise. Les gaullistes se faisaient tirer l'oreille pour livrer du matériel : ils voulaient que Roland inféode son réseau au B.C.R.A. Cette rivalité entre les Services de renseignements anglais et français le mettait hors de lui. Pourquoi la bureaucratie de Londres s'acharnait-elle si souvent à freiner les élans de la Résistance intérieure ? La politique, toujours la politique ! Cette ambition pressante d'hégémonie l'éloignait de De Gaulle, que pourtant il admirait.

Le train repartit à petite allure. Il arriva bientôt au Mans. Sur le quai, Roland vit avec effroi une dizaine de soldats allemands en faction. Il se fraya un chemin dans le couloir bondé pour se tenir à distance de la valise. Roland observait le quai en s'efforçant d'imprimer à son visage une expression de désintérêt. Chaque seconde pesait sur son cœur. Sa respiration s'amenuisait. Il se sentait paralysé par la peur. Le coup de sifflet du chef de gare provoquant le départ du train le sortit de sa torpeur. Il regagna son compartiment.

Le train atteignit la banlieue de Paris. Des lumières blanches et mauves dansaient sur la glace embuée. L'approche du danger excitait Roland. Un sentiment d'invincibilité le portait. Sa peur lui semblait maintenant inexplicable, un mauvais souvenir. Le train entrait en gare. Il se leva, descendit la valise et attendit dans le couloir.

Dès qu'il fut sur le quai de la gare Montparnasse, il aperçut Tonio. Il le précéda vers la sortie en essayant de se fondre dans le gros des voyageurs. La poignée de la valise lui sciait la main. A une vingtaine de mètres de l'extrémité du quai, deux inspecteurs du contrôle économique fouillaient les bagages sur deux tables en bois. Il passa à côté d'eux en regardant droit devant lui. Une voix le héla. Il feignit de n'avoir rien entendu. Une main saisit son bras. Roland songea : « Cette fois, ça y est. » Il ferma les yeux et respira profondément avant de se retourner. Il se trouva face à de petits yeux porcins aux paupières roses, à une pauvre moustache rousse.

— Monsieur, s'il vous plaît, votre valise !

Roland le toisa. Non, ce n'était pas possible : le destin ne pouvait pas avoir revêtu les traits de ce ridicule petit fonctionnaire qui faisait du zèle. Roland se sentit investi d'une extraordinaire lucidité. En une seconde, toutes les possibilités de sa situation s'offrirent à lui avec une impeccable netteté. Effacer ce gêneur d'un coup de poing bien appliqué, courir les trente mètres jusqu'au grand escalier, le dévaler, se perdre dans la foule du métro, tous les épisodes d'un tel parti, ses risques, ses chances lui apparurent en même temps que son principal inconvénient : il perdait la valise et son précieux contenu. Mieux valait feindre d'obtempérer. Il prit une expression soumise et suivit le contrôleur jusqu'à la table en bois. Tonio tenta de s'interposer en posant sa valise devant celle de Roland. Ses explications embarrassées ne parvinrent pas à convaincre le contrôleur qui le repoussa. Comme il insistait, celui-ci le menaça d'appeler la police. Il dut battre en retraite et se tint à une cinquantaine de mètres, derrière un pilier, prêt à intervenir.

Le contrôleur se tapota la tempe de l'index et dit d'un air bonhomme :

— Quel dingue ! Vous avez vu ? Il voulait que j'examine sa valise. Enfin. Allez, à nous ! Ouvrez-moi tout ça !

Roland s'exclama du ton le plus solennel :

— Monsieur le contrôleur, je vous donne ma parole d'honneur, ma parole d'officier, que je ne fais pas de marché noir.

Le contrôleur le regarda avec un sourire intrigué.

— Je ne demande qu'à vous croire. Ouvrez cette valise !

Roland lui adressa un regard menaçant et commença à dénouer la ficelle. Il pensait tout en s'acharnant sur les nœuds : « Au moindre geste je lui écrase le nez ou je le tire comme un lapin. » La ficelle ôtée, Roland feignit d'avoir perdu la clé. Le contrôleur sortit un pied-de-biche de son tiroir.

— C'est dommage, je vais être obligé de forcer la serrure.

— Non, voilà la clé !

Le fonctionnaire prit un air narquois.

— Vous voyez, il suffit d'y mettre un peu de bonne volonté.

Il ouvrit la valise. Roland respira profondément. Son destin allait se jouer en quelques secondes. Il se sentait prêt à toutes les extrémités. Il n'avait pas peur. Il observait la scène sans émotion comme s'il n'en était pas l'acteur. Le contrôleur déplaça les chemises et découvrit le poste radio-émetteur. Il eut un mouvement de recul et le recouvrit aussitôt avec les chemises.

— Qu'est-ce que c'est que cet engin ? demanda-t-il avec une expression craintive.

— Devinez !

Il continua à fouiller nerveusement et tomba sur le revolver. Il fixa Roland avec un regard chargé d'étonnement et d'effroi. La sueur perlait sur son front. Il referma la valise.

— C'est bon. Moi je ne m'occupe que du marché noir.

Roland s'empara de la valise et dévala l'escalier jusqu'à l'embouchure du métro, suivi à distance par Tonio. Il ne se sentit sauvé que lorsque la rame l'emporta. Il éprouva soudain la sensation d'avoir reçu un coup de massue sur le crâne. Ses jambes étaient en coton. Son cœur battait douloureusement. Un brouillard emplissait ses yeux. Il entendit la voix de Tonio :

— Ça ne va pas ?

Il répondit d'une voix qui se voulait ferme :

— Ça va. J'ai eu chaud.

XXII

Un air vif dévalait de la nuit et des montagnes sur la grand-place du village ; il s'y mêlait des odeurs animales, chaudes et fortes, qui traînaient des relents de lait, de foin, de bonne graisse et de fumier des litières de fougères. Le clocher se dressait, fantomatique, son gros œil éclairé. Des ombres frileuses se pressaient vers les maisons de granit, blanches et trapues. Le village d'Arette, tapi dans la vallée de Baretous, en plein Béarn, était connu pour ses chanteurs, les « cantalous », et pour l'habileté de ses contrebandiers qui conduisaient leurs mulets en Espagne, les vendaient et revenaient chargés d'alcools et de cigarettes. La frontière était à moins de dix kilomètres. Le car d'Oloron-Sainte-Marie remua sa carcasse quinteuse et redémarra en faisant grincer sa suspension à bout de souffle. Antonia et Pierre Lenhart se dirigèrent vers l'auberge avec leur maigre bagage.

La porte cloutée était ouverte. Ils pénétrèrent dans un long vestibule mal éclairé qui sentait l'huile chaude. Dans une vaste cheminée dont le linteau étincelait de casseroles et de chaudrons en cuivre, une bûche achevait de se consumer. La cuisine exhibait ses entrailles par un passage ouvert ; des fumets de dîner flottaient. Une jeune serveuse se présenta. Ils demandèrent à voir la patronne. On entendit des cris dans la cuisine. Une matrone à cheveux gris, un torchon à la main, s'avança vers eux, le sourcil froncé. Elle les fixa de ses yeux globuleux traversés par des ombres de méfiance.

— Nous venons de la part de M. Casenave, dit Pierre Lenhart. Nous voudrions un jambon.

Des sillons de suspicion creusèrent le front de la patronne. Elle demanda d'une voix criarde :

— Du jambon de pays ?

— Non, du jambon espagnol.

Elle adopta aussitôt une expression de conspiratrice et roula des yeux brillants de complicité.

— La chambre est prête, suivez-moi, murmura-t-elle d'une voix qui n'appartenait qu'à elle : basse et tonitruante.

Ils gravirent derrière elle un petit escalier sombre et se retrouvèrent dans une chambre glacée qu'un lit étroit dévorait tout entière.

— C'est pour cette nuit, à trois heures. On viendra frapper à votre porte : trois coups forts et deux petits. En attendant, n'ouvrez à personne et n'allumez pas la lumière.

— Nous avons faim, dit Antonia.

— Je vais vous monter à manger. N'oubliez pas : pas de bruit, pas de lumière.

Une heure plus tard, serrés l'un contre l'autre sur le lit, Antonia et Pierre Lenhart regardaient par la fenêtre les montagnes sombres que découpait la pleine lune. Ils ne se parlaient pas. La fatigue et les émotions du voyage avaient rompu leurs membres. Ils étaient émus et excités comme des enfants la veille de Noël. Jamais au cours de leur existence ils n'avaient vécu un tel instant. Ils communiaient dans une même émotion où se mêlaient la griserie de l'aventure, la beauté de ce paysage nocturne, le risque auquel ils avaient choisi de se mesurer. Pierre Lenhart chercha la bouche d'Antonia. Elle s'offrit à lui, pulpeuse et chaude. Il sentit ses petits bras étreindre ses épaules avec une ferveur inaccoutumée.

On cogna a la porte : c'était le signal convenu. Ils n'avaient pas fermé l'œil de la nuit. Ils étaient déjà habillés en tenue de montagne. Pierre Lenhart ouvrit. Un jeune homme bien découplé, le béret sur le crâne, se profila dans l'embrasure. Il mit un doigt sur sa bouche et leur fit signe de le suivre. En bas de l'escalier, une veilleuse éclairait le vestibule. La patronne, qui avait passé un manteau sur sa chemise de nuit, leur souhaita un bon voyage.

— Ne vous faites pas de mauvais sang. Avec Cyprien vous ne risquez rien. C'est mon neveu !

Ils traversèrent le village endormi. Leurs yeux s'habituaient à la nuit. La pleine lune voilée de brume diffusait une faible clarté. Ils distinguaient la route pâle, bordée de ronces, qui filait vers une profonde échancrure dans les montagnes sombres. Le gazouillis des eaux vivres ne les quittait pas. Le berger marchait devant eux, d'un pas souple. Il s'aidait d'une canne en buis dont le bout métallique tintait sur les pierres. Pierre Lenhart ne s'habituait pas au poids de son sac à dos alourdi par les livres ; les bretelles lui sciaient les épaules. Antonia portait un sac en bandoulière.

A quelques kilomètres du village, ils franchirent un pont en pierre : le gave se déchirait avec fracas sur de gros rochers noirs dans un bouillonnement aux dentelures d'écume. Le relief s'encaissa. La route se rétrécissait. Elle s'enfonçait dans une gorge glacée où se répercutait le vacarme du torrent. L'air devenait plus humide.

Ils arrivèrent en vue du hameau de La Mouline ; les quelques maisons paraissaient écrasées sous le poids de la nuit. Ils quittèrent la route et empruntèrent un chemin de terre détrempé qui serpentait au milieu des rochers délavés par les pluies. Puis ce fut un sous-bois humide, obscur ; des mousses couvraient le sol et habillaient les troncs et les branches basses des buis et des sapins. La forêt gorgée d'eau exhalait une odeur de moisissure. Le chemin devenait de plus en plus abrupt. Pierre Lenhart, qui souffrait en silence depuis une heure, demanda une halte. Il se défit de son sac à dos ; une impression délicieuse pénétra au creux de ses épaules. Il essuya son front en sueur. Un cataplasme glacé opprimait sa poitrine. Ils repartirent.

Deux heures plus tard, ils débouchèrent sur le plateau de Guyers. Le jour se levait, quelques arbustes rabougris surgissaient à travers la brume. Un tronc foudroyé tendait ses moignons calcinés. Des sources chuintaient dans l'herbe grasse. Quatre cabanes de berger étaient disséminées. Cyprien se dirigea vers l'une d'elles. Il poussa la porte en planches. Une odeur forte de fromage régnait dans la cabane. Un chaudron était suspendu dans l'âtre au-dessus d'un trépied. Des couvertures s'entassaient sur un bat-flanc en bois. Cyprien prépara les bûches pour le feu.

— C'est fini pour aujourd'hui, dit-il, vous allez pouvoir vous reposer. Nous allons déjeuner. Je reviendrai avec d'autres provisions pour le dîner.

Ils dévorèrent un gros morceau de fromage de brebis, du jambon et de belles tranches de pain. Le berger leur offrit quelques gorgées d'un vin âpre qu'il conservait dans une gourde en peau. Puis il les quitta. Ils le regardèrent s'éloigner par le sentier. Le soleil chassait la brume; le sommet des montagnes se dégageait. Ils apercevaient au loin la cime enneigée du pic d'Anis. Ils demeurèrent un long moment assis sur le seuil de la cabane, les yeux fermés, savourant la tiédeur du soleil. Des nuages couvrirent le ciel. Dans la cabane, allongés sur le bat-flanc, ils s'enroulèrent dans les couvertures et s'endormirent.

En fin d'après-midi, le berger revint, accompagné de son chien, un petit cabri agité et affectueux. Il leur lança de sa voix rude et chantante :

— Vous ne savez pas la nouvelle ? Les Américains ont débarqué en Afrique du Nord. Pour vous, c'est une sacrée veine, non ?

XXIII

Un coucher de soleil rouge et mauve éclairait le cap d'Antibes. Le Pr Weissberg brûlait des papiers dans la cheminée du salon. Sa femme, affairée, rangeait ses tiroirs comme si elle partait en voyage. Pour demeurer seuls dans la villa, ils avaient donné congé à la cuisinière. Wiso avait rejoint sa femme à Marseille où elle subissait des examens dans la clinique d'un gynécologue réputé. Le Pr Weissberg monta dans son bureau et s'assit à sa table de travail. Il prit le stylo plaqué or que lui avaient offert ses élèves de la faculté pour son jubilé et écrivit sur une enveloppe : *Pour mon fils.*

Il regarda longuement la mer devenue plus sombre et les lumières d'Antibes qui commençaient à briller dans le crépuscule. Puis de sa belle et grande écriture, sans ratures, il traça ces lignes :

J'ai toujours vécu dans la dignité et dans l'honneur. J'ai aimé et respecté la France comme mon unique patrie. Je lui ai donné un fils que je chérissais. Tous les malheurs de mon pays, je les ai ressentis dans ma chair. Aujourd'hui nous entrons dans une ère nouvelle. Je crains de n'y plus avoir ma place.

La France que j'ai connue et aimée n'existe plus.

Je n'avais jamais éprouvé de fierté particulière à être juif parce que l'on n'a pas à tirer fierté d'une race que l'on n'a pas choisie. Aujourd'hui je le suis. J'ai été fier d'être français, je ne le suis plus.

Le destin du peuple juif est de souffrir. C'est ce qui fait sa grandeur. Maintenant, par la souffrance, je retrouve enfin mes vraies racines.

Je meurs sans haine contre la patrie que j'ai crue mienne. Je ne veux retenir que le bonheur d'avoir appartenu à une nation qui a prôné les valeurs de liberté et de culture. Cette France-là n'existe plus.

Ceux en qui nous avions confiance, entre les mains desquels nous avions remis notre destin, nous ont abandonnés. Je ne veux pas les haïr. Je ne veux pas porter contre eux un jugement aigri par la tristesse et le ressentiment.

Je sais que la France continuera. Pour moi, pour nous, il est trop tard. Je suis trop vieux et trop las pour me battre. Je ne veux pas m'abaisser à réclamer justice à l'abjection. Je ne veux pas que des mains françaises me livrent à des bourreaux étrangers. Je ne veux pas mourir après avoir été trahi. Je ne veux pas que la honte en rejaillisse sur la France.

Je quitte librement une existence consacrée à soulager la souffrance et la misère. Je n'ai aucune haine dans mon cœur. J'ai cru que les juifs pourraient trouver la paix dans un pays d'adoption. Je ne le crois plus. Il leur faut une patrie. Toi, mon fils, sache-le.

Je m'avance sans crainte vers la nuit. Dans ces jours d'opprobre, c'est un privilège de choisir son destin. Ma femme et moi avons décidé de nous soustraire à la haine. Le cœur navré, nous formons des vœux pour l'avènement du monde meilleur qui nous survivra.

Fait à Antibes, le 12 novembre 1942.

Henry Weissberg.

Il posa la lettre bien en évidence sur la table. Il descendit chercher sa femme.

— Tu n'as rien oublié ? demanda-t-il.

— Non, je ne crois pas. Tout est en ordre.

Ils montèrent dans leur chambre. Elle s'allongea sur le lit, la tête dans ses mains, et récita des prières. Le Pr Weissberg revint de son bureau avec une petite boîte en fer qui contenait des comprimés de morphine à haute concentration. Il embrassa sa femme sur le front comme il en avait l'habitude en lui souhaitant bonsoir et s'allongea près d'elle. Ensemble ils portèrent le comprimé à leur bouche, Puis, se tenant la main, ils attendirent.

XXIV

Pierre Lenhart ramassait des branchages sur une pente boisée en contrebas. Une brume épaisse collait aux rochers. L'atmosphère était molletonnée. Le soleil ne perçait jamais avant le milieu de la matinée. La brume se réduisait peu à peu à un léger voile de tulle à travers lequel filtrait le paysage doré par les rayons ; la cime des montagnes se découvrait et ajoutait à la féerie. Le plateau ressemblait à une île nuageuse à la dérive entre ciel et terre. Pierre Lenhart aimait l'existence rude qu'il menait depuis trois jours. Il se levait tôt, ramassait du bois mort et réchauffait dans l'âtre une casserole de chicorée pour le petit déjeuner, tandis qu'Antonia dormait à poings fermés, lovée dans sa couverture. Les journées étaient courtes : dès six heures, la nuit tombait ; des ombres lugubres cernaient le plateau. Cyprien, le berger, venait chaque jour. Pierre Lenhart l'assaillait de questions : l'organisation du troupeau, le prix des bêtes, la tonte, le marché de la laine, la fabrication des fromages, tout le passionnait. Cette vie solitaire à l'exact opposé de celle qu'il avait menée le fascinait. Elle lui paraissait plus exigeante, plus riche, ouverte sur l'infini.

Il s'inquiétait peu des aléas de sa situation. L'atmosphère des montagnes le rassurait. Rien de mauvais ne pouvait arriver dans un paysage si pur. L'avenir, c'était différent. Il faudrait reprendre la lutte, affronter les hommes. Il serait bien demeuré ici un mois à attendre le taxi qui devait venir les chercher au village de Jaca, de l'autre côté de la frontière, à quatre heures de marche. Il ressentait le besoin d'une longue cure de silence, de pureté, de méditation, pour se laver des flétrissures de la vie politique. Le pouvoir l'avait sali. Cet état d'esprit influait sur ses lectures. Il avait abandonné *la Révolution française* de Michelet et lisait *les Grands Initiés* d'Edouard Schuré. Paul Courtaud lui avait souvent parlé de cet ouvrage qu'il citait à tout propos dans ses conférences du cercle « Organisation, science et avenir ». Cette quête d'une unité entre la science, la politique, la religion et l'art qui hantait Schuré, c'était ce qui l'avait séduit chez Saint-Yves d'Alveydre, le théoricien de la Synarchie. Pierre Lenhart avait trouvé le livre à Pau dans une librairie d'occasions. La dédicace de Schuré le troublait : « A Marghérita Albana Mionaty... Je voue ce livre à l'âme de Celle qui m'a conduit jusqu'au fond des mystères, afin qu'il propage le feu sacré et qu'il annonce l'Aurore de la grande Lumière. »

« Celle qui m'a conduit jusqu'au fond des mystères » : ces mots éveillaient en lui à chaque fois une émotion intense. Il y pressentait le symbole même de sa vie. Antonia aussi l'avait conduit jusqu'au fond des mystères. Grâce à elle, il avait connu ces vérités que l'on ne découvre qu'aux ultimes degrés de la souffrance. Il avait appris beaucoup sur lui-même. Il lui fallait aller plus loin. L'expérience du pouvoir l'en avait détourné.

Pierre Lenhart aperçut Cyprien qui s'avançait sur le sentier. Dès qu'il le vit, celui-ci lui fit signe de la main.

— C'est pour cette nuit, dit-il, le taxi sera à Jaca à l'aube.

Ils passèrent une journée fébrile. L'inquiétude rôdait à nouveau.

A deux heures du matin, Cyprien frappa à la porte de la cabane. Pierre Lenhart lui donna la somme convenue pour le passage. Il lui demanda combien prenait le taxi. Il fit une grimace en entendant la réponse : c'était le double du prix prévu.

— Bien sûr, c'est cher, dit Cyprien, mais avec lui vous pouvez être certain d'arriver à Madrid.

Pierre Lenhart enfila les bretelles de son sac à dos. Ils traversèrent le plateau. Le ciel était dégagé, la nuit claire. La lune les éclairait. Dès qu'ils atteignirent l'une des crêtes du pic de l'Arlas, ils sentirent que le paysage changeait. Ce versant des Pyrénées était âpre, rocailleux, dénudé. Les pierres crissaient sous leurs pas.

— Maintenant, nous sommes en Espagne, chuchota Cyprien. Ne faites pas rouler de pierres, il y a des patrouilles.

La vallée était elle aussi aride et désertique. Les sources ne gazouillaient plus. Ils s'enfoncèrent dans un maigre bois de sapins et atteignirent le chemin qui conduisait à Jaca. Ils marchaient en file indienne, prêts à se dissimuler sur le bas-côté à la moindre alerte. Après avoir contourné un hameau fantomatique, ils arrivèrent sur une route en terre. Il leur fallut une heure pour atteindre le rendez-vous avec le taxi, à quelques mètres d'un pont qui enjambait le lit d'un torrent à sec. Ils attendirent un long moment en silence. Enfin on entendit le bruit d'un moteur. Une voiture tous feux éteints se glissa près du pont.

Cyprien et le chauffeur échangèrent quelques mots en espagnol. Puis ce furent les adieux. Pierre Lenhart embrassa Cyprien. Ils s'installèrent à l'arrière de la Rosengart. La banquette en cuir exhalait un parfum de muguet. La voiture démarra.

Tandis qu'elle roulait dans la nuit, Pierre Lenhart était envahi par un sentiment nouveau. Il faisait un saut dans l'inconnu. Pour la première fois de sa vie, il s'abandonnait au hasard, étonné d'avoir brûlé si aisément ses vaisseaux. Il laissait derrière lui son pays, une carrière brillante, une existence tout entière forgée par la volonté. Ce qui allait lui arriver maintenant, il n'en était plus le maître. Cette aventure dans laquelle Antonia l'avait entraîné, il l'acceptait par amour. Qu'importaient les conséquences ! Seule comptait Antonia. Il se tourna vers elle. Dans l'obscurité, il crut distinguer un sourire qui errait sur ses lèvres. Il prit sa main et la serra.

QUATRIÈME PARTIE

LE DÉSERT DE L'AMOUR

Vaine muraille
de la personne
quand tu t'écroules
on est si bien
dans la lumière

HENRI THOMAS.

I

Un frisson traversa les passagers du *Gouverneur général Lépine* massés depuis plusieurs heures sur le pont supérieur où ils cuisaient au soleil de l'Afrique : Casablanca se détachait de la brume de chaleur, tache blanche ourlée de gris. L'émotion faucha les conversations. Un lourd silence figea la foule. Les gorges se serraient, les yeux s'humectaient. La joie éclata dans un hourvari de bravos, de hourras, de sifflements auxquels se mêlaient les cris et les acclamations : « Vive la France ! » « Vive de Gaulle ! » Tous attendaient cet instant depuis longtemps. La plupart l'avaient payé cher en privations, en sévices dans les geôles espagnoles. Casablanca représentait une part de la France libérée, à la fois le but et le commencement de leur aventure. Jamais au cours de sa longue carrière, le *Gouverneur général Lépine* n'avait porté entre ses flancs de tôles sales une cargaison d'individus à l'origine aussi trouble, à l'état civil aussi suspect. Curieuse troupe de militaires en rupture de ban, d'émigrés de toute l'Europe, de résistants *brûlés* en métropole, de politiciens venus se refaire une vertu, avec l'inévitable quota d'espions diligentés par les puissances en guerre. Tous ces hommes à la tête chaude, aux passions exaltées, allaient se déverser dans le climat déjà empoisonné de l'Afrique du Nord.

Pierre Lenhart passa le revers de sa main sur ses yeux mouillés. Six mois d'Espagne avaient exacerbé sa fibre patriotique, six mois à Madrid, entre le Prado et l'Escurial, à piaffer dans les antichambres des ministères et des ambassades pour obtenir des visas. Avec le recul, cette époque lui paraissait la plus nulle de sa vie. Non qu'il eût été mal accueilli, des amis avaient rivalisé d'attentions et de gentillesse pour adoucir leur exil, mais il exécrait d'être contraint à une existence oisive dans une ville étrangère alors qu'à moins d'un millier de kilomètres, l'Histoire se faisait sans lui. Et ces incessantes démarches en butte aux tracasseries d'une administration somnolente dont le maître mot était *mañana !* Demain, toujours demain. Sa vie avec Antonia s'effilochait en une suite de jours déçus. Le provisoire usait leurs nerfs. Impossible de s'organiser, de fixer sa volonté sur un projet. Ils vivaient du leurre dont les nourrissaient les autorités.

Antonia s'aigrissait dans cette attente. Tant qu'il s'était agi de traverser les Pyrénées en fraude, elle avait applaudi. Les atermoiements madrilènes dissipaient beaucoup du charme de l'aventure. Elle s'ennuyait, avait hâte d'être à Alger. Pierre Lenhart aussi. La guerre prenait un tournant décisif : le débarquement des Alliés en Afrique du Nord, la capitulation de Stalingrad justifiaient son ralliement. Son geste n'était plus un pari risqué sur un avenir incertain, il devenait un acte raisonnable. Une lettre de Raymond Curry parvenue à Madrid lui avait donné les garanties qu'il souhaitait : il pourrait s'engager dans une unité combattante à la condition de ne se livrer à aucune action d'ordre politique.

Tandis qu'il regardait Casablanca se dévêtir de ses brumes de chaleur, Pierre Lenhart songeait au nouveau destin qui s'ouvrait devant lui. Décidé à respecter ses engagements, il s'efforçait d'analyser la situation froidement : Alger en proie à toute une engeance de politiciens amateurs manquait d'hommes compétents. Sans prétendre à rien, il lui semblait dans l'ordre des choses d'être appelé un jour ou l'autre, après quelques faits de guerre, à des fonctions de responsabilité. Lorsque Vichy lui avait confié des postes importants, il y avait vu moins un choix politique que la reconnaissance de sa supériorité technique. Il croyait révolue l'ère des politiciens. Les hommes de l'avenir qui auraient la charge de l'Etat ne s'accorderaient plus sur des idées fumeuses, des programmes politiques, mais sur des chiffres.

Sur la mer d'un bleu profond surgissait la ville blanche. Il la regardait comme la préfiguration de la cité de l'avenir. Quelle œuvre immense serait la reconstruction de la France ! Relever le pays de ses ruines, rebâtir des villes bombardées, surtout rabouter le tissu national déchiré, repartir sur de nouvelles données économiques, politiques ! Cette tâche, il se sentait capable de la remplir, d'y consacrer toutes ses forces. Les haines qu'il avait accumulées contre lui s'estomperaient devant l'importance, l'urgence du travail collectif à accomplir. Les Français ne pouvaient continuer à user leur énergie dans de vieilles querelles. Il fallait dépasser le temps des rancunes, seul l'avenir devait compter. Il rêvait d'une réconciliation éclatante entre patriotes qui réunirait les partisans du Maréchal et les gaullistes. Avec des moyens différents, n'avaient-ils pas tous été hantés par la même exigence : soustraire la France aux Allemands. Lui-même n'avait jamais haï les gaullistes, il les avait parfois admirés. Pourquoi à son tour ne mériterait-il pas leur estime ?

Pierre Lenhart se grisait de ces rêves. Il ne s'était jamais réjoui d'appartenir à un gouvernement de la défaite et n'avait accepté cette charge que par devoir. Dans un pays libre, jeune, il s'adonnerait à sa tâche avec enthousiasme. Et Antonia ? Pourquoi le nier, elle était à la racine de son ambition. Avait-il jamais agi pour un autre motif que celui de l'éblouir, de lui prouver son amour ?

Il se tourna vers elle. Le vent tirait ses cheveux. Il vit, accoudé au bastingage, un grand jeune homme brun aux pommettes saillantes qui la fixait. La jalousie lui mordit le cœur. Il posa sa main sur l'épaule d'Antonia dans un geste de propriétaire.

II

Le *Gouverneur général Lépine* accosta. Sur le quai, une foule de chéchias, de burnous se pressait pour assister à l'événement. Pierre Lenhart remarqua la présence des officiers de la Sécurité militaire. Le débarquement se fit dans une ambiance d'excitation, de presse et de liesse ; chacun voulait être le premier à mettre le pied à terre. Les autorités laissaient s'écouler sans chipoter le flot des passagers. On expédia les formalités. Une réception était prévue dans un hangar. Ce fut bientôt toute une cohue qui se congratulait, s'embrassait, devant le buffet. Sur le bateau les relations avaient été empreintes de méfiance et d'inquiétude ; chacun se tenait dans sa cabine. Maintenant on pouvait donner libre cours à sa joie, retrouver de vieilles connaissances. On avait l'impression que la guerre n'était plus qu'un vieux cauchemar dont on se félicitait d'être sorti. Pierre Lenhart aperçut Charles T., un haut fonctionnaire qu'il avait connu à Vichy, obséquieux et ultra de la Collaboration. Il s'apprêtait à le saluer, mais celui-ci passa devant lui en feignant de ne pas le voir. En revanche il fut étonné des marques de sympathie que vint lui manifester un ancien député socialiste avec lequel il se croyait brouillé après une dispute assez vive en 1941. L'alcool, l'ardent soleil de juin qui tapait dur sur les tôles du hangar donnaient à toutes ces retrouvailles une atmosphère de kermesse.

Au début de l'après-midi, Pierre Lenhart se présenta aux officiers de la Sécurité militaire. Il fut reçu dans un bâtiment moderne, fleuri de bougainvillées mauves, au centre de la ville. Le capitaine Robin, un géant roux, en chemise coloniale kaki, l'accueillit avec empressement et cordialité, et lui annonça son affectation prochaine au commandement d'une division blindée en formation. Seules quelques formalités restaient à remplir. Il demanda à Pierre Lenhart de revenir le lendemain. Il lui serra la main avec une rudesse bonhomme comme s'il le considérait déjà comme un compagnon d'armes.

Cet accueil rassura Pierre Lenhart. Il rejoignit Antonia à l'hôtel d'Astorg, sur la place de France. Il aimait cette place populeuse à laquelle la proximité du port et de la vieille médina donnait de l'animation. Il se rendit ensuite chez un tailleur militaire qui prit ses mesures pour la coupe de son uniforme.

Ils dînèrent dans un restaurant de poissons sur le vieux port. L'air était tiède et parfumé. Une foule enturbannée déambulait ; des marchands ambulants poussaient leurs carrioles lumineuses où brillaient des bocaux d'amandes, de pistaches et de confiseries ; à quelques mètres d'eux, dans un café pouilleux, des Arabes accroupis se repassaient l'embout d'un narguilé. Pierre Lenhart se laissait bercer par cette ambiance insouciante. Il éprouvait du vague à l'âme. Il avait obtenu ce qu'il désirait : cette main tendue d'un officier français de l'*autre camp* faisait de lui un homme nouveau. L'inquiétude pourtant l'envahissait : qu'allait devenir Antonia ? Ils étaient convenus qu'elle l'attendrait à Alger le temps que durerait la guerre. Il n'acceptait pas sans appréhension l'idée de savoir Antonia seule dans cette ville grouillante d'hommes jeunes en quête de bonnes fortunes. Il aurait souhaité pour elle l'asile paisible d'une sous-préfecture. Elle s'était entêtée : elle voulait aller à Alger.

Pierre Lenhart craignait cet abandon langoureux des soirées coloniales ; son imagination lui présentait un foisonnement de tentations. Ces époques provisoires étaient si indulgentes aux coucheries. Et combien de temps serait-il condamné à être éloigné d'elle ? Il aperçut dans la foule un officier dont le visage ne lui était pas inconnu. Quand celui-ci vit Antonia et se mit à la dévorer du regard, il le reconnut : c'était le grand jeune homme brun accoudé au bastingage du *Gouverneur général Lépine.* Pierre Lenhart réprima un accès de colère. Il demeura songeur et silencieux jusqu'à la fin du dîner.

Le soir, quand il prit Antonia dans ses bras, il lui fit l'amour avec violence. Des images terribles repassaient dans son esprit. Cette impression que tous les hommes conspiraient pour profiter du corps d'Antonia. Plus il s'acharnait à lui donner du plaisir, plus son pouvoir sur elle lui semblait fugitif. L'idée le traversa qu'un jour, pour ne pas la perdre, il serait capable de tuer.

Le lendemain matin, il se rendit au bureau de la Sûreté militaire. Une chaleur lourde, étouffante pesait sur la ville. On le fit attendre plus d'une heure. Quand le capitaine Robin le reçut, il comprit qu'il n'était plus en face du militaire qu'il avait vu la veille : son air cordial et ses manières respectueuses avaient disparu. Il était sec et hautain.

— J'ai reçu de nouvelles instructions d'Alger, dit-il en le regardant droit dans les yeux. Vous ne pouvez pour l'instant être affecté dans une unité combattante. Vous êtes assigné à résidence dans le Sud en attendant que votre situation soit éclaircie.

Il se leva pour signifier que l'entretien était terminé. Pierre Lenhart demanda des explications.

— Je ne peux rien vous dire de plus. Ce sont les ordres.

— Et ma femme ?

— Elle peut vous accompagner, rien ne s'y oppose.

— Quand devons-nous partir ?

— Ce soir.

Dans le petit Jodel monomoteur qui les emportait de l'aérodrome militaire vers le poste fortifié de Foum el-Kous, qui, au pied de l'Atlas, gardait les portes du désert, Pierre Lenhart se sentit étreint par le sentiment de l'absolu. Face au coucher de soleil sanglant qui rosissait les montagnes bleues, sa personne, son destin lui parurent soudain dénués d'importance.

III

Roland ouvrit la porte. Une brise de fraîcheur l'accueillit dans le vestibule. La chaleur accablait Paris. La mission qui l'avait retenu à Roanne pendant trois jours l'avait épuisé. Il ne tenait que par les nerfs. Il croisa Bernadette, la nouvelle femme de chambre, une jeune Bretonne, et se sentit rassuré. Rien de grave n'était survenu pendant son absence.

— Madame est là ?

La jeune fille rougit et dit d'une voix tremblante, comme si elle commettait une grave indiscrétion :

— Elle est dans le salon... avec un visiteur.

Roland posa sa valise et pénétra dans le salon. Rose prenait le thé avec un jeune homme aux traits poupins. Son apparition les pétrifia. Ils interrompirent net leur conversation. Le jeune homme pâlit et roula des yeux affolés comme s'il venait d'être surpris en train de cambrioler la maison. Rose se leva d'un mouvement brusque et se rassit aussitôt avec une gêne qui accrut encore celle du jeune homme. Elle balbutia des présentations :

— Mon mari... Antoine Silvaire... Je t'ai parlé de lui, il s'occupe de l'association du Secours. (Il s'agissait de l'organisme d'aide aux prisonniers de guerre dans lequel elle travaillait bénévolement.)

— Tu ne m'attendais peut-être pas si tôt ? demanda Roland d'un ton mielleux pour jouer de la confusion de Rose.

— Mais si, mais si, répondit-elle avec précipitation.

Roland insista.

— Je sens que je vous dérange.

— Pas du tout, dit Rose.

Le jeune homme se leva.

— Je dois partir.

Roland posa avec fermeté la main sur son épaule et l'obligea à se rasseoir.

— Restez, je vous en prie. Je suis certain que vous avez encore des choses à vous dire.

Il leur adressa un sourire paternel, quitta la pièce et monta dans son bureau.

Roland se sentait léger. L'absence de jalousie qu'il éprouvait se muait en une impression de liberté et de bien-être. La confusion de Rose l'émouvait. Il imaginait ses scrupules de petite fille. Ce jeune homme était si inoffensif ! Que lui importait que Rose eût pour lui un petit béguin ? Jamais il ne pourrait le considérer comme un rival. Il savait tout le désespoir qu'il avait fallu pour pousser Rose à se distraire dans cette inclination. Il avait la certitude qu'elle ne continuerait à n'aimer que lui, que personne ne l'arracherait à sa passion. Alors ! une passade avec ce jeune homme, quelle importance ? Il demeurait le maître du jeu. Il voyait même à cette situation un avantage : le flirt de Rose apaiserait les remords qu'il éprouvait de lui avoir infligé sa liaison avec Solange Corbin.

Pendant le dîner, il ne put s'empêcher d'amener la conversation sur Antoine Silvaire :

— Ton ami est très sympathique. Il faudra le réinviter.

Le visage de Rose se rembrunit. Une expression de tristesse passa sur ses traits. On eût dit qu'elle se résignait à un malheur fatal. Elle haussa les épaules et laissa échapper un soupir.

IV

Debout à l'abri d'un sapin, vêtu d'un pantalon en velours à grosses côtes et d'une vareuse kaki sur laquelle fleurissait à la place du cœur une étoile en tissu jaune aux contours noirs sur laquelle on pouvait lire JUIF, Wiso observait à la jumelle la route qui grimpait jusqu'au plateau des Verdiers, face au massif de la Vanoise, où il avait établi son unité de maquisards. Il pouvait surveiller tous les accès de la vallée de la Maurienne. Le soleil qui exaltait le vert cru des pâturages, cette paix agreste lui donnaient un sentiment de quiétude contre lequel il luttait. Comment imaginer l'irruption de la haine, de la guerre, de la mort, dans ce paysage magnifique où ne semblaient avoir coulé de toute éternité que des rivières capricieuses et le lait tiède et douceâtre des vaches ? Pas le sang. Jamais à ce point la vie de maquis ne lui était apparue comme un succédané du scoutisme. Mais c'était l'été. L'hiver, avec le gel, la neige, les cabanes glacées où il était interdit de faire du feu, l'existence était moins souriante.

Depuis trois jours, il attendait une action de représailles des S.S. Le coup de main qu'il avait opéré au dépôt d'intendance des Chantiers de jeunesse d'Artenare ne pouvait rester sans réponse. Depuis, son unité de maquisards connaissait l'opulence : des vivres, des uniformes, des souliers de montagne, tout sauf, bien sûr, les armes qui manquaient toujours.

La plupart des hommes que Wiso avait entraînés avec lui dans ce maquis étaient juifs. Lui-même était désormais le lieutenant Massada, nom de guerre qu'il avait choisi en souvenir de la ville de Palestine où un millier de juifs s'étaient égorgés plutôt que de se rendre aux troupes romaines. Depuis la mort de ses parents, il s'était réfugié dans le judaïsme. Dans son portefeuille, il conservait pieusement la lettre que son père lui avait adressée avant son suicide et le texte d'un pionnier de la deuxième « Aliyah », la montée vers Sion, nommé Ben Gourion, qui décrivait sa découverte de la Palestine :

« Cette première nuit sur le sol de la patrie a imprimé dans mon cœur un souvenir imprégné de joie victorieuse. Je ne pus m'endormir : ainsi, j'étais en Israël, dans un village hébreu en Terre Sainte, dans un village juif qui portait le nom de Petah Tikva, " la porte de l'Espérance ". Le miaulement des chacals dans les vignes, le braiment des ânes dans les écuries, le coassement des grenouilles dans les mares, l'odeur lourde des acacias, le bruissement de la mer au loin, l'ombre des orangers dans la grisaille, le scintillement des étoiles sur le bleu sombre du ciel lointain, brillant et irréel, tout était merveilleusement étrange, comme dans un royaume de légende. Joyeux, enthousiastes, insouciants, nous nous sentions renaître comme une caravane qui aurait découvert des trésors dans une oasis. Ayant laissé au loin les ruelles étroites et les venelles malpropres, nous vivions aujourd'hui au large dans des jardins et des orangeraies. Tout était neuf autour de nous : la nature, la vie, le travail. Même les arbres étaient différents ici de ce qu'ils étaient là-bas : l'olivier, l'amandier, le palmier, l'eucalyptus et, régnant sur tous, l'oranger. Mais surtout, c'étaient nos arbres. »

Ce texte ainsi qu'une traduction de *l'Etat juif* de Theodor Herzl suscitaient dans le cœur de tous ses compagnons d'armes une poignante espérance. La guerre finie, eux aussi voulaient rejoindre la Légion juive de Palestine. Wiso était le plus déterminé : il avait fallu à Herzl l'affaire Dreyfus pour prendre conscience que toute intégration était un leurre, que les juifs devaient avoir leur patrie. L'attitude de Vichy, elle, avait dessillé les yeux de Wiso. La France les avait trahis, abandonnés, livrés aux Allemands. Il ne pourrait plus y avoir d'amour, de confiance. Jamais il ne pardonnerait à ceux qui avaient contraint ses parents à se donner la mort.

Il songeait parfois avec rage à l'équanimité de son père devant les manifestations d'antisémitisme avant la guerre. A quoi lui avait servi cette grandeur d'âme ? La guerre avait levé les masques : le vrai visage des Français était apparu, celui de l'égoïsme, de la peur. Il regretterait la France qu'il avait tant aimée, ses amis fidèles, Pierre Lenhart, Roland. Les autres, ceux qu'il avait entendus crier leur haine, il ne leur pardonnerait jamais.

Wiso s'étonnait lui-même de sa métamorphose depuis le suicide de ses parents. Cette foi dans le judaïsme, le sionisme, jamais il n'eût été capable de l'imaginer, lui qui avait toujours vécu rongé par le doute, le scepticisme, les errances idéologiques. De savoir que cette passion ne le quitterait jamais lestait sa vie d'un poids rassurant.

L'engagement dans le maquis simplifiait l'imbroglio de sa vie sentimentale. La chasse aux femmes qui avait dévoré son existence ne l'intéressait plus. Il rejoignait Evelyne à Nantua, deux fois par mois, au mépris des consignes de prudence du maquis. Elle y avait pris la gérance d'une boutique de confection et attendait un enfant. Pour Wiso l'avenir possédait les traits vagues de cet enfant et les contours dorés d'une terre ensoleillée par la vie nouvelle. Mais quels rêves sensés pouvait-on nourrir dans ce temps où la mort était si présente ? Peut-être allait-il la voir surgir dans ses jumelles sous les espèces d'un régiment noir de S.S., au loin, sur la route de Bourg-Saint-Maurice ?

V

Le silence. Le vent. Le désert. Du jardin en terrasses qui dominait la palmeraie, face à la chaîne blanche de l'Atlas qui, dans le crépuscule, devenait bleue tandis que la frénésie incendiaire du soleil couchant se déchaînait, Pierre Lenhart pensait que le paysage de Foum el-Kous était l'un des plus purs du monde. Un sentiment plus fort que celui de la beauté. Rien d'artistique, la nature ne voulait séduire personne : le climat d'enfer qui donnait toujours la sensation de se mouvoir devant la gueule ouverte d'un four, la pierraille hostile, poussiéreuse, où se dressait le ksar, et, à quelque distance, les baraquements géométriques dans l'enceinte du bordj, les coups de vent chaud, le *chergui,* qui soulevait des colonnes de poussière brune et laissait dans la gorge un goût de cendres brûlantes, tout cela ne souriait guère. C'était un lieu fait pour la foi, pour la prière. Seule la palmeraie, dans l'étendue déshéritée, virile, minérale, apportait ses lignes douces, sa langueur féminine. Là étaient les puits aux poulies grinçantes, les fleurs, la vie, les femmes voilées. Les tentations voluptueuses.

Les autorités ne pouvaient choisir un lieu de relégation mieux fait pour satisfaire en Pierre Lenhart son aspiration au dépouillement. Le supplice qu'il subissait ne tenait ni à la rigueur de la température ni à l'isolement ; une torture morale obsédante comme un prurit qui infectait ses pensées : le sentiment d'avoir été trahi. La sacralisation de la parole donnée avait été l'un des axes de sa vie. Envers ses amis comme envers ses adversaires, il n'y avait jamais manqué. C'était la mesure qu'il employait pour juger de l'étoffe des hommes dans la vie publique. Il remâchait sa rancœur contre Raymond Curry. Il possédait sa lettre : elle était dépourvue d'ambiguïté. Sous l'effet de la colère il lui avait adressé un message à Alger dont les termes vifs ne dissimulaient pas le mépris dans lequel il le tiendrait s'il ne faisait pas respecter leur accord. Le soir, devant la palmeraie, le sentiment de la trahison montait en lui comme une marée sale, amère.

Il consacrait ses journées à la lecture : *les Grands Initiés* de Schuré, des ouvrages de René Guénon, *le Roi du monde, le Symbolisme de la croix,* des essais sur la mystique orientale dont la bibliothèque du bordj était abondamment fournie. La découverte de tels livres dans un fortin l'avait moins étonné au fur et à mesure qu'il s'était lié avec les officiers des Affaires indigènes. La fréquentation du désert, des tribus nomades, avait transformé ces militaires : loin de s'être avachis ou aigris sous ce climat émollient, comme c'est le cas dans les colonies, leur volonté s'était affermie. Vivant dans la tradition de Lyautey, ils tenaient en grande estime les coutumes des populations dont ils avaient la charge, aucune trace chez eux de la morgue coloniale des officiers de Casablanca. Ils n'avaient de l'armée que l'uniforme et la discipline. Leur cœur était gagné par la passion du désert. Le mépris dans lequel ils tenaient les valeurs matérielles du monde citadin les enfermait dans un dangereux face-à-face avec l'infini dont l'échappatoire était souvent la folie.

Une semaine plus tôt, un Russe, déserteur de la Légion après avoir tiré sans raison sur un officier, avait ainsi été signalé aux abords de l'oued asséché. On avait tenté de le raisonner. En vain. Après plusieurs coups de feu échangés, il avait été abattu. Cet épisode sans gloire avait assombri le moral des officiers du bordj. Tous avaient conscience que ce malheureux Russe frappé de folie suicidaire était un frère. C'était là le prix dont ils devraient peut-être payer un jour leurs ivresses indicibles.

Pierre Lenhart s'intéressait aux activités multiples de ces officiers. Ils parlaient l'arabe et la plupart des dialectes du Tafilelt, aidaient à la construction des puits, donnaient des conseils d'irrigation et accessoirement se livraient à des besognes de police. Ils ne s'y résignaient qu'avec dégoût.

Tous suivaient Antonia du regard quand elle se déplaçait dans le bordj pour se rendre à la palmeraie où elle dessinait au crayon de couleur sur un calepin : elle avait une prédilection pour les silhouettes de femmes berbères. A aucun moment elle n'eut à souffrir d'un geste ou d'une parole déplacée. Elle n'était pour eux qu'un rêve de la femme, une illusion à peine charnelle.

La nuit, allongé nu sur la terrasse du bordj pour quêter un peu de fraîcheur, Pierre Lenhart fixait les étoiles dont aucun nuage n'atténuait l'éclat irréel. Elles appartenaient elles aussi au désert. Près de lui, le corps d'Antonia brûlait.

VI

Roland déplia ses jambes pour s'extraire de la carlingue du Lysander qui venait de se poser assez rudement sur le minuscule aéroport de Buxley ; la piste était balisée par de féeriques lumières vertes. Ses yeux s'étaient habitués à la nuit. La peur surmontée, les conditions rocambolesques du départ, le romantisme de son équipée, tout cela gonflait son cœur de joie. Il imaginait qu'il allait être reçu comme un héros. Cette idée le berçait. Il serait présenté à tous les hauts dignitaires de la France Libre, peut-être même, qui sait, au général de Gaulle, s'il n'était pas à Alger. On allait le fêter, le décorer. Le grand jeu, quoi ! Les émissaires gaullistes qui s'étaient succédé à Paris ne l'avaient pas convaincu sans peine d'entreprendre cette expédition. Il s'y était résigné. Il acceptait de soumettre son réseau à l'autorité du B.C.R.A. Il admirait le chef de la France Libre, mais appréciait moins les méthodes de ses représentants en France : ce mélange de séduction et d'intimidation, ces attitudes hautaines comme s'ils appartenaient à la Résistance de droit divin, cette manie militaire de tout considérer du point de vue de l'organisation ; ces décisions bureaucratiques qui ne tenaient aucun compte de la réalité sur le terrain ; surtout une nuance de mépris pour la Résistance intérieure dont les chefs étaient accusés d'être perpétuellement en proie à des querelles suscitées par l'ambition personnelle (comme si, de ce point de vue, Londres pouvait donner des leçons !), d'être des amateurs, des empiriques et, finalement, des trublions qu'il fallait mettre au pas. Ces accusations ulcéraient Roland : avec toutes ses erreurs, son amateurisme, la Résistance intérieure ne pouvait donner qu'une réponse : la liste de ses fusillés, de ceux qui étaient morts sous la torture, de ceux qui crevaient à petit feu dans les camps de déportés. Roland avait fini par se laisser convaincre de la nécessité de se soumettre. Dans la nuit de pleine lune, enfermé dans ce petit avion qui l'avait arraché avec un mystérieux compagnon d'un terrain d'atterrissage de fortune près d'Angers, il s'était senti à un tournant décisif de sa vie. Il choisissait de Gaulle. Au fur et à mesure que l'avion se rapprochait de sa destination, ses réticences se dissipaient. Le danger venait de sceller le pacte. Il était de plus en plus heureux et fier de ce choix. Il éprouvait l'émoi d'une femme longtemps et assidûment courtisée, le soir où elle a décidé de s'abandonner ; elle imagine une reconnaissance à la mesure des supplications, une fidélité à la hauteur des serments. Et ce n'est souvent qu'en rentrant seule en taxi chez elle, dégrisée, humiliée, qu'elle conçoit combien elle a été la dupe de ses illusions.

Rien ne se passa comme Roland l'avait prévu. Le comité d'accueil était des plus modestes et des moins chaleureux : deux officiers subalternes de la *Patriotic School* le conduisirent dans un bâtiment administratif de la banlieue de Londres avec l'amabilité que témoigne un soldat en guerre envers un homme qu'il considère à quatre-vingt-dix chances sur cent comme un espion. On l'enferma dans un dortoir qui sentait le bouc. La colère le maintint éveillé jusqu'au petit matin, où commencèrent de longues séances d'interrogatoire. Roland eut beau protester, menacer, il lui fallut subir toute la journée une litanie de questions idiotes qu'un simple coup de téléphone d'un responsable de la France Libre lui eût épargnée.

Au milieu de l'après-midi, après avoir satisfait à ces formalités humiliantes, un lieutenant des F.F.L. le conduisit dans les locaux de Bradford Street. A une foule de détails, Roland se sentit dans une atmosphère de suspicion ; les secrétaires, les officiers d'ordonnance le regardaient de haut. Le capitaine Grosjean daigna enfin le recevoir. Il ne broncha pas devant les protestations de Roland et sans un mot lui tendit un formulaire d'adhésion à la France Libre.

Roland saisit le document. La fureur l'aveuglait ; les lignes se brouillaient. D'où ces officiers bureaucrates tiraient-ils cette morgue ? En quoi lui étaient-ils supérieurs ? Les brimades qu'on lui faisait subir mettaient à vif un sentiment d'injustice. Tous les dangers qu'il avait courus, l'abnégation de ses compagnons obscurs, leurs tortures, leur mort lui revenaient en mémoire. Le tort qu'on lui faisait rejaillissait sur ces ombres chères. Il respira avec force et lut le document d'un trait. Quand il découvrit à la fin l'expression : « Fidélité au général de Gaulle », il se souvint de toutes les rumeurs qu'on colportait sur les ambitions politiques du chef de la France Libre. Cela ajouté aux humiliations, c'était trop. Il posa le document sur le bureau.

— Je ne signerai pas !

Le capitaine le regarda avec une expression incrédule.

— Et pourquoi, je vous prie ? demanda-t-il d'une voix presque suave.

Roland s'expliqua. Le capitaine lui coupa vite la parole :

— Je ne vous conseille pas de faire le mariole. Vous êtes venu ici en connaissance de cause.

— Je me bats pour la libération de la France. Pas pour un homme, quel que soit son mérite.

Le capitaine le regarda avec l'air arrogant d'un joueur qui tient tous les atouts entre ses mains.

— Soit. Mais je vous préviens : si vous ne signez pas, vous n'obtiendrez rien.

Roland haussa les épaules. L'entretien était terminé. Une secrétaire lui donna l'adresse où il était hébergé dans Soho. Il s'y rendit en taxi. Dans un immeuble de la dernière catégorie, il trouva sa « chambre » : une soupente aveugle avec un lit dont les draps, qui n'avaient pas été changés, étaient maculés de sang. Il passa une nuit affreuse, habillé, sur le couvre-lit, à boxer en rêve le visage ricanant du capitaine Grosjean.

Tôt le matin, il téléphona à plusieurs responsables gaullistes. Ses appels se heurtèrent à un mur. On le renvoyait au capitaine Grosjean. Il réussit à joindre Xavier de Spam, le frère d'Eric, qui s'excusa de ne pouvoir le recevoir : il partait pour Alger. Il lui parla sans détour :

— Mon vieux, si vous voulez un conseil : signez. Ici, si on n'appartient pas à la France Libre, on n'est rien. Surtout en ce moment où ça chauffe à Alger avec Giraud. Croyez-moi : signez en vitesse !

Roland se retrouva désemparé dans la cabine téléphonique. Cet argument politique, c'était la raison même de sa méfiance. Giraud, de Gaulle, que lui importait ! Ainsi on le prenait pour un giraudiste ! Il mesura tous les obstacles que lui vaudrait son obstination : il n'obtiendrait rien ; qui sait, pas même le Lysander nécessaire à son retour en France. Il se vit en train de moisir dans sa soupente, tirant en vain les sonnettes, se heurtant à l'indifférence administrative. Il pensa à Solange, à Rose qui l'attendaient ; au combat qu'il était impatient de reprendre. Bien sûr, il pouvait s'adresser au S.O.E. Quelle pitié quand même d'être contraint à faire appel aux Anglais ! Toute la soirée il balança. Son dégoût des intrigues à mener, son désir de rentrer en France au plus vite lui arrachèrent sa décision : il signerait.

Le lendemain matin, il revint dans le bureau du capitaine Grosjean, qui lui tendit le document avec un sourire bonasse.

— J'étais sûr que vous seriez raisonnable.

Roland regimba.

— Je signe, mais ce n'est pas de gaieté de cœur.

— Nous sommes en guerre, dit le capitaine, vous le savez bien. Ce n'est pas le moment de chipoter.

Roland signa le document.

— Voilà une bonne chose de faite ! s'exclama le capitaine en lui tendant la main. Maintenant vous êtes des nôtres. Vous verrez, vous ne le regretterez pas. D'abord je vais vous trouver un logement convenable.

Il écrivit une adresse sur une feuille qu'il lui tendit.

— Etes-vous libre à dîner ce soir ? lui demanda-t-il d'un ton chaleureux. Venez au grill du Waldorf à huit heures. Le cuisinier est français. (Il lui fit un clin d'œil.) Je vous présenterai à toutes les huiles qui sont à Londres.

Roland sortit du bureau avec une impression maussade. Il déambula dans Piccadilly. Il ne se sentait pas fier d'avoir cédé. Le combat qu'il menait comme une aventure noble, belle, lui parut soudain entaché par cet instant de faiblesse. Il songea : « Comme ils se sont conduits bêtement ! Moi qui étais prêt d'avance à adhérer... Ils m'y ont forcé et je n'en éprouve aucun plaisir. Décidément, je ne supporte pas les mufles. Mais peut-on mener des guerres sans eux ? Non, c'est impossible. D'ailleurs ils sont dans tous les camps. » Il chercha parmi les gaullistes qu'il connaissait ceux qu'il pouvait estimer. Il finit par en trouver un bon nombre : Eric et Xavier de Spam, François de Labouchère... Ces noms illuminés par l'amitié, le courage, dissipèrent un peu son malaise.

VII

Dès les premières lueurs roses de l'aurore, la nature et les hommes s'ébrouaient sans discrétion ; du ksar, du bordj et de la douce palmeraie montait un tintamarre disparate qui s'amplifiait comme une classe turbulente grisée de son propre tapage. Le braiment des ânes, douloureux, inlassable, grinçant comme une mécanique rouillée, lançait le mouvement ; les cris aigres des coqs leur répondaient bientôt aux quatre coins des habitations; les poulies grincheuses des puits de la palmeraie s'y mettaient à leur tour; les chiens aboyaient, impatients de participer au vacarme. Enfin le clairon réglementaire des goumiers imposait des sonorités civilisées, bientôt suivies par les bruits de casseroles dans les cuisines du mess. Tout cela aurait réveillé un sourd. Alors un Européen à l'ouïe fine, au sommeil fragile! Et cette cacophonie épuisée, une chaleur de four s'imposait dès que le soleil se montrait franchement dans le ciel. La dernière illusion de fraîcheur s'évanouissait. C'était à ce moment que le paysage était le plus beau : les mouvements du relief, les nuances et les harmonies des couleurs ocre, brunes, teintées de rose, s'épanouissaient avant d'être écrasées par la lumière violente qui figeait tout jusqu'au crépuscule.

Pierre Lenhart aimait déambuler dans les ruelles étroites du ksar : femmes furtives, enfants sales et misérables avec des yeux admirables comme des joyaux brillants dans la poussière, notables en pourparlers sur la petite place, nomades en gandoura bleue. Il s'entretenait avec les marchands assis sur des tapis devant un verre de thé à la menthe brûlant et s'instruisait de tout, poursuivant ses travaux pratiques d'homme d'Etat. Ce microcosme lui suffisait pour mesurer les erreurs de la colonisation, invisibles de Paris. Au bout d'un mois il était suffisamment informé pour être capable de pondre plusieurs rapports : sur l'hygiène, sur l'instruction, sur l'irrigation, les influences de la colonisation sur la société féodale, etc. Cette expérience humaine le passionnait et procurait une distraction à son anxiété. Les jours pénibles étaient ceux où, deux fois par semaine, le car de Ouarzazate déposait les journaux. Les nouvelles du monde, de la guerre en marche, accusaient l'ineptie de sa relégation. Souvent un entrefilet vengeur dénonçait la mansuétude des autorités à son égard et les appelait au châtiment. Les journaux communistes surtout se déchaînaient. Il ne leur en voulait pas de vouloir sa mort : il avait été leur adversaire de toujours et ne les avait pas ménagés lorsqu'il était au pouvoir. Ce qui l'ulcérait, c'était ce terme de « traître » qu'ils accolaient sans cesse à son nom. « Traître », lui qu'on avait trahi! La blessure se rouvrait. Il ne dormait pas. Le sentiment de l'injustice l'obsédait.

La lourde monotonie de la vie du bordj, la chaleur accablante finissaient par terrasser son animosité. Les vastes et silencieuses perspectives du désert l'apaisaient.

Il s'était lié avec un jeune sous-lieutenant des Affaires indigènes, beau jeune homme aux traits fins, sympathique, un idéaliste exalté dont la belle allure d'officier contrastait avec ses yeux d'enfant ébloui. Il avait deux marottes : la mystique musulmane et l'anti-communisme. Pierre Lenhart dans la conversation s'efforçait de l'aiguiller sur la première : on n'avait plus rien à lui apprendre sur les dangers du bolchevisme ; ses propres convictions, les discussions interminables avec les *ultras* de Vichy l'avaient assez nourri sur la question. D'autre part la fréquentation de Doriot et des transfuges du P.C.F. avait nuancé sa position : les militants communistes étaient des hommes de foi et pour cette raison il les estimait plus que certains bourgeois assoupis, l'esprit replié dans le conservatisme. Et le jeune sous-lieutenant avait sur le sujet des idées simples, venues tout droit de Saint-Cyr. Pierre Lenhart préférait de beaucoup qu'il l'entretînt des sourates du Coran ou de je ne sais quel prophète hérétique.

Un après-midi, le sous-lieutenant fit irruption dans sa chambre. Il comprit tout de suite que quelque chose n'allait pas. Son allure débraillée, sa chemise mal boutonnée, sa barbe de deux jours, ses yeux intenses et révulsés, ses lèvres blanches l'inquiétèrent. Son visage hâlé était déformé par une grimace angoissée.

Il se lança dans un monologue insensé.

— Les cocos vont tous nous bouffer. Toute l'Europe va y passer : Berlin, Paris, Londres. Et l'Amérique, vous verrez... tous à genoux devant les Soviets !

Il baissa soudain la voix et dit sur un ton de confidence :

— C'est Dieu qui veut nous punir. Je le sais. Il m'a adressé un message. Tenez, lisez ceci !

Il lui tendit une coupure extraite du *Républicain d'Alger*. Pierre Lenhart la lut. L'article, daté de Moscou, traitait des relations entre l'U.R.S.S. et les Etats-Unis et était écrit dans le plus banal style diplomatique.

— Alors, qu'est-ce que vous en dites ! s'exclama le sous-lieutenant avec une expression de triomphe.

— Je ne suis pas tout à fait convaincu, répondit Pierre Lenhart d'une voix douce et compréhensive. Vous devriez vous reposer ou voir le médecin de Ouarzazate, vous avez l'air épuisé.

Le sous-lieutenant le fixa avec un regard de haine.

— Vous aussi vous croyez que je suis fou. Salaud, va !

Il lui arracha des mains la coupure de presse et partit en courant. Le soir même un coup de feu retentit dans la palmeraie : il avait mis fin à ses jours en introduisant le canon de son revolver dans sa bouche.

Cette tragédie aussi fut peu à peu ensablée dans l'oubli. La folie ! La menace pesait sur tous, mieux valait tenter de l'oublier. Pierre Lenhart subissait l'insidieuse influence du fatalisme ambiant. Il eût sans doute laissé filer le temps, confiant dans la justice de sa cause, grisé de mysticisme, d'espace, d'infini. Sans Antonia. Soudain enfermée dans un profond mutisme, elle refusait de faire l'amour. La moindre contrariété l'irritait. Quand il l'interrogeait, elle fuyait toute explication.

Après dix ans de mariage, Pierre Lenhart désirait sa femme avec la même intensité. Les longues périodes de refus qu'elle lui avait opposées, parfois avec des raisons (sa liaison avec Eric de Spam), parfois sans, avaient toujours les mêmes conséquences sur sa psychologie : il perdait confiance en lui-même ; la vie n'avait plus de saveur ; tout son être se rétrécissait sur une obsession : le sexe d'Antonia. Ce sexe familier, mystérieux, précieux, qui détenait le pouvoir de lui donner la paix des sens, comme il le hantait ! Parfois sa frustration atteignait un tel degré qu'il se sentait capable de la violer, de l'étrangler. Dans ces moments terribles, il était à sa merci.

Un soir, allongés sur la terrasse du bordj tandis que la lune projetait sur la chaîne de l'Atlas une clarté blanche, comme si les montagnes étaient poudrées de neige, Antonia laissa éclater son mécontentement :

— Nous n'allons tout de même pas continuer à pourrir indéfiniment dans ce trou. J'en ai assez !

Il posa une main tendre sur sa cuisse nue. Elle le repoussa.

— Non, pas ce soir !

Cette phrase poignarda son cœur. Il ne dormit pas de la nuit.

Le lendemain matin, il écrivit deux lettres comminatoires : l'une à Raymond Curry où il ne dissimulait pas sa rancœur ni son mépris, l'autre au chef du Comité de libération nationale. Le ton des deux missives était aigre, hautain, revendicatif.

La réponse arriva une semaine plus tard sous les espèces d'un capitaine de gendarmerie, flanqué d'une escorte, qui lui tendit un mandat d'amener. On avait ordre de le transférer à la prison militaire d'Alger pendant la durée de l'instruction avant son passage en jugement.

VIII

Rose, depuis deux semaines, était nerveuse, agitée. Roland, tout occupé à ressasser la déception de son expédition à Londres, n'y prêtait pas attention. Il avait d'abord retrouvé sa femme avec plaisir; la chaude et rassurante atmosphère familiale si douce après les incertitudes et les dangers de l'aventure. Très vite il avait repris ses dîners avec Solange, leur rythme s'était même accéléré lorsque Alexandre Corbin avait entrepris un long voyage en Extrême-Orient pour ses affaires. Consciente de leur inutilité, Rose ne faisait plus de scènes. Elle savait quels moyens, quels chantages employer pour détacher Roland de sa liaison, mais l'idée d'une stratégie en amour lui répugnait. Trop entière pour ruser, elle préférait couler dans le malheur, s'y noyer.

Un soir, après le dîner, elle entraîna Roland dans le salon.

— Roland, j'ai beaucoup réfléchi, dit-elle avec une expression triste et résolue, mieux vaut nous quitter, oui, nous séparer.

Elle sembla soulagée d'être parvenue à prononcer cette phrase.

Roland éclata de rire.

— Tu es folle! Nous quitter, tu sais bien que c'est impossible.

— Non, je ne plaisante pas, il faut que tu partes. Je ne veux plus vivre dans ces mensonges. J'ai beaucoup réfléchi, crois-moi, c'est la seule solution.

Il y avait une interrogation inquiète dans son regard.

— Il y a quelqu'un d'autre dans ta vie? demanda Roland.

Rose se troubla, baissa les yeux.

— Tu es ridicule.

Roland sentit sa gêne. Il insista.

— Si, tu as un amant, j'en suis certain.

— Non!

Elle se troublait de plus en plus. Roland commença à

imaginer qu'elle pouvait réellement lui être infidèle. Il lui parla avec douceur :

— Voyons, pourquoi ne pas l'avouer ?...

Elle s'exclama :

— Quelle importance ? Cela n'a aucune importance.

— Alors, avoue-le. Nous nous sommes promis de toujours tout nous dire, murmura Roland d'une voix suave.

— Eh bien, oui, j'ai un amant, lança-t-elle d'un air brave, étonnée elle-même de son aveu.

— Mais, ma chérie, ce n'est pas grave. Qui est-ce ?

— Ah, ça non ! je ne te le dirai pas.

— Le petit Silvaire ?

Rose le regarda avec une expression ébahie comme s'il était un démon capable de lire ses pensées les plus secrètes.

— Comment le sais-tu ?

Elle éclata en sanglots.

Roland la prit dans ses bras.

— Calme-toi. Ce n'est pas la peine d'en faire un drame. Pourquoi vouloir tout détruire pour une amourette ?

Elle le regarda avec indignation.

— Tu t'en moques. Tu ne m'aimes pas... Si... si au moins tu étais capable de me jurer de ne plus jamais revoir cette femme !

Roland se sentit pris dans un piège et baissa les yeux. Il chercha une expression ambiguë qui ne l'engageât pas. En vain. Ce fut avec soulagement qu'il entendit Rose rompre le silence.

— Va-t'en ! Tu ne changeras jamais. Va-t'en, je t'en supplie. Je ne veux plus te voir !

IX

Deux jours plus tard, Roland quitta la maison de la rue du Bac. Sous l'émotion superficielle, il se sentait libéré. Ce départ était seulement une récréation loin de la vie familiale. Il ne doutait pas de revenir bientôt. Rose ne tarderait pas à l'en supplier. Ce petit Silvaire ne faisait vraiment pas le poids ! Il ne voyait en cette matinée maussade et grise de novembre que des avantages à la situation qui s'ouvrait à lui : il pourrait s'adonner à la vie du réseau, voir Solange Corbin autant qu'il lui plairait. Il allait vivre comme un jeune homme dans le petit appartement de l'île Saint-Louis.

Ne plus avoir à mentir chaque jour, quelle délivrance ! Vivre sa passion jusqu'à satiété et revenir dans le giron familial ! Il n'était pas jaloux de Rose, ne souffrait pas de sa liaison. Il était convaincu de n'être trompé que par dépit. Cet acharnement à se détacher de lui l'émouvait. Il y voyait un témoignage supplémentaire de son amour.

X

Debout devant la fenêtre de sa chambre-cellule de la prison militaire, Pierre Lenhart fixait la pluie qui tombait dans la cour intérieure. Il la regardait mais ne la voyait pas. La fureur incendiait son esprit. La rancœur qu'il éprouvait le brûlait. L'idée qu'on l'inculpait de trahison provoquait en lui de terribles accès de haine contre tous les responsables de cette ignominie. Si cruelle, si insupportable était la violence de cette injustice que l'envie le prenait de se jeter par la fenêtre. Il avait des moments de fièvre où les arguments de son bon droit se dressaient devant lui comme des lances de feu ; il se voyait les brandir contre ses juges. Son intelligence vive, exaltée par l'épreuve, lui montrait les faiblesses et les erreurs de l'adversaire. Il se grisait des démonstrations qui lui proclamaient la justesse de sa cause. L'excès de ces emportements l'épuisait. Il demeurait hébété, l'esprit vide.

La visite de son avocat, Maître Boildieu, donnait à ses pensées une discipline salutaire. Le vieux procédurier du barreau d'Alger, fin et bonhomme, était chaque fois surpris par la subtilité de ses arguties juridiques. Impressionné par la stature politique de son client, sa forte personnalité, et par l'orchestration publique, la grosse houle de haine qui secouait les journaux et l'opinion, il craignait d'être en dessous de sa tâche. Pierre Lenhart le rassurait. En revanche les visites du juge d'instruction, le capitaine Pison, l'échauffaient. Cet officier de justice de métier, plutôt affable et sympathique, qui remplissait sans plaisir la besogne qu'on lui avait confiée, avait à subir son indignation et ses récriminations. Il écoutait sans broncher ses sorties violentes sur l'irrégularité de la procédure, l'illégalité du tribunal. Il lui accorda l'une de ses premières revendications : avoir droit aux journaux. Pierre Lenhart ne se doutait pas à quel point l'accès à la presse qui se déchaînait contre lui allait lui infliger une quotidienne et inutile torture.

La venue d'Antonia chaque jour, tantôt au parloir tantôt dans sa cellule, était une immense consolation. Elle se montrait douce, tendre, compréhensive et faisait l'amour avec lui quand il le souhaitait. Ces moments de passion et de plaisir éclairaient ses journées grises d'un rayon de joie et d'espoir. Dès qu'elle le quittait il les payait cher. Il imaginait cette petite femme si désirable, aux yeux clairs, au minois charmant, seule dans cette ville étrangère, sollicitée — et qui sait flattée — par les désirs d'une soldatesque avide de femmes.

La nuit froide tombait sur la vieille bâtisse de Bab el-Oued. Seuls les chats continuaient leurs maraudes et leurs amours. Pierre Lenhart, qui les connaissait tous par leur nom, suivait leurs évolutions dans la pénombre. Il s'allongeait sur son lit et attendait le sommeil. En vain.

XI

A Alger, Antonia avait l'impression de vivre. N'eût été la détention de Pierre Lenhart, elle se serait abandonnée à la griserie de cette vie nouvelle. Malgré les pluies de novembre, grasses et monotones, qui salissaient les murs blanchis à la chaux, elle aimait l'agitation de la ville cosmopolite qui bruissait d'aventures, de combines, de marchandages louches, enfiévrée par la présence d'hommes jeunes qui étreignaient avec frénésie la vie qu'ils risquaient de perdre ; ces officiers et ces soldats de toutes les armes, toutes nationalités et races mêlées, Français, spahis marocains, goumiers, tirailleurs sénégalais, Canadiens, Anglais, Américains emplissaient les cafés et les restaurants de leur vacarme, de leurs chants, du cliquetis de leurs ceinturons et de leurs armes. Les civils chuchotaient, trop heureux d'avoir trouvé une planque ; la ville était infestée d'espions, de mouchards à la solde d'on ne savait quelle faction, intrigants de tout poil, courtisans des puissances du jour, hommes de main ; tous ces individus s'agitaient aux alentours du Forum, glissaient sur le boulevard Saint-Saëns, remontaient la rue d'Isly vers les bâtiments officiels où s'élaboraient dans le mystère les décrets des destins.

Il n'était pas un instant où un militaire ne lui adressât une œillade, ne lui proposât un rendez-vous ou ne tentât, comme ces soldats noirs américains sans vergogne, de la coincer contre un mur. Quel contraste entre la ville européenne nerveuse, vibrionnante, et la Casbah dont les ruelles étroites ruisselaient de pluie aux pieds indifférents d'un Arabe accroupi, la tête enfouie dans son burnous !

Antonia décida de faire appel à Raymond Curry. Pierre Lenhart à qui elle confia ce projet se contenta de hausser les épaules. Elle était confiante dans l'efficacité de son charme. Si souvent elle y avait eu recours avec succès. Pourquoi pas cette fois ?

Elle se rendit dans un bâtiment officiel proche de la villa Clausel où le commissaire du gouvernement provisoire avait son bureau. Elle fit antichambre un long moment.

Quand Raymond Curry la reçut, il fixa avec insistance son regard sur son sac à main. Dans les débuts de sa carrière politique, le meurtre de Gaston Calmette par Mme Caillaux l'avait impressionné. Quand l'huissier lui avait annoncé le nom de la visiteuse, il avait frémi : l'image de Mme Caillaux avait investi son cerveau. Et si cette femme venait pour venger l'honneur de son mari ? Le maintien timide d'Antonia le rassura à demi.

Antonia fut déçue par le physique désagréable de Raymond Curry. Elle comprit tout de suite que son charme n'aurait aucune prise sur ce genre d'homme. Et l'idée d'en jouer la répugnait : il était trop laid, trop visqueux. Il l'entreprit avec des paroles mielleuses :

— Pauvre madame, sachez que je suis le premier désolé de ce qui arrive à votre mari. C'est une chose impensable, horrible. Mais ne vivons-nous pas une époque horrible ! Croyez-moi, s'il est un homme auquel j'aurais à cœur de venir en aide, c'est bien votre mari. Tant de liens du passé nous rapprochent. Hélas !

Il prit une mine théâtrale de désolation :

— Hélas ! pouvez-vous me dire qui commande ici, qui commandera demain ? Moi-même je l'ignore. Je suis d'ailleurs très menacé. On me reproche d'avoir été un partisan de Giraud. C'est absurde. Nous étions au plus mal. Mais on veut m'abattre par tous les moyens. Alors, que voulez-vous, je me tiens à carreau, je me fais tout petit.

— Pourtant vous lui aviez promis...

Raymond Curry leva les bras au ciel.

— Je vois que vous ignorez ce qu'est la politique. Comment voulez-vous que je tienne des promesses alors que je ne suis plus rien ? Je ne serais même pas en mesure de tenir des promesses que je me serais faites à moi-même, alors vous voyez !

— Vous ne ferez rien ?

— Je n'ai pas dit cela. La situation peut évoluer. Pour l'instant, je vous l'avoue, je ne suis qu'une potiche, une potiche qu'on cherche à briser.

Il jeta un coup d'œil oblique vers le sac à main.

— Mon mari vous a aidé lorsque vous étiez dans une situation difficile.

Raymond Curry rougit. Ses yeux coulissèrent. Il se leva.

— Chère madame, je vais essayer, mais je ne vous promets rien.

Dans la rue, Antonia éprouva une sensation de souillure. Elle eut envie de se laver les mains.

XII

Quand on fit pénétrer Antonia dans la cellule de Pierre Lenhart, elle se trouva en présence de l'aumônier de la prison, qui prenait congé. La discussion entre les deux hommes, où il était question de l'Immaculée Conception, était presque enjouée. Le prêtre, dans sa soutane négligée, étoilée de taches avait un bon visage rougeaud et de gros yeux globuleux qui exprimaient une compréhension chaude, sans illusion, de l'humanité.

L'aumônier parti, elle fit le récit de sa visite à Raymond Curry. Pierre Lenhart s'emporta :

— Le salaud ! j'en étais sûr. Rien n'est pire que les lâches. Quand je pense que sans moi ce salopard serait dans je ne sais quelle prison allemande ! Au moins, il ne connaîtrait pas l'infamie de pourrir comme moi dans une prison française.

Mais qu'importe, je ne regrette pas ce que j'ai fait pour lui. D'ailleurs je n'ai pas agi pour lui mais pour moi.

Antonia regardait son mari, mais son regard était absent. Elle revint à la réalité et s'adressa à lui avec une expression soumise de petite fille :

— Je pourrais peut-être voir Eric... Eric de Spam.

Ce nom le fit frémir. Il hésita. L'écœurement qu'il éprouvait chaque jour devant les manœuvres déloyales de ses adversaires chassa ses scrupules et fit taire sa jalousie.

— Va le voir, si tu veux. Lui au moins n'est pas un salaud. Enfin, pas comme les autres.

XIII

Roland ne jouit pas autant qu'il l'avait imaginé de sa vie de garçon retrouvée. Il avait beau s'absorber dans les activités multiples du réseau Espoir, quand il se retrouvait seul le soir, dans le petit appartement de l'île Saint-Louis — le mari de Solange Corbin revenu de son voyage en Chine, elle ne disposait que de rares soirées —, il se sentait mélancolique. Pourquoi, au lieu de gaspiller dans la solitude des heures inutiles, n'était-il pas dans sa famille ? Rose lui avait fermé sa porte et ne lui concédait qu'une seule visite par semaine, le dimanche après-midi. Il en avait vite subodoré la raison : le petit Silvaire peu à peu s'installait. Roland sentait croître son admiration pour Rose : sa fermeté envers lui, l'audace avec laquelle elle imposait son amant chez elle, tout cela l'épatait. Une autre Rose, vraiment !

Parfois, tandis qu'il se préparait un frichti dans la cuisine de sa garçonnière, une inquiétude le traversait : était-elle vraiment tombée amoureuse du petit Silvaire ? N'allait-elle pas finir par se laisser prendre à son propre jeu ? Car il ne doutait pas qu'elle n'eût pris un amant que dans le dessein de l'éprouver, d'exciter sa jalousie. Le risque ne lui échappait pas : devenue amoureuse, il la perdrait. Elle possédait un caractère entier. Elle était de ces femmes qui basculent totalement, sans scrupules, sans mémoire, dans une nouvelle passion. Le seul moyen de la reconquérir, il le connaissait :

renoncer à Solange Corbin, jurer de ne plus la revoir. Chaque jour il se donnait un nouveau sursis pour se décider.

Les transports amoureux que lui procurait Solange Corbin sur le divan étroit de la chambre, la fascination de son long corps nu éclairé par la froide lumière des après-midi d'hiver repoussaient sans cesse sa résolution. Ce lien vivant, il était incapable de le rompre.

Les absences de Solange Corbin, les longs moments qu'elle donnait à son mari, à ses enfants, à sa vie mondaine l'accablaient. La jalousie parfois lui dévorait le cœur. La moindre manifestation d'indifférence, le nom d'un homme inconnu dans sa conversation, une zone obscure dans son emploi du temps le jetaient dans les affres. Une image hideuse s'insinuait en lui : peut-être le trompait-elle, comme Rose ? Après tout elle mentait bien à son mari, pourquoi pas à lui ? Elle était belle, coquette, très courtisée et il savait l'avidité de ses sens.

Pendant ces soirées solitaires, la rancune qu'il nourrissait contre elle rehaussait les qualités de Rose. Il mesurait avec plus de justice l'importance qu'elle occupait dans sa vie. Il s'interrogeait sur leur couple — ce qu'il n'avait jamais fait jusqu'alors. Quel vice avait rendu entre eux le bonheur impossible alors que tout y concourait ? Etait-ce parce qu'il l'avait aimée pour son argent ? Cette idée le blessait : tant d'autres sentiments avaient enfoui ce désir vil au tréfonds de son être. Mais c'était l'argent d'abord qui avait compté. Il n'eût sans lui peut-être pas été attiré par cette jeune fille timide, dont le maintien raide, le visage fermé ne possédaient que les prémices de sa beauté qui s'était épanouie avec les années. L'argent. Non pour sa possession, pour les rêves, l'impression de légèreté qu'il suscitait : le château des Ormes, ses centaines d'hectares de forêt giboyeuse, avec ses gardes-chasse, ses jardiniers qui s'affairaient dans le potager au pied du pigeonnier couvert d'un chèvrefeuille roux qui flamboyait au soleil. Cette grande paix des grandes fortunes bien gérées ! Tout cela avait pesé dans sa décision de l'épouser. Il y retrouvait ce style de vie à grandes guides qui avait été celui de sa famille avant les revers d'argent. L'amour n'était venu qu'avec le temps, un amour solide né de l'estime, de la découverte d'un être marqué du sceau de la noblesse, de la générosité.

Etait-ce parce qu'il se souvenait que cet amour était fondé sur une imposture qu'il ne trouvait pas dans ses bras la frénésie qui le possédait avec Solange Corbin ? Ou parce qu'il ne pouvait trouver de plaisir qu'avec des femmes qui lui procuraient une émotion où entraient le risque, l'angoisse, la trahison ? Des femmes hors de prise, qu'il fallait reconquérir chaque jour, des femmes inaccessibles, fugitives.

Plus il s'interrogeait, plus il regrettait d'avoir quitté Rose. Il magnifiait son image. L'impossibilité de pouvoir concilier les deux amours de sa vie le plongeait dans l'abattement. Tôt ou tard il les perdrait toutes les deux, il se retrouverait seul à ressasser ses amours gâchées. La mort lui apparaissait une délivrance. Les agents de la Gestapo qui resserraient leurs filets autour de lui allaient sans doute mettre un terme à ses tergiversations. Il n'avait plus confiance en son étoile et ne croyait plus pouvoir leur échapper. Des images tragiques l'obsédaient : il se voyait attaché à un poteau, à l'aube, dans le champ de tir d'Issy-les-Moulineaux.

XIV

Rose couchait les enfants. Ce moment lui était pénible. Ces : « Où est papa ? » « Pourquoi ne dort-il pas à la maison ? » ravivaient sa blessure. Elle éludait ces questions. Elle se refusait à mentir et la vérité lui faisait trop mal. Se voulant impassible, elle souffrait. Terriblement. Il lui fallait faire appel chaque jour à son courage pour ne pas céder aux supplications de Roland, aux prétextes qu'il trouvait pour venir plus souvent, à ses câlineries insidieuses. Elle savait que si elle faisait l'amour avec lui, ses résolutions s'effondreraient. Cette situation ne lui donnait qu'une seule satisfaction : le sentiment qu'elle dominait sa vie, qu'elle n'était plus une victime, « la pauvre Rose », qu'elle s'était sortie d'une position humiliante. Elle mesurait avec tristesse l'efficacité du parti qu'elle avait pris : Roland la désirait. Elle avait enfin du prix à ses yeux. Quelque chose la révoltait dans ce regain d'amour : Roland ne l'aimait donc que parce qu'elle n'était plus à sa merci, qu'elle lui résistait ! L'amour ne tenait-il entre eux qu'à un odieux rapport de forces ? Etait-elle condamnée à n'être aimée qu'en lui échappant ? Quel artifice avait employé l'*autre* femme pour se l'attacher à ce point ?

Sa tristesse, ses hésitations, elle tentait de les oublier dans cette illusion d'amour que lui donnait le « petit Silvaire ». Les enfants couchés, il apparaissait avec ses fleurs, ses cadeaux, ses attentions, et toutes les manifestations de son amour un tantinet gnangnan qui la changeaient tellement de la rudesse de Roland. En le voyant, elle éprouvait un horrible sentiment : « Pourquoi lui et non Roland ? » Elle buvait. Elle parlait. La soirée passait dans un étourdissement. Il montait avec elle dans sa chambre. Ils faisaient l'amour. Le souvenir de Roland la harcelait comme un spectre, puis elle s'abandonnait comme on s'abandonne à la drogue, pour s'empêcher de souffrir.

XV

Qui n'a pas connu Alger à cette époque a du mal à se figurer la légende qui flottait autour d'Eric de Spam. Tout conspirait à forger de lui un personnage hors du commun : la beauté mâle et romantique d'un visage dont les traits s'étaient encore creusés, l'intensité de son regard qui s'embrasait de lueurs hallucinées, les silences lourds de mépris qui précédaient ses philippiques mordantes et grandioses à l'Assemblée consultative où il apparaissait comme un nouveau Saint-Just ; il pourfendait les monopoles, le capitalisme, les puissances d'argent, un index vindicatif pointé vers la tribune et qui faisait frémir, et réclamait sous les acclamations « le sang des traîtres », « la vengeance sans pitié ». Le contraste de son nom, de ses manières aristocratiques, avec ses proclamations révolutionnaires, à quoi s'ajoutait le souvenir récent de ses exploits dans la Résistance — il signait Spam-Vallès — donnait des ailes à sa légende. Dans cet Alger pourri de combines, empoisonné par les intrigues, écœuré par les reniements et les opportunismes, il brillait comme la lame pure, glacée, d'un poignard.

Il venait d'être nommé commissaire à la Justice et habitait sur les hauteurs de la ville une vaste et belle villa blanche réquisitionnée, la villa des Capucines. De son jardin en terrasses on jouissait de la plus belle vue qui fût sur la baie.

Antonia éprouva un sentiment d'appréhension en pénétrant dans cette villa luxueuse, d'autant plus imposante qu'elle était rehaussée par tous les apanages du pouvoir : motocyclistes, voitures, plantons. La dernière fois qu'elle avait vu Eric de Spam, cinq ans auparavant, pour elle hier, c'était dans son petit appartement de la rue Delambre. Elle ne parvenait pas à se convaincre que le jeune homme amoureux, malade, anxieux, dont elle avait connu la détresse, était devenu aujourd'hui ce personnage nimbé de gloire. Elle n'était pas à l'aise tandis qu'elle attendait dans le vestibule que le jeune soldat qui remplissait la fonction d'huissier eût transmis sa demande d'audience. Son inquiétude n'avait aucun lien avec sa requête. Cet homme qui l'avait tant aimée, qu'elle avait quitté à deux reprises, l'aimait-il encore ? Avait-il tout oublié ? Allait-elle voir apparaître un étranger ?

Le jeune militaire revint.

— Le commissaire va vous recevoir.

On l'introduisit dans un salon qui servait de bureau. Eric de Spam, devant la fenêtre, lui tournant le dos, fixait la cascade des toits et des terrasses blanches qui dégringolait jusqu'à la mer. Il se retourna : son visage exprimait la méfiance. Antonia sentit un trouble l'envahir : physiquement il était le même et pourtant quelque chose d'important qu'elle ne pouvait définir avait changé en lui. Il ne lui tendit pas la main, ne lui proposa pas de s'asseoir et la laissa déconcertée. Il alluma une cigarette anglaise et en aspira une bouffée d'un air douloureux.

— Je suis venue pour Pierre, dit Antonia.

Il fit une moue pleine de dédain.

— Pierre a choisi son camp. Il a commis des erreurs, des erreurs très graves. Et maintenant il voudrait les oublier, tout effacer. Nous ne sommes pas dans une époque de pardon. Ceux qui ont commis des crimes doivent payer.

Antonia s'insurgea.

— Il n'a pas commis de crimes !

— Non, pire, il les a fait commettre !

Antonia était pétrifiée. Les propos violents d'Eric de Spam ne la surprenaient pas : elle l'avait toujours connu intransigeant, inflexible. Ce n'était pas l'échec de sa requête qui l'accablait, mais le sentiment qu'elle n'existait plus pour lui. Elle laissa tomber d'une voix faible :

— Vous avez été amis...

Eric de Spam haussa les épaules.

— L'amitié ! Est-ce que ce mot a un sens alors que des milliers d'hommes meurent chaque jour, sont torturés, fusillés, et que leur sacrifice demande justice ? Nos sentiments personnels, nos personnes ne comptent pas.

— Tu ne feras rien pour lui ?

— Rien !

Le silence pesa sur eux. Antonia, accablée, mesurait la perte de son pouvoir sur un homme qu'elle avait vu à ses pieds. Pour la première fois de sa vie, elle éprouvait un sentiment de déchéance, doutait de sa beauté, de l'amour qu'elle pouvait inspirer, comme si soudain on niait sa féminité.

Elle se leva, les larmes aux yeux et, sans un mot, sortit du bureau. Dans le couloir, elle s'entendit appeler d'une voix forte :

— Antonia !

C'était Eric de Spam. Comme un automate elle revint sur ses pas. Il la saisit par le bras et l'entraîna dans son bureau. Elle fut effrayée par son regard halluciné.

— Que fais-tu ce soir ? Pouvons-nous dîner ensemble ?

Sa voix était hachée, nerveuse. Avant qu'elle ait eu le temps de lui répondre, elle sentit ses lèvres contre les siennes. Il prit sa bouche. D'instinct elle le serra contre elle. Ce baiser l'ébranla jusqu'au tréfonds de son être. Elle se sentit basculer dans des ténèbres interdites.

XVI

Roland était anxieux. Seul dans son petit appartement de l'île Saint-Louis par un de ces après-midi glacés et venteux de janvier, il était agité par des affres. Comme celui d'un insensé, son esprit revenait sans cesse aux mêmes questions : où était Solange Corbin ? avec qui le trompait-elle ? La certitude de son infidélité s'imposait à lui. Avec qui ? Il voyait les visages de rivaux possibles ; deux surtout lui paraissaient vraisemblables. Des idiots, bien sûr : le type de ces mondains gominés, affectés, bellâtres sportifs, joueurs de golf qu'elle fréquentait. Pourquoi ces soupçons précisément cet après-midi ? Il l'ignorait. Une angoisse sur laquelle se greffait un pressentiment. Et aussi la façon gênée dont elle lui avait dit le matin au téléphone : « Non, je ne pourrai pas venir aujourd'hui. L'usine de Trappes a été bombardée. Je dois voir les familles des ouvriers. » Cette explication lui avait paru tellement invraisemblable que sur l'instant il n'avait pas réagi. Mais la jalousie avait fait la lumière dans son esprit : encore une de ces grossières inventions dont usent les femmes pour aller rejoindre leur amant. A la réflexion, ce prétexte ne tenait pas debout : elle manifestait si peu d'intérêt — hors des mondanités — aux activités de son mari ; et cette soudaine compassion pour les ouvriers ! Tout cela n'était qu'un mensonge. Et pourquoi lui mentir sinon pour le tromper ?

Où était-elle ? Quelque part dans Paris un homme l'attendait pour profiter de son corps. Peut-être s'étaient-ils déjà rejoints. Dans la chambre anonyme d'un de ces grands hôtels si hospitaliers à l'adultère, dans une garçonnière ? Et cet homme sans visage la caressait, découvrait peu à peu les secrets de son corps, le mystère de son sexe. Et elle se donnait avec cet abandon forcené qu'il lui connaissait.

Toutes ces heures qu'il devrait subir avant de pouvoir l'interroger, l'amener à se contredire, la forcer à avouer. Il était incapable de dominer son désarroi. La certitude de la tromperie de Solange Corbin s'enfonçait de plus en plus profondément en lui. Il n'attendait plus que la preuve, était avide de la détenir. Elle avait promis de l'appeler avant le dîner. Trop impatient, il téléphona chez elle. La femme de chambre répondit.

— J'ai absolument besoin de parler à Mme Corbin. Pouvez-vous me dire où je peux la joindre ?

— Madame est partie pour Trappes, à l'usine. Elle ne rentrera que pour le dîner.

Accablé, Roland s'allongea sur le canapé et se laissa dévorer par la souffrance. A sept heures, la sonnerie du téléphone retentit. C'était Petit Louis qui lui annonçait en termes voilés que la retransmission des messages s'était mal passée. Il fallait trouver au plus vite d'autres asiles pour le poste radio-émetteur. Il lui fit part du comportement étrange de Positano, un jeune agent de liaison :

— Il faut faire gaffe, son manège n'est pas clair.

— Je suis d'accord. Il faut le surveiller, dit Roland, pressé d'en finir pour ne pas bloquer trop longtemps la ligne. Nous en parlerons demain.

Dès qu'il eut raccroché, il se reprocha sa légèreté. La tromperie de Solange Corbin passait avant le réseau. Oui, si sérieux et responsable qu'il fût d'habitude, aujourd'hui cette question dominait toutes les autres. Plus rien ne comptait que la réponse à son angoisse : Solange était-elle ou non en train de le tromper ?

Il attendit à nouveau, la main prête à saisir le combiné. Il prenait tout en haine, cet appartement, Solange Corbin, leur amour, lui-même. A neuf heures, elle n'avait toujours pas appelé. Sans se soucier de provoquer un scandale, il téléphona à nouveau chez elle. Il eut la femme de chambre au bout du fil.

— Non, madame n'est toujours pas rentrée. Nous sommes inquiets. Dois-je lui laisser un message ?

Roland raccrocha. Il eut l'impression qu'il allait devenir fou.

A dix heures la sonnerie du téléphone le déchira.

— Allô, allô !

Il entendit la voix faible de Solange Corbin.

— Roland !

— Où êtes-vous ? Pourquoi ne m'avez-vous pas appelé ?

— C'est terrible, prononça-t-elle d'une voix exténuée en détachant chaque syllabe. J'ai eu un accident sur la route de Trappes. Je suis à l'hôpital Necker. J'ai eu peur... Un choc terrible...

— J'arrive !

— Non, je vous en supplie, mon mari va venir... On doit m'opérer demain. Cela n'est rien. Roland, aimez-moi, j'ai tant besoin de votre amour.

Elle chuchota :

— Mon mari arrive. Je vous aime. Adieu.

Roland éprouva un sentiment de soulagement dont il eut honte. Elle ne lui avait pas menti, elle ne l'avait pas trompé. Cet accident ne pouvait être grave. Il ne pouvait l'imaginer blessée, elle qui était la vie même.

XVII

Roland ne dormit pas de la nuit. En fin de matinée, il téléphona à l'hôpital. On le passa de service en service. Enfin, il obtint une infirmière qui lui répondit avec gêne. Elle l'adressa au médecin-chef qui, d'un ton brutal et impérieux, lui demanda qui il était.

— Mme Corbin est décédée dans la nuit... Une embolie... Je vous demande de n'en rien dire : sa famille est à peine prévenue.

Roland demeura hébété. Il s'approcha de la fenêtre, regarda les arbres qui tendaient leurs membres noirs sur les flots gris de la Seine.

XVIII

Roland ne souffrait pas encore. Le choc l'avait anesthésié. La mort de Solange n'était qu'une idée, pas une réalité. Elle était si présente la veille au téléphone ! Il ne pouvait évaluer le poids de son absence, qui allait le déchirer. La seule sensation qu'il éprouvait dans son hébétude, c'était celle d'une perte de chaleur. La chaleur de Solange, qu'elle répandait autour d'elle, la chaleur de sa peau, la chaleur forte de son être. Comment croire que ce corps maintenant était glacé, ses lèvres soudées, dans une chambre de l'hôpital Necker ? Devait-il aller la voir ? N'était-ce pas agir contre elle, contre l'image qu'elle eût souhaité lui laisser ?

Le téléphone sonna. Rose. Elle ne l'avait jamais appelé dans cet appartement, qu'elle détestait car il abritait son « autre vie ». Sa voix était haletante, son débit précipité.

— Roland... pars immédiatement. Ils te cherchent. Cinq inspecteurs sont venus ici... Je téléphone d'un café... Ils vont t'arrêter...

Il ne répondit pas.

— Roland... Roland, tu m'entends ? Ils vont t'arrêter.

— Cela devait arriver. Je suis prêt.

— Tu es fou, complètement fou... Je t'en supplie, pars tout de suite... Tu n'es pas seul, tu as des enfants, une femme. Je peux te trouver un endroit sûr...

— Non, ce n'est pas la peine. Ne t'inquiète plus pour moi.

Il raccrocha. *Ils* allaient venir ; *ils* étaient déjà en route, *ils* allaient poser leurs sales pattes sur lui, le tabasser, le torturer. Au moins, il lutterait contre un véritable adversaire ; il en aurait fini avec les fantômes de l'angoisse. Il saurait enfin quel homme il était. Au pire, il avait les cachets de cyanure. Cette confrontation entre lui-même et l'horreur, il la souhaitait soudain avec impatience, comme si elle devait lui révéler un secret qu'il avait longtemps cherché. Quelle jouissance de pouvoir leur ouvrir la porte en leur jetant à la figure : « Je vous attendais. »

Le téléphone sonna à nouveau. « Encore Rose », pensa Roland. Il entendit la voix aux intonations faubouriennes de Petit Louis :

— Positano nous a vendus... Fichez le camp tout de suite... Marco, Saint-Preux sont déjà rue des Saussaies, tous les autres vont suivre... Je tente de les prévenir. Filez vite. Rendez-vous devant la statue du maréchal Ney. J'aurai *Je suis partout* à la main. Si je ne suis pas là à cinq heures, abandonnez-moi. Rejoignez le maquis !

Ce ton ferme du responsable radio réveilla Roland de sa torpeur et lui rappela ses responsabilités : il était le chef, il n'avait pas le droit de prendre des risques. Il ne pouvait jouer avec sa vie, elle appartenait aux hommes et aux femmes qui lui avaient fait confiance. Il se leva d'un bond. En quelques minutes, il rassembla tous les documents prêts à être chiffrés, brûla l'organigramme du réseau et prit son revolver qu'il chargea.

Sur le quai Bourbon désert, il gelait à pierre fendre. Un pur soleil de janvier égayait l'île Saint-Louis. Il se sentait prêt à vendre chèrement sa peau et, en même temps, son sort lui était indifférent. Il traversa le pont de la Tournelle, marcha jusqu'au boulevard Saint-Michel et remonta jusqu'à la Closerie des Lilas. Petit Louis l'attendait, *Je suis partout* à la main.

Le soir même, ils prenaient le train à la gare d'Austerlitz. Direction Brive. Roland hésitait : il aurait aimé rejoindre Wiso dans son maquis de Savoie. Mais Petit Louis, débrouillard comme pas deux, avait déjà tout préparé. Va pour la Corrèze ! Ils passèrent les dernières heures à tenter de prévenir les membres du réseau. Petit Louis avait déjà accompli le plus gros de la besogne. Souvent la Gestapo les avait précédés : alors une voix française répondait « X. ne peut pas vous parler, il est occupé, il vous demande de venir le voir d'urgence. » Ou c'était une voix de femme brisée qui murmurait : « Vous faites erreur, je ne connais pas cette personne. » Cette litanie déchirait Roland. Tous ces visages chers qui basculaient dans une nuit sauvage ! Et cette impuissance...

Debout dans le couloir du train avec Petit Louis, Roland était assailli par les drames de cette journée : le visage de Solange lui apparaissait au milieu des membres du réseau dont l'arrestation était certaine, voués à la souffrance, à la mort. Tous, comme ils lui étaient chers ! Ils constituaient sa vraie famille. Et dans l'ombre, le maléfique, le charmant Positano aux traits délicats, enthousiaste, qui respirait la joie de vivre et la loyauté — c'était pour cela et les origines italiennes de son nom que Roland l'avait appelé ainsi. Comment ce garçon auquel on ne pouvait reprocher que de s'afficher avec sa *fiancée*, une brunette — mais qui dans le réseau n'avait jamais enfreint les consignes de prudence pour une affaire de cœur — avait-il pu les trahir ? On était tenté de tout pardonner à Positano. Pas cette fois ! Quel chemin mystérieux l'avait conduit à cette ignominie ? Pourquoi ?

XIX

Sur la terrasse dallée de la villa les Capucines, Antonia contemplait la nuit, le port d'Alger, le projecteur d'un aviso qui quittait la rade. Elle songeait au divorce extrême de sa vie : Pierre Lenhart, Eric de Spam. Elle passait ses nuits ici, dans cette belle maison d'un quartier résidentiel. Le luxe d'un palais ; et ces étreintes dans une chambre au milieu des souvenirs et des meubles d'une famille inconnue lui donnaient un plaisir fort, l'impression de découvrir les facultés mortes de son corps après une longue hibernation. Et ce plaisir se mêlait à tant d'émotions : nostalgie, regret des blessures échangées, illusoirement guéries, rouvertes ; et cette manière si sauvage dont Eric de Spam prenait possession d'elle, comme s'il voulait la dévorer ou la détruire... Et l'orgueil ! Elle tenait entre ses bras la force et la faiblesse d'un homme que tout Alger redoutait et admirait. Elle n'exerçait plus sur lui son empire d'autrefois : hors du lit son règne se terminait. Elle ne l'en aimait que plus. Sa vraie rivale, c'était le pouvoir. Et il l'exerçait sans pitié. Lui qui avait connu tant d'humiliations, de revers, il se vengeait de ses années obscures : non sur ses subordonnés ni sur les faibles, mais sur les grands colons, les bourgeois infatués et serviles en quête d'un passe-droit, d'indulgence ou d'oubli. Sur eux il s'acharnait.

L'après-midi, elle retrouvait Pierre Lenhart dans la prison militaire de Bab el-Oued assaillie par les odeurs fétides du vieux port ; la cellule où s'infiltrait une odeur de graisse rance. Elle ignorait quelle serait son humeur. Il oscillait chaque jour entre l'optimisme naïf et l'abattement, selon qu'il avait reçu la visite de son avocat ou celle du juge d'instruction. Il l'avait interrogée sur sa visite à Eric de Spam. Elle avait menti sur tout.

— Il tentera d'intervenir.

Pierre Lenhart avait eu un sourire incrédule.

— Ça m'étonnerait. Il ne bougera pas. Il a trop peur de déplaire à ses amis communistes. Tous ces hommes ne pensent qu'à se venger. Les Allemands paradent à Paris et eux ne pensent qu'au bain de sang qu'ils vont infliger à leurs compatriotes. Comme s'il n'y avait pas des problèmes plus importants à régler d'abord. Et puis ils m'ont sous la main. Quelle aubaine !

Il se dressa le poing levé.

— Ils ne savent pas à qui ils ont affaire avec moi. Je ne vais pas me laisser égorger comme un agneau. Je me battrai, je crierai mon innocence, je les obligerai à me rendre justice.

Au cours de ses visites, Antonia s'efforçait de porter la conversation sur son procès : les arguments, la stratégie juridique. Elle avait remarqué que tout à sa passion de se défendre il en oubliait de vouloir lui faire l'amour. Elle avait du mal à repousser ses caresses. Pouvait-elle se refuser à un homme en prison à cause d'elle, sur lequel pesait une si terrible menace ? Elle détestait ce double jeu des corps. Elle ne désirait qu'un seul homme, celui auquel dans la belle chambre de la villa des Capucines, elle se donnait éperdument avec la volupté trouble de la trahison.

XX

Roland se frottait les mains devant l'âtre sous le regard ardent et vide de la tête de sanglier naturalisée suspendue audessus du linteau en granit. Un climat de Sibérie. Cette section des maquis de Dordogne avait bien choisi ses quartiers d'hiver. Cette vieille ferme aménagée en villa de vacances à Poinsac, à quelques kilomètres de Beynac, occupait une exceptionnelle position stratégique : adossée à mi-hauteur contre une montagne boisée à son sommet d'un lacis de chênes nains et d'arbustes, elle surplombait la petite route sinueuse que l'on suivait jusqu'à la vallée de la Dordogne. Un hameau en contrebas fournissait des vivres et quelques bonnes volontés : la roborative Mme Lucienne, dont le mari était prisonnier en Allemagne et qui faisait avec zèle office de cantinière ou d'agent de liaison. Elle avait porté des ordres de mission à Sarlat, aux Eyzies-de-Tayac.

Le maquis comptait une quinzaine d'hommes. Un officier de renseignements britannique maintenait le contact radio avec le S.O.E. de Londres. Depuis la mort, deux mois plus tôt, du chef de maquis, qui avait succombé à une péritonite, il avait pris en main la destinée de la petite troupe. En collaboration avec les maquisards de La Roque-Gageac, de Sarlat, de Saint-Cyprien, ils avaient quelques jolis *coups* à leur actif : attaque d'un convoi de miliciens, vol d'un important stock d'armes de la gendarmerie. La routine, quoi ! L'officier anglais sentait sa position fausse, il proposa le commandement à Roland, qui l'accepta. Il prit contact avec les chefs de maquis de la région et organisa une rencontre au château d'Urval : il mesura alors l'importance des divisions du maquis : rivalités politiques qui recoupaient des rivalités de classes sociales : les chefs des F.T.P. se méfiaient des gaullistes et encore plus des giraudistes, en général notables ou aristocrates provinciaux. Roland estima plus urgent d'unir ses forces au-delà des divergences politiques ou des ambitions personnelles que de se livrer à des opérations peu efficaces contre les Allemands et la milice qui entraînaient d'horribles représailles. Il s'attela à cette tâche dans la perspective du débarquement des Alliés, qui paraissait imminent. Roland avait transmis par radio au B.C.R.A. les épisodes du désastre qui avait frappé le réseau Espoir. Quelque temps plus tard, il reçut un message de Londres qui le stupéfia :

SUITE ÉLIMINATION RÉSEAU ESPOIR. STOP. PISTE EN VUE TRAÎTRE POSITANO. STOP. PRÉVIENDRONS TEMPS UTILE. STOP. CONTINUEZ BON TRAVAIL. FIN.

XXI

Les soirs où le maquis interrompait ses activités et se repliait sur lui-même dans l'hiver corrézien, Roland, songeant au vide de sa vie depuis la mort de Solange, se prenait à souhaiter qu'une balle mît fin à son existence. Il n'avait goût à rien. Seules ses responsabilités le maintenaient debout. L'avenir lui paraissait un gouffre. Le sort de ses compagnons du réseau Espoir le hantait. Pourquoi l'avait-on épargné ? Il se sentait coupable de ne pas partager les souffrances de ceux qu'il avait entraînés dans l'action clandestine. Des souvenirs lui revenaient : il revivait les heures heureuses avec Solange dans le petit appartement de l'île Saint-Louis, leurs ébats à Préfailles dans la cabane d'un pêcheur au milieu des pins, la nuit en wagon-lit dans le train qui les conduisait à Megève. Ces années d'un bonheur plein, fruité, que ne ternissait aucune trahison, accusaient son désespoir. Toutes ses joies appartenaient au passé. Que faire de sa vie endeuillée qui l'embarrassait ? Il n'agissait plus que par devoir, par fidélité à ses amis disparus. Jamais il n'aurait pu se douter que l'amour lui donnait une telle force dans l'action.

Et maintenant ? Solange n'était plus qu'un rêve qui le déchirait. Quand il se rappelait la succession de passions vaines qui ne l'avaient aidé à vivre que pour le rendre à une plus grande solitude, un sentiment de gâchis l'accablait. Solange était morte, il avait perdu Rose, la Gestapo s'acharnait à détruire son réseau. Seule une mort héroïque pouvait donner un sens à son existence devenue inutile !

XXII

Un mois passa. A mesure que le Débarquement paraissait imminent, les maquis s'étoffaient. On attendait la fin de l'hiver avec impatience. Avec l'espoir, les intrigues renaissaient. Une effervescence souterraine. Les esprits s'échauffaient. Il fallait rassurer les ambitions, désamorcer les rivalités, dissiper les illusions. Chaque jour un nouveau maquis se créait, prétendait imposer sa légitimité. C'étaient des heures de négociations pour l'amener à adhérer à une organisation, à rabattre ses prétentions. Roland avait réussi à placer sous son contrôle plus de la moitié des effectifs du département. Il s'était donné à sa tâche sans compter. Il ne dormait pas. Ses activités multiples, loin de l'épuiser, chassaient ses idées noires. Grâce au plein air, à la chaude camaraderie, aux marches nocturnes, aux alertes qui mettaient les nerfs à vif, il reprenait goût à la vie. Il pensait encore à Solange mais ne souffrait plus. Parfois l'idée que sa mort avait sauvé leur amour d'une dégradation inéluctable le consolait de sa perte. Ils ne connaîtraient pas l'usure de la routine, l'amertume du désenchantement, l'horreur des tromperies et des mensonges, qui sont le lot de tout amour qui dure. Il avait perdu son corps, mais son âme était à lui. L'angoisse de la jalousie dissipée, il avait l'impression d'être plus libre. Personne ne lui volerait son corps. Plus rien ne freinerait son action. Solange vivante, il n'aurait jamais eu la force de quitter Paris. Errant de gîte en gîte, la Gestapo l'aurait pris. Il éprouvait un sentiment poignant à l'idée qu'il devait à la mort de Solange d'avoir la vie sauve, d'être libre.

L'amour qu'il continuait de porter à Solange ne l'empêchait pas d'aimer toujours Rose, de souffrir de leur rupture. « Quel drôle de cœur que le mien, songeait Roland, capable d'un amour double, aussi inséparable que l'avers et l'envers d'une même pièce ! » Il lui semblait impossible de vivre avec une autre femme et il continuait de s'interroger sur les moyens de la reprendre. Cette aventure avec le petit Silvaire était ridicule. Et leurs enfants ? Il lui avait adressé plusieurs messages rue du Bac, par des voies détournées — la maison était toujours surveillée —, dans lesquels il la suppliait d'accepter de le revoir. Aucune réponse !

XXIII

Cet après-midi-là, Pierre Lenhart avait repris confiance en son étoile. Ce sacré procès, il allait le gagner ! Il en avait discuté longuement avec son avocat, Me Boildieu. L'illégalité de la juridiction qu'on bâtissait de bric et de broc était tellement flagrante ! Seule l'accusation était en mesure de citer des témoins ; la défense, aucun. Comment juger les actes d'un ministre de Vichy hors de la présence de ses collègues, de ses subordonnés qui auraient pu confirmer les instructions verbales qu'il avait données pour contrecarrer les exigences des Allemands ? Il possédait la lettre de Raymond Curry : « Je vous donne ma parole d'honneur », et patati et patata... Cela ferait un joli effet lorsqu'on la lirait à l'audience. Enfin, politiquement, le moment lui paraissait mal choisi : tous les Français ralliés de fraîche date à la Résistance, les patriotes de l'armistice qui avaient obéi aux ordres de Vichy, avaient tout intérêt à passer l'éponge. Restaient les communistes. Ils faisaient beaucoup de bruit. Trop. Tous ces généraux, tous ces magistrats qui avaient soupiré d'aise lorsqu'on avait mis le P.C. hors la loi, condamné ses chefs, n'allaient tout de même pas avoir le front de faire cause commune avec eux !

Pierre Lenhart voyait trois issues possibles . l'acquittement pur et simple, le renvoi du procès *sine die,* une condamnation avec sursis assortie d'une mutation immédiate dans un régiment exposé en Italie. Il caressait avec une satisfaction particulière cette dernière hypothèse. Il se battrait comme un lion, rencontrerait la mort ou la gloire. Après ? Il aurait conquis le droit de participer à la reconstruction de la France. Il songeait à Caillaux : lui aussi avait été sali, accusé de trahison ; par la seule force de sa compétence il était revenu au pouvoir.

Son optimisme était renforcé par la conversation qu'il avait eue le matin avec le directeur de la prison, le colonel Grumler, grièvement blessé en Libye. Lui aussi l'assurait d'un acquittement. Pierre Lenhart avait beau savoir que c'était le discours rassurant qu'il tenait à tous ses prisonniers de marque — les seuls auxquels il parlait — à la fois par bonhomie et par calcul (cela évitait les tentatives de suicide, tous ces embêtements qui la fichent mal dans une prison), eh bien, il le croyait pour une fois sincère avec lui.

Quand Antonia pénétra dans sa cellule, elle le trouva d'une humeur aussi pimpante que la sienne était taciturne. La tricherie amoureuse lui devenait chaque jour plus pénible. Pierre Lenhart, tout à l'effervescence de ses illusions, ne s'aperçut de rien. Tout de suite il la prit dans ses bras, l'embrassa et l'entraîna vers le lit.

— Non, pas aujourd'hui, je t'en prie, dit-elle d'une voix accablée.

Pierre Lenhart ne tint pas compte de sa protestation et la déshabilla. Antonia se laissa faire. Dès qu'il fut en elle, fougueux, pesant, elle éprouva un profond dégoût d'elle-même. Elle se raidit dans l'indifférence et se jura de ne plus jamais lui céder. Quand Pierre Lenhart apaisé couvrit son visage de baisers, elle détourna la tête.

Il l'observa d'un air navré.

— Qu'as-tu, ma chérie ?... Je sais, ce n'est pas très drôle ici, dit-il en désignant les murs sales.

— Non, ce n'est pas cela, répondit-elle en se rhabillant.

Pierre Lenhart la fixa avec inquiétude.

— Tu as des soucis ?

Elle haussa les épaules avec une expression d'incompréhension.

— Tu ne m'aimes plus ?

— Mais si, je t'aime... Mais comment t'expliquer... Pas de la même façon.

— Comment : pas de la même façon ? demanda-t-il, le visage rembruni.

— Je ne sais pas... Essaie de comprendre.

— Tu n'as plus envie de faire l'amour avec moi ?

Antonia baissa les yeux.

— C'est cela, n'est-ce pas ? demanda-t-il.

Antonia hocha la tête de manière affirmative.

— Tu as rencontré quelqu'un ?

Elle ne répondit pas. Il répéta sa question. Soudain elle se sentit possédée d'une folle envie de se délivrer de la vérité. Elle murmura :

— Je revois Eric.

— Et tu as couché avec lui ? demanda Pierre Lenhart d'une voix angoissée, espérant de toutes ses forces une réponse négative.

— Oui.

Pierre Lenhart sentit un feu l'aveugler. Sa raison vacilla. L'impulsion du meurtre jaillit en lui. Il la gifla de toutes ses forces. Ce geste le dégrisa. Il la regarda avec mépris et martela :

— Va-t'en. Va-t'en. Je ne veux plus jamais te voir, tu m'entends ? Plus jamais.

Il la poussa hors de la chambre et referma la porte avec fracas.

Il se jeta sur son lit et mordit le traversin pour ne pas hurler de douleur. Tout en souffrant, il demeurait lucide. « Jamais, pensait-il, je ne pourrai supporter une telle souffrance. Je vais me tuer. » Il songeait aux moyens : sa ceinture, le barreau de la fenêtre. Sa volonté était anéantie. Il se sentait vidé de son énergie, incapable de faire un geste. Et cette roue de feu qui tournait dans sa tête : Antonia, Eric, Antonia... Cette fatalité qui s'acharnait sur lui : Eric, Antonia ; son impuissance à briser pour toujours le lien mystérieux qui les unissait. A sa souffrance présente s'en ajoutait une autre, insidieuse, qui remontait en lui : il revivait toutes les affres qui l'avaient déchiré la première fois qu'elle l'avait trompé avec Eric, rue Delambre. L'horreur de cette époque se réveillait. Et cette fois, pas d'issue ! Pas de pardon ! Il mourrait, il ne pardonnerait pas.

A six heures, il entendit frapper à sa porte. C'était le vieil aumônier qui, comme chaque soir, venait lui rendre visite, « tailler une bavette », comme il disait.

— Que vous arrive-t-il, mon fils ? Ça n'a pas l'air d'aller très fort.

Pierre Lenhart le regarda, les yeux rougis, hébété.

— Allez, parlez-moi, cela vous fera du bien. Le meilleur remède que je connaisse, c'est encore de se confier. Je peux vous entendre en confession, si vous voulez ?

— Eh bien, voilà, mon père...

Et Pierre Lenhart raconta tout dans le détail, jusqu'à la dernière scène.

L'aumônier le regarda avec une expression de douce pitié.

— Vous n'êtes pas le premier homme qui souffre à cause d'une femme. Croyez-moi, j'en ai entendu, des confessions à l'âge que j'ai. Moi-même, si je vous racontais ma jeunesse... Venez à la messe demain. Je la dirai en pensant à votre souffrance. Vous savez, le Christ aussi a souffert.

XXIV

Dans la chapelle humide et froide, l'aumônier en surplis disait la messe, servi par un jeune déserteur. Les bancs étaient quasiment vides. Deux officiers se tenaient debout derrière Pierre Lenhart. Cet office ne réveillait chez lui que des souvenirs d'enfance. Il ne parvenait pas à y participer. Ces gestes, ces paroles en latin le laissaient indifférent. Il était incapable de se fondre dans le mystère. La cérémonie lui semblait même un obstacle à la prière. Il communia et retourna à son banc. La messe finie, le prêtre regagna la sacristie. Les deux officiers quittèrent la chapelle, accompagnés du gardien qui revint sur ses pas vers Pierre Lenhart toujours agenouillé et lui toucha l'épaule :

— Monsieur Lenhart !

— S'il vous plaît, laissez-moi encore un moment.

Dans la chapelle désertée, il se sentit dans de meilleures dispositions pour se recueillir. Il n'avait pas dormi de la nuit. Il était surexcité. En lui la tempête mugissait toujours. Que faire pour l'apaiser ? Pour rendre possible une vraie prière ? Il le fallait pourtant. Seule la prière pouvait le délivrer des fantômes qui le hantaient. La paix, trouver enfin la paix ! Et ce visage d'Antonia, et pire : le souvenir des instants de bonheur ! L'intensité de son existence aux confins du désert lui revint en mémoire, ces officiers ivres d'infini, de Dieu.

Soudain une illumination se fit en lui : c'était la Providence qui éloignait Antonia. Sans elle, un nouveau chemin s'ouvrait à lui, qui, il le pressentait, le conduirait à son véritable but. Il s'était cru un homme de la vie : les passions, l'amour, l'ambition lui avaient dissimulé une autre passion plus forte, plus haute : l'amour de Dieu. Il s'était comporté comme un enfant errant et ignorant. Rien ne demeurait des passions qui l'avaient brûlé, de ces conquêtes insatiables et vaines, sinon la souffrance. Et cette souffrance, maintenant, lui était chère car elle lui avait ouvert la porte du salut. D'abord trouver la paix de l'âme. Pour l'obtenir, il fallait pardonner. Ce pardon, était-il même besoin de le prononcer ? Tout son être le sécrétait. Il s'élevait au-dessus de l'existence qu'il avait menée, du monde et de ses turbulences nerveuses. Il prononça à mi-voix : « Je lui pardonne. La malheureuse ! »

Une impression chaude, bienfaisante, se diffusait en lui, la même qu'il avait connue cinq ans plus tôt dans l'église Saint-Sulpice. Le gardien vint le chercher. Il eut l'impression de reconduire dans sa cellule un somnambule.

XXV

Roland arriva à Brive à la nuit tombante dans un autocar bondé, muni d'une nouvelle identité, celle de Jacques Le Prévost, représentant de commerce, né à Bergerac. Il avait rendez-vous avec Rose à l'hôtel de la Poste où elle s'était inscrite, elle aussi, sous un faux nom. Il l'admirait d'avoir pris tous ces risques pour lui. « Quelle chic fille ! » pensait-il, en espérant la reconquérir. Rose n'était pas la seule raison de sa venue à Brive. Il devait remplir une mission qui lui déplaisait : on l'avait averti de la capture de Positano par le maquis. Mais s'agissait-il vraiment de Positano ? Il ne pouvait le croire. Il avait en mémoire ce coup de téléphone tout à la fois sibyllin et sans équivoque, cette voix rocailleuse, aillée, qui disait : « Nous avons le colis de fromage. Il est pourri. Les vers y sont, y'a pas de doute là-dessus. Pas étonnant qu'il vous ait empoisonné. Jamais vu un fromage qui pue à ce point. Nous allons le fiche à la poubelle. » Roland avait demandé un sursis. Il voulait le voir, éviter une injustice toujours possible. Et aussi savoir : pourquoi avait-il trahi ? Pourquoi cet abîme s'était-il ouvert chez cet être familier ?

Il gagna à pied la place du Maréchal-Foch. Un mouchoir blanc semblait sécher sur le rebord d'une fenêtre de l'hôtel Montauban : le signal convenu avec Rose. Il l'entrevit derrière les petits carreaux, qui guettait son arrivée. Il pénétra dans l'hôtel, demanda sa clé et monta l'escalier. Il croisa Rose. Elle lui prit la main et y glissa un message. Dès qu'il fut dans sa chambre, Roland déplia la feuille de papier. Il lut : « Mon chéri, je suis à la chambre 19. J'ai pris mille précautions. Rejoins-moi après le dîner. Love. R. » Roland brûla la feuille dans un cendrier, descendit. Dans la salle à manger, petite, douillette, flottait une bonne odeur de soupe. Roland choisit une table aussi éloignée que possible de celle de Rose, qui feignait d'être plongée dans la lecture d'un roman. Il n'avait pas faim. Il l'observa à la dérobée. Comme elle était belle, épanouie ! Aucun signe sur son visage ne décelait la tristesse. Il en était blessé. Ainsi elle était heureuse sans lui. Il lui avait suffi d'un autre homme, le premier venu, pour l'oublier. Des bouffées de tendresse montaient en lui. Jamais elle ne lui était apparue aussi désirable, aussi libre. Il mesurait la chance qu'il avait eue de vivre avec elle et tout ce qu'il avait gâché. Il était impatient de la rejoindre. Mais le service traînait en longueur : une serveuse squelettique, chevaline, s'agitait avec ses plats sans aucune efficacité.

Soudain la peur le saisit. Et si la Gestapo avait suivi Rose en dépit de ses ruses ? Combien de plus malins qu'elle s'étaient laissé prendre ! Qu'importe. Il se sentait prêt à affronter tous les risques. Rien n'aurait pu le dissuader de manquer cette rencontre. Il la regardait comme s'il la voyait pour la première fois. Comme elle semblait paisible ! Comment avait-il pu vivre si longtemps à côté d'elle sans la voir ?

Elle se leva et d'un pas assuré sortit de la salle. Il dut refréner son désir de la suivre. Il se répétait : « 19, chambre 19. »

Il attendit un moment et monta l'escalier, le cœur battant. Il frappa à la porte, qui s'ouvrit aussitôt : il se jeta dans ses bras, dans la pleine obscurité. Ses mains retrouvèrent son corps avec une tendre familiarité, comme s'ils s'étaient quittés la veille. Il l'embrassa. Ils tombèrent sur le lit, enfouis dans l'édredon de plume. Roland voulut la déshabiller. Elle murmura :

— Non, pas maintenant, parlons d'abord.

Il insista. Elle s'abandonna.

Il lui fit l'amour avec un emportement, une folie qu'il n'avait jamais connus avec elle. Il retrouvait ses seins, son sexe, comme un territoire longtemps convoité. Elle était à lui. Cette impression le grisait. Ce corps dont il n'ignorait rien, il l'explorait, le pétrissait avec émotion. Comme s'il retrouvait une femme aimée autrefois, dans une autre vie. Il demeura en elle après avoir joui, son front contre le sien.

Elle dit d'un ton triste :

— Pourquoi n'as-tu pas toujours été ainsi ?

D'abord il ne sut que répondre. Puis il s'exclama :

— Avant, je ne savais pas.

— Qu'est-ce que tu ne savais pas ?

— Que je t'aimais.

— Oui, mais maintenant il est trop tard.

— Tu ne m'aimes plus ?

Elle ne répondit pas.

— Tu es amoureuse de l'autre ? demanda Roland.

— Oui, je crois, ce n'est pas la même chose.

— Et je ne te manque pas ?

Il sentit son corps trembler sous lui, sa respiration devenir difficile. Elle émit une sorte de miaulement et pleura, doucement d'abord, puis avec des sanglots qui secouaient sa poitrine.

— Je t'ai attendu si longtemps ! s'exclama-t-elle en hoquetant, mais maintenant il est trop tard. Et c'est de ta faute. Je ne veux plus souffrir, je ne veux plus être humiliée, trompée. Je veux être heureuse.

Roland ne répondit rien. Les mots étaient inutiles. Toute la nuit il fit l'amour avec elle. Il ne se lassait pas de son corps ; le désir de la reconquérir le stimulait. Au petit matin, il regagna sa chambre et se plongea dans les draps rêches et glacés.

XXVI

A onze heures, une Citroën noire à gazogène se gara sur la place de l'Hôtel-de-Ville. Un caducée était fixé sur le pare-brise. Un petit homme au poil gris, légèrement voûté, en descendit. Il regarda sa montre. Roland s'approcha de lui.

— Docteur Rouillac ?

— C'est moi, répondit-il d'un air suspicieux. De quoi s'agit-il ?

— Je suis souffrant. Je crois que ce sont les poumons.

— Montez avec moi !

La voiture démarra. En quelques minutes, elle quitta la ville. Un beau soleil de février éclairait la campagne au relief accidenté, verdoyante, ombrée de forêts, de bosquets, de taillis qui s'engouffraient dans les anfractuosités rocheuses. « Quel pays idéal pour un maquis », pensa Roland. La conversation roula sur les sujets les moins compromettants : l'épidémie de grippe qui sévissait, la difficulté de se procurer certains médicaments, le manque de tabac, etc. La voiture s'arrêta devant un chemin pierreux.

— On m'a dit de vous déposer ici. Je viendrai vous reprendre à trois heures précises. Je vais visiter mes malades.

La voiture disparut. Roland attendit dix minutes. Un homme à l'allure paysanne surgit d'un buisson.

— Bonjour. Quel âge as-tu ?

— J'ai trois ans, répondit Roland.

— Quelle heure est-il ?

— Il est minuit.

— C'est bon. Je vais vous conduire. Suivez-moi !

Après avoir marché un bon moment, ils atteignirent une ferme en pierre de taille. Deux guetteurs étaient en faction. La porte s'ouvrit sur une vaste pièce où une dizaine d'hommes étaient attablés devant plusieurs bouteilles. Un paysan trapu, à la mâchoire proéminente, d'une cinquantaine d'années, se leva et vint à la rencontre de Roland.

— Capitaine Floréal... Nous l'avons, votre salopard. Il a parlé. Nous l'avons déjà jugé. On va lui régler son compte.

Il se passa le pouce sous la gorge. Roland reconnut la voix rocailleuse qui l'avait prévenu au téléphone.

— Je voudrais le voir, dit Roland.

Le « capitaine » Floréal l'entraîna dans la cuisine et poussa une pile de cageots. Une trappe menait à la cave. Ils descendirent l'escalier dans l'obscurité. Le « capitaine » trouva l'interrupteur et fit de la lumière. Roland demanda :

— Il a dit pourquoi il nous avait vendus ?

— Pour l'argent, pardi !

Il le regarda avec un drôle d'air, comme s'il était étonné de sa naïveté, il ouvrit la porte du cellier fermée à clé.

Positano apparut, allongé sur le sol dans la pénombre, enchaîné. Il leva un visage méconnaissable : ce n'était qu'une plaie tuméfiée, brûlée. Ses yeux exprimaient un effroi qui glaça Roland.

— Alors, c'est bien lui ? demanda le « capitaine » Floréal.

— Oui, répondit Roland d'un ton sec, je le reconnais, bien qu'il ait beaucoup changé.

— Evidemment, on l'a un peu arrangé. Il est coriace, le bougre ! On a été obligés d'employer les grands moyens. Mais vous savez, dit-il en saisissant le bras de Roland, mon frère, quand la Milice l'a arrêté à Brive, ils ne lui ont pas fait de cadeaux. Son cadavre n'était pas beau à voir.

— Je croyais que c'était ce genre de saloperie qui nous séparait de ces gens-là. Si c'est œil pour œil, on n'en finira jamais.

— C'est ça la guerre, soupira le « capitaine » Floréal. C'est pas moi qui l'ai inventée.

Il entraîna Roland hors du cellier.

— Evidemment, vous voulez qu'on lui fasse son affaire ? Ça a pas l'air d'être votre genre.

— Non, dit Roland, je le ferai moi-même.

— Vous avez ce qu'il vous faut ?

Roland sortit son revolver. Le capitaine Floréal parut convaincu par cet argument.

— Avant j'aimerais lui parler.

— C'est bon. Je vous attends là-haut.

Roland se sentait gêné. Il était devant une énigme. Il ne savait par où commencer pour l'interroger.

— Comment as-tu pu faire cela ?

Positano se taisait. Roland insista :

— Pour de l'argent ? Tu as pu nous vendre, nous, tes copains, pour de l'argent ? Comment as-tu pu devenir aussi dégueulasse ?

— Ce n'est pas pour l'argent, balbutia Positano, je vous le jure.

Roland s'exaspéra :

— Mais alors, bon Dieu, c'est pour quoi ?

— Je veux d'abord votre parole d'honneur. Ce que je vous dirai, je vous demande de ne le répéter à personne. C'est la vérité, je le jure.

— Je te la donne.

— C'est pour Sophie.

— Pour Sophie ?

— La Gestapo m'a arrêté au restaurant Prunier. On m'a conduit rue des Saussaies. Ils ont menacé de me torturer. Je n'ai pas bronché. Ils m'ont laissé tranquille. Une heure plus tard, ils m'ont conduit dans une cave : allongée nue au milieu de cinq hommes, il y avait Sophie. Je me suis effondré. Je ne pouvais pas supporter ce spectacle. Qu'on me torture, ça m'était égal, mais qu'on touche à Sophie... Je ne pouvais pas. Alors j'ai tout donné, sauf votre adresse dans l'île Saint-Louis.

— Imbécile ! pourquoi ne nous as-tu rien dit ?

— J'avais promis de travailler pour eux. Ils me menaçaient de représailles sur Sophie, de la violer, de la torturer. C'était insoutenable. J'aurais bien voulu vous voir à ma place.

Cette phrase glaça Roland.

— Tu sais ce qui t'attend ? demanda Roland en affectant un ton martial.

Il luttait contre la pitié qui l'envahissait.

— Oui. Je n'ai pas peur. N'oubliez pas que vous m'avez juré de ne rien dire sur Sophie : ils seraient capables de se venger sur elle.

— Tu peux avoir confiance en moi... Y a-t-il quelque chose que tu désires ?

— Non. Finissez vite. Plus tard, quand tout sera terminé, vous direz la vérité aux copains, ceux qui s'en seront sortis. Dites à Sophie combien je l'ai aimée, que je l'attends. Je vous demande aussi de me pardonner.

Roland posa sa main sur son épaule.

— Je te comprends. Je ne peux pas te pardonner.

Il arma son revolver.

— Adieu, Positano.

— Adieu, Paradol.

Il tira presque à bout portant en direction du cœur. Le corps s'affala. Il tira une seconde balle dans la nuque.

Il se retrouva dans la grande pièce du rez-de-chaussée. Son visage était si pâle que les maquisards crurent qu'il allait s'évanouir.

— Vous l'avez liquidé ? demanda le « capitaine » Floréal.

Roland fit oui de la tête.

— Tenez, prenez un verre. C'est jamais un moment marrant. Mais pensez aussi à tout ce qu'ils ont dû déguster, vos copains. Allez, asseyez-vous, on va manger.

Roland s'assit à table. Il toucha à peine aux plats. Même le vin l'écœurait. Les discussions portèrent sur des faits d'armes passés et à venir. Des vengeances aussi. Roland regardait ces trognes rougeaudes de brutes : il ressentait cruellement à quel point il était éloigné de ce peuple qu'il aimait d'une manière idéale. Quel abîme le séparait d'eux ! Pourtant ils luttaient pour la même cause. L'heure de partir arriva comme une délivrance. Le chemin pierreux, l'air vif et glacé, la traction avant du Dr Rouillac qui continua à lui parler de choses anodines, des malades qu'il venait de visiter...

Le soir il retrouva Rose dans sa chambre pour une dernière nuit. Elle repartait pour Paris en train, lui dans son maquis en autocar. Il tenta de faire l'amour avec elle. En vain.

— Tu vois, dit-elle en plaisantant, tu ne m'aimes plus.

Il lui raconta sa terrible journée.

— Pauvre chéri ! dit-elle en lui passant la main sur la nuque.

— Tu as réfléchi ? demanda-t-il.

— Oui. Je t'aime, je t'aimerai sans doute toujours, mais je ne veux plus vivre avec toi.

XXVII

Pierre Lenhart assistait à la messe chaque matin et en recevait un apaisement. En dépit de ses efforts pour se recueillir, il demeurait le spectateur d'un rite dans lequel il ne communiait pas. La célébration de l'office créait un écran entre Dieu et lui. Les moments intenses de la prière ne venaient qu'après, dans le silence de la chapelle et l'odeur de l'encens. Même s'il n'atteignait pas l'extase, il éprouvait une douce ivresse, la délivrance du terrible fardeau de souvenirs qui pesait sur lui. L'extase, bien sûr, était d'un ordre supérieur : il y trouvait cette paix du corps et de l'âme qui n'était pas sans similitudes avec les transes qui le possédaient dans l'amour avec Antonia ; à la différence que cette paix nouvelle n'était obérée d'aucune menace, qu'elle l'élevait hors du monde, dans l'infini.

Il avait demandé que l'on refusât à Antonia la porte de la prison. Il se sentait encore trop fragile ; à sa vue il craignait de s'émouvoir, de sentir la passion se rallumer. On l'avait averti qu'elle était venue à plusieurs reprises. Cette idée qu'il n'avait été séparé d'elle que par quelques dizaines de mètres était près de réveiller sa souffrance. Il priait pour ne pas céder à la tentation de la revoir. Le chemin qu'il avait choisi excluait à jamais Antonia de sa vie. Déjà elle n'était plus qu'une ombre face à l'Amour qui l'habitait.

L'aumônier lui procura *les Exercices* de saint Ignace de Loyola. Il relisait chaque jour un chapitre des Evangiles ou les *Pensées* de Pascal et méditait pendant sa promenade dans la cour de la prison. Devant le grand mur gris, il s'étonnait de ce paradoxe : jamais il n'avait été aussi libre. Il avait connaissance de la *vraie vie* dont l'autre n'est qu'un fade succédané. Surtout il avait échappé aux hommes, à la terre fangeuse des passions.

L'instruction de son procès ? Il la suivait sans plus d'intérêt que s'il s'était agi de gagner un concours de châteaux de sable. De cette vie publique qui avait tant compté pour lui, il ne gardait qu'un goût de cendres. Le nerf de son ambition s'était rompu. Son orgueil se réfugiait dans une seule exigence : la preuve qu'il n'avait jamais manqué à l'honneur. Plus il lui apparaissait que le procès était truqué et moins il éprouvait le désir de se justifier. Cette nouvelle disposition désespérait son avocat, Me Boildieu, qui tentait de l'aiguillonner.

— C'est votre honneur qui est en jeu, votre image qui restera dans l'Histoire.

Pierre Lenhart haussait les épaules.

— L'Histoire ! Elle me condamnera d'abord, puis c'est eux qu'elle jugera.

Un nouveau magistrat fut nommé, le colonel Lesueur, un grand escogriffe sorti du rang, avec un air tout à la fois brutal et servile. Devant sa hâte à activer la procédure, Pierre Lenhart comprit que son procès était imminent. Il pronostiqua : dans un mois, début avril.

XXVIII

Wiso — le lieutenant Massada — souriait dans la nuit éclairée par la pleine lune. L'opération qu'il avait conçue et dirigée contre un dépôt de munitions de la Wehrmacht était un succès. Pas même un blessé. Et le dépôt flambait. Le repli des maquisards, qui avaient reçu le renfort d'une section de l'Armée secrète de l'Ain, se déroulait en bon ordre par les sentiers forestiers. Il faudrait huit heures pour rejoindre le campement. Les vingt hommes marchaient en file indienne, guidés par un montagnard. Wiso se laissait griser par la belle nuit fraîche et étoilée : la satisfaction d'avoir durement touché l'ennemi et ce contentement particulier que connaissent les intellectuels lorsqu'ils s'aventurent avec succès hors de leurs spéculations pour opérer dans le monde réel ! Ce soir-là, il n'était pas loin de se considérer comme un colonel Lawrence savoyard.

L'appréhension qui lui mordait les tripes avant chaque coup de main s'était dissipée et laissait place à un doux bien-être. La colonne avançait en silence. On n'entendait que le ruissellement des eaux vives et le gémissement des troncs sous la brise ; parfois le choc d'un brodequin contre une pierre et un juron étouffé. Il venait de faire circuler une gourde d'alcool de poire. Chacun en avait bu une gorgée. L'excitation donnait l'impression d'avaler des braises au goulot.

Ces marches de nuit donnaient une merveilleuse illusion de sécurité. La forêt, la nuit, deux amies ! Wiso avait préparé le repli avec minutie ; il avait prévu les haltes, les passages délicats, lorsqu'il faudrait franchir la route. Maintenant l'alerte était donnée dans tout le département. Aucun danger ne menaçait avant l'aube. En attendant, son esprit était libre de vagabonder. Il pensait à son enfant. Evelyne avait accouché d'un garçon à Bourg-en-Bresse quinze jours plus tôt. Quel prénom choisir ? il penchait pour David ; Evelyne pour Antoine. Il se sentait pleinement un homme depuis cette naissance. Il avait déjà éprouvé ce sentiment en s'engageant dans le maquis. Cet enfant changeait sa conception de la vie : avant il se battait sans se soucier de la mort ; maintenant il voulait vivre, connaître les joies de la famille, éduquer son fils selon les principes de la religion juive, en Palestine. Il aurait aimé le faire circoncire. Les temps ne s'y prêtaient guère. Tout cela, ce serait pour après.

Il pensait souvent à ses amis : l'arrestation de Pierre Lenhart à Alger l'avait stupéfié ; il savait que Roland se conduisait bien. Il les aimait toujours, mais ils appartenaient à une période de son existence dont il se souvenait sans plaisir : tous ces tâtonnements, ces erreurs de jeunesse, jusqu'à la mort tragique de ses parents... Il ne pouvait — si absurde que parût ce sentiment — les absoudre de leur mort, tant l'un que l'autre, le plébéien à la haute destinée et l'aristocrate rêveur et sentimental, incarnaient pour lui la France ; cette France où il avait vécu dans une confiance naïve et où, un jour, un abîme s'était ouvert sous ses pas. Bien sûr, Pierre Lenhart l'avait hébergé, aidé, Roland s'était engagé dans la Résistance. On ne pouvait déceler chez eux un atome de cette haine que les Allemands avaient suscitée contre les juifs. Leur conduite généreuse n'effaçait pas le péché que portait la France. Il continuerait d'avoir pour eux de l'amitié. Pas comme avant. Mais quel sentiment resterait *comme avant ?* Comme il avait hâte de la quitter, cette France à laquelle il avait été si fier d'appartenir, qu'il avait tant aimée et qui, aujourd'hui, puait !

Au fil des heures de marche, la nuit s'écoulait. Il n'éprouvait aucune fatigue. Le passage difficile, c'était Albertville : à deux kilomètres de l'agglomération, il fallait sortir de la forêt et longer la route pendant quatre cents mètres. Le détachement de la Milice devait être sur les dents. Après Albertville, on pouvait regagner les forêts. La petite troupe avait pris du retard. Wiso regarda la carte d'état-major à la lumière de sa lampe torche. Encore une heure de marche. Il fallait se hâter pour atteindre la route avant l'aube.

A sept heures, les premières lueurs du jour apparurent. La petite troupe se divisa en groupes de quatre hommes pour longer la route. Ils parcoururent trois cents mètres. Soudain, un projecteur se mit à balayer la chaussée, les armes automatiques crépitèrent : les miliciens. Wiso mesura aussitôt l'étendue du danger. Dans une heure les renforts de Chambéry seraient là. Et des S.S. Mieux valait battre en retraite dans les bois et attendre la nuit. Il donna le signal du repli : trois coups de sifflet. Ils revinrent sur leurs pas en rampant, se regroupèrent à un passage délicat : il fallait traverser la route au pas de course. Le jour maintenant s'était levé. Wiso supervisa l'opération. Un par un, les vingt hommes passèrent de l'autre côté de la route. Wiso était le dernier. Il s'élança. Il entendit le claquement d'une rafale et ressentit aussitôt une terrible douleur à la cuisse. Une balle le frappa à la tempe. Il mourut sur le coup.

XXIX

C'était la nuit aussi en Dordogne, une nuit claire de pleine lune, fraîche, mais qui paraissait douce et printanière en comparaison de l'hiver sans pitié qui s'éloignait. Le maquis avait balisé un terrain d'atterrissage de fortune dans une prairie à une dizaine de kilomètres des Eyzies. Deux Lysanders devaient déposer quatre personnalités de la Résistance dont les noms restaient secrets. Un parachutage d'armes devait suivre. L'opération avait été montée par Roland avec la collaboration d'un groupe de F.T.P. de la région, qui attendait un responsable communiste et une livraison d'armes. On avait mobilisé un camion à gazogène, deux voitures et plusieurs motos. Roland était venu avec cinq de ses maquisards, dont l'officier anglais. Les maquis de la région se tenaient en alerte pour prévenir une attaque des S.S. de Sarlat.

Le balisage lumineux était impressionnant. On devait l'apercevoir à des kilomètres. Roland se souvenait de son départ et de son retour de Londres dans la quasi-obscurité. En un an la

Résistance avait pris beaucoup d'assurance. Trop peut-être de l'avis de Roland, partisan de la prudence. Il avait assisté à plusieurs reprises à des atterrissages de Lysanders, à des parachutages. Chaque fois il éprouvait la même émotion. Un miracle, ces petits avions qui déjouaient les radars, la D.C.A., pour venir jusqu'au cœur de la France occupée se poser sur un morceau de terre libre ! L'attente, surtout, usait les nerfs. Le pilote pouvait s'égarer, manquer les balises. Quel soulagement lorsque tout se passait bien ! Quelle tristesse après les rendez-vous manqués !

Les avions furent ponctuels. Ils atterrirent sans casse, déposant leurs passagers et emportant un important courrier. Aussitôt après leur départ s'effectua le parachutage. Les caisses d'armes furent hissées dans le camion. La prairie fut rendue à l'obscurité. Roland gagna en voiture le lieu de partage des armes, le château de Chanonac, en compagnie d'un jeune lieutenant qui commandait les F.T.P. C'était un tout jeune homme d'une vingtaine d'années, un étudiant qui avait interrompu sa thèse sur Stendhal pour rejoindre le maquis. Roland avait bavardé avec lui pendant l'attente des Lysanders et avait été séduit par son impétuosité, son idéal, sa culture. Il avait envie de s'en faire un ami, mais ne savait comment s'y prendre. Il sentait de la méfiance chez ce jeune homme qui avait deviné en lui un « ennemi de classe ». Roland était désolé de ce fossé qui, en dépit du combat commun, de la sympathie réciproque, les séparait.

Le convoi parvint, tous feux éteints, dans la cour du château dont le propriétaire appartenait à la Résistance. Les caisses furent partagées et cachées en lieu sûr.

Il était convenu que les maquisards passeraient la nuit au château. On organisa une garde. Les F.T.P. manifestèrent de la vergogne à dormir dans le château. Plusieurs d'entre eux s'allongèrent sur les dalles du vestibule. Ils refusèrent tous les couvertures que le châtelain avait laissées à leur disposition. Le lieutenant s'étendit sur le tapis du salon devant la cheminée où une flambée avait été préparée tandis que Roland s'installait sur un canapé dans le petit salon voisin avec deux couvertures.

Roland s'éveilla au milieu de la nuit : le froid, un sentiment de peur rétrospective. Ne pouvant se rendormir, il décida d'aller surveiller les sentinelles. Il traversa le salon. Le jeune lieutenant était recroquevillé, éclairé par les braises. Son corps semblait tordu par le froid. Roland éprouva un accès de tendresse fraternelle pour ce jeune homme qui ignorerait toujours les sentiments qu'il avait éprouvés pour lui, qui allait repartir le lendemain, qu'il ne reverrait sans doute jamais. Il revint sur ses pas, prit une couverture et la posa délicatement sur lui. A cet instant ses paupières se levèrent et Roland se sentit observé par ses yeux clairs. Il s'éloigna avec une impression de gêne et inspecta les sentinelles : tout était calme.

XXX

Pierre Lenhart pénétra dans le box des accusés et serra la main de son avocat. Il ne distinguait qu'un brouillard de visages. Une foule de plus d'une centaine de personnes se pressait dans la salle exiguë du palais de justice, provoquant un brouhaha qui cessa dès que l'accusé apparut. Le prétoire était séparé du public par une garde de cinq tirailleurs sénégalais qui roulaient vers le tribunal des yeux blancs apeurés. Le commissaire du gouvernement, le colonel Le Mouel, un quadragénaire élégant dans sa tenue bleue d'aviateur, regardait l'assemblée d'un œil ironique et suffisant. Audessus de lui, sur fond de boiseries, siégeaient les juges : le premier président Lachaume, un vieux magistrat avec une barbiche blanche à la Napoléon III, tripotait de curieuses lunettes pliantes qui ressemblaient à des lorgnons. Il était flanqué à sa droite du conseiller Floche, un pur produit de l'arrivisme judiciaire : jeune, déjà voûté, le regard brillant de satisfaction, il se sentait à l'apogée de sa carrière. Tous les autres étaient des militaires : le général Kahnweiller, un colosse blond, la lèvre ornée d'une fine moustache, connu pour la haine qu'il vouait au gouvernement de Vichy, qui l'avait fait interner au fort de Montluc ; le lieutenant-colonel Henri Pierret, le visage osseux, l'air pète-sec : une connaissance de Pierre Lenhart qui, à Vichy, était intervenu en sa faveur pour lui éviter la déportation. Il le regarda avec satisfaction, comme un homme sur qui au moins il pouvait compter, sans se douter que le lieutenant-colonel ne lui gardait aucune reconnaissance pour son aide et même lui en tenait rancune ; le général Lefevre u Mouy, vieille ganache fraîchement ralliée, avait été décoré par Pétain, avant de devenir giraudiste ; son opportunisme maladroit l'avait isolé : il avait tout à se faire pardonner.

Ces juges n'avaient pas été choisis au hasard : soit en raison de leur ressentiment envers Vichy, soit à cause de leur zèle à servir la politique de Pétain, qu'ils voulaient faire oublier, ils étaient prêts à se montrer sévères. Tous avaient d'emblée accepté de siéger, sauf le général Kahnweiller, qui manifesta des scrupules : il ne se sentait pas assez serein pour juger un membre du gouvernement de Vichy. On avait dû s'y reprendre à plusieurs fois pour le convaincre et lui promettre le commandement prestigieux qu'il souhaitait.

Le procès commença par la lecture de l'acte d'accusation. Le colonel Le Mouel lut le texte d'une voix assurée, avec des intonations chaudes, sans se départir d'un je-ne-sais-quoi d'ironique. Il retenait trois chefs d'inculpation : trahison, participation à un gouvernement illégal, répression à l'encontre des patriotes. Pierre Lenhart demanda la parole et prononça une courte déclaration d'une voix sourde :

— Je ne reconnais aucune valeur juridique au procès qui commence. Je ne suis venu au Maroc qu'avec l'intention de m'engager dans une unité combattante et la promesse que ce vœu serait exaucé. Si j'avais eu quelque chose à me reprocher, je ne me serais pas donné tant de mal pour arriver jusqu'ici. Je serais resté à Vichy. Les actes dont on m'accuse sont ceux d'une politique. J'ai été contraint d'en exécuter certains qui étaient contraires à mes convictions, mais la liste de tous ceux que j'ai réussi à empêcher n'existe nulle part. Seuls mes collaborateurs pourraient en témoigner. Ils ne sont pas à ce procès. On m'accuse de trahison. Etait-ce trahir que d'appartenir au gouvernement légal de la France ? Etait-ce trahir que de tenter de colmater les brèches du désastre ? Ces questions me dépassent. Elles appartiennent à un autre procès, celui du gouvernement de Vichy. Ce drame complexe qui traverse la conscience de tous les Français, vous n'avez ni la liberté d'esprit, ni la distance, ni même les moyens, de le juger.

Il se rassit. Le premier président, visiblement agacé, commença l'interrogatoire. Son ton hargneux fit mauvaise impression sur le public, qui n'ignorait pas qu'il avait lui-même prêté serment à Pétain. Il introduisait avec trop d'empressement la partialité dans le débat.

Pierre Lenhart répondait d'une voix calme aux questions, qui recelaient toutes une accusation. Il devait faire un effort pour dominer son indignation. La hargne de ce vieux magistrat lui paraissait indécente. Il n'avait jamais imaginé que ce procès serait un modèle d'équité et de justice. Mais à ce point ! Et sans vergogne devant le public, les journalistes. Pierre Lenhart sentit fondre ses résolutions paisibles. L'accumulation des contrevérités lui était insupportable. D'autant plus qu'aux arguments chevrotants du premier président s'ajoutèrent les arguties perfides du commissaire du gouvernement.

L'après-midi fut presque tout entier consacré à un des points forts de l'accusation : la répression contre les communistes. Une longue énumération de faits tronqués, gauchis. Certaines accusations étaient fondées : Pierre Lenhart ne cherchait pas à dissimuler son hostilité au communisme. Il avait jugé néfaste la vague d'attentats perpétrés contre les Allemands, qui entraînaient des représailles sanglantes sur des innocents, attentats que même Londres n'approuvait pas. En revanche, il avait toujours éprouvé de l'estime pour les militants communistes qu'il avait souvent tenté de soustraire aux tribunaux allemands.

L'audience terminée, les juges regagnèrent le vestiaire. Le premier président s'approcha d'un air patelin du général Kahnweiller, qu'il savait bien en cour. Il lui prit le bras et lui murmura, croyant flatter sa haine contre Vichy :

— Il se défend, le bougre, mais nous en viendrons à bout.

Le général Kahnweiller lui adressa un regard chargé d'un mépris si manifeste qu'il eut un mouvement de recul.

— Vous n'allez tout de même pas défendre ce salaud ? bredouilla le premier président, désarçonné.

Le général répliqua d'une voix sèche :

— Je ne juge pas un homme condamné d'avance, mais un accusé.

— Tout à fait d'accord. Vous m'avez mal compris, dit-il en tapotant l'épaule du général, et il lui adressa un sourire énigmatique.

Pendant ce temps-là, le lieutenant-colonel Pierret tentait de s'éclipser au plus vite afin de ne pas avoir à saluer le général Lefevre du Mouy qui avait dénoncé à Vichy ses activités dans la résistance et avait provoqué son arrestation. Il ignorait que lui-même était, pour une autre raison, tout aussi pressé de quitter le tribunal : extrêmement jaloux de sa femme, une beauté défraîchie mais toujours pimpante et volage, ses soupçons portaient cette fois sur le capitaine d'un régiment de chars qui lui avait adressé des fleurs et sur lequel il butait quand il revenait à son domicile.

Dans leur empressement les deux officiers se retrouvèrent en même temps sur le perron du palais de justice. Ils regagnèrent chacun leur voiture comme s'ils ne s'étaient pas vus.

XXXI

Pierre Lenhart revint à la prison militaire dans un état d'agitation extrême. Il marchait de long en large dans sa chambre, conscient d'être pris au piège de ses contradictions : il n'était plus l'homme de son passé et on lui demandait des comptes sur ce passé. Quelle pouvait être son attitude ? S'enfermer dans un mutisme indifférent, comme il en avait eu l'intention, laisser salir son honneur sans broncher, renier l'homme qu'il avait été, tout à la fois ambitieux, roublard et foncièrement honnête ? Comme elle lui paraissait lointaine, cette période de sa vie, brûlante, passionnée, où il avait eu affaire à la terrible et magnifique machine du pouvoir ! Elle n'avait plus de sens pour lui. Il ne désirait plus reconquérir le monde de la puissance ; il ne souhaitait que la solitude et l'oubli. Le désert. S'éloigner le plus loin possible des hommes. Mais pouvait-il confier à un tribunal son expérience mystique, sa conversion ? Non ! On croirait qu'il avait peur et cherchait un faux-fuyant pour éviter le châtiment.

Quand l'aumônier vint lui rendre visite, il lui confia aussitôt son débat intérieur.

— Vous défendre est un droit, dit le vieux prêtre, Dieu n'a jamais interdit de réclamer justice.

— J'ai peur de céder à la violence, d'être emporté par la haine, moi aussi.

— Ne compliquez pas les choses. Ce procès, ce sont les comptes que vous avez à rendre à César, non à Dieu.

— Dieu seul m'importe aujourd'hui.

— Si c'était le cas, vous ne vous poseriez pas de questions. Je vous sens déchiré. Croyez-moi : occupez-vous d'abord de César, ensuite, vous aurez tout le temps de vous consacrer à Dieu.

Pierre Lenhart dormit mal. Les accusations qu'on portait contre lui le torturaient comme autant de brûlures. Il se justifiait, trouvait de nouveaux arguments. Les visages de ses juges défilaient devant lui. Il entendait la rumeur du public. Et les tirailleurs sénégalais à la peau si noire qui roulaient leurs yeux blancs de part et d'autre du prétoire comme s'ils assistaient à un match de tennis...

Au matin, il eut du mal à suivre la messe. Le tumulte de l'audience l'agitait déjà. Il tenta de se recueillir après l'office. En vain. Comme si un mur le séparait de Dieu.

XXXII

Le premier témoin cité par l'accusation apparut à la barre. C'était un homme jeune, au visage carré, ancien contremaître dans l'industrie textile à Lille, syndicaliste, qui avait créé un important réseau de Résistance. Endimanché dans son costume sombre, il porta d'emblée des accusations d'une voix forte mais dépourvue d'intonations, comme s'il répétait un texte appris par cœur. Nullement impressionné, il parla longuement. Il semblait avoir été inventé de toutes pièces pour illustrer les thèses du commissaire du gouvernement. Lorsque le président et Me Boildieu lui posèrent des questions, il baissa les yeux et reprit les accusations qu'il avait lancées, qui n'avaient aucun rapport avec les questions. Ainsi, lorsque Me Boildieu lui demanda de donner une preuve précise de l'aide que son client aurait apportée aux Allemands dans la répression contre les patriotes, il s'exclama :

— Je pourrais en citer des dizaines. Cet homme a trahi, tout le monde le sait, sauf les traîtres comme lui. C'est avec sa complicité que les boches ont pu déporter et fusiller les patriotes. Maintenant il veut sauver sa peau, alors il dit qu'il n'était pas d'accord. Ce n'est pas seulement un traître, c'est un lâche. Tous les patriotes qui attendent en France que justice leur soit rendue n'accepteront aucune indulgence envers ceux qui les ont livrés à leurs bourreaux. Il mérite cent fois la mort.

Cette dernière phrase prononcée le doigt pointé vers l'accusé fit passer un frémissement dans l'auditoire. Le conseiller Floche se pencha et murmura quelques mots à l'oreille du président qui demanda au témoin, de sa voix chevrotante, de modérer ses propos.

Cette violence et cette injustice délivrèrent soudain Pierre Lenhart de ses scrupules. Son état d'esprit changea : il se sentit non plus spectateur mais acteur. Il recouvra son extraordinaire lucidité, l'intelligence logique, la force d'argumentation qui éblouissaient ses collègues lors des conseils des ministres. Il y joignait une grande habitude des auditoires, savait interpréter l'expression d'un visage, les réactions du public, et s'en servir pour décocher une riposte.

L'accumulation des témoins à charge, loin de le desservir, lui fut bénéfique. Le commissaire du gouvernement avait eu la main un peu lourde. Au fil des témoignages qui accablaient l'accusé sans pour cela apporter de preuve de sa culpabilité, la grossièreté de la machination judiciaire apparaissait évidente à un public qui pourtant n'était pas favorable à Pierre Lenhart. Il faisait de plus en plus figure de victime. Le général Pierret rabroua un témoin dont la virulence était telle qu'il semblait s'en prendre au Führer lui-même. Cette intervention n'était pas innocente : le général avait senti que ce geste lui vaudrait un crédit d'équité dont il pourrait se prévaloir pour charger l'accusé lors des délibérations. En outre, il espérait ainsi éviter que Pierre Lenhart ne rappelât en public l'aide qu'il lui avait apportée pour le soustraire aux tribunaux allemands.

Le témoignage d'un ancien député communiste fut plus convaincant. Il rapporta d'une manière sobre le calvaire qu'il avait subi en déportation, les tortures infligées à ses camarades. Il stigmatisa l'attitude de la police française en zone occupée mais aussi en zone libre. La révélation de certaines consignes adressées à la police par le ministère de l'Intérieur fit impression. Sa crédibilité fut d'autant plus forte qu'il n'accabla pas l'accusé, laissant planer un doute sur la part exacte qu'il avait eue dans ces directives. Il reconnut qu'il avait pu intervenir pour les atténuer et limiter leur application. Ce ton modéré fut apprécié par un public qui commençait à se lasser des accusations outrancières. Pierre Lenhart lui-même y fut sensible. Ce communiste lui rappelait Doriot : non pas tant par son aspect physique, celui-là n'avait rien d'un tribun populaire, que par sa façon directe de s'exprimer. Sa vieille passion pour un communisme national, ce rêve de jeunesse toujours vivace, lui revenait en mémoire. Il avait eu beau s'élever, ses vraies racines étaient dans le peuple. Que les communistes ne l'épargnent pas lui paraissait dans l'ordre des choses : il avait été leur adversaire. Mais les autres...

Le témoin le plus attendu, cité par la défense, était Raymond Curry. Il prit possession de la barre avec un air sûr de lui, dégagé, sous lequel il tentait de dissimuler son profond malaise. Il jouait gros. Sa position à Alger s'était constamment détériorée. D'abord gaulliste, il s'était ensuite tourné vers Giraud qui, bénéficiant de l'appui américain, avait davantage de chances d'accéder au pouvoir. Ce dernier éliminé, il cherchait à rentrer en grâce auprès du nouveau chef du gouvernement provisoire.

Sans adresser un regard à Pierre Lenhart, il commença par justifier l'envoi de sa lettre et sa promesse par des liens d'autrefois — « avant la guerre », précisa-t-il. Il ne fit aucune allusion à leur rencontre de Vichy, ni aux conditions dans lesquelles il avait obtenu un passeport. Très vite il se lança dans un exposé verbeux et moralisateur d'une ambiguïté totale, insistant sur la nécessité de condamner « seulement les coupables, mais tous les coupables, seulement les traîtres, mais tous les traîtres ». Puis avec une douceur ecclésiastique, il proposa à tous de se consacrer à une réconciliation nationale : « Réconciliation en faveur de laquelle le chef du gouvernement provisoire, loin des passions, animé par le seul amour de la France, œuvre avec un courage et une abnégation auxquels tous les patriotes rendent hommage. » Cet éloge provoqua le sourire sous cape de ceux qui avaient suivi son itinéraire politique.

Le commissaire du gouvernement se leva pour remercier Raymond Curry d'avoir accepté de déposer. L'ancien ministre quitta l'audience sans qu'aucune question lui eût été posée.

D'autres témoins de la défense défilèrent. Un haut fonctionnaire qui avait travaillé avec Pierre Lenhart à Vichy déclara qu'il n'avait cessé d'être en butte à la faction pro-allemande du gouvernement ; il cita plusieurs mesures pour contrecarrer les exigences de l'occupant et révéla les artifices juridiques employés pour soustraire plusieurs résistants à la Gestapo.

Un condisciple de Pierre Lenhart à Centrale raconta comment il avait eu l'occasion d'intervenir auprès de lui pour faire libérer des amis juifs internés en Algérie. Ce témoignage d'amitié dans ce climat de haine émut Pierre Lenhart. Il s'était si souvent reproché de n'avoir pas aidé ce vieux camarade ! Tandis que tant de ceux qu'il avait sauvés d'une mort certaine se taisaient, c'était de lui que venaient des paroles fraternelles.

L'audition des témoins se poursuivit sans incident notable.

Le président annonça pour les prochaines audiences le réquisitoire, la plaidoirie et le verdict. Les juges se levèrent. Le public se dispersa.

XXXIII

L'audience commença par une intervention de Me Boildieu, qui demandait un supplément d'information, c'est-à-dire le report du procès. Le tribunal rejeta cette requête.

Le réquisitoire du colonel Le Mouel dura plus d'une heure et demie. Intelligent et brillant, il reprit les accusations, abandonnant celles qui avaient fait long feu ou paraissaient peu fondées, et centra son tir sur les points faibles de la défense. Il tint habilement compte de la sympathie que l'auditoire n'avait pas manqué d'éprouver pour un accusé qui faisait de plus en plus figure de victime. Il abandonna son air ironique et prit un visage austère, que l'on sentait illuminé de l'intérieur par la satisfaction de sa propre habileté, et conclut :

— Si l'accusé mérite le châtiment suprême, ce n'est pas en tant qu'individu, en tant qu'homme — j'admets qu'il ait pu être de bonne foi —, c'est comme complice au plus haut niveau d'un gouvernement qui n'a pas hésité à envoyer au supplice tant de patriotes. Tous ces hommes et toutes ces femmes qui ont souffert, qui sont l'honneur de la France meurtrie et humiliée, attendent que la justice passe, exemplaire, pour croire que leur pays va enfin renaître. C'est la situation de la France qui exige cette mort comme un sacrifice pour que demain une aube fraternelle puisse se lever.

Me Boildieu s'enferma dans une plaidoirie trop juridique, trop préparée, qui semblait ne tenir aucun compte du réquisitoire. Lui qui avait été à son aise lors des audiences parut soudain écrasé sous le poids de sa responsabilité. Ses arguments flottaient dans le prétoire.

Le président s'adressa à Pierre Lenhart :

— Qu'avez-vous à dire pour votre défense ?

Pierre Lenhart se leva. Sans emphase, avec des mots simples, il répondit aux accusations du commissaire du gouvernement. Il termina par ces mots :

— Si je croyais que ma vie pouvait nuire à la France, c'est

avec joie que je vous dirais : « Prenez-la. » S'il s'agit d'assouvir sur moi des haines injustes pour le bien du pays, j'accepte le sacrifice. Hélas, je ne le crois pas : vous ne ferez que creuser plus profondément le fossé qui sépare les Français.

Le président déclara les débats clos. Puis il lut de sa voix chevrotante, qui n'avait jamais autant bafouillé, les dix questions auxquelles le tribunal devait répondre.

— Gardes, dit-il, emmenez l'accusé.

Les juges se retirèrent pour délibérer. On conduisit Pierre Lenhart dans une salle attenante où le rejoignit son avocat. Mᵉ Boildieu était déconfit. Les carences de sa plaidoirie lui apparaissaient. Pierre Lenhart se vit dans la situation paradoxale de le réconforter. Pendant qu'il lui parlait, son esprit errait. Cette décision monstrueuse qui était en train de naître, quelle qu'elle fût, ce pouvoir de vie ou de mort que d'autres hommes détenaient sur lui le fascinaient. Il savait qu'il avait gagné le public. Mais les juges ? Il revoyait le général Pierret rabrouer un témoin ; il se souvenait d'un geste d'agacement du général Kahnweiller qui malmenait son képi pendant certaines dépositions « téléguidées ». Tout n'était pas perdu. Lui qui avait abordé ce procès avec une totale indifférence se surprenait à attendre le verdict avec une passion intellectuelle : il croyait par la force de son raisonnement et de son éloquence avoir convaincu ses juges. Il se trouvait dans cet état d'esprit haletant qu'il avait éprouvé après un discours lorsque l'on procédait au vote de la motion qu'il avait défendue.

Dans la salle des délibérations, un incident éclatait. Le général Kahnweiller avait protesté sur la manière dont le président avait conduit les débats. Le général Lefevre du Mouy était venu à la rescousse du magistrat, s'attirant une remarque sarcastique du général Pierret. Le vieux président tentait de se justifier et d'apaiser les esprits. Il regardait le général Kahnweiller d'un air éberlué : il ne parvenait pas à comprendre comment un juif, qui avait eu à souffrir du gouvernement de Vichy pouvait s'embarrasser de scrupules juridiques s'agissant d'un homme dont lui-même, qui n'avait nullement souffert de Vichy, par la seule magie de son opportunisme, était parvenu à se persuader sans efforts qu'il était un traître, un gibier de potence. Vraiment, c'était un mystère ! Il ignorait que le général, sous des dehors de baroudeur, était d'une extrême sensibilité à l'injustice. Sans doute parce qu'il en avait été victime et aussi parce qu'il était scrupuleux à l'excès. L'idée de participer à un procès truqué, une manière d'affaire Dreyfus, le hantait.

Le président, inquiet de la tournure que prenaient les délibérations, tentait de se disculper. Il s'empêtrait dans des arguments spécieux. Puis, changeant de sujet, d'un air pénétré, il insista sur la gravité de la décision que le tribunal était appelé à rendre.

— A ce propos, ajouta-t-il en baissant la voix comme si un espion était dissimulé derrière les boiseries, je dois vous faire part d'une conversation que j'ai eue avec le commissaire à la Guerre : le gouvernement provisoire souhaite que nous donnions la preuve de la plus grande sévérité, sévérité qui demeurera de principe, car le gouvernement usera de son droit de grâce envers le condamné.

Le général Lefevre du Mouy hocha la tête d'un air satisfait.

— Comme ça, dit-il, tout le monde sera content.

Le général Kahnweiller devint blême :

— Quelle garantie nous donnez-vous ? Qui nous dit que le gouvernement provisoire respectera sa promesse ?

Le président suffoqua d'indignation.

— Mon général, il s'agit de la promesse du gouvernement ! Mais, s'il vous plaît, passons au vote !

Sur les dix questions posées, Pierre Lenhart fut à six reprises considéré coupable à la majorité des voix. Quant à la sentence de mort, elle fut votée à une voix de majorité. Seul le général Kahnweiller se prononça pour l'acquittement.

L'audience reprit. Debout, face à la garde qui présentait les armes, le président lut de sa voix monotone et chevrotante les attendus du jugement. Il conclut :

— En conséquence le tribunal condamne le nommé Pierre Lenhart, susqualifié, à la majorité, à la peine de mort, aux frais envers l'Etat et prononce en outre la confiscation au profit de la nation de tous ses biens présents et à venir. Le condamné a vingt-quatre heures pour se pourvoir en cassation.

XXXIV

L'annonce du verdict par Radio-Alger pétrifia Antonia. Elle avait suivi le procès non pas avec indifférence — elle avait assisté, perdue dans la foule, à deux audiences — mais avec un étrange sentiment d'irréalité. L'homme qu'on jugeait n'appartenait plus à sa vie. Depuis qu'elle ne l'aimait plus il était devenu une ombre lointaine. Elle avait suivi les débats, mais dans une totale inconscience du danger qu'il courait.

Soudain l'horreur de sa situation lui apparut. N'était-ce pas elle qui avait persuadé Pierre Lenhart de partir pour l'Afrique du Nord ? Ne le trompait-elle pas depuis plusieurs mois avec un homme qui le haïssait et qui appartenait au clan de ceux qui réclamaient sa mort ? Sa responsabilité lui parut terrible. Elle se sentit écrasée par le poids des événements. Comment sa conduite, qu'elle jugeait innocente puisqu'elle n'avait fait que suivre l'élan de son cœur, pouvait-elle avoir enfanté des conséquences aussi tragiques ? Les circonstances avaient tout empoisonné. Elle qui avait toujours vécu dans l'insouciance pressentit que des tourments infinis rongeraient son existence si elle ne parvenait pas à sauver Pierre Lenhart.

Le soir, pendant qu'elle dînait sur la terrasse parfumée de jasmin, dans la douceur du printemps d'Afrique, elle résolut, bien qu'il lui en coûtât, de parler à Eric de Spam.

— Que vas-tu faire pour Pierre ?

Eric de Spam la regarda avec une expression irritée, comme si elle venait de prononcer une incongruité. Il ouvrit la bouche pour lui adresser un mot cinglant, mais il n'émit aucun son. Il détourna la tête et se mit à observer la ville qui glissait dans la nuit.

Antonia s'obstina :

— Tu sais qu'il est innocent. Tu ne peux pas laisser commettre cette injustice ? C'est un crime !

— Chacun doit prendre ses responsabilités, répondit-il sans la regarder. Si l'Allemagne gagne la guerre, je serai fusillé. Nos personnes ne comptent pas.

— Tu ne feras rien ? demanda Antonia d'une voix ferme.

— Non !

— Même si je t'en supplie ?

— Oui !

— Même si cela doit amener une rupture entre nous ?

— Ecoute-moi bien, s'exclama-t-il avec des yeux pleins de fureur, la justice suivra son cours ! Je n'interviendrai pas. Ni toi ni personne ne me fera changer d'avis.

XXXV

La pression sur ses tempes devenait insoutenable. Sa tête allait éclater. Il luttait pour ne pas ouvrir la bouche. Une main serrait sa nuque comme un étau. Le visage de Roland lui apparut dans un éclair de haine. La nuit qui emplissait son cerveau prit une violente teinte rouge. Il ouvrit les yeux sous l'eau. Incapable de retenir plus longtemps sa respiration, il rassembla ses forces et tenta de lever la tête hors de la baignoire. La main qui lui tenait la nuque l'en empêcha. L'eau afflua dans sa gorge. Il suffoqua et perdit conscience.

Plus tard, revenu à lui, on lui offrit une tasse d'un mauvais café et l'interrogatoire reprit.

L'officier de la Gestapo de Bordeaux, qui ressemblait à un étudiant attardé, boutonneux, parlait un français presque sans accent. Appliqué, sérieux, il reprit sa fiche.

— Vous vous appelez Roland de Neuville, né à Paris ?

Il le fixa avec insistance par-dessus ses lunettes.

Jean était dans un état d'agitation extrême. L'eau de ses cheveux trempés dégoulinait dans son cou.

— Non, répondit-il d'un ton exaspéré, je m'appelle Jean. Vous comprenez ?

— Vous niez vous appeler Roland ?

— Dans ma famille, tous les garçons portent le prénom de Roland depuis le XVIIIe siècle. Moi je m'appelle Roland-Jean.

— Alors qui est Roland ?

— C'est mon frère, je vous l'ai dit.

— Pourtant sur votre carte d'identité, il est indiqué « Roland » !

Jean haussa les épaules.

— Puisque je vous répète que je m'appelle Jean ! dit-il en frappant le bureau du poing.

L'officier lui tendit sa carte d'identité. Jean la repoussa. L'officier poursuivit :

— Vous prétendez toujours que votre femme ne porte pas le nom de Rose Dolfuss ?

— Son nom de jeune fille est Dupouey, Yvonne Dupouey. Vous pouvez vérifier.

— Et le réseau Espoir, cela ne vous dit rien ?

— Absolument rien ! Je vous l'ai déjà dit : il doit s'agir de mon frère, Roland.

— Pourtant ce n'est pas ce qui est inscrit sur votre carte d'identité.

L'officier leva les yeux de sa fiche et adopta un ton conciliant.

— Monsieur de Neuville, tout cela n'est pas clair. Je vous demande de faire un effort pour nous aider, sinon...

— Vous me prenez pour mon frère Roland. C'est simple, non ?

— Et où est-il donc, ce fameux frère ?

— Je ne sais pas. Sans doute à Paris, répondit Jean d'une voix nerveuse et enrouée.

L'officier hocha la tête, l'air agacé, se leva et se dirigea vers la porte du bureau voisin. Il revint un moment plus tard avec une expression soucieuse.

— Monsieur de Neuville, une dernière fois, dites-nous ce que vous savez du réseau Espoir !

— Je vous jure que je n'en sais rien. Vous comprenez : rien. Rien, rien, rien !

L'officier fit un signe de la tête aux deux miliciens debout derrière Jean.

— Emmenez-le !

Sachant que les tortures allaient reprendre, Jean se mit à hurler :

— Lâchez-moi, je suis innocent, lâchez-moi, je jure que je suis innocent !

Bientôt on n'entendit plus de lui qu'un cri strident, si fort qu'il parvenait à travers les fenêtres fermées jusque sur le quai de la Monnaie. Malgré les coups de matraque et de botte, il ne cessait pas. On dut l'attacher. On recommença le supplice de la baignoire. Sans plus de succès que la fois précédente. Quand il revint à lui, il demeura d'abord prostré. Puis il fut pris d'un tel accès de fureur, accompagné d'imprécations incohérentes, qu'on dut le bâillonner et l'entraver avant de le jeter dans un cachot. Une semaine plus tard, sa folie était si manifeste que la Gestapo le remit aux services de l'hôpital psychiatrique Saint-Michel. Aucun traitement ne vint à bout de son délire.

XXXVI

Pierre Lenhart vivait avec l'idée de la mort. C'était plus qu'une compagne, un sentiment fort qui comme l'amour imprégnait tous les instants, tous les gestes de sa vie. Un amour inversé qui ne tendait pas son être vers l'avenir mais le rendait à un présent suspendu sur le vide. Une étrange douceur le pénétrait à n'avoir plus d'illusions ni de projets. Le pourvoi en cassation avait été rejeté. Plus aucune passion terrestre ne le séparait de Dieu. Sa foi n'avait jamais été aussi forte. Quitter le monde lui était une joie. Dans la prison, l'attitude bienveillante que lui avaient toujours témoignée le directeur et les gardiens s'était muée en cette expression de respect que l'on observe envers les grands malades : il trouvait des bouquets de fleurs dans sa cellule, des brioches au petit déjeuner. Il en était ému. Mais tout cela pour lui déjà était loin.

Le tumulte du procès était oublié. Un siècle l'en séparait. Même les conversations avec l'aumônier lui paraissaient dérisoires. Il était au-delà des mots. Seule comptait encore la messe dans la chapelle. Chaque matin, il y puisait une lumière plus enivrante.

La nuit pourtant, il lui arrivait de s'éveiller en sueur comme si la main qu'il attendait s'était posée sur son épaule. Un instant d'effroi. Une impression glacée. Son âme était prête, ardente à se livrer au sacrifice. Seul son corps se révoltait.

XXXVII

La voiture roulait à travers les faubourgs endormis. Les véhicules de l'escorte ouvraient un grand chemin lumineux dans la nuit. Assis à côté de l'aumônier, Pierre Lenhart se taisait. Il baissa la glace et huma le parfum de pinède que portait la brise. Dès qu'un visage surgissait dans la lumière des phares, il l'observait avec attention : un vieillard accroupi sur le bas-côté, un jeune Arabe sur son âne, les conducteurs de bicyclette qui passaient comme des ombres.

Sur son épaule, il conservait intacte la sensation produite par la pression de la main de l'aumônier : le réveil en sursaut, cette révolte violente de son être, comme si soudain on injectait dans son corps un liquide glacé. Quel effort pour maintenir un visage impassible ! Surtout ne pas montrer son angoisse ! Vieille coquetterie de soldat.

Le souvenir de sa peur lui hérissait encore la peau. Maintenant son corps obéissait. Il ne craignait plus de trembler, de céder à la panique, à l'affolement.

La messe à laquelle il venait d'assister dans la petite chapelle froide et humide continuait de diffuser en lui une douceur réconfortante. Quelle chaleur il en gardait ! Jamais comme aujourd'hui son mystère ne l'avait atteint au fond du cœur. Chaque parole, chaque geste de l'officiant étaient chargés de signification. Ce grand rite du sacrifice lui parlait une langue familière comme si de toute éternité il avait été imaginé pour lui seul, pour l'aider à donner un sens à sa mort. Que de sentiments l'avaient envahi lorsque, sur sa langue, il avait reçu la moitié de l'hostie ; l'autre moitié, il avait demandé à l'aumônier de la donner en communion à Antonia, *après*. Ainsi, quand elle la recevrait à son tour dans sa bouche, elle saurait qu'il lui avait pardonné ; que leurs vies séparées s'étaient rejointes et résolues dans un même geste.

Aux abords de l'hippodrome, le convoi emprunta un chemin de terre. Un rassemblement de troupes. Dès qu'il descendit de voiture, Pierre Lenhart aperçut le poteau d'exécution. Il n'en éprouva aucun effroi. Seule la pensée des adieux le préoccupait. Il tenait à n'oublier personne, à y mettre un peu de délicatesse. Il entraîna l'aumônier à l'écart.

— Mon père, n'oubliez pas votre promesse. Dites-lui bien que je lui ai pardonné. Vous le lui direz, n'est-ce pas ? Adieu.

Il l'embrassa, prit à part son avocat, serra quelques mains.

Maintenant il faisait face aux douze soldats du peloton. Ce qui allait s'accomplir était une affaire d'hommes et n'inspirait aucun attendrissement. Les armes, la nuit, le vent : le soleil noir de la gloire. Dans le lointain, des phares balayaient la route d'Alger. La peur s'était détachée de Pierre Lenhart et oppressait le cœur des soldats l'arme au pied. Le visage d'Antonia lui apparut, celui d'Hélène. Il les chassa par crainte de faiblir. Cet instant, comme il aurait aimé le prolonger ! Quel sentiment profond il lui donnait de sa vie ! Et ce pouvoir qu'il détenait ! Le vrai, le dernier pouvoir.

Il leva le bras.

— Etes-vous prêts ?

Les douze fusils se pointèrent vers lui. Il sentit sur son visage un frisson de brise tiède.

— En joue !

Il baissa le bras d'un geste sec.

— Feu !

XXXVIII

Roland attendait à proximité du téléphone. L'appareil fonctionnait toujours dans la villa dévastée. Une curiosité, comme le nerf intact d'un membre déchiqueté. Rose tiendrait sa promesse : elle l'appellerait. Mais que lui dirait-elle ? L'incertitude l'oppressait. Après tant de bouleversements, de drames, il n'avait d'espoir qu'en elle. Tant d'errements pour arriver à une conclusion si simple : elle était la femme de sa vie. Reviendrait-elle ? Il l'ignorait. Depuis qu'il l'avait vue capable de le quitter, il se méfiait de sa psychologie. Peut-être voulait-elle commencer une nouvelle vie ? Tant de gens s'y préparaient. La guerre n'était pas finie et déjà on sentait ce printemps vivace sourdre dans les cœurs. Les morts, on s'en fichait bien. On ne voulait plus y penser. Faire la fête, fanfaronner, se venger, c'étaient là toutes les passions des Français.

Roland se sentait étranger à ce climat. La gloire ! Il en était revenu. On ne lui avait accordé qu'une médaille que des milliers de m'as-tu-vu, d'imposteurs, arboraient. La seule distinction qu'il souhaitait, que méritait son action dans la clandestinité, celle de compagnon de la Libération, lui était refusée : son nom inscrit en tête d'une longue liste établie par la Résistance avait été rayé. On ne lui pardonnait pas d'avoir si longtemps traîné les pieds pour rejoindre le camp gaulliste. Politiquement, on ne l'avait jamais trouvé très sûr. Ce n'était pas par manque de ferveur gaulliste, il éprouvait de la répugnance à mêler la politique à la Résistance, rêvait d'un grand élan fraternel contre l'envahisseur, pur de toute arrière-pensée, une alliance, toutes classes sociales confondues, sans esprit de parti ou de clan. Il était beau maintenant, l'idéal de la

Résistance : une foire aux médailles, aux trafics, aux places, dans la grande rumeur des règlements de comptes !

La Libération ! Qui eût cru qu'il faudrait la payer de tant de saloperies ? Il en arrivait à trouver plus de grandeur chez les vaincus. Les vaincus, les morts : eux, au moins, ne trichaient pas. Les autres le dégoûtaient. Il avait hâte de voir se dissiper cette ivresse factice de victoire. Assez de matamores de bistrot, de faux résistants, de vengeurs. A cause d'eux, il était passé à côté de quelque chose de grand, de noble. On ne peut rien faire de pur avec les hommes. Ils gâtent tout ce qu'ils touchent. Pourquoi leur en vouloir ? A lui de se reprocher sa naïveté. Il n'avait été qu'un adolescent attardé qui dessine la réalité selon ses rêves. Il n'atteignait l'âge adulte, à près de quarante ans, que par le dégoût et l'amertume. Il lui aurait fallu le spectacle des femmes tondues, des innocents à leur tour torturés, à leur tour conduits au poteau, oui, toutes ces victimes, pour comprendre enfin la vie.

Wiso, Pierre Lenhart, eux non plus n'auraient pas aimé assister à ces réjouissances. Ils n'appartenaient pas à la race de ceux qui profitent, mais à celle de ceux qui se donnent. Pour rien. Les autres ? Que dire de son cousin, Xavier Forgeot, qui se battait sur le front d'Alsace après avoir été blessé à Monte Cassino, sinon qu'il avait eu de la chance, du courage bien sûr, mais surtout de la chance : il irait jusqu'à Berlin. Et Roger Lanche ? Il se retrouvait un des pontes du Quai d'Orsay sans qu'il sût lui-même très bien pourquoi. Il n'avait pas bougé. Le seul risque qu'il avait pris était l'écoute de Radio-Londres. Il s'était moins compromis que ses collègues, voilà tout. Eric de Spam vociférait toujours contre les puissances d'argent, les traîtres. Encore un qui se prenait pour Saint-Just ! Ce pouvoir entre les mains d'un pur, ce n'était pas non plus satisfaisant, pur mais fanatique.

A six heures, la sonnerie retentit. Roland souleva le récepteur avec appréhension. C'était bien Rose. Il se sentait paralysé devant cette voix lointaine.

— Roland, j'ai beaucoup réfléchi, tu m'entends ?

— Oui.

— J'ai décidé d'oublier. Tout cela est trop bête. Tu peux revenir, si tu veux.

Ce qu'ils se dirent alors, les promesses qu'il fit, l'intonation émue de leurs voix, tout cela n'a guère d'importance. Seuls comptaient le pardon, la promesse pour Roland de pouvoir racheter ses erreurs. La vie donne si rarement une seconde chance ! Grâce à elle, Roland pouvait s'imaginer un but, un avenir.

Il sortit dans le jardin. Quelle douceur, quelle paix ! Le paysage n'avait pas changé. Il prit une bêche dans la grange et se dirigea vers un banc en pierre, au fond de la propriété. Il devait tenir la promesse faite à Pierre Lenhart : brûler les documents qu'il lui avait confiés. Il n'eut aucun mal à dégager la boîte en fer-blanc, qui apparut sous vingt centimètres de terre. Il l'ouvrit. L'enveloppe était intacte. Il fut envahi par une horrible tentation : quel était ce secret qu'il voulait dissimuler ? Non, il ne pouvait pas. On l'avait déjà assez trahi. Que lui importait que son ami ait appartenu ou non à cette société secrète dont on commençait à parler : la Synarchie. Ce qu'il connaissait de lui suffisait. Paix à ses ombres ! Il brûla l'enveloppe à l'aide de son briquet à essence, un souvenir du maquis de Dordogne. Il regarda les documents se consumer, foula les cendres et les dispersa dans l'herbe.

La bêche sur l'épaule, Roland reprit le chemin de la villa. Le soleil se couchait. La Rhune prenait un ton gris-bleu. Alors il remarqua le buisson de genêts d'Espagne. A l'abandon, il avait repoussé et fleurissait. Il s'approcha et huma le parfum sucré, entêtant, des bouquets jaune d'or. Un souvenir resurgit : il revit sa mère assise, la main posée sur la nuque de Roger Lanche, telle qu'il l'avait découverte, à cet endroit, quinze années plus tôt. Cette vision, loin de le blesser comme autrefois, lui parut douce, humaine, comme un instant précieux réchappé par miracle de l'époque du bonheur.

TABLE

N° d'impression : 1740

Jean. Marie Rouart —

Jean-Marie Rouart

un romancier et ses personnages

J'ai retrouvé Jean-Marie Rouart dans son appartement de la rue du Cherche-Midi tel qu'en lui-même la jeunesse l'a changé depuis son roman **les Feux du Pouvoir,** *prix Interallié 1977. Ce romancier de quarante ans qui en est à son cinquième livre a conservé la même ferveur à parler de son œuvre et se montre un farouche partisan du roman en tant que roman, c'est-à-dire un produit de l'art qui relève avant tout d'une esthétique, ne se voulant ni témoignage, ni message d'ordre historique, moral ou politique. C'est là-dessus que notre conversation a surtout porté. Une conversation qui s'est déroulée parmi les innombrables livres et tableaux en compagnie desquels vit quotidiennement l'auteur d'* **Avant-guerre.** *Qu'on ne voie pas pourtant en lui un esthète dédaigneux de la réalité des êtres et de la société de son temps. Il est à sa manière un discipline de Stendhal, de Drieu La Rochelle, d'Aragon. Du premier, il a le goût de décrire l'ambition qui conduit les hommes; du second, il a une même prédilection pour la « rêveuse bourgeoisie »; du dernier, le sens du foisonnement social dans lequel se débattent des invidivus habités par une passion. En tout cas, cette passion du romanesque qui inspire Jean-Marie Rouart le conduit bien au-delà des modes littéraires et des idéologies et lui fait parcourir dans ses moindres recoins le labyrinthe de ce qu'on appelerait, si l'on n'avait pas peur des mots, le « cœur humain » !...*

Photo Luc et Lala Joubert

— *A propos des* **Feux du Pouvoir,** *vous m'aviez dit que le journalisme « offre aux écrivains une grande ouverture au monde » et vous m'aviez parlé, en l'occurrence, « d'expérience humaine ». Est-ce que cela est demeuré le cas pour* ***Avant-Guerre ?***

MON ROMAN N'EST PAS UN REPORTAGE

— L'« expérience humaine » que j'ai pu retirer de mon activité journalistique m'a servi pour les analyses que j'ai faites de divers comportements sociaux. Le milieu que je fréquentais alors était surtout celui des hommes politiques. Et il est évident que je m'en suis souvenu en écrivant mon dernier roman, mais il ne relève en rien de je ne sais quel « reportage » sur le monde politique. Ce monde politique est *traversé* par mes personnages, certains comme Lenhart et de Spam, en sont partie intégrante, mais le sujet du livre n'est pas là.

— *Justement : comment ces personnages se sont-ils imposés à vous ? A partir de quels critères les avez-vous choisis ?*

LA VIE ADULTÈRE

— Avant d'écrire mon roman, j'étais obsédé par certains thèmes, certaines atmosphères, l'univers de l'adultère, de la trahison, non seulement dans la vie sentimentale, mais dans la vie politique et dans l'ensemble des relations humaines — et j'ai pensé donner à mon roman comme titre : *la Vie adultère* — qui est demeuré celui de l'une de ses parties. De là l'idée de prendre des personnages à l'époque de leur jeunesse, de leurs débuts dans la vie, du foisonnement de leurs rêves, de leurs idéaux, de toute cette richesse que donne l'adolescence, puis de confronter ces rêves et ces idéaux à la lente dégradation de la réalité et du temps. J'ai voulu que cette confrontation soit d'autant plus violente que la période historique qu'ils ont vécue était elle-même une période de violence.

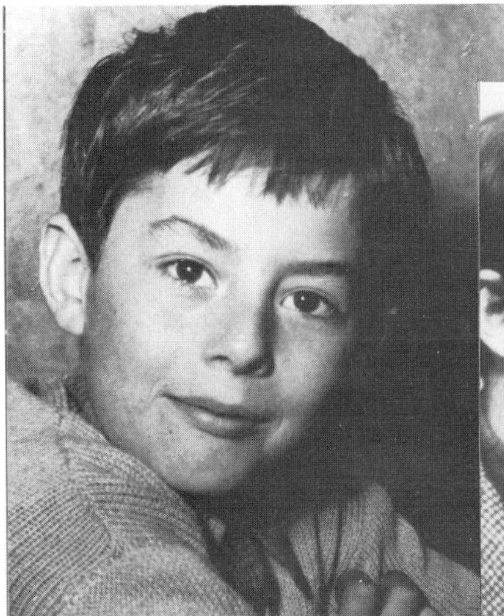

Jean-Marie Rouart
à dix ans.

Toute cette richesse que donne l'adolescence...

Jean-Marie Rouart en vacances.

Photos de l'auteur

Décrire des destins d'hommes et de femmes...

... car les femmes aussi jouent un grand rôle dans Avant-Guerre.

Photos de l'auteur

— *Je vous avoue qu'en vous lisant j'ai surtout ressenti la primauté du politique sur le sentimental, sans que pour autant, bien sûr, soient négligées les intrications affectives et psychologiques de vos personnages.*

LA RENCONTRE DE L'HISTOIRE

— Il est évident qu'à partir du projet initial dont je viens de vous parler je ne pouvais que rencontrer l'Histoire, c'est-à-dire le politique sur mon chemin, et cela d'un bout à l'autre de mon roman. Mais mon souci dominant a été de décrire des destins d'hommes et de femmes — car les femmes aussi jouent un grand rôle dans *Avant-Guerre* sans être pour autant des personnages « politisés ». Ces destins, je les ai voulus complets, en ce sens qu'ils se manifestent dans la vie professionnelle, l'idéal politique et social et la vie amoureuse. Je ne voulais pas privilégier un aspect par rapport à un autre. L'Histoire simplifie — abusivement — les destinées, puisqu'elle oblige à des choix manichéens, à faire un partage rigoureux entre le bien et le mal. Mais une existence humaine, prise dans son ensemble, est un magma d'amitié, de haines, de conflits, d'amours, de sentiments et d'idéologie.

— *N'avez-vous pas fait un « choix de société », en ne prenant vos héros que dans la bourgeoisie, c'est-à-dire, sans être marxiste, dans une classe déterminante historiquement ?*

UN CHOIX DE SOCIÉTÉ

— Je suis d'origine bourgeoise. J'ai connu toutes les formes de la bourgeoisie : la grande, la petite, la nantie, l'impécunieuse. Et je crois qu'on ne décrit bien que les milieux que l'on connaît. Mettre en scène des prolétaires ou des paysans m'aurait fait courir le risque de dire des banalités ou de leur prêter des sentiments et des idées qu'ils n'ont pas. Si j'ai choisi cette société, c'est aussi en raison de sa parenté avec celle d'aujourd'hui. La société bourgeoise d'avant-guerre connaissait — du moins dans sa minorité — les

Photo de l'auteur

Le père, peintre,
de Jean-Marie Rouart.
La magie du talent...

Louis Rouart,
fondateur de
l'Art catholique.

problèmes du sexe, de la drogue, de l'engagement, de l'opposition des valeurs qui, maintenant, se sont diffusés dans le plus grand nombre, j'allais dire se sont « démocratisés ».

— *Il n'empêche que vos personnages, quelles que soient leurs différences, portent le même uniforme social.*

RACINE ET STENDHAL

— Non. La qualité d'un personnage n'est pas dans sa défroque sociale. Elle est dans la vie individuelle, particulière, spécifique que lui donne le romancier. Il y a eu des époques où ces personnages n'étaient que des rois ou des reines. Est-ce que cela amoindrit l'œuvre de Racine et ses tragédies ? Est-ce qu'il faut reprocher à Stendhal de choisir la plupart de ses personnages dans la haute aristocratie ? J'accepte volontiers ces choix arbitraires dans la mesure où il sont transcendés par une connaissance des hommes *en général,* et, sur le plan esthétique, ils me communiquent, par la magie du talent, des émotions inespérées. Et puis, je ne crois pas à l'*uniforme,* comme vous avez dit. Prenez dix bourgeois, vous n'en aurez pas deux semblables dans le fond de leur être.

— *Et entre prolos et bourgeois, il n'y a pas de différence ?*

COCU BOURGEOIS ET COCU OUVRIER

— Moi, je vous dis que bourgeois et ouvriers souffrent, aiment de la même façon. Chaque homme a son destin, prolétaire ou non. Un cocu ouvrier réagit pareillement à un cocu bourgeois. Cela dit, il est possible qu'en tant que romancier je réagisse *contre* le naturalisme...

— *C'est quoi, le naturalisme ?*

— Zola et Sartre, plus quelques autres. Mais peu importe ! Ce que j'ai voulu, c'est mettre des individus en proie à leurs rêves — et les rêves, pardonnez-moi, ils sont les mêmes pour tous.

— *Soit ! Mais vos personnages, vous les situez dans une période bien déterminée de l'Histoire*

Photo de l'auteur

Je ne crois pas à l'uniforme...

contemporaine : de 1933 (la « montée des périls ») à 1945, à savoir une période qui a concerné la totalité des Français — et d'autres. L'individu s'y dissout, se mélange aux autres. Il devient ***collectif.***

— Vous parlez *a posteriori.* Après chaque grande crise historique, on parle du « peuple de France ». Or cette crise a été *vécue,* sans doute, par la collectivité, mais l'Histoire, elle, a été *faite* par des minorités. Jean Moulin, d'Astier de la Vigerie, Pétain n'étaient pas des ouvriers. C'étaient des gens qui avaient des responsabilités politiques inhérentes à leur classe. Ne parlons pas de De Gaulle ! Ceux qui ont joué un rôle, aussi bien dans la Collaboration que dans la Résistance, y étaient prédestinés par l'appartenance à la classe dominante. Les meneurs d'hommes ont très souvent appartenu à des structures de décision déjà en place. Un homme comme d'Astier qui s'était situé très à gauche, était un grand bourgeois...

— Vous voulez dire Eric de Spam ?

LE ROMAN ET L'ARBITRAIRE

— Non, j'ai dit d'Astier. Et j'en reviens au côté arbitraire dont je vous parlais et qui est le fondement même de l'imagination romanesque. Des auteurs, comme Jules Romains, Balzac ou Zola, ont voulu décrire une société toute entière. Je comprends très bien ce projet de vouloir traiter de toutes les classes sociales, moi je me suis limité à la bourgeoisie, avec, non pas cet alibi, mais cette conviction, comme je vous l'ai dit, que cette bourgeoisie d'avant-guerre est la préfiguration de la quasi-totalité de la société actuelle.

— Vous parliez à l'instant de la Résistance, comme si elle avait été le privilège de cette bourgeoisie. Il y a quand même eu les FTP. Qu'ils eussent été plus ou moins dominés par le Parti communiste est une chose. Mais qu'ils aient incarné la part peut-être la plus importante, la plus active,

En compagnie
de Clara Malraux.
Après chaque grande
crise historique.

Photos de l'auteur

Avec René Andrieu,
rédacteur en chef
de *l'Humanité.*
Il y a quand même
eu les FTP...

L'appartement
parisien
de J.-M. Rouard.
En haut, à droite,
Louis Rouart
par Manet.

Photos Luc et Lala Joubert

Entre livres
et tableaux.

la plus désintéressée de la Résistance, ça, c'est presque évident. Cet aspect populaire de la Résistance, vous semblez l'ignorer.

— La réalité historique, dans ce livre, m'a moins inquiété que la réalité humaine de mes personnages. Je n'ai pas voulu faire un roman folklorique sur l'avant-guerre ou la Résistance. J'ai essayé d'éliminer tout ce que cette période pouvait avoir de spécifique, toute son atmosphère et, pourquoi pas ?, une partie de ses composantes avérées. Bien sûr, j'ai voulu être vraisemblable, j'ai lu un certain nombre d'ouvrages de cette période, mais, à la limite, je me suis demandé, à un moment donné, si je n'aurais pas pu prendre une autre période. Ce qui vous prouve bien que le souci romanesque a été prépondérant sur la fidélité à l'Histoire.

LE REFUS DU FOLKLORE

— *A quelle autre époque aviez-vous pensé ?*

— Celle des Cent jours. Mais Aragon était magistralement passé par là. En fait, l'Histoire événementielle, pour moi, compte beaucoup moins que la création et le développement romanesque des personnages. C'est un décor. Mais encore me fallait-il un décor exceptionnel. En l'occurrence une époque de l'Histoire de France, comme la Révolution de 89, les Cent jours, l'Occupation, où se présente aux êtres qui vivent le choix entre deux vérités, donc deux comportements antagonistes possibles, l'Histoire, je vous l'ai dit, étant par essence manichéenne. Et je voulais que mes héros fussent traversés, dans un sens ou dans l'autre, par deux « vérités », disons deux *options*. Ainsi ai-je voulu que certains soient successivement au pouvoir et victimes du pouvoir. A la fois Créon et Antigone. Les périodes de l'avant-guerre et de l'Occupation se prêtaient fort bien à mon projet. Je ne les ai pas vécues et je n'ai pas voulu faire œuvre de témoin, encore

A LA FOIS CRÉON ET ANTIGONE

moins d'historien. Je me suis posé le problème de savoir ce que j'aurais fait si j'avais été à la place de mes héros, en essayant de m'identifier à eux malgré leur diversité.

— *On a un peu l'impression, en lisant la première partie de votre roman, que, pour vous, avant-guerre, il n'y avait pratiquement face à face que deux partis celui de Doriot et celui de Léon Blum. Or les intellectuels français bourgeois de cette époque ont très souvent connu la tentation du communisme...*

— Vous semblez oublier que c'est le cas de l'un de mes personnages, Eric de Spam, qui devient un crypto-communiste. Il est à mes yeux le modèle d'un certain nombre de personnes qui ont subi la « tentation » que vous dites. J'ai essayé de comprendre pourquoi cette rébellion d'un bourgeois contre sa propre classe. Je crois que l'une des raisons en était la culpabilisation de la bourgeoisie à l'égard, disons, du *peuple*. C'est ce côté fantasmatique des comportements individuels qui m'a intéressé beaucoup plus que la précision historique, sociologique. D'ailleurs, je m'implique moi-même dans cette entreprise. J'ai quarante ans, je suis profondément préoccupé par mon temps, moi aussi j'ai mes fantasmes — et je les ai projetés dans des êtres imaginaires appartenant à une époque que, une fois de plus, je n'ai pas vécue.

J'AI QUARANTE ANS

— *Des « êtres imaginaires » dites-vous. mais qui ne sont pas sans avoir des modèles dans la réalité historique. Lenhart,* **c'est** *Pucheu; Spam* **c'est** *d'Astier de la Vigerie; Weissberg, Emmanuel Berl (qui rédigeait les discours de Pétain au début de l'Occupation); Corbin, Louis Renault, etc.*

— Si la vie d'un personnage se résume en trois ou quatre engagements, en trois ou quatre coïncidences avec l'Histoire, cela n'a pas un grand intérêt. En revanche, c'est l'itinéraire intérieur, qui compte. Bien sûr, on peut trouver une ressemblance entre Lenhart et Pucheu, mais l'essentiel de Lenhart est dans sa vie amoureuse, sa vie spirituelle — qui n'ont rien à voir avec celles de Pucheu. Disons que ce dernier est le squelette de Lenhart, mais auquel manque la chair. Or c'est la chair qui m'intéresse. Vous savez bien que, lorsque Stendhal a créé le personnage de Mosca dans *la Chartreuse de Parme,* Balzac a dit « Mosca, c'est Metternich et la duchesse del Dongo, c'est la princesse Belgioso ! » Pour Stendhal, c'était faux : il avait créé à partir de personnages réels des personnages de fiction. On a dit aussi, à l'époque, que Rastignac était inspiré de Thiers, et il est vrai que Thiers avait épousé la fille de sa maîtresse. Ce genre de phénomène est très fréquent chez les romanciers : ils ne créent pas *ex nihilo;* ils amalgament réalité et fiction,

C'EST LA CHAIR QUI M'INTÉRESSE

Avec J. Le Thor. *Des « êtres imaginaires », mais qui ne sont pas sans avoir des modèles...*

mais d'une manière telle que la fiction l'emporte de loin sur la réalité et que leur propre personnalité envahit la totalité de leurs héros. Je suis persuadé que les gens qui ont connu intimement Pucheu n'ont rien retrouvé en Lenhart de cette intimité.

— Lenhart fait partie d'une organisation occulte de grands commis de l'Etat, d'industriels, de technocrates, de financiers que l'on a baptisée Synarchie. On retrouve la Synarchie dans votre roman. Mais n'était-ce pas un mythe ?

— Je crois que cela fait partie de tous ces serpents de mer de l'Histoire, où il y a une part d'exactitude et une part de fantasmagorie. Je n'insiste d'ailleurs pas sur cette organisation dont on ne sait pas grand chose. On dit que les archives ont disparu, etc. Dès le départ, la Synarchie relève du romanesque, eh bien, dans mon livre, aussi !

ANTONIA, ROSE, SOLANGE ET JACQUELINE

— On ne se pose pas ce genre de question à l'égard de vos héroïnes : Antonia, Rose, Solange Corbin et la « Belle » Jacqueline.

— Il est vrai qu'elles sont toutes le contrepoint de l'Histoire. Mais, en même temps, une de ces femmes *symbolise* — encore que je n'aime guère ce mot — la nature dans l'Histoire : Antonia. Elle épouse la force, elle est attirée par les puissants du jour, elle semble n'aimer que les vainqueurs. Quant aux autres femmes de mon livre, elles sont un peu inspirées par des femmes que j'ai connues. Là, évidemment, vous n'allez pas me le reprocher puisqu'elles n'ont pas été célèbres ! Elles vont avoir beaucoup d'influence, d'importance dans la vie des mes héros, qui vont souvent se déchirer à cause d'elles, et devenir un peu les instruments de leur destin.

— Au fond, vous auriez pu mettre en exergue à votre livre — pour plagier une formule célèbre : « la femme, c'est la faiblesse de l'homme. »

◀ *Une part de fantasmagorie...*

— Pourquoi pas ? J'ai voulu montrer que ces hommes qui veulent maîtriser leur vie, qui cherchent la gloire, à jouer un rôle dans le monde ont un talon d'Achille : les femmes. On peut dominer la réalité professionnelle, sociale, politique; il est plus difficile de dominer ses sentiments. Certaines femmes détruisent les hommes — je pense à Antonia qui pousse Lenhart à sa perte —; les hommes ne détruisent pas les femmes. Du moins dans mon livre. Pourquoi ? Peut-être parce que les femmes ont beaucoup plus de bon sens, contrôlent mieux leur vie affective, amoureuse que les hommes.

LE TALON D'ACHILLE

— Un de vos héros masculin semble échapper à cette « loi » : Weissberg. C'est un Don Juan, peut-être, un peu mal dans sa peau, mais au fond les femmes ne comptent guère pour lui. En revanche, il va découvrir à travers le suicide de ses parents et sa condition de maquisard, une ***judéité*** *qu'il avait jusque là plus ou moins ignorée.*

— Weissberg était un type qui faisait corps avec la société française d'avant-guerre, il était parfaitement intégré, au point qu'étant juif il pouvait même se montrer antisémite. Subitement, il se rend compte qu'il y a une fracture dans cette intégration, que cette société sur laquelle il s'appuyait, dans laquelle il avait confiance lui devient hostile. Il a été, au début, plus ou moins rassuré par Vichy, puis, ensuite, il se rend compte que, bien au contraire, Vichy est un faux bouclier; il s'engage dans la Résistance et, au moment du suicide de ses parents, tout s'écroule; il comprend qu'il n'a été qu'une victime, qu'il a aimé des gens qui l'ont trahi et son identité juive lui apparaît soudain dans sa noire lumière.

UNE NOIRE LUMIÈRE

— Si nous parlions de Roland ? Votre lecteur va avoir tendance à l'identifier à vous. Aurait-il raison ?

◀ *Il est difficile de dominer ses sentiments...*

Photos Luc et Lala Joubert

J'ai beaucoup investi de ma personne dans ce roman...

— Il est possible que j'aie mis un peu plus de moi dans ce personnage que dans les autres. Cela dit, il n'est pas pour autant le plus sympathique du livre ! C'est un homme qui veut agir, mais qui, en même temps, se laisse engluer dans une vie sentimentale qui l'empêche d'agir. Il n'arrive pas à faire de choix. Cette contradiction ne m'est pas étrangère.

— *Que pensez-vous de votre livre, et qu'attendez-vous de l'accueil qu'on va lui réserver ?*

— J'ai beaucoup investi de mon temps et de ma personne dans ce roman. J'y ai travaillé pendant quatre ans. Balzac disait : « Il n'y a que le

dernier amour d'une femme qui puisse satisfaire le premier amour d'un homme. » Je me demande quel amour pourrait satisfaire le premier amour d'un romancier. Il y a chez le romancier un grand appétit de reconnaissance parce que son travail correspond à un immense investissement affectif, il met dans ce qu'il écrit beaucoup de sa vie, il est la proie de ses propres créatures, il a voulu quelque chose et... il y a tant de malentendus qui naissent au moment où paraît son livre; certains y voient ce qu'il n'a pas voulu y mettre; certains y voient des personnages réels auxquels il n'a pas pensé; certains, comme vous le faites, accentuent le côté historique d'une œuvre qui ne se veut que romanesque. Alors que, lui, se préoccupait

Un grand appétit de reconnaissance.

LE ROMANCIER
ET
SES LECTEURS

Un démiurge solitaire...

d'autre chose : la recherche du bonheur, par exemple, par personnages interposés. En fait, ce romancier se veut un créateur, à la limite, un démiurge solitaire ! Il appartient à un autre univers. Il attend des autres qu'ils entrent dans cet univers qui est de l'ordre du subjectif et de l'imaginaire. Pour moi, j'ai désiré, dans *Avant-Guerre,* profiter d'une période qui favorisait le traitement de thèmes du dépassement en bien comme en mal de l'amour, de la trahison, des déchirements de l'amitié... Je ne prends pas parti pour ou contre Vichy, pour ou contre la Résistance, pour ou contre De Gaulle, je prends parti pour le roman. Voulant être artiste, j'ignore l'idéologie. J'aime autant Aragon, le « communiste » que Drieu La Rochelle, le « fasciste ». Ce que j'ai voulu, c'est mettre en évidence les contradictions qui habitent les êtres pas seulement dans leurs choix politiques, mais dans leur vie personnelle.

J'IGNORE L'IDÉOLOGIE

(Propos recueillis par Jérôme Le Thor)

Bibliographie

Aux éditions Grasset :

La Fuite en Pologne, roman, 1974.
La Blessure de Georges Aslo, roman, 1975.
Les Feux du pouvoir, roman, 1977. *Cercle du Nouveau Livre.*

Au Mercure de France :

Préface aux *Mémoires du cardinal de Bernis.*

cet ouvrage
a été achevé d'imprimer
le 28 octobre 1983
par l'imprimerie SEPC pour le texte
par l'imprimerie Conversey
pour le dossier iconographique
et relié par la SIRC

Dossier d'Yveline Renaud

cet ouvrage fait partie
d'une édition numérotée réservée
aux membres du Cercle du Nouveau Livre
61, rue de la Tombe-Issoire - Paris-14e

Exemplaire

0002733

N° d'éditeur : 340 — N° d'imprimeur : 7105
Dépôt légal : Novembre 1983
Printed in France
I.S.B.N. 2-235-01547.6